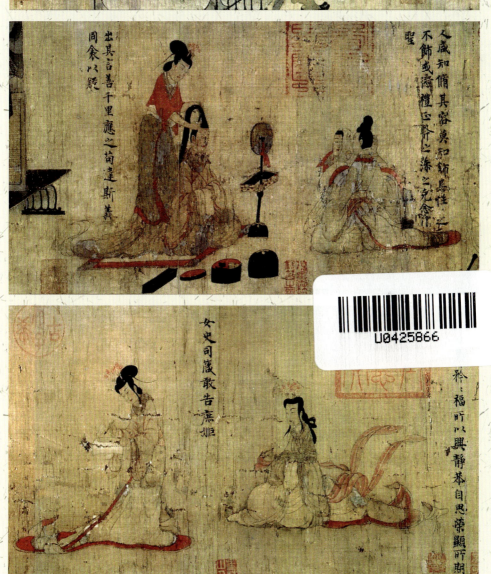

东晋 顾恺之 女史箴图（局部）卷
（唐摹本，绢本设色，全卷纵24.8cm，横348.2cm，英国伦敦不列颠博物馆藏）

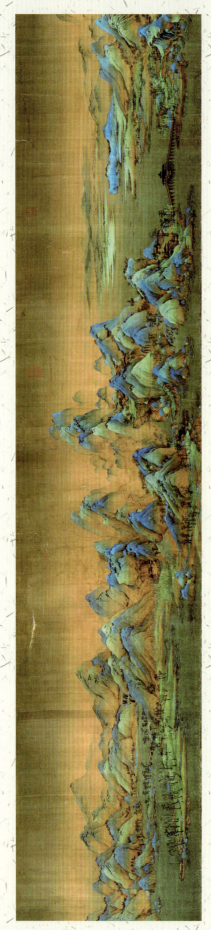

北宋 王希孟 千里江山图(局部)卷(绢本设色,全卷纵51.5cm、横1191.5cm、北京故宫博物院藏)

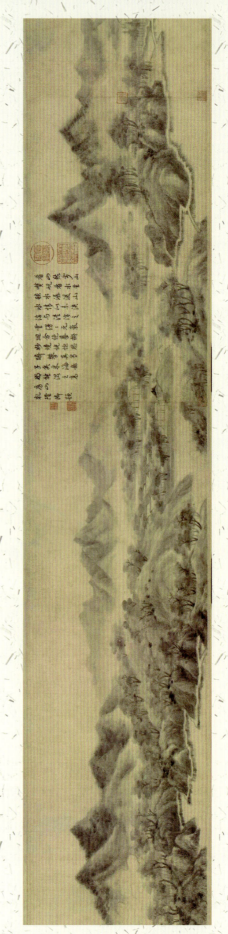

南宋 米友仁 云山墨戏图(局部)卷(纸本墨笔,全卷纵21.4cm、横195.8cm、北京故宫博物院藏)

唐 韩滉 五牛图 卷（纸本设色，纵20.8cm，横139.8cm，北京故宫博物院藏）

唐 周昉 簪花仕女图 卷（绢本设色，纵46.2cm，横180cm，辽宁省博物馆藏）

明 仇英 上林图（局部）卷
（绢本设色，全卷纵53.3cm，横1183.9cm，台北故宫博物院藏）

日本江户时代 细井徇和细井东阳撰绘 诗经名物图解(鸟兽草木)

明 韩希孟绣花卉虫鱼册(共四开,单页纵30.3cm,横23.9cm,上海博物馆藏)

唐 周昉 调琴啜茗图（局部）卷
（绢本设色，全图纵28cm，横75.3cm，
美国纳尔逊·艾特金斯艺术博物馆藏）

北宋 赵佶 听琴图（局部）轴
（绢本设色，全图纵147.2cm，横51.3cm，
北京故宫博物院藏）

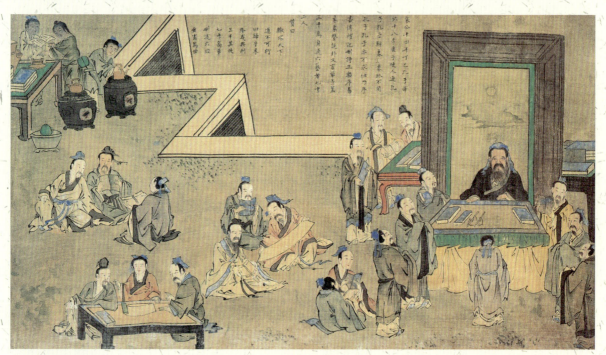
清 焦秉贞 孔子圣迹图之删述六经 册页
（绢本设色，纵29.2cm，横35.7cm 美国圣路易斯美术馆）

唐 孙位 高逸图 卷（绢本设色，纵45.2cm，横168.7cm，上海博物馆藏）

明 文徵明 真赏斋图 卷(纸本设色,纵36cm,横107.8cm,上海博物馆藏)

清 黄慎 桃花源图(局部)(纸本设色,纵38cm,横349cm,安徽省博物院藏)

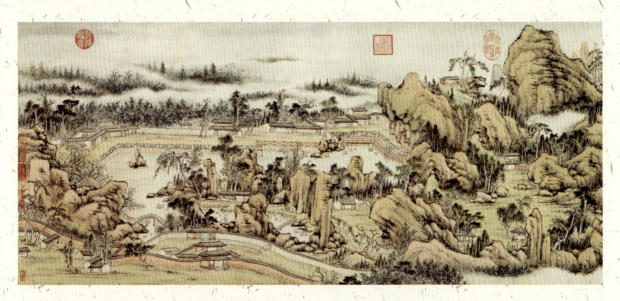

清 钱维城 狮子林图(局部) 卷
(纸本设色,全卷纵38.1cm,横187.3cm,加拿大阿尔伯特博物馆藏)

陈少梅 晓妆图（局部）
（绢本设色，纵48.5cm，横26cm，藏处不详）

清 潘振镛 陌上采桑
（纸本设色，纵112cm，横52cm，藏处不详）

陈少梅 绮窗仕女（局部）轴（纸本设色，全图纵65cm，横29.5cm，藏处不详）

敦煌绣帐 释迦牟尼灵鹫山说法图
(一说是"凉州瑞像")
(纵2.41m,横1.59m,伦敦大英博物馆藏)

清 郎世宁 聚瑞图 轴
(绢本设色,纵109.3cm,横58.7cm,
台北故宫博物院藏)

西汉 马王堆一号汉墓T形帛画
(绢本设色,纵205cm,顶宽92cm,底宽47.7cm,
湖南省博物馆藏)

清 郎世宁 乾隆皇帝大阅图 轴
(绢本设色，纵332.5cm，横232cm，
北京故宫博物院藏)

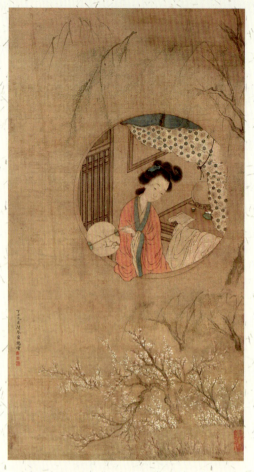

清 崔鹤 李香君小影(局部) 轴
(绢本设色，全图纵124.5cm，横52.4cm，
美国纽约大都会艺术博物馆藏)

明 佚名 胡笳十八拍图(局部) 卷
(绢本设色，全卷纵28.6cm，横1196.3cm，美国纽约大都会艺术博物馆藏)

明 仇英 人物故事图（之七）册
（绢本设色，纵41.1cm，横33.8cm，
北京故宫博物院藏）

清 冷枚 春闺倦读图 轴
（绢本设色，纵175cm，横104cm，
天津博物馆藏）

明 仇英 人物故事图（之九）册
（绢本设色，纵41.1cm，横33.8cm，
北京故宫博物院藏）

晚清 沈蓉圃 同光名伶十三绝 卷（纸本设色，纵263cm，横790cm，中国美术馆藏）

清 张廷彦等 崇庆皇太后万寿庆典 卷
（绢本设色，纵64.5cm，横2994cm，北京故宫博物院藏）

北宋 赵佶 瑞鹤图 卷（绢本设色，纵51cm，横138.2cm，辽宁省博物馆藏）

范冬梅 苏绣 猫趣图（局部）

刘爱云 湘绣 饮虎

郝淑萍 蜀绣 芙蓉鲤鱼图

陈少芳 粤绣 晨曦

留园 冠云峰(黄毅摄)

网师园水景(黄毅摄)

留园 涵碧山房水景(黄毅摄)

拙政园 水廊(黄毅摄)

沧浪亭 园外水景(黄毅摄)

拙政园 借景北寺塔(黄毅摄)

秋霞圃园林(黄毅摄)

中国文化要论

黄毅 梁洁 著

清华大学出版社
北京

内 容 简 介

此书为讲论中国优秀传统文化之人文社科类图书。全书采用"以点及面""择要而论"的新颖形式，避开对传统文化的泛泛而谈，亦不刻意求全，而是撷取其中精要之处进行专题讲论。全书分为国学哲思、礼俗教化、文学经典和人文艺术四篇，每篇下设五章，内容基本涵括了传统国学之主要思想、华夏礼俗之基本精神、古典文学之大体风貌以及人文艺术之诸多亮点。

全书行文风格通达晓畅，力求对各大文化要点做深入浅出式之讲解，兼顾学术性与可读性，并根据章节内容选配丰富多彩之图片资料，以期达到图文并茂、雅俗共赏的阅读效果。

本书可作为高校本科通识教育之教材，使青年学子对中国文化之知识菁华和人文精神能有所了解、有所体会，在开阔其眼界之同时陶冶其情操，并增进其对民族文化之自信；本书也可作为社会大众之通识读物，为社会大众了解优秀传统文化、提升文化修养起到较好的引导和帮助作用。

本书封面贴有清华大学出版社防伪标签，无标签者不得销售。
版权所有，侵权必究。侵权举报电话：010-62782989　13701121933

图书在版编目(CIP)数据

中国文化要论/黄毅，梁洁著. —北京：清华大学出版社，2020.6
ISBN 978-7-302-55207-9

Ⅰ. ①中…　Ⅱ. ①黄…　②梁…　Ⅲ. ①中华文化—高等学校—教材　Ⅳ. ①K203

中国版本图书馆 CIP 数据核字(2020)第 046748 号

责任编辑：陈立静
封面设计：李　坤
责任校对：李玉茹
责任印制：杨　艳

出版发行：清华大学出版社
　　网　　址：http://www.tup.com.cn, http://www.wqbook.com
　　地　　址：北京清华大学学研大厦 A 座　　邮　　编：100084
　　社　总　机：010-62770175　　邮　　购：010-62786544
　　投稿与读者服务：010-62776969, c-service@tup.tsinghua.edu.cn
　　质量反馈：010-62772015, zhiliang@tup.tsinghua.edu.cn
　　课件下载：http://www.tup.com.cn, 010-62791865

印 装 者：北京嘉实印刷有限公司
经　　销：全国新华书店
开　　本：185mm×260mm　　印　张：21.75　　插 页：8　　字　数：532 千字
版　　次：2020 年 8 月第 1 版　　印　次：2020 年 8 月第 1 次印刷
印　　数：1～1500
定　　价：69.00 元

产品编号：082882-01

序　言

　　一国有一国之文化，一代有一代之情形。华夏文明自开源以来，绵延至今，虽几经波折，然川流不息，所积淀礼仪之大、服章之美、文教之昌隆、典籍之浩瀚，为世人所共瞩。然晚清以降，列强侵凌，国运艰辛，文化之传承亦频生危机。幸随共和国之诞生，百花齐放、百业复兴，开辟全新之局面。中华文明之薪火，亦得以重放异彩矣。

　　余为湘人，少时受湘楚文化之熏陶，仰瞻神农炎帝之伟绩，崇慕屈子辞赋之华篇，遂心向古典，提笔从文；后入姑苏，专攻古代之文学，旁及园林、昆曲等江南文化，皆为兴致之所好。学业既毕，执教沪上，浅论儒道，闲话诗赋，不觉已是十载有余，所授之学子亦有两万余人也。

　　甲午秋冬，吾曾访学英伦，并游法、德、荷兰、比利时、卢森堡诸邦，观西欧之气象，察异国之风情，眼界始开，感触亦多。当今世界之格局，邦国间彼此依存、共商发展，关系之密切自不必言；然政治体制、意识形态、文化背景及传媒理念之差异，亦不免让西方人对近现代中国时存误解与隔阂，此为一憾。大国之兴，不唯在其军事之强大、经济之繁荣以及科技之发达，亦在于其文化影响之广泛。位列四大古文明之其一，中华文明有其独特之姿态及辉煌之历程，对世界文明之贡献亦不可不谓之深远。然当下海外之民众对中国历史及现状尚知之甚少，中华文明之推广仍任重而道远矣。

　　余幸有机缘于英国赫特福德大学与诸邦之学子讲论中华语言文字之美、戏曲传奇之雅以及民间工艺之奇，当年虽课时有限、交流浅显，然听者求学之专注、反馈之热切，实令余振奋鼓舞、心生感慨。余于国内亦常开设此类之课程，余所在之高校更将中国文化列作全体新生入学必修之课业，足可见其对文化传承之重视。然平心而论，余所知诸多异邦学子对中华文化探求之热望，恐国内青年亦未能尽如也。

　　余常谓诸生言：中华文化乃自家之奇珍，岂可不知不晓、不爱不护哉？唯有倾心为学，致力弘扬，方能常怀文化之自信，进而恒立民族之自尊。综观寰宇，文化多元而并存，吾国之文化如何赢取国际之认可，再续汉唐之气象，则有赖于诸君勤勉之传承。

　　此番勉励亦为余之自勉也。于传道授业者而言，以何种之方式引导诸生提升研习之兴趣，亦是常备余心之问题。余私以为，中华文化博大而精深，于己尚不可尽得，于人又何能尽授哉？既然如是，与其蜻蜓触水、泛泛而论，终了诸生皆一头雾水、兴味索然；何不以点及面、生动讲述，令其以从容之步游观文化园林其一山一石、一花一草之丽景，或许更能寻味其间之韵致与美好。故余往昔设计课程之大纲、今时构想此书之框架，皆秉持"撷英"之理念，择其"要"者而"论"之也。

　　拙作以国学哲思、礼俗教化、文学经典、人文艺术为主干，诸篇分设五章，基本涵括

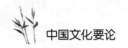

传统国学之主要思想、华夏礼俗之基本精神、古典文学之大体风貌以及民间艺术之诸多亮点。各章之前皆以漫谈之言引入，正文论述亦力求深入浅出、图文并茂，以期令高校学子及大众读者在广博见闻之同时，能引发对传统文化传承之兴趣，进而陶冶情操，有益于道德修为、文艺素养及文化自信之提升。此即余与梁洁女史通力合著之初心也。

噫嘘哉！中华泱泱之大国，千秋万载之文化，吾辈所知，不过长河之一舫，泰岳之一角。砌字行文，岂可无怀敬畏？拙笔成书，不免疏漏谬误，倩方家赐教、阅者批评。

筠喧斋主人黄毅谨序

目　　录

国学哲思篇

第一章　儒行仁爱 3
　　一、千秋儒学 4
　　二、尚礼崇仁 7
　　三、仁本孝悌 12

第二章　道法自然 17
　　一、紫气东来 18
　　二、自然无为 22
　　三、万物齐同 27

第三章　佛禅智慧 33
　　一、佛法西来 34
　　二、心有般若 37
　　三、遍开莲花 40

第四章　兵法谋略 45
　　一、兵学圣典 46
　　二、知兵慎战 48
　　三、全争天下 50
　　四、形势虚实 52
　　五、智启千秋 54

第五章　诸子杂说 56
　　一、墨家兼爱 57
　　二、法立天下 61
　　三、纵横中国 64

礼俗教化篇

第六章　传统礼仪 71
　　一、礼始冠笄 72
　　二、礼重孝亲 74

三、晤面行礼 ... 77
　　四、称谓合礼 ... 80

第七章　民间节俗 ... 82
　　一、腊月辞旧 ... 83
　　二、元月迎新 ... 86
　　三、春景清明 ... 88
　　四、阳盛端午 ... 91
　　五、河汉七夕 ... 93
　　六、月满中秋 ... 96

第八章　华夏衣冠 ... 100
　　一、先秦仪范 ... 101
　　二、魏晋风度 ... 104
　　三、盛唐气象 ... 107
　　四、宋明风尚 ... 109

第九章　茶道饮食 ... 113
　　一、茶源悠远 ... 114
　　二、茶香万种 ... 117
　　三、肴品五味 ... 120
　　四、食重养生 ... 125

第十章　人伦教育 ... 128
　　一、蒙以养正 ... 129
　　二、德才兼备 ... 132
　　三、知行合一 ... 134

文学经典篇

第十一章　诗经风雅 ... 141
　　一、远古绝唱 ... 142
　　二、时空画卷 ... 148
　　三、比兴寄情 ... 155

第十二章　辞赋宏篇 ... 160
　　一、屈子离骚 ... 161
　　二、神曲九歌 ... 165
　　三、汉赋华章 ... 169

第十三章　乐府民歌..........176

　　一、两汉清音..........177
　　二、叙事名篇..........181
　　三、吴声西曲..........186
　　四、北地风情..........189

第十四章　唐宋诗词..........194

　　一、山水寄情..........195
　　二、边塞壮志..........198
　　三、李杜光焰..........202
　　四、柔词婉转..........206
　　五、豪词盖世..........210

第十五章　明清小说..........214

　　一、英雄往事..........215
　　二、豪杰江湖..........217
　　三、神魔世界..........220
　　四、人生百态..........222
　　五、狐鬼传奇..........226

人文艺术篇

第十六章　丹青墨韵..........231

　　一、源起象形..........232
　　二、臻微入妙..........236
　　三、滞墨抒怀..........243
　　四、涉笔成趣..........245
　　五、崇古推新..........253
　　六、大千世界..........261

第十七章　锦绣华纹..........264

　　一、丝脉悠长..........265
　　二、宋明画绣..........268
　　三、苏绣清雅..........272
　　四、百花争妍..........275

第十八章　丝弦雅乐..........281

　　一、斫木为琴..........282

二、琴人高趣ㆍㆍ286

　　三、琴曲流芳ㆍㆍ290

第十九章　昆腔传奇ㆍㆍㆍㆍㆍㆍㆍㆍㆍㆍㆍㆍㆍㆍㆍㆍㆍㆍㆍㆍㆍㆍㆍㆍㆍㆍㆍㆍㆍㆍㆍㆍㆍㆍㆍㆍㆍㆍ296

　　一、声起江南ㆍㆍ297

　　二、临川旧梦ㆍㆍ300

　　三、南洪北孔ㆍㆍ303

　　四、花雅之争ㆍㆍ306

第二十章　园林美境ㆍㆍㆍㆍㆍㆍㆍㆍㆍㆍㆍㆍㆍㆍㆍㆍㆍㆍㆍㆍㆍㆍㆍㆍㆍㆍㆍㆍㆍㆍㆍㆍㆍㆍㆍㆍㆍㆍ311

　　一、古建遗珍ㆍㆍ312

　　二、苏园揽胜ㆍㆍ318

　　三、诗意栖居ㆍㆍ328

参考文献ㆍㆍㆍ333

跋语ㆍㆍㆍ339

国学哲思篇

第一章　儒行仁爱

　　"儒"这个字我们并不陌生，对于那些有文化、有修养之人，我们会称其为"儒者"，唐代刘禹锡就曾在《陋室铭》里抒发过"谈笑有鸿儒，往来无白丁"的自豪；又如称赞某人风度翩翩，我们会说他很"儒雅"等。"儒"在当下颇有褒义之色彩，然而在其产生之初只不过是一个中性词罢了，指的是一种职业或者身份，即掌握了礼、乐、射、御、书、数(六艺)等知识技能，并担任教育、礼仪方面职务的人，相当于今时的"知识分子"，仅此而已。"儒"最早见载于《论语·雍也》："子谓子夏曰：'女为君子儒，无为小人儒'。""儒"之起源当远在孔子之前，因为到了孔子之时，"儒"的阶层已发生了相当大的分化，至少形成了"君子儒"和"小人儒"两极阵营。孔子希望自己的弟子不单单成为有知识、有技能的"儒"，更要成为讲礼义、行仁爱的"君子儒"。"尚礼崇仁"亦正是其所开创的儒家学派之核心思想，影响中国数千年之发展。本章我们将讲述儒学的起源和发展历程，并通过了解孔孟"二圣"等人的生平及思想来感知传统儒学中的君子之道。

(本章执笔：黄毅)

作为华夏价值系统的内核之一，儒家及其学说对数千年的中国社会及文化发展之影响可谓极为深远。以孔、孟为代表的儒家与以老、庄为代表的道家和以释迦牟尼为创始人的佛教相互渗透、相互融合，多元互补地构成了我国传统国学之骨干，形成了灿烂的中华文明，同时也深刻影响了中国人民族性格之形成(见图1-1)。与道家偏重探究人和自然之关系，佛教偏重阐发内心和外界之和谐不同，儒家更为强调的是对于人和人之间的关系，即"人伦"之研究。儒家所提出的"仁义礼智信""温良恭俭让"和"忠孝廉耻勇"等道德观念和为人处世原则涉及人们生活的方方面面，作为中华传统之美德，至今仍然有着积极的社会意义。

图 1-1　中华传统文化·儒释道(2017 澳门邮票)

一、千秋儒学

儒学发端于先秦春秋战国时期，由孔子开创，但从思想源头来讲，可以追溯到西周初期的文王、武王和周公。以孔子、孟子和荀子为代表的儒家学派虽说在当时是最有影响力的学派，但毕竟只是百家之一，与其他诸子地位平等，并无所谓的主从关系。先秦儒学讲求"克己复礼"和"仁者爱人"，确立了儒学的核心思想和关于为政、为人的一系列基本理论。

孔子(公元前551—前479)，名丘，字仲尼。春秋时鲁国陬邑(今山东曲阜东南)人。先世为宋贵族。少贫贱，长为委吏、乘田，又聚徒讲学，从事政治活动。年五十任鲁司寇，摄行相事。后又周游列国，终不见用。晚年返鲁潜心教育及文化整理，《诗》《书》《礼》《乐》《易》《春秋》等典籍皆经其整理编订(见图 1-2)。其政治主张、伦理思想、道德观念及教育原则等主要载于《论语》中，对后世影响深远，被后人尊称为"至圣""万世师表"。

图1-2　明　仇英画　文徵明书　孔子圣绩图·删述六经图

《论语》是儒家学派的经典著作之一。关于这本书,我们切不可将其误认为是由孔子一人独立完成,实际上是由孔门弟子及其再传弟子汇集孔子师徒言行而成,共二十篇。《论语》书名为"论纂话语"之意,可见其以语录体和对话体记言的行文特点。全书言简意赅、蕴义深邃,大旨为"仁义道德",主张"克己复礼"、提倡"诗教"和"乐教",重视君子人格的塑造和社会人伦的规范。全书不过一万余字,篇幅不大,但其代表的是儒家学派的顶级智慧,古时候就曾流传"半部论语即可治天下"的说法。这一说法当然不免夸张,但毋庸置疑的是,《论语》所承载的思想和精神深深地影响了中国数千年政治、经济和文化等各个方面的发展。单就教育而言,《论语》自古便是中国文人启蒙的必读之书。南宋著名理学家朱熹将其与《孟子》《中庸》和《大学》同列为"四书"之后,更是成为科举考试的必考书目。书中孔子提倡的"仁义道德"和"诗乐礼教"思想,不仅塑造了中国人"谦谦君子"的文化品格,也确立了中国传统社会"和谐有序"的人伦规范。此书成于战国初期,汉代有今文《鲁论语》《齐论语》和古文《论语》三种,后两者已佚。今本《论语》系东汉郑玄以《鲁论语》为基础,参考、混合各本遗存编集而成。注本以三国魏何晏《论语集解》、南朝梁皇侃《论语义疏》、宋代邢昺《论语注疏》见重于时,何"解"邢"疏"被收入《十三经注疏》(有《四部备要》本)。宋人朱熹的《论语集注》、清人刘宝楠的《论语正义》亦为研究《论语》的重要著作。

孔子开创儒家学派后,桃李满天下,相传有弟子三千,其中贤者七十二人。孔子作古之后,"儒分为八"(《韩非子》),其中主要有两派,一是孟子,出子思一系传道;二是荀子,出子夏一系传经。

孟子(约公元前372—约前289),名轲,字子舆,或作子居、子车。战国时鲁国邹(今山东邹城东南)人。相传孟子是鲁贵族孟孙氏后裔,幼年家贫,在其母亲含辛茹苦的抚养和严格有方的教导下逐渐成长。民间自古流传着"孟母三迁""孟母断机"的教子故事(见图1-3)。《史记·孟轲荀卿列传》记载孟子是"受业于子思之门人",子思即孔子之孙孔伋,故而孟子以得孔子学说之嫡传自居,并宣称"集大成者,自有生民以来未有孔子也"。与孔子遭际相仿,孟子亦历游齐、宋、滕、魏等国,见梁惠王,曾任齐宣王客卿,标榜唐虞三代之德,提倡"仁政""王道",反对诸侯争霸。各国诸侯虽亦以贤者之礼接待,然认为其学说迂阔而不合时宜,均不予采用。晚年遂退居讲学,与弟子门人编著《孟子》。

图1-3 清 康焘 孟母断机教子图(局部) 轴(绢本设色,全图纵88.4cm,横31cm,北京故宫博物院藏)

今本《孟子》共七篇,每篇分上下,共十四卷。与《论语》同在宋代朱熹所言"四书"之列。书中记录了孟子的言行,集中体现了孟子关于政治、道德和教育等方面的主张及原则。全书继承和发扬孔子思想,大旨为"仁义",主张行"仁政"、讲"王道",强调"民贵君轻",重视民心向背,并提出了"性善论",许多言论至今仍被世人视为至理,对中国政治、文化等各个方面影响深远。文体上则发展了《论语》语录体特点,由短篇对话发展为长篇大论,行文以雄辩著称,气势磅礴,感情激越,具有较高的文学价值。此书约成于战国中期,现存注本有汉赵岐《孟子章句》、宋朱熹《孟子集注》、清焦循《孟子正义》。孟子继承并发扬了孔子思想,成为仅次于孔子的一代儒家宗师,有"亚圣"之称,与孔子合称为"孔孟"。

稍后一点的荀子对各家学说皆有所批评,唯独推崇孔子思想,认为是最好的治国理念。虽然同以孔子继承者自居,荀子却并不认同儒家"思孟学派"(子思、孟子一脉),其学说偏向于经验以及人事,继孔子之"仁"和孟子之"义"后提倡"礼"与"法"的并用。他认为人性本恶,否认天赋的道德观念,希望借助圣人的教化来转变百姓的性情,但同时也重视政法制度对人性之恶的惩罚作用,这也正是他能培养出韩非子、李斯等法家代表人物的原因所在。

当代哲学家楼宇烈在其《中国的品格》一书里将儒学发展分为四个阶段,分别是先秦原始儒学、两汉儒学、宋明理学和近现代儒学。上述孔子、孟子和荀子即是先秦原始儒学之代表。

历经秦朝"焚书坑儒"之重创后,至西汉中期,汉武帝为了维护封建专制统治,采纳董仲舒之建议,"罢黜百家,独尊儒术",使儒学重新兴起,并跃居到至为崇高之地位,从此成为漫长封建时代的统治思想。汉代儒学在理论上吸收了诸子各家,特别是阴阳五行学家的思想,内容上得以丰富。两汉儒者致力于把儒学宗教化、政治化和制度化,他们撰写了很多辅助经书的纬书,书中将孔子神化。他们还尊孔子为素王,虽无实际王位,却在地位上将其抬到了与帝王平等之高度。在儒学宗教化方面,两汉儒者的努力并未成功,但在儒家思想制度化方面则非常成功,为儒家争取到了政治上和道德上的主导地位。

宋明之际,儒学进入新的发展阶段,先后出现了以宋代"二程"(程颢、程颐)、张载、周敦颐、朱熹等人为代表的"程朱理学"和以明代陆九渊、王阳明等人为代表的"陆王心学"。宋明理学虽是儒学,但同时借鉴了道家、玄学甚至是道教和佛学的思想,是儒、释、道三家长期互渗互融之结果。其以伦理道德为核心,以思辨为特征,强调"天理"和"良心",而二者只是"理一分殊",从外在和内在两个不同角度论述了同一个道理。宋明理学成功地挽救了儒学自隋唐以来的逐渐没落,其理论的社会作用利弊兼有,深刻影响了封建时代后期的社会发展。

晚清时期,国际时局之剧变和"西学东渐"之进程使儒学受到巨大冲击,一批有志之士并未放弃传统儒学,洋务派倡导"中学为体,西学为用",康有为等人则打破"中体西用"之局限,以"西学"来解释"中学",重构儒家哲学体系,找寻儒学变革之路。如果说宋明理学是将原始儒学做了"形而上学"的提升,那么近代儒学则将儒学引向了"经世致用"的实践性道路。随着封建王朝的瓦解,儒家思想作为封建政权统治思想的根基亦不复存在,儒学在20世纪几度受到惨重的打击。然而即便如此,在每个时代里都会有志士仁人挺身而出,举起儒学复兴的旗帜。他们的努力,推动了现代新儒学的产生。

进入新的时代,国家提倡"重振儒学",整个社会亦重新燃起了学习儒学的热情。《人民日报》于2014年9月25日刊发的《习近平在纪念孔子诞辰2565周年国际学术研讨会暨国际儒学联合会第五届会员大会开幕会上的讲话》一文指出,"包括儒家思想在内的中国传统思想文化中的优秀成分"不仅在中华文明的形成与延续、民族团结的维护、民族的独立以及社会进步的推动等方面意义重大,而且其中还"蕴藏着解决当代人类面临的难题的重要启示"。因此,"对传统文化中适合于调理社会关系和鼓励人们向上向善的内容,我们要结合时代条件加以继承和发扬,赋予其新的含义"。

当代之中国依然需要儒学,对于任何一个民族而言,拥有自己的文化始终是其屹立于世界民族之林的基本姿态。儒学在当下依然能发挥其重要作用,我们所要做的,不是对传统的盲目否定,而是要在现代化的进程中批判地继承,理性地对待。

二、尚礼崇仁

《论语·颜渊》记载孔子有曰:"克己复礼为仁。"其含义大致是说能够做到"克己",即明白自身的社会地位并严格地去约束自己;而后能够自觉地去"复礼",即为人做事均主动实践礼的要求,那么便称得上"仁"了。

"崇仁"是儒学最核心的思想,"尚礼"则是儒家最基本的特征。据杨伯峻先生统计,《论语》中"礼"字出现多达七十四次,而"仁"字更为突出,高达一百〇九次,其重要性由此可见一斑。

孔子对于"礼"的重视源于当时"礼崩乐坏"的社会背景。孔子家乡山东曲阜春秋时属鲁国,此处是周公之子伯禽的封地,也是保存古代周礼最为完好的地方,时人称"周礼尽在鲁矣"(《左传》)。浓郁的礼乐文化氛围使孔子从小便耳濡目染,成人后自觉地形成了传承礼乐文化的责任意识。孔子建立儒学时,社会发生巨变,周天子地位下降,诸侯王实力不断攀升,以致后来架空了周天子,打破了原有的政治格局。相应地,诸侯王开始不满足于现行礼仪和待遇,"僭越"之举时有出现。社会亦随之陷入混乱之局面。

八佾舞于庭,是可忍也,孰不可忍也?(《论语·八佾》)

所谓"佾",指的是古代乐舞的行列。古制,天子八佾,也就是说天子可以享用纵横各八人即六十四人的乐舞规格。而"诸侯用六,大夫四,士二"(《春秋左传》)。季氏为鲁国大夫,却擅自越过"四佾"而改用"八佾",颠覆了礼仪规范,正是孔子的痛心之处。于是他提出了"克己复礼",希望启发世人建立道德自觉性,遵守等级礼仪规范,进而逐步恢复古有之周礼。

孔子认为,"礼"是作为"人"之最基本的准则,"不学礼,无以立"(《论语·季氏》),不掌握"礼"的规范,则无法成为具有独立人格之人。孔子希望将弟子都培养成"君子",显然,徒有先天良好之质地仍是远远不够的。就如山间之璞玉,若要呈现其纯净通透之光泽,则需要匠人精心的雕琢。"礼"便如同这雕琢之器具。孔子高徒仲由(子路)便是很好的例子。子路出身贫寒,年少时从事各种劳作来维持家庭生活,甚至常吃野菜充饥。元代郭居敬辑录的《全相二十四孝诗选》中就有子路"百里负米"奉养双亲的故事(见图1-4),可见其良好之本性。

图1-4 清 任伯年 二十四孝图·仲由负米(局部) (广东省博物馆藏)

第一章 儒行仁爱

在拜入孔门之前，子路由于没有机会接受教育，生性不免有些粗野。初次遇见孔子，甚至还拦住孔子去路，蛮横无理。孔子则耐心讲论道理使其信服，并将其收入门下，使之得到礼仪上的教育。《论语·宪问》记载子路向孔子请教"成人"之道，孔子即叮嘱其"文之以礼乐"。孔子亦在《雍也》篇中说道：

> 质胜文则野，文胜质则史。文质彬彬，然后君子。

只有将先天之朴质与后天之文饰结合起来，才能不至于粗鲁鄙野，亦不至于虚伪浮夸，成为真正意义上之"君子"。东汉刘熙《释名》曰："礼，体也。言得事之体也。""礼"正是衡量"君子"的重要标准，具有明示行为规范的功能："非礼勿视，非礼勿听，非礼勿言，非礼勿动。"（《论语·颜渊》）

《论语·泰伯》亦曰：

> 恭而无礼则劳，慎而无礼则葸，勇而无礼则乱，直而无礼则绞。

即便是我们通常所认为的美好之品德，也必须时时受到"礼"的约束，否则有可能走向另一个极端。孔子讲究"过犹不及"（《论语·先进》），即有这方面的考虑。

> 君子博学于文，约之以礼，亦可以弗畔矣夫！（《论语·雍也》）

作为"君子"，不仅要广泛地学习古代文化典籍，还必须以礼来约束自己，这样才不会离经叛道。在孔门接受了礼仪教育后的子路，最终成为这样的"君子"。《春秋左传》记载，子路在卫国为官，遭遇贵族内讧之乱，身负重伤。临死之际，子路喝道"君子死，而冠不免"，毅然扶正帽子，系好冠缨，从容就义。子路以生命实践了儒者对于"礼"的坚守，令后人敬仰。

战国时代孟子关于"礼"的论述不多，且比较零散，但并非说明孟子对"礼"不够重视。相反，孟子将"礼"与"仁""义"和"智"并视为人之"四端"：

> 恻隐之心，仁之端也；羞恶之心，义之端也；辞让之心，礼之端也；是非之心，智之端也。人之有是四端也，犹其有四体也。（《孟子·公孙丑上》）

> 仁义礼智，非由外铄我也，我固有之也，弗思耳矣。（《孟子·告子上》）

他认为，这些美好的品行皆是与生俱来的，"礼"的萌芽便是"辞让之心"。虽然孟子认为人性本善，然而"礼"的养成也是需要后天努力的："心之官则思，思则得之，不思则不得也。"（《孟子·告子上》）

孟子继承孔子"礼"的思想并有所发展，提出"礼"之标准并非是绝对的，循"礼"不能"只执一端"，要根据实际情况进行权衡："子莫执中，执中为近之，执中无权，犹执一也。"（《孟子·尽心上》）因此，在对待具体问题上孟子有具体之态度：

> 淳于髡曰："男女授受不亲，礼与？"孟子曰："礼也。"曰："嫂溺则援之以手乎？"曰："嫂溺不援，是豺狼也。男女授受不亲，礼也；嫂溺援之以手者，权也。"（《孟子·离娄上》）

"礼"的作用不只体现在个人之修养，孔子曾言"为国以礼"（《论语·先进》），将"礼"视为治理国家的必要手段。

礼之用，和为贵。先王之道，斯为美。（《论语·学而》）

"礼"最大之功用即是促进社会之和谐。若每个人都能"约之以礼"，各循其道而不逾规矩，那么，整个国家就会井然有序，互不冲突。在孔子的年代里，虽然尚未直接提出"法治"之概念，但实际上，"为国以礼"已包含了朴素的"法治"观念。关于"礼"与"法"更深入的探究则交给了后来的荀子及其弟子韩非子、李斯等人。

"尚礼"之风古已有之，频繁见于春秋古籍，并非孔子之始倡。然而，孔子却看到了"礼"之背后更为根本的"仁"。"人而不仁，如礼何？"（《论语·八佾》）"仁"是"礼"的内在之精髓，"礼"则是"仁"的外在之呈现。没有"仁"，也就谈不上"礼"了。

孔子秉持"因材施教"之育人理念，与论"礼"一样，对于"仁"亦无概括性的定义，而是常常依据不同弟子的个性特征和习业情况来给予相应的引导。

樊迟问仁，子曰："爱人。"（《论语·颜渊》）

孔子所谓的"仁"就是泛指这种人与人之间"爱"的关系。如果社会中的每一个人都能向着"仁"这一道德境界努力，都能普遍地关爱我们身边的人，那么这个世界将会因充满了"爱"而变得无比美好。诚然，这么说似乎还是有些过于笼统了。我们再结合孔子的其他言论来看：

(樊迟)问仁，曰："仁者先难而后获，可谓仁矣。"（《论语·雍也》）

宋人邢昺疏曰："言为仁者先受劳苦之难而后乃得功，此所以为仁也已。"（《论语注疏》）即指先要努力付出，然后再收获成果，这其实是"敬学"和"敬业"的体现。为人不可好高骛远，或是夸夸其谈，而应该脚踏实地，坚实前行，如此一来，才能让我们真正有所获益，才有可能达到"仁"之境界。

司马牛问仁，子曰："仁者，其言也讱。"曰："其言也讱，斯谓之仁已乎？"子曰："为之难，言之得无讱乎？"（《论语·颜渊》）

《说文解字》载："讱，顿也。"言语之"讱"指出言缓慢谨慎。孔子告诫司马牛切勿谩言空谈，不假思索，唯有言语上慎重，才能不至于让行动变得更为艰难，进而才能使言行符合周礼，以期达到"仁"之要求。

子曰："巧言令色，鲜矣仁。"（《论语·学而》）

子曰："刚、毅、木、讷，近仁。"（《论语·子路》）

孔子叮嘱弟子言语要"讱"、要"讷"，而勿要"巧言令色"，并非是否定论辩之才的重要性，而是指一个人如果没有真率朴实的言行，徒有花言巧语、虚情假意，那是绝对不具备"仁"之品质的。

"仁"的品质体现在很多方面：

子张问仁于孔子。孔子曰:"能行五者于天下为仁矣。""请问之。"曰:"恭、宽、信、敏、惠。恭则不侮,宽则得众,信则人任焉,敏则有功,惠则足以使人。"(《论语·阳货》)

比如谦恭、宽厚、诚信、勤敏和慈惠。做到这些,才能使人不至于遭受侮辱,才能得到众人的拥护,得到他人的任用,才能提高做事的成效,并且让别人愿意为自己效劳。

"仁"是君子必备的品质,是君子不懈的追求,孔子在《论语·里仁》篇言:

君子去仁,恶乎成名?君子无终食之间违仁,造次必于是,颠沛必于是。

如果离开了仁德,又如何能称之为"君子"呢?君子在任何时候、任何情况下都应该依据"仁"的道德要求行事,丝毫不能违背。

孔子关于"仁"的说法,在《论语》中还有很多,此不详述。归根结底,"仁"为一种最高的品行境界,最终指向的还是达成人际间的一种和谐关系。"仁"是可以追求的,"仁远乎哉?我欲仁,斯仁至矣。"(《论语·述而》)但孔子亦从不将"仁"轻许于人,比如在谈到弟子子路、冉有、公西华时,他都以"不知其仁"(《论语·公冶长》)作评,即便是对于自己最得意的弟子颜回,也只是说"三月不违仁",而别的弟子则"日月至焉而已"。(《论语·雍也》)孔子正是看到了弟子身上所存在的缺点和问题,才针对性地告知他们何谓"仁",如何去做到"仁",要求弟子努力改掉自身之不足,以求最终达到"仁"的道德境界。

继孔子之后,孟子从"仁"的思想出发,将其扩展到人文、自然和社会等更为广阔的范围,丰富了"仁"的内涵,并提出了"仁政"这一核心理念。

孟子以"性善论"作为"仁政"之基础。他认为"仁"是人之"四端"之一,缘起于"恻隐之心"。将这种"恻隐之心"推而广之,于执政者而言,就应该"以民为本",认同人民的重要性,并重视民意,关注百姓之生计。

具体说来,孟子认为施行"仁政",一则要肯定人民生活需求的必然性和合理性,必须"制民恒产",让每家农户皆有百亩之田、五亩之宅,有最基本的生产资料,因为"有恒产者有恒心,无恒产者无恒心。苟无恒心,放辟邪侈,无不为已"(《孟子·滕文公上》)。二则"勿夺其时",保证农民有农作的时间,如此则"数口之家可以无饥矣"(《孟子·梁惠王上》)。三则要"省刑罚,薄税敛"(同上),善待民众,不要过分地剥夺他们。四则还要"谨庠序之教,申之以孝悌之义"(同上),加强道德教育以促进社会良好风气之形成。

孟子还曾提出"民贵君轻"的民本思想:"民为贵,社稷次之,君为轻。"(《孟子·尽心下》)他反对暴政,认为君主只有得到人民的拥护,才能取得和保持统治地位:

得天下有道:得其民,斯得天下矣。得其民有道:得其心,斯得民矣。得其心有道:所欲与之聚之,所恶勿施尔也。(《孟子·离娄上》)

孟子论"仁",虽然更多地呈现为一种自上而下的政治关照,但实际上也包含了在生活中将"仁爱"推而广之的普遍道理。

仁者以其所爱及其所不爱,不仁者以其所不爱及其所爱。(《孟子·尽心下》)

老吾老，以及人之老；幼吾幼，以及人之幼。天下可运于掌。(《孟子·梁惠王上》)

推己及人，推人及物，正体现出儒家"仁"道所倡导的善待他人、善待生命、善待万物的大爱精神。

三、仁本孝悌

《论语·学而》记载：

有子曰："其为人也孝弟，而好犯上者，鲜矣；不好犯上，而好作乱者，未之有也。君子务本，本立而道生。孝弟也者，其为仁之本与！"

有子，名若，孔门七十二贤人之一。有子此论提到了儒家一个很重要的理念，即："孝悌"是"仁"之根本。何谓"孝悌"？《说文解字》言："孝，善事父母者。从老省，从子，子承老也"；"悌，善兄弟也。从心弟声。经典通用'弟'"。"孝悌"二字，涵括了亲长与子女之间以及兄弟姊妹之间的相处之道，构成了我国古代最为基础的家庭伦理。

中国人自古讲究孝道，相传为孔子述作的《孝经·圣治》有言：

天地之性，人为贵。人之行，莫大于孝。

意指天地万物之中，以人类最为尊贵；而人类的行为，没有比孝道更为重大的了。《孝经》在古代影响很大，历代王朝无不标榜"以孝治天下"，在民间，也一直流传着"百善孝为先"的古语，将"孝"视作第一重要的德行。

关于"孝"的含义，我们以孔子对弟子的几则答问来稍作阐释。

子游问孝，子曰："今之孝者，是谓能养。至于犬马，皆能有养，不敬，何以别乎？"(《论语·为政》)

孔子擅长启发式教育，他先从当时人们对于"孝"的普遍认知即"是谓能养"(供养父母使其免于挨饿受冻)切入，然后指出对于"犬马"，人们也能做到养着它们，接着郑重反问道："若是对父母缺少了敬意，这二者又将如何区别呢？"对于"至于犬马，皆能有养"之语，学界还有另一种理解，即"犬马牲畜也会服务于人"，君子侍奉父母当与犬马效劳有所区别。无论是哪种说法，孔子的用意是相通的，即告知弟子，行"孝"于父母，其根本在于一个"敬"字。

子夏也曾向孔子请教孝道：

子夏问孝，子曰："色难。有事，弟子服其劳；有酒食，先生馔，曾是以为孝乎？"(《论语·为政》)

所谓"色难"，即对父母和颜悦色，是最难的。长辈有事情，晚辈为其代劳；有美食佳肴，拿给长辈吃。依照前文所论的"能养"的观点，在一般人看来此处已经很好地尽了"孝"道。但孔子却并不满意，其原因仍在他对"孝"的判断有着更高的衡量标准，即是否有源自内心的"敬"意。而"脸色"正是"敬"这一态度的外在表现。《礼记》中言：

> 孝子之有深爱者，必有和气；有和气者，必有愉色；有愉色者，必有婉容。

凡心中深深敬爱父母之人，脸上必然会有和气、愉色、婉容，而不会有厌烦之心、恼怒之色。生活中很多事都可以勉强，唯有脸色不大容易伪装，因此孔子才说"色难"，脸色最难。能做到对父母始终和颜悦色，才可以说是真孝顺了。至于说长辈有事，做晚辈的帮忙代劳；有美酒佳肴，让长辈享用，固然是应当提倡的，也并不困难，故而不可简单地以此来判断孝顺与否。子夏和子游都是孔夫子的高徒，做到侍奉父母的礼节对他们来说不成问题。孔子担忧的是他们的敬爱之心不够恳切，故而用这些话来警示弟子：君子孝亲不应该求之于外，只做表面文章；而应求之于内，秉承心中敬意。

孟子亦持这样的观点："孝子之至，莫大乎尊亲"（《孟子·万章上》）。"孝"之关键在于"敬"，但"孝"并非是盲目地服从，而应该不违于"礼"。《论语·里仁》有载：

> 子曰："事父母几谏，见志不从，又敬不违，劳而不怨。"

"几谏"，指委婉地劝告。孔子指出：当儿女侍奉父母时，若看到父母有言行不当之处或是与父母意见有不一致的地方，可以劝说和沟通，但是应注意方式上的柔和委婉。即便父母仍然坚持己见，亦不可与之顶嘴吵闹，应始终保持尊敬的态度，但同时要注意不违背"礼"的规范。

通常人们会将"不违"理解为不违背父母之意愿，这其实是不妥的。父母意愿有合理的，亦有不合理的。而"礼"才是孔子所倡导的行为准则。再举一例加以证明：

> 孟懿子问孝，子曰："无违。"樊迟御，子告之曰："孟孙问孝于我，我对曰'无违'。"樊迟曰："何谓也？"子曰："生，事之以礼；死，葬之以礼，祭之以礼。"（《论语·为政》）

孔子于此明确提出了"无违于礼"的孝亲观点。无论是在生前侍奉父母，死时安葬父母，或是死后祭祀父母，都务必遵循"礼"的原则。

《孟子·离娄上》有言：

> 孟子曰："天下大悦而将归己，视天下悦而归己犹草芥也，惟舜为然。不得乎亲，不可以为人。不顺乎亲，不可以为子。舜尽事亲之道而瞽瞍厎豫，瞽瞍厎豫而天下化，瞽瞍厎豫而天下之为父子者定，此之谓大孝。"

孟子以上古贤君舜帝为例，言其将"悦亲"看得比"得天下"更为重要，并将"得亲"和"顺亲"作为行孝的基本要求。但孟子亦并不认同对父母要盲目地服从。比如对于舜"不告而娶"一事，孟子就持权衡变通之观点：

> 不孝有三，无后为大。舜不告而娶，为无后也。君子以为犹告也。（《孟子·离娄上》）

不孝之表现有很多，以未尽到传宗接代为最大之不孝。依照古例，儿子娶妻，必须禀告健在的父母。但是，舜当时有着特殊之情形，一则是尧帝在考察了舜之德行后，已决定将女儿嫁与他；二则是当时舜父对舜还有偏见，禀告父亲并无好处。所以舜帝才"不告而娶"，是为成全"人之大伦"：

孟子曰："告则不得娶。男女居室，人之大伦也。如告，则废人之大伦，以怼父母，是以不告也。"（《孟子·万章上》）

对于父母的一些不合情理的要求和做法，子女是可以根据一定的原则来做权变处理的。这正是舜"不告而娶"，而"君子以为犹告"的原因所在。

孝亲之道，不只体现在如何对待亲长，也体现在如何对待自己。古人认为："身体发肤，受之父母，不敢毁伤，孝之始也。"（《孝经》）因此特别看重对自己身体的爱护，不到万不得已或是成全忠义之时，绝不会自伤身体，令父母担忧。《论语》中记载了这样的场景：

曾子有疾，召门弟子曰："启予足！启予手！诗云，'战战兢兢，如临深渊，如履薄冰。'而今而后，吾知免夫，小子！"（《论语·泰伯》）

曾子得病，将弟子们召到身边说："看看我的脚(有没有损伤)！看看我的手(有没有损伤)！《诗经》说：'小心谨慎呀，好像站在深渊旁边，好像踩在薄冰上面。'从今以后，我知道我的身体是不再会受到损伤了，弟子们！"

曾子借用《诗经》里的三句话来说明自己一生谨慎小心，避免损伤身体，能够对父母尽孝。重病之际仍不忘让弟子查看自己的手脚，以表白自己的身体完好无损，可谓一生恪守孝道之君子。

儒家强调以爱护己身来体现"孝"道，其实也是为君子施行"仁"道打下基础。仁者爱人，一个人如果不爱护自己，做不到自重，又如何尊敬和爱护父母？更谈不上尊重和关爱社会中的其他人了。

爱己，除了体现在爱护自己的身体，还体现在爱护自己的名声。《孝经》中孔子曰："夫孝，德之本也，教之所由生也。"将孝视为道德和品行的根本。《礼记·祭义》亦言："孝有三，大孝尊亲，其次弗辱，其下能养"，"不辱其身，不羞其亲，可谓孝矣。"不让自身受辱，进而不使父母蒙羞，方能称得上君子对父母的"孝敬"。《孟子·离娄上》中亦有言：

事孰为大？事亲为大。守孰为大？守身为大。不失其身而能事其亲者，吾闻之矣。失其身而能事其亲者，吾未之闻也。孰不为事？事亲，事之本也。孰不为守？守身，守之本也。

侍奉双亲是最为重要的，守护自身也是最为要紧的。只有不使自身的言行有所闪失，才能侍奉好双亲。的确如此，"孝"本就是一种德，如果为人子女者不守德行，而做出"不义"之举，无疑会遭人指点唾弃，甚至有牢狱之灾，由此使父母也受到牵连、陷父母于"不义"，自然是"大不孝"之行为。

中华孝道具有非常丰富之内涵，上文讲述了孝亲不仅仅是赡养和物质供给，其关键在于"敬"的态度和情感的关怀；子女应尊重父母意愿，"顺"父母而无违于"礼"；还应珍爱自身而勿使父母担忧，行事循礼勿使父母蒙羞。除此之外，为人子女者还应设法在平日里为父母带去更多的快乐；随时了解父母的身体状况并在其有疾病之苦时给予悉心的照料(见图1-5)；应该继承亲长之遗志并在事业上争取成功；应该行孝及时，将"孝"作为贯穿我们一生的态度。

图1-5 清 任伯年 二十四孝图(孝文帝亲尝汤药|老莱子戏彩娱亲)(广东省博物馆藏)

古人认为，家庭关系的和谐，不仅取决于"父慈子孝"，亦取决于"兄友弟恭"。因此常将"悌"与"孝"一并提起："尧舜之道，孝悌而已矣"(《孟子·告子下》)，"孝弟也者，其为仁之本与"(《论语·学而》)。"仁"，前文已有论述，它是儒家的核心思想之一，而"仁"的根本则在于"孝悌"二字。只有先做到了孝顺父母，敬爱兄长，才具备成为一个仁者的前提。

孟子曰："仁之实，事亲是也；义之实，从兄是也；智之实，知斯二者弗去是也；礼之实，节文斯二者是也；乐之实，乐斯二者，乐则生矣；生则恶可已也，恶可已，则不知足之蹈之，手之舞之。"(《孟子·离娄上》)

孟子将侍奉父母和顺从兄长视为"仁"和"义"的实质，并认为"智"的实质就是明白这两方面的道理而不背离；"礼"的实质就是在这两方面不失礼节，态度恭敬；而"乐"的实质就是乐于做这两方面的事。

"孝"与"悌"本是家庭范围内的一种道德规范，但在儒家看来，它是可以以"仁"和"义"的形式推广到社会范畴的。《论语·学而》载：

其为人也孝弟，而好犯上者，鲜矣；不好犯上，而好作乱者，未之有也。

家庭是每个人最早接触到的人际环境。"孝悌"之道从这一层面上而言可以说是"仁义"之道在家族亲眷间小范围的先行实践。如果一个人能在家庭"孝悌"之道上做得很好，那么就有可能"由孝及忠""由悌及友"，在更大的范围中去实践"仁义忠信"，最终构

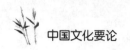

建社会之和谐。通过血脉亲缘的情感纽带和礼法纲常来维系社会的安定,正是儒家的智慧选择。

或谓孔子曰:"子奚不为政?"子曰:"书云:'孝乎惟孝,友于兄弟,施于有政。'是亦为政,奚其为为政?"(《论语·为政》)

当有人质疑孔子为何不去从政时,孔子引用尚书之言予以回答,并称"将孝悌这个道理施于政治,其本身就是从政",这无疑将"孝悌"提高到了政治的高度。孔子还在《论语·子路》中将"孝悌"作为衡量是否称得上"士"的重要标准:"宗族称孝焉,乡党称弟焉"。汉代实行"举孝廉"的人才选拔机制,即可溯源于此。

孟子亦对"孝悌"之道的含义进行了推广。《孟子·离娄上》载:

孟子曰:"人人亲其亲,长其长,而天下平。"

如果每个人都能亲近和尊敬自己的亲长,那么,整个天下就会变得太平。在此基础上,孟子将家庭之爱延伸到了社会之爱。《孟子·梁惠王上》载:

老吾老,以及人之老;幼吾幼,以及人之幼。天下可运于掌。

孟子认为,尊敬自己的长辈,进而尊敬别人的长辈;关爱自己的晚辈,进而关爱别人的晚辈;将"仁心"推广则足以使天下安定。古代圣贤的过人之处正在于他们善于推广自己的德政善行。如果梁惠王也能如此去做,那么治理天下就会像在手中运转东西那样容易。当代所提倡的"尊老爱幼",就是"孝悌"观念的社会化表现。

"仁"是儒家所崇尚的人格境界,推行"仁爱"是儒家孜孜以求的社会理想。在"尚礼崇仁"的漫长历史中,我国形成了许许多多优秀的传统美德,比如尽忠守信、见利思义、乐善好施、勤劳俭朴、谦和好礼、廉洁奉公、爱国奉献,等等。这些美德历经数千年而不衰,是我们民族最宝贵的精神财富。孙中山先生曾表示,中国人不能忘记存在的共有道德,他非常重视固有道德在民族复兴中的地位。而今,在新的时代里,中华传统美德更是成为社会主义核心价值观的重要源泉,值得我们每个人将其作为日常工作生活的行为准则去努力践行。

第二章　道法自然

　　提起道家，不熟悉的人可能会混同于道教，于是脑海中最先浮现出来的是城隍庙里端坐高堂的城隍老爷；玄妙观里身着道袍的清苦道士；武当山上气定神闲，以四两之力拨起千斤之物的太极宗师；抑或是《西游记》中那位手执白拂尘，还爱捧个宝葫芦的太上老君；还有民间传说里漂洋过海、各显神通的八位神仙等。道教文化固然深入人心，且与道家有着密切的关联，却并非等同于道家，正如佛教不等同于佛学。前者是宗教信仰，后者则是构成中国传统文化之主干的学术思想。生活中，我们常说"有所为、有所不为"，勉励自己"千里之行，始于足下"，还常说"天网恢恢，疏而不漏"，这些精辟话语就来自道家创始人老子；又如"柔弱胜刚强"的太极拳，"知白守黑"的围棋、书法和篆刻艺术，都是道家哲学的体现。道家思想还深刻影响了历代文人，如魏晋竹林七贤、陶渊明和盛唐李白等人，并使他们的作品呈现出或睿智辩证的哲思，或浪漫飘逸的情致。本章即让我们来了解道家学派，梳理其源流，介绍其代表人物、重要作品和主要思想，共同感悟"道法自然"的最高智慧。

（本章执笔：黄毅）

道家学派是以老子和庄子之学说为代表的学术派别，形成于先秦时期。其学说以"道"为最高哲学范畴，将"道"视为宇宙万物之本原，并用"道"来探究自然、社会与人生三者之关系，对后世影响极为深远。汉代初期采用道家思想治国，使人民在秦朝苛政之后得以休养生息，成就了"文景之治"。汉代中期"独尊儒术"后，道家思想受到了压制，随着魏晋南北朝时期盛行谈玄之风，道家开始对"老庄"进行重新阐释，以儒道合流的新形式形成了玄学。尽管说道家思想未能成为封建社会的统治思想，但其始终与儒家思想相辅相成，在经济、文化、艺术、科技等方面发挥着重要作用。

一、紫气东来

道家学派的创始人是春秋时期的智者老子。现代学者胡适将老子评价为中国哲学的鼻祖，中国哲学史上第一位真正的哲学家。

关于老子的生平，历来众说纷纭，就连西汉史学家司马迁也不能尽判，因此只能在《史记》中留下比较模糊的记载。据说老子姓李，名耳，字聃，是楚国苦县厉乡曲仁里(今河南鹿邑县东)人。他曾经担任过"周守藏室之史"，即周王室管理典籍之史官。老子生卒年不详，大约与儒家创始人孔子处于同一时代，年纪要长于孔子，孔子曾向老子请教"礼"的学问：

孔子适周，将问礼于老子。老子曰："子所言者，其人与骨皆已朽矣，独其言在耳。且君子得其时则驾，不得其时则蓬累而行。吾闻之，良贾深藏若虚，君子盛德，容貌若愚。去子之骄气与多欲，态色与淫志，是皆无益于子之身。吾所以告子，若是而已。"(《史记·老子韩非列传》)

老子启迪孔子宜抛弃骄傲之习气和过多之欲望，认为踌躇满志之神色和过于阔远之心志皆对其自身发展无有益处。在《礼记·曾子问》和《庄子》的《知北游》《天道》《天运》等古籍中也有关于孔子问礼于老子的记载，老子表达了诸如要遵循自然规律、顺应外物、戒除智巧骄恣等观点(见图 2-1)。孔子在向弟子讲述老子时，盛赞"至于龙吾不能知，其乘风云而上天。吾今日见老子，其犹龙邪"！

对于孔子问礼一事之真实性，学界颇有质疑。历史学家顾颉刚分析道：

老子为什么会成为孔子的老师？我认为这不是讹传的谣言，乃是有计划的宣传。老子这个学派大约当时有些势力，但起得后了，总敌不过儒家。他们想，如果自己的祖师和儒家的祖师发生了师弟的关系，至少能耸动外人的视听，争得一点学术的领导权。于是他们造出了一件故事……想不到他们这种宣传不但如了愿，竟至超过了预期，而使儒家承认为事实。(《秦汉的方士与儒生》)

顾先生在此书中进一步指出，道家学派的后人还有意拉拢黄帝，称老子为"太祖高皇帝"，黄帝为"肇祖原皇帝"，将学派的开创时代直顶到有史之始。而原本发踪指示的杨朱则早被一脚踢开，学术系统亦从此弄乱。

图 2-1　明　仇英画　文徵明书　孔子圣绩图·问礼老聃图(局部)

老子《道德经》有曰"言者不如知者默",可见其一生信奉"有智慧的人,必定是沉默寡言的人"。那么为何还是写出了五千余字的《道德经》呢?《史记》中道明了老子的创作原委:

老子修道德,其学以自隐无名为务。居周久之,见周之衰,乃遂去。至关,关令尹喜曰:"子将隐矣,强为我著书。"于是老子乃著书上下篇,言道德之意五千余言而去,莫知其所终。

因周王室发生内乱,且其本人亦厌倦了职官生涯,于是决定弃官,欲出函谷关而西游。当其将要出关之际,关令尹喜善观天象,见有紫气从东而来,心知将有圣人过关,果然老子骑着青牛而来(见图 2-2)。这便是成语"紫气东来"之出典,旧时用以比喻吉祥之征兆。关令尹喜知道老子决心归隐,无法挽留,于是强行要求其将满腹智慧著述成书。老子无奈,于是写下了这部《道德经》,而后不知所终。

此书以"道德"为名,并非我们今天意义上表示为人品行之"道德",而是分开而论的。上篇起首为"道可道,非常道;名可名,非常名",故人称《道经》;下篇起首为"上德不德,是以有德;下德不失德,是以无德",故人称为《德经》,合称为《道德经》。可见,这里的"道"指的是宇宙之根本,含天地变化之机,蕴阴阳变幻之妙;而这里的"德"则是"得""得到"的意思,言处世之方,含人事进退之术,蕴长生久视之道。据说关令尹喜得此奇书,如获至宝,终日默诵,最后竟辞去关令之职,追随老子化胡西域。

《道德经》,又名《老子》《道德真经》《老子五千文》,分上下两篇,共八十一章。此书多韵文,篇幅虽不算长,但论述精辟,蕴含的哲学思想奥妙深邃。德国哲学家尼采曾评价此书为"老子思想的集大成""像一个永不枯竭的井泉,满载宝藏,放下汲桶,唾手可得";现代作家鲁迅直言:"不读《道德经》一书,不知中国文化,不知人生真谛。"《道德经》从宇宙论伸展到人生论,再延伸到政治论,自古以来,对中国甚至国际社会的文学、经济、科教、经营管理等各大领域均产生了巨大的影响。俄国作家托尔斯泰、德国科学家爱因斯坦等人都曾收藏和阅读此书。美国学者蒲克明还曾预言:"当人类隔阂泯除,四海成为一家时,《道德经》将是一本家传户诵的书。"《道德经》在西方世界被视为至宝,据联合国教科文组织统计,此书的世界销量排名仅次于《圣经》,是公认的最古老的"大成智慧学"著作。历史上为《老子》作注解者甚多,比较重要的有被收入《诸子集成》的晋代王弼的《老子注》和清代魏源的《老子本义》。

图2-2　明　张路　老子骑牛图(纸本设色,纵101.5cm,横55.3cm,台北故宫博物院藏)

战国时期的庄子继承老子思想并有所发展,后人将老、庄二人并称,同为道家学派之代表。据《史记》记载,"庄子者,蒙人也,名周"。关于"蒙"的现代地理位置,学界有多种说法,包括河南商丘说、安徽蒙城说、山东东明说等。庄子生卒年份不详,大约"与梁惠王、齐宣王同时"。

庄子是宋国公室后代,其先祖可追溯到宋国第十一代国君宋戴公。与同时代的孟子一样,庄子亦是战国中期的高级知识分子,以其广博之才学获取财富高位如探囊取物,然而他们的人生历程却大相径庭。孟子师承孔子,秉持"学而优则仕"的人生观,将从政为官视作人生的终极目标,故其一生就像孔子那样,周游列国,推行他的治国方略;庄子则不然,他传承老子"清静无为"的思想,漠视名利富贵。《史记》中说庄子"尝为蒙漆园吏",但《庄子》一书却了无痕迹。对于"蒙漆园吏",学界解释有二,或说漆园为古地名,庄子曾为小吏于此;或说庄子曾在蒙邑中为吏,主督漆事,总之是不大的官职,且为官并不长久。

楚威王闻庄周贤，使使厚币迎之，许以为相。庄周笑谓楚使者曰："千金，重利；卿相，尊位也。子独不见郊祭之牺牛乎？养食之数岁，衣以文绣，以入大庙。当是之时，虽欲为孤豚，岂可得乎？子亟去，无污我。我宁游戏污渎之中自快，无为有国者所羁，终身不仕，以快吾志焉。"(《史记·老子韩非列传》)

当时周王朝名存实亡，诸侯争霸天下，社会动荡，民不聊生。庄子不愿参与黑暗的政治活动，因而对于楚威王的"千金"之礼遇和"卿相"之延揽，他不但不拜谢，反而感到蒙受了奇耻大辱，遂让使者速速离开，以免污了自己的志向。庄子重生、乐生、崇尚个性解放，追求心境逍遥，所以选择了隐居治学(见图2-3)。他宁愿像乌龟一样在泥塘自寻快乐，也不愿意受到国君之约束，誓言一辈子不为官，只求精神上的自由和快乐。

图 2-3　明　陈洪绶　隐居十六观图册·访庄(纸本设色，纵21.4cm，横29.8cm，台北故宫博物院藏)

庄子的学识很广，可谓"无所不窥"。他将对宇宙和人生的思考著述成书，达"十余万言"，"以明老子之术"(同上)。《庄子》一书最早见录于《汉书·艺文志》，据其记载，有五十二篇。当时从战国中晚期逐步流传、糅杂、增益，至西汉才大致成形，可惜这一版本今已失传。现今可见之《庄子》，仅有三十三篇，分内篇七、外篇十五和杂篇十一，乃源于晋代郭象之注本。可见，此书未能完整流传，而后代学者对于三十三篇之真伪亦多有争议。通常认为，《庄子》内篇当为庄子本人自著，外篇乃自著和后学著述兼有，杂篇之情形则更为复杂，或有纵横家之文混入其间，也未可知。

《庄子》一书情思浪漫、文采斐然，在先秦诸子散文中独树一帜。庄子的创作特点可概括为"以卮言为曼衍，以重言为真，以寓言为广"(《庄子·天下》)。所谓卮言，即自然无心之言。庄子不是有意识地站在某一个角度去发表议论，而是任意诉说，如同倒酒一样任其流淌。所谓重言，即援引或摘录前贤或古人之言论，比如借托老子、孔子和孔门弟子之言来表达自己的观点，并增加自己言语的说服力和权威性。至于前贤古人是否讲过这些话，则无从考证。所谓寓言，则是通过虚构和别有寄托的语言，比如禽言兽语，或是离奇故事，或是与历史人物海阔天空的对话等来表达自己的见解。《史记》中称庄子"其言洸洋自恣以适己，故自王公大人不能器之"。汪洋浩漫、纵横恣肆，切合自身之性情，正是庄子文学语言的风格特征。鲁迅亦曾对庄子文章给予极高评价："汪洋辟阖，仪态万方，晚周诸子之作，莫能先也。"（《汉文学史纲要》）

二、自然无为

五千言的《道德经》，可谓字字珠玑。老子用凝练简洁、高度概括的文字阐明了他对于"道法自然"之恒久真理的根本探究，对于"上善若水"之崇高人格的不懈追求，以及对于"无为而治"之执政理想的坚定持守。

其一，道法自然。

老子的哲学以"道"为核心，这也是他提得最多的一个字。帛书《老子》开篇即言：

道，可道也，非恒道也。名，可名也，非恒名也。无名，万物之始也；有名，万物之母也。故恒无欲也，以观其妙；恒有欲也，以观其所徼。两者同出，异名同谓。玄之又玄，众妙之门。

老子开宗明义，意在点明"道"的主要特征："道"是可以阐述解说的，但是，可以用言语来阐述解说的"道"并非是永恒存在之"道"；"名"亦是可以定义命名的，但是，可以用词汇来定义命名的"名"亦并非永恒存在之"名"。然而，老子之"道"从一开始就是"玄之又玄"，让人无法言说的，所以，数千年来，甚至永远不会有人说得清楚。

尽管如此，我们还是能有一些共识，即"道"是宇宙的本体，是世界万物的本原，但同时也是不可认识的精神性的存在。所以，老子之"道"亦并非纯粹的唯心主义思想。

在老子看来，"无"是天地万物之初始，"有"是天地万物之本原。"无"可以让人观察"道"之微妙，"有"可以让人察觉"道"之边际。"无"和"有"其实出于"道"这一相同之根源，而只是"名"不同罢了。

他在《道德经·第四十章》补充道：

天下万物生于有，有生于无。

"道"本就是"虚无"的，"虚无"才是永恒的存在。但这个"虚无"又能生发出"有"，生发出万事万物来。由此可见，老子心中的"道"，既不是纯物质的，也不是纯精神的，而是超越物质与精神的一种独立存在，它是虚无的、抽象的。《道德经·第四十二章》亦言：

道生一，一生二，二生三，三生万物。万物负阴而抱阳，冲气以为和。

此话更详尽地阐释了"道"是形成世界的本原。道是无极（即虚），无极生太极（即一，混沌，阴阳未分之元气）；太极生两仪（即阴阳二气）；两仪生三才（即天、地、人），三才生四象，四象生五行……生生不息，而成万物。

从另一层面上来说，"道"又具有"规律"和"法则"之意义：

有物混成，先天地生。寂兮寥兮，独立而不改，周行而不殆，可以为天地母。吾不知其名，强字之曰：道，强为之名曰：大。大曰逝，逝曰远，远曰反。故道大，天大，地大，人亦大。域中有四大，而人居其一焉。人法地，地法天，天法道，道法自然。（《道德经·第二十五章》）

"道"是自始既有、无所不在且永恒运转的，我们只能勉强地将其命名为"道"。"道"连同"天""地""人"，并称为宇宙中的"四大"。后三者均以"道"为根本法则，而"道"则又以"自然"为最高原则。可见，老子所言之"道"，实质上是一种自然秩序和法则，它既涵括了日月星辰在天穹中的不息运行、生命万物在大地上的周期性变化，也可体现为人类社会的行为准则与道德规范。

孔德之容，惟道是从。道之为物，惟恍惟惚。（《道德经·第二十一章》）

"道"是形而上的，似有似无，恍恍惚惚。但是，"道"并非不可捉摸，其在社会人生中体现为"德"的形式。"德"始终依循"道"而存在。

道生之，德畜之，物形之，势成之。是以万物莫不尊道而贵德。（《道德经·第五十一章》）

"道"之功用在于化生和缔造万物，"德"之功用则在于将"道"好好地养护。有生有养，才能构成基本的形态。因此，万事万物都以"道"为尊，且以"德"为贵。

其二，上善若水。

老子非常看重"德"之于人的作用，《道德经·第五十五章》言：

含德之厚，比于赤子。毒虫不螫，猛兽不据，攫鸟不搏。骨弱筋柔而握固。未知牝牡之合而朘作，精之至也。终日号而不嗄，和之至也。

老子将道德涵养浑厚之人比作初生之婴孩(见图2-4)，认为有了"德"的护养，就不会轻易被邪物所侵害，就能元气充沛而精神和谐。修德，正是为了达到"复归于婴儿"的本初状态，如《道德经·第二十八章》所言：

知其雄，守其雌，为天下谿。为天下谿，常德不离，复归于婴儿。
知其白，守其黑，为天下式。为天下式，常德不忒，复归于无极。
知其荣，守其辱，为天下谷。为天下谷，常德乃足，复归于朴。

心知雄强、光明和荣耀却不争，甘守雌柔、黑暗和屈辱，这样，永恒的"德"才不会离开自身，内心才会充盈，人才会恢复到质朴纯真的状态。

老子提倡为人应该做到淡泊宁静，他称自己"独泊""独顽且鄙"（《道德经·第二十章》），独异于众人。具体来说，则要做到"致虚极，守静笃"（《道德经·第十六章》），使自己的心境达到极致的虚空寂寞，坚守彻底的清静无欲；要戒除"宠辱若惊"，要"贵身""爱身"(《道德经·第十三章》),只有如此,才能全性保真,傲然独立,承担起治理天下之大任。

图 2-4　南宋 陈宗训 秋庭戏婴图 页(绢本设色,纵 23.7cm,横 24cm,北京故宫博物院藏)

老子还在《道德经·第二十二章》指出:

曲则全,枉则直,洼则盈,敝则新,少则得,多则惑。是以圣人抱一为天下式。不自见,故明;不自是,故彰,不自伐,故有功;不自矜,故长。夫唯不争,故天下莫能与之争。

这是为人处世的辩证法原则。老子一连用了六种相互对立的形态来说明"不争",方能"天下莫能与之争"的道理。这些原则皆为圣明之人所坚守,并成为应对天下事理的典范。因此,每个人都切勿自作聪明、自以为是、居功自夸和骄傲自大。

"知人者智,自知者明"(《道德经·第十三章》),能了解他人固然是一种智慧,但了解自己,才是更大的聪明。"重为轻根,静为躁君,是以君子终日行不离辎重"(《道德经·第二十六章》),沉稳厚重方能防止轻率,致虚守静方能抑制浮躁,君子理应养成沉稳厚重之品性。

大成若缺,其用不弊。大盈若冲,其用不穷。大直若屈,大巧若拙,大辩若讷。静胜躁,寒胜热。清静为天下正。(《道德经·第四十五章》)

万事万物皆是相反相成的,最好的物品看起来总会有其残缺的痕迹,最充盈的东西看起来总会有其空虚的表现,但这并不妨碍其功用的永恒。最正直的反像是弯曲,最灵巧的反显出笨拙,最善论的辩士反不免言谈迟钝。因此,具备潜心静气而不受外扰的修为,才能使天下大治。

在万物之中，老子最为推崇"水"，并以其来代指最崇高的德行。

上善若水。水善利万物而不争，处众人之所恶，故几于道。居善地，心善渊，与善仁，言善信，政善治，事善能，动善时。夫唯不争，故无尤。（《道德经·第八章》）

上善之人如同水一样，滋养万物而不与之争夺。能安处于众人所不愿处的低洼之地，默默无闻，藏身世外，最接近于"道"的本原。"天之道，利而不害。圣人之道，为而不争。"（《道德经·第八十一章》）在老子看来，水正好对应了有德之人谦卑、沉稳、亲仁、不争等优点，是圣人之德的最好象征。

水，还是"以柔克刚"的智慧体现。

天下莫柔弱于水，而攻坚强者莫之能胜，以其无以易之。弱之胜强，柔之胜刚，天下莫不知，莫能行。（《道德经·第七十八章》）

水能滋润万物，在方为方，在圆为圆，去高就下，水其自然，可谓柔之至、弱之极，然而它却能斩关夺道，决堤冲坝，穿石毁物，无坚不摧，无所不至。老子从水"至柔而至刚"的品性中获得了人生的大智慧：

人之生也柔弱，其死也坚强。草木之生也柔脆，其死也枯槁。故坚强者死之徒，柔弱者生之徒。是以兵强则灭，木强则折。强大处下，柔弱处上。（《道德经·第七十六章》）

无论是人，或是草木，柔软意味着存活，僵硬意味着死亡。辩证观之，物极而必反。因此，柔弱方能处于上位，方能战胜刚强。为人处世，亦需以柔和宽容之心待人，以水滴石穿之力对待困难，而不可逞强斗胜。

《吕氏春秋》称"老聃贵柔"。老子所谓的"柔弱"是一种内在的生命力，并不是虚弱，更不是脆弱和软弱，而是可以战胜刚强的可贵品质。柔之所以能胜刚，正在于柔弱者有自知之明，有危机感，临危时能谨慎小心，踏踏实实，不骄傲自满，不忘乎所以。这也正是诸如在官渡之战、淝水之战等古代许许多多的战役中弱小的一方能战胜强大的一方的原因所在。

其三，无为而治。

"德"不仅是对于个人修身的要求，亦是可以推及天下的品行。

修之于身，其德乃真；修之于家，其德乃余；修之于乡，其德乃长；修之于邦，其德乃丰；修之于天下，其德乃普。故以身观身，以家观家，以乡观乡，以邦观邦，以天下观天下。（《道德经·第五十四章》）

这段话与儒家"修身、齐家、治国、平天下"之论意义相仿。老子同样认为，个人尊"道"和贵"德"的更大意义在于实现天下的大同。

执古之道，以御今之有。能知古始，是谓道纪。（《道德经·第十四章》）

把握古有之道，用来驾驭当今的具体事物。能够了解宇宙的初始，就可称为道之纲纪。因此，《道德经》里也有诸多关于治国的理念。

比如在军事上反对穷兵黩武：

夫兵者，不祥之器，物或恶之，故有道者不处。(《道德经·第三十一章》)

以道佐人主者，不以兵强天下，其事好还。师之所处，荆棘生焉。大军之后，必有凶年。(《道德经·第三十章》)

老子视兵器为不祥之物，认为战争于双方皆是极大之灾难。因此，他反对主动发动战争，主张哀兵必胜。

又如在治民上提倡守其纯朴：

古之善为道者，非以明民，将以愚之。(《道德经·第六十五章》)

绝圣弃智，民利百倍；绝仁弃义，民复孝慈；绝巧弃利，盗贼无有……见素抱朴，少私寡欲；绝学无忧。(《道德经·第十九章》)

老子认为古时善于以道治国者，皆非教其民众精于智巧伪诈，而是将民众引向淳厚朴实。圣智、仁义、巧利皆是伪饰，唯有保持纯洁朴实的本性，减少私欲杂念，抛弃圣智礼法的浮文，才能免于忧患。

再如在执政上主张善待民众：

民之饥，以其上食税之多，是以饥。民之难治，以其上之有为，是以难治。民之轻死，以其上求生之厚，是以轻死。(《道德经·第七十五章》)

民不畏死，奈何以死惧之。……夫代司杀者杀，是谓代大匠斫。夫代大匠斫者，希有不伤其手矣。(《道德经·第七十四章》)

国之利器不可以示人。(《道德经·第三十六章》)

老子认为，治国者生活奢靡，残酷盘剥，陷百姓于饥荒，则社会必乱。以刑杀治国是无用的，反而会招致更猛烈的反抗。因此，刑法政教等切不可轻易用来吓唬人。若要国泰民安，治国者应减轻赋税，减少对民众的折腾。

综而观之，老子最核心的治国理念则在于从"道"所生发出来的"无为而治"。

道常无为而无不为。侯王若能守之，万物将自化。化而欲作，吾将镇之以无名之朴，镇之以无名之朴，夫将不欲。不欲以静，天下将自定。(《道德经·第三十七章》)

"无为"并非简单意义上的"无所作为"，乃"顺应自然"而"不妄为"之意。老子认为，"道"永远是通过"无为"来达到"无不为"的。侯王如果能在为政治民时遵循这一原则，那么万事万物就会自我化育、自生自长而得以充分发展。当其自生自长而产生贪欲时，可用"道"的真纯质朴来镇服它，那样就不会产生贪欲之心了。万事万物没有了贪欲之心，天下便可自然而然地达到稳定安宁。

天下神器，不可为也，不可执也。为者败之，执者失之。是以圣人无为，故无败，故无失。(《道德经·第二十九章》)

"天下"如同神圣之器物，不可勉力而为，不能刻意把持。若是如此，则必将失去它。圣人唯有做到"无为而治"，方能拥有并治理好天下。

正因如此，"无为"思想成为古代圣人始终坚守之理念：

是以圣人不行而知，不见而明，不为而成。(《道德经·第四十七章》)

是以圣人居无为之事，行不言之教，万物作而弗始也，为而弗志也，功成而弗居也。(《道德经·第二章》)

无为而无不为，取天下常以无事。(《道德经·第四十八章》)

老子认为，治国最忌肆意妄为、扰民害民。秉持清静无为的执政态度，以及少私寡欲的自身修养，则百姓可"自化""自正""自富""自朴"(《道德经·第五十七章》)，进而实现"小国寡民"(《道德经·第八十章》)的社会理想：

小国寡民。使有什伯之器而不用；使民重死而不远徙。虽有舟舆，无所乘之；虽有甲兵，无所陈之。使人复结绳而用之。至治之极。甘其食，美其服，安其居，乐其俗，邻国相望，鸡犬之声相闻，民至老死不相往来。

这段话可以说是老子所描述的世外桃源般的理想社会：国家小，人民少；百姓吃得香，穿得漂亮，住得安逸；既不愿冒着生死向远处迁徙，也用不着舟船车舆，更用不着兵器，各种各样的器具都不用，甚至结绳记事就好；邻国之间鸡鸣犬吠之声相闻，虽如此之近，但两国的百姓也不会相互往来(见图2-5)。

图 2-5　清　黄慎　桃花源图(局部) (纸本设色，纵 38cm，横 349cm，安徽省博物院藏)

后人常认为老子此言倡导与世隔绝，是抛弃文明、脱离现实，甚至反逆历史的蒙昧复古思想。但我们不得不注意到，这不过是老子在其所处的那个特定的时代里所提出的美好愿望。老子的诸多政治思想皆"出于对当时社会弊病的极度愤怒和极端失望"，"就其对社会现实认识分析的尖锐深刻程度而言，老子却是言前人之未能言和未敢言，确实惊世骇俗，振聋发聩，具有震撼人心的力量，其时代的进步意义不言而喻"(饶尚宽《老子》前言)。

三、万物齐同

关于庄子的哲学思想，司马迁《史记》认为"其要本归于老子之言"。确如其言，在对于"道"这一核心学说的认识上，二者是一脉相承的。但就《庄子》书中所讲述的寓言、所阐发的义理以及对老子思想所做的评述来看，二者的思想构架是有所差别的，其关怀亦不尽相同。清代林云铭在《庄子因·总论》中称其"大旨不外明道德，轻仁义，一生死，齐是非，虚静恬淡，寂寞无为而已"。

其一，大道无为。

《庄子·大宗师》论"道"：

夫道，有情有信，无为无形；可传而不可受，可得而不可见；自本自根，未有天地，自古以固存；神鬼神帝，生天生地。

庄子认为："道"是真实而可信的，但它从无主观之作为，也不会留下任何之痕迹。我们可以传述，却无法去承受它；可以去体悟，却无法去瞧见它。它是万物最原始之根本，在没有天地以前就一直存在着。它造就了鬼神和上帝，产生了天和地。此段"道"论在思想上可谓直承老子，其语言表述则更为生动。

《庄子·知北游》有一段对话，东郭子向庄子请教"道"之所在，庄子答曰"无所不在"，并具体指出"在蝼蚁""在稊稗""在瓦甓"，甚至"在屎溺"。庄子认为"道"并非是高高在上的，无论多么低贱卑微的地方皆有"道"的存在。英国科学家李约瑟在《中国科学技术史》中曾引庄子之论探讨中国科学思想之起源，并称"这正是科学家对万物一视同仁的无偏爱态度"。

天地有大美而不言，四时有明法而不议，万物有成理而不说。圣人者，原天地之美而达万物之理。是故至人无为，大圣不作，观于天地之谓也。（《庄子·知北游》）

"道"是客观存在的，天地有伟大的美德，四季有明确的法则，万物有严密的道理，这些都不会明说。圣贤之人所要做的，不过是认真去观摩并遵循它。因此，最高明的人是"无为"的，是"不作"的。

"无为"，于个人而言是一种养生之道。《庄子·刻意》中言：

若夫不刻意而高，无仁义而修，无功名而治，无江海而闲，不道引而寿，无不忘也，无不有也。澹然无极而众美从之。此天地之道，圣人之德也。故曰：夫恬淡寂漠，虚无无为，此天地之本而道德之质也。

庄子将恬淡、寂寞、虚空和无为视为天地最大的平衡，即道德之本质。圣人总是在休养，所以才能平易和气，才能恬淡无欲。如此一来，忧患和邪气就无法侵袭，德行才能完整，精神才能饱满。"纯粹而不杂，静一而不变，淡而无为，动而以天行，此养神之道也。"（《庄子·刻意》）

"无为"，于国家而言则是一种执政之道。《庄子·天地》中言：

天地虽大，其化均也；万物虽多，其治一也；人卒虽众，其主君也。君原于德而成于天，故曰：玄古之君天下，无为也，天德而已矣……古之畜天下者，无欲而天下足，无为而万物化，渊静而百姓定。

庄子认为国君治理天下应本于德行而成全于自然，戒除了贪婪之欲望则天下将变得富足，不刻意去作为则万物将自我化生和发展，秉持着深沉静默之心则百姓万民将变得安宁稳定。《庄子·在宥》亦言：

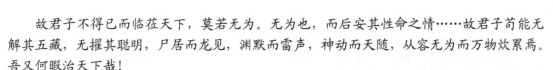

故君子不得已而临莅天下，莫若无为。无为也，而后安其性命之情……故君子苟能无解其五藏，无擢其聪明，尸居而龙见，渊默而雷声，神动而天随，从容无为而万物炊累焉。吾又何暇治天下哉！

庄子将临莅天下视为君子不得已之行为，那么，即便做了帝王，亦理应尽可能不去炫耀自己的聪明才智，让自己的精神活动处处合乎于自然，从容自在，无所作为，这样才能使天下人的自然本性得到安宁，使万物充满生机。因此，治理天下是多此一举的事情。庄子也倡行辩证哲学，提倡"不争之争""无用之用"等，这些思想皆与老子"无为而无不为"之理念一脉相承。

其二，逍遥物外。

《庄子·天运》记曰：

古之至人，假道于仁，托宿于义，以游逍遥之墟，食于苟简之田，立于不贷之圃。逍遥，无为也；苟简，易养也；不贷，无出也。古者谓是采真之游。

仁爱和大义，在庄子看来，不过是至圣之人暂时之凭借罢了，以"无为"漂游于逍遥之境才是他们长久之追求。

"逍遥游"可谓庄子人生哲学之最高境界。《庄子》开篇即以"鲲鹏"为喻，描述了"逍遥游"之含义。

北冥有鱼，其名为鲲。鲲之大，不知其几千里也；化而为鸟，其名为鹏。鹏之背，不知其几千里也。怒而飞，其翼若垂天之云。是鸟也，海运则将徙于南冥。南冥者，天池也。《齐谐》者，志怪者也。《谐》之言曰："鹏之徙于南冥也，水击三千里，抟扶摇而上者九万里，去以六月息者也。"

庄子笔下之"鲲鹏"身形宏伟巨大，羽翼遮天蔽日，奋起南飞，击起三千里的波涛，能借着风扶摇直上九万里的高空。如此情境，令人叹绝。他接着以"蜩"和"学鸠"做了对比陈述，说明世间万物有大小境界之不同。进而又以"朝菌""蟪蛄"与"冥灵""大椿"乃至"彭祖"对比，阐述了"小知与大知，小年与大年"之区别。庄子接着论及"人"亦有境界之分，然而即便是能御风而行的"列子"，亦"犹有所待"，不得不倚靠风来漫游。那么，如何才能达到"无所待"呢？

若夫乘天地之正，而御六气之辩，以游无穷者，彼且恶乎待哉！故曰：至人无己，神人无功，圣人无名。

庄子认为，唯有把握天地之本性，顺从气候之变化，畅游于无穷之世界，才能做到无须依托而绝对自由之境界。最后，庄子一语点破"逍遥游"之真正含义，即："至人无一己之私念，神人无功业之束缚，圣人无名声之牵挂。"(见图2-6)

可见，"逍遥"是超越了世俗价值观念之限制而达到的一种自由而快乐的心灵状态，亦是一种保全天性的真人品格。在庄子看来，达到这种境界的最好方法就是"心斋"和"坐忘"。

图 2-6　齐白石　借山图册·逍遥游图　册页(纸本设色，纵 34cm，横 45.5cm)

关于"心斋"之含义，庄子是借用孔子和弟子颜回之对话来阐述的。

回曰："敢问心斋。"仲尼曰："若一志，无听之以耳，而听之以心；无听之以心，而听之以气。听止于耳，心止于符。气也者，虚而待物者也。唯道集虚。虚者，心斋也。"(《庄子·人间世》)

可见，"心斋"并非简单的斋戒清心，而是指沉静下来，摒除杂念，专一凝神，让自己的心灵处于一种虚静空明之状态，从而不必运用心智机巧即能感应到周遭的一切。

(颜回)曰："回坐忘矣。"仲尼蹴然曰："何谓坐忘？"颜回曰："堕肢体，黜聪明，离形去知，同于大通，此谓'坐忘'。"仲尼曰："同则无好也，化则无常也。而果其贤乎！丘也请从而后也。"(《庄子·大宗师》)

可见，"坐忘"是指通过静坐冥神来达到忘却一己之形体、抛弃一己之聪明的虚无境界，与那无所不通之大道融合为一。以儒家人物之言论表达道家之理念，是庄子行文的一大特点。"心斋"和"坐忘"皆是主观精神上的自我超越，体现了道家不拘于名利富贵、愿与天地合一、崇尚心灵自由之理想。

其三，物我为一。

"齐物论"是庄子又一重要思想。所谓"齐物论"，简而言之，即世界上的万事万物，包括人在内，皆是齐同一致而无差别的。"庄周梦蝶"(见图 2-7)之典故体现的正是这一思想：

昔者庄周梦为胡蝶，栩栩然胡蝶也。自喻适志与！不知周也。俄然觉，则蘧蘧然周也。不知周之梦为胡蝶与？胡蝶之梦为周与？周与胡蝶则必有分矣。此之谓物化。(《庄子·齐物论》)

图 2-7　明 沈周 梦蝶 册页(纵 30cm，横 52.6cm，台北故宫博物院藏)

庄子声称梦见自己变成了蝴蝶，醒来之后陷入了困惑，分不清楚蝴蝶与自我二者间究竟是怎样的一种关系。其实，庄子是想借此来表达除了"道"是绝对的，其他之一切皆是相对的。他还曾言：

物无非彼，物无非是。自彼则不见，自是则知之。故曰：彼出于是，是亦因彼，彼是方生之说也。(《庄子·齐物论》)

庄子认为万事万物没有不是彼方的，也没有不是此方的。彼方和此方不过是观察事物的不同角度。自然界如此，人类社会亦是如此，看似矛盾的对立面，诸如生与死、贵与贱、荣与辱、成与毁等，其实本质上都是无差别的一回事罢了。矛盾双方不仅相互依存，亦可相互转换，这种浑然一体之状态，即庄子所谓的"道通为一"(《庄子·齐物论》)

天地与我并生，而万物与我为一。既已为一矣，且得有言乎？(《庄子·齐物论》)

既然说天地与自我是共生同存的，万事万物与自我是浑然一体的，那么还需要主观的言论吗？庄子从"齐物"引申出了"齐言"之观念，他进而认为：

道隐于小成，言隐于荣华。故有儒墨之是非，以是其所非而非其所是。欲是其所非而非其所是，则莫若以明。(《庄子·齐物论》)

不同学派之争论皆是各持己见，以对方为非，这是"道"被一孔之见所蒙蔽之结果。"庄子提出了'莫若以明'的认识论，即与其纠缠于是是非非的偏见之中，不如用虚静之心去观照万事万物，排除自我中心的障蔽，呈现大道的光明。"(孙通海《庄子》)因此，庄子否定了诸子百家之论证，也否定了一切是非、对错和好坏之客观存在。

"齐物论"还造就了庄子从容豁达之生命观。

生也死之徒，死也生之始，孰知其纪！人之生，气之聚也；聚则为生，散则为死。若死生为徒，吾又何患！故万物一也。是其所美者为神奇，其所恶者为臭腐；臭腐复化为神奇，神奇复化为臭腐。故曰："通天下一气耳。"圣人故贵一。（《知北游》）

在庄子看来，生与死皆是自然界"气"之聚散所呈现出来的一种自然状态，没有人能够确切地知晓二者的开始与结束。对于生死没有什么可忧患的，因为万物本是一体而无所差别。好生而恶死，不过是出于普通人主观上之喜好，圣人所重视的则是生与死之齐同。《大宗师》中亦言：

死生，命也；其有夜旦之常，天也。人之有所不得与，皆物之情也。

庄子将死和生之关系视同黑夜与白天，认为其转变皆遵循自然之规律，是不可避免的。人类无法去干预这一自然规律，只能顺其自然，与大道共存。亦正是源于这种豁达的认知观，他才会在妻子死去的时候，做出非但不悲，反而鼓盆而歌这样让寻常人不解的举动来。

以"老庄"为代表的道家思想尽管带有虚无主义之色彩，但却不失为最高层次的人生智慧，影响了中国数千年之文明。我国本土宗教"道教"之形成也与其紧密相关。道教是在古代鬼神崇拜观念的基础上，以黄、老道家思想为理论根据，承袭战国以来的神仙方术衍化而成，其创始人是东汉张道陵。道教尊奉老子为道祖，并将《老子》一书更名为《道德真经》，作为教派主要经典。唐代为李氏王朝，帝王为提高门第声望，便尊封老子李聃为"太上玄元皇帝"，附会自己是老子后代，所谓"神仙之苗裔"；宋代还加封老子为"太上老君混元上德皇帝"。老子还有"道德天尊""降生天尊"和"太清大帝"等称号。在道教宫观"三清殿"，其塑像居左位，手中执扇。作为道家学派重要代表人物的庄子，也在唐玄宗天宝初年被追封为"南华真人"，其《庄子》一书亦被尊为《南华真经》。到宋徽宗时，庄子又被追封为"微妙无通真君"。

此外，道家还与儒、释二家相互渗透，对儒家宋明理学、阳明心学以及佛教"禅宗"思想的形成都产生过重要影响，也常常成为士大夫文人失意之后的重要精神寄托。"中国人性格中有许多吸引人的因素都来源于道家思想。中国如果没有道家思想，就像是一棵深根已经烂掉的大树"(英国李约瑟《中国科学技术史》)，此语形象地表述了道家思想不可或缺之作用。

第三章 佛禅智慧

  中国历史灿烂悠久,除了不断发展的经济、科技、教育,不断增加的人口、物产、疆域,更有博大精深的文学、艺术和思想。这些物质的、精神的财富不断累积、不断辐射,最终影响了全球,向世界彰显了泱泱大国的实力和风范。中国之所以能屹立于世界民族之林数千年而不倒,不仅因为我们善于创造和建立属于自己的辉煌文明,更在于我们有着善于接纳和学习的气度与胸襟,"海纳百川,有容乃大",这是真正的大国气象。在被中国吸收的外来文化中,佛教无疑是其中影响最为深远的。两千多年来,它伴随着中国历代王朝的浮沉兴衰,在中国生根开花,最终发展成与中国传统的儒家、道教同等重要的一脉思想。不仅如此,它还与中国的文学、艺术、建筑、哲学等发生了广泛的联系,甚至还在一定程度上改变了中国人的生活方式和处事之道,是我们在探讨中国文化时绝不能忽略的重要因素。"佛陀"一词的梵语,本意是"真理的觉悟者"。本章我们将一起了解佛陀的成道之路和智慧以及佛教对中国文化的影响。

(本章执笔:梁洁)

佛教与伊斯兰教、基督教并称为世界三大宗教，它产生于公元前 6 世纪至前 5 世纪的古印度，创始人为迦毗罗卫国净饭王的太子悉达多·乔达摩。据史料记载，大约在两汉之间，随着汉代通西域以及丝绸之路的繁荣，中外经济文化交流开始加深，佛教沿着商道逐渐传入中国。自那时起，它在价值取向和思维方式等诸多方面就与中国的本土文化发生了交互融合。此后，佛教在中国迅速发展，佛经翻译作品日渐增多，高僧大德层出不穷，信徒由官方逐步扩展到民间，最终为百姓所接受，遍及中原大地，成为与本土的道教并驾齐驱的重要宗教。

一、佛法西来

关于佛陀的出生年代，历来有各种不同的说法，中国学界普遍认可的说法是公元前 6 世纪至前 5 世纪。他所出生的迦毗罗卫国是古印度喜马拉雅山南麓的一个小国，今属尼泊尔。那一时期的古印度，是当时世界上文明最发达的地区之一，经济以农业为主，铁器被大量使用，商业贸易发达，城邦建设井然有序。古印度实行种姓制度，把人分作婆罗门、刹帝利、吠舍、首陀罗四大种姓以及贱民，当时的古印度流行的是本土的婆罗门教，作为四大种姓第一等级的婆罗门主要是由僧侣贵族组成，他们拥有解释宗教经典和祭神以及享受奉献的特权。但随着世俗经济的发展，刹帝利集团勃兴，思想文化上开始要求打破婆罗门教的话语权，因此出现了各种反对婆罗门教的沙门集团。这些集团各自树宗立教，招收徒众，佛教即是其中影响最大的一支。

佛陀本是迦毗罗卫国的太子，年轻时便深感人生的生、老、病、死给人带来的痛苦，常思解脱之道，终于在十九岁(一说二十九岁)时离家修行。他实践了当时婆罗门教和诸沙门集团的两大修行之法即禅定和苦行，但都没有找到真正的解脱之道，最后他在伽耶山附近的一棵菩提树下豁然顿悟，自此入道。他被人尊称为"佛陀"，意为真理的觉悟者，又被称为"释迦牟尼"(见图 3-1)，意为出生于释迦族的圣人。佛陀简称"佛"，所传宗教因此被称为"佛教"。

图 3-1　西藏大昭寺　释迦牟尼十二岁等身像

佛陀在成道后近五十年时间里，游走于印度各地，以佛法教化度人，信徒剧增，因此组织教团，形成佛教。据说常随佛陀身边的修行者就有一千二百五十人之众，这些弟子被称作阿罗汉。佛陀于八十岁左右在拘尸那城外的娑罗双树间安详而逝，其遗体焚化后的舍利子被分成八份，被八方信徒建塔供奉。佛陀逝世以后，他的弟子们录其言说，编成圣典，即今天佛教所说的"三藏"(经、律、论)，其中，"经"主要是佛陀说法的记录，"律"主要是佛陀为僧尼集团制定的各种戒律，"论"主要是佛教弟子解释佛经的论典。佛教弟子依据三藏经典继续传教，佛教影响日益扩大。

佛教作为延绵数千年的大宗教，在不同时期亦有不同的发展变化。佛陀及其直传弟子所传的佛教为原始佛教，自佛陀入灭百年后起，原始佛教内部由于对教义的理解不同，进入部派佛教时期，分化为上座部和大众部两大派系。印度孔雀王朝阿育王统治时期，佛教被大举弘扬，从恒河中下游传播到印度各地，还传入亚洲、欧洲和北非。其中上座部诸派向南传播，盛行于斯里兰卡，遍传缅甸、泰国等东南亚地区，后传入中国云南、广西等地，被称为南传佛教。上座部佛教传诵的三藏经典所使用的语言属于巴利语系，故又称为巴利语系佛教、巴利佛教。北传的佛教则主要由西北印度跨过帕米尔高原经西域诸国、古丝绸之路传入中原，再传向朝鲜、日本、越南等国。

大约在公元1世纪，印度佛教开始出现大乘佛教与小乘佛教的历史性分裂。"乘"，本意为"车辆""乘载"之意，梵文有"道路"或"事业"的意思。"大乘"的意思就是"伟大的车辆"或"在大道行进的事业"，能运送众生从生死此岸到达涅槃彼岸；而"小乘"就是指只能运载一人的车辆或仅能容许一人通过的羊肠小道，只重视个人的解脱。大乘佛教以普度众生到彼岸世界为终极目标，从个人修行发展到"慈悲普度"，其在教义教理和持戒修行上都与小乘佛教有所不同。大乘佛教与小乘佛教一起传入中国，但由于受中华文化自身的社会环境和人文根源影响，大乘佛教比之小乘佛教更受中国百姓接受。因此"汉传佛教"几乎成了大乘佛教的代名词，汉传佛教所使用的语言以汉语为主，故也称为"汉语系佛教"。

根据《魏略·西戎传》记载，西汉哀帝元寿元年(公元前2年)，博士弟子景卢得中亚大月氏国王的使者伊存口授浮屠经，这是佛教传入中国最早的确切文献记载。到了东汉，汉明帝曾夜梦天降金人，遍访群臣，傅毅以佛对，汉明帝遂使西域，抄回佛经四十二章，名《四十二章经》，随使而回的另有两位印度高僧，他们用白马驮载佛经、佛像同返国都洛阳，之后汉明帝在洛阳兴立白马寺，成为佛教在中国传播的开始。三国时，佛教的影响还不太大，从魏晋南北朝时开始，佛教与中国传统的儒家文化以及道教思想相融合，开始了本土化的改造，从而进入快速发展的阶段。南北朝时各朝统治者都崇信佛教，以南朝梁武帝萧衍为例，他自称"三宝奴"，数次舍身寺庙，由群臣出重金赎回。他不仅著书立说，阐释经律，还亲自登台讲经，因此佛教的影响盛极全国，出家、在家佛教徒的数量增加很快。据载当时有寺院两千八百余所，仅建康(今江苏南京)就有大寺七百余座，全国僧尼八万多人。而北朝的历代帝王同样也都大力倡导佛教，北魏文成帝在大同开凿了云冈石窟，孝文帝迁都洛阳后，为纪念其母后开始建造龙门石窟(见图3-2)。北魏末至北齐，计有寺院约三万座，僧尼约两百万人，数量已达到相当惊人的程度，佛教之流行可见一斑。

到了隋唐，佛教更是空前鼎盛。隋朝文、炀二帝均致力于佛教的发展，隋文帝杨坚多次兴建寺院、佛塔，还召请和剃度僧侣，组织人力翻译佛经。隋炀帝杨广则自称为"菩萨弟子"，自度僧人一千六百多名。唐朝时，虽李唐皇室自称是老子李耳的后人，以道教为国教，但实则是道佛并行不悖。唐太宗在统一全国时，曾得僧兵之助，在即位后，便下诏在全国"交兵之处"建立寺院，并在大慈恩寺设立译经院，延请国内外名僧进行译经、宣化，培养出了大批高僧、学者。唐高宗继位后，在帝都和各州设官寺，祈愿国家安泰。武则天为了让自己的统治更有说服力，曾声称自己是弥勒下凡，利用国家财力、物力、人力进行译经、求法、建寺等活动，使汉地佛教的势力达到顶峰。中国化的佛教在唐代还走向邻国，唐朝高僧鉴真曾六渡日本，在日本奈良创建了唐招提寺，大力弘扬佛法。终唐一世，佛教僧人基本都备受礼遇，赏赐有加，佛教信仰更是深入民间。

图 3-2　河南洛阳　龙门石窟　卢舍那大佛(梁洁摄)

值得一提的是，从南北朝到隋唐的几百年间，天竺、西域与中原之间传经、取经活动一直络绎不绝，取来的佛经再经过鸠摩罗什(见图 3-3)和唐朝的玄奘、义净、不空等法师的翻译，大乘佛教主要的经典几乎皆传到了中国。随着经论的大量译出，各高僧针对经论所做的各种佛典注疏、个人体悟、修行实践等也随之而出，不仅对佛教的传播大有帮助，更奠定了形成各大宗派的理论基础。当时中国佛教著名的宗派有天台宗、三论宗、法相唯识宗、律宗、华严宗、密宗、净土宗和禅宗等，大乘佛教在中国的辉煌成就与隋唐盛世交相辉映，世界佛教的中心也逐渐转移到了中国，并进而传播影响到周边各国。佛教至此成为世界性宗教，而印度佛教此后则日趋没落并消亡了。

图 3-3　新疆　克孜尔石窟　鸠摩罗什法师塑像

随着佛教盛行，势力扩张，寺庙经济高度发展，这触犯了当时一些贵族的利益，也影响了国家的财政收入，因此在唐末、五代曾经有过两次大规模的政府毁佛活动，许多寺庙被拆除，财产被没收，僧人被迫还俗。此后数朝，虽然佛教仍绵延不绝，但总体已不如隋唐时弘盛。宋代佛教逐渐倾向于生活修行，各宗派逐渐走向调和，佛教思想与儒、道思想进一步融通，佛教彻底融入了中国文化之中。元代蒙古统治者以西藏的喇嘛教为国教，喇嘛教即藏传佛教，亦属北传佛教，以密宗传承为主要特色，后清朝满族统治者亦崇信喇嘛教。但民间的佛教信仰仍以汉传佛教的禅宗、净土宗为主，香火不断。

二、心有般若

在佛教看来，一切众生的存在都是一个"苦"字，世俗的一切，包括生、老、病、死等，本质都是苦，生命所包含的是无尽的烦恼、不安、困惑、痛苦。而佛陀的伟大之处正在于，他希望以自己非凡的智慧去带领众生超脱苦海。他引领人们去叩问生命的真相，超越生之困境与死之恐惧，实现精神的安乐。他是智者，亦是圣人，"既自觉悟，复能觉他"（《南本涅槃经》），他以自己的真知灼见与慈悲心肠，成为信徒心中的精神导师。作为当代人，即使并不以佛教作为宗教信仰，我们仍然能从佛陀的思想中找到不少有益的人生启迪与精神安慰，这就是我们了解佛学智慧的重要意义。

佛经中有一个著名的"四门游观"的故事，讲的是悉达多早年作为太子时的一次经历：久居深宫的悉达多本不知人间疾苦为何物。一日，在侍卫陪伴下出游，行至东门，见一风烛残年的老人，生命如灯火，随时可能熄灭，乃顿觉老苦之难堪；行至南门，见一痛苦哀号的病人，病痛缠身，苦楚难言，乃感受到病苦的难挨；行至西门，见一出殡的队伍，亲属正悲戚啼哭，遂感到死苦之难过；最后悉达多行至北门，见一神情安详的出家人，面色平静，如在喜乐。这四门不同的见闻，给了悉达多很大的触动，他因此思考人为什么会老、病、死，以及应该如何面对老、病、死等问题。最终他决定舍弃王位，出家修行(见图3-4)。

图 3-4　敦煌莫高窟　第 275 窟南壁　太子出游四门(局部)

佛经中都将"四门游观"作为佛陀出家的缘起，由此我们可以看到佛陀从开始思考宇宙人生起，就将生死苦难作为他头等关注的大事，此后他以全部身心投入到生死问题的解决上，将"了生死"作为创立佛教的核心宗旨，这可谓是切中了人类最大的要害。因为生老病死是这个世上所有人，无论富贵贫穷、智慧愚痴皆要面对的问题，没有人可以例外，和生死比起来，其他的计较和追求不过都是鸡毛蒜皮的小事，因此忽略生死关怀去追寻别的，在佛陀看来都是舍本逐末。佛陀对此还举了一个例子：有人身中毒箭，非常痛苦，他的家人赶紧为他寻找箭医，但是这个中箭的人却觉得自己必须先搞清楚一系列的问题，诸如箭医姓甚名谁，高矮胖瘦如何，肤色是黑是白还是不黑不白，出生在哪个种姓家庭，籍贯在东南西北哪个方位，射他的弓是什么材料做的，箭羽是鹤翎还是鸡毛，制箭的工匠姓甚名谁，高矮胖瘦如何……如果愚人坚持先弄清楚这些再拔箭医治，恐怕早已毒发身亡了。佛陀通过这个例子接着说明：世间万物，各类众生，悉皆无常，众生都免不了生、老、病、死，以及由此而生的种种忧悲苦恼，从这些忧苦中解脱，才是摆在我们面前急需解决的迫切问题，因此佛法讲的是那些应该说的正道，只有正道才是真理，才能使人得大智慧、大觉悟，实现永恒安乐。我们可以看到，佛陀是将摆脱人类生老病死等痛苦的切身问题列为首要课题去考虑的，这也是佛陀思想的精髓之所在。

生死事大，这是人类存在所不容回避的大事。人有贪生、畏死、趋乐、避苦的本能，这种对死亡的恐惧，是植根于每个人内心深处的黑洞。为了驱除死亡焦虑，人们往往会用事业、爱情、艺术、文学、娱乐等方式来转移注意力，甚至用金钱、权势、美色来麻醉自己，这便又反过来造成了俗世社会的拜金主义、享乐主义、纵欲主义的横行，最终使道德沦丧、社会风气败坏。但是这些行为在佛陀看来统统都是饮鸩止渴、无济于事的。佛陀指出众生皆苦，尤其以生老病死为最苦，可谓以大智慧冷静地审视人生、直面根本，只有这样清醒的自我认知，方能最终以理智、坦然、超脱的心态面对死亡，而不是在肤浅的欲乐中麻痹、沉沦、自欺欺人。佛陀对生死的反思，不仅强调精神上的解脱，更强调道德的自律，这种智慧，无论对个人，还是对整个人类社会，都具有极大的积极意义。

在佛陀看来，众生皆苦是一个事实，也是一个结果，而造成这个结果的因缘并不在天帝鬼神或者种种外力，归根结底是自心的污染和迷昧。众生有三毒——贪、嗔、痴，有贪就想占有，有嗔就会失去理智，因痴就难免执迷不悟。因此人心不得安宁，烦恼由此而生，由"惑"起"业"，由"业"感苦，惑、业、苦三者，循环往复，如车轮转动，永无停息。

在洞悉了众生皆苦的根源之后，佛陀进一步揭示了从生老病死等诸苦中解脱的法门，那就是消除内心烦恼，实现自心的净化和觉悟。也就是说，想要脱离人生苦海而到达超脱彼岸，必须依靠心灵和道德的进步和觉悟，彻底摒弃世俗的欲望和观念，发现生命和宇宙的真相，方能使烦恼止息，诸苦永灭。这种彻底解脱、永恒安乐的境界，就是"涅槃"，也是佛陀所追求的理想境界与最终归宿(见图 3-5)。值得一提的是，因为人们常将和尚之死雅称为"涅槃"，所以很多人会误以为"涅槃"就是死亡，其实佛教所说的"涅槃"是一种息灭了烦恼之后的精神境界，它只是息灭了心中所起的烦恼，并非息灭了全部生命活动；只是生命的升华和心灵的净化，并非是生命的停止或心识的断灭。由此可见，"涅槃"是一种由真正的大智慧所带来的无与伦比、无法言说的生命体验，能让人找到心灵的极乐净土。

图 3-5　重庆 大足石刻 释迦涅槃圣迹图(局部)(梁洁摄)

当然，要想达到这种境界，必须经过一番身心的修行，佛陀总结了八种通往涅槃境界的正确途径与方法，即所谓的"八正道"：正见、正思、正语、正业、正命、正勤、正念、正定。正见指的是正确的见解，因为有了正见，才能对事理有正确的认识，才能破除外道的邪见。正思指的是正确的思维、意识或观念。正语指的是纯正清净的语言,不妄语欺骗、不搬弄是非,不粗口骂人或苛刻讽刺,不作无意义的空谈或花言巧语。正业指的是正当的行为、活动及工作,不杀生、不偷盗、不邪淫,不做一切恶行。正命指的是正确的生活方式,远离各种通过不正当的手段或职业所获得的生计。正勤指的是正当的努力,离恶向善、勤修精进。正念指的是正当的意念,即不生邪念,对因果不生谬见,对生死不起迷惑等。正定指的是以正确的禅定集中意志和精神,一心专注,收摄散乱的身心,真正的禅定不在于形式上的打坐,而是在于内心不为外相所迷惑而散乱。我们今天看来,这"八正道"其实就是劝人弃恶修善,按合理的道德规范约束自我言行,这对人的道德修养的提高也是有积极的启示作用的。

佛陀就像一位良医,揭示众生皆苦乃是给我们指出病症,说明众生的苦皆由自心烦恼而生乃是给我们指出病因,让我们止息烦恼、求得解脱乃是给我们指出治疗的终极目标,指明正确的修行方法乃是具体的治疗手段,经此四步治疗,我们方能拔除病患,保持心灵的健康与安乐。上述四个方面便是佛教教义中最核心的道理,即"四圣谛说",也就是四个最基本的真理,是实现涅槃解脱的根本途径。

从佛教的基本教义可以看出,它与我国传统的儒家和道教在关注点上有所不同,儒家关注苍生社稷,追求仁义礼智信,强调道德修养;道教关注生命自然,追求健康长寿,强调健体修身;而佛教则更多地关注身心净化,追求解脱放下,强调普度众生。就像陈兵教授在《佛陀的智慧》一书中写的:"佛陀的伟大,首先在于他以清澈的眼光审视人类自身的存在,以全宇宙为坐标,冷静地反思人类自身的境况及人在宇宙中的地位,毫不掩饰地揭示人类生老病死、诸苦交攻的缺陷和种种社会弊病,指明人存在的根本问题,唤起对这一问题的重视和解决。且不论其答案如何,仅这种对自己文明的清醒自觉,这种对人生大本的关注和对人生缺陷的揭露,便永远值得人类珍视。"

三、遍开莲花

佛教传入中国以后,一方面不断地与中国传统文化相融合,因而更利于中国民众接受,从而得到迅速传播;另一方面,佛教也反过来对中国本土的文化和思想产生了广泛而深刻的影响,给哲学、文学、书法、绘画、建筑、医学等方面打上了佛教的烙印。

以我们的汉语为例,汉语史上曾经有三次大规模的吸收外来词汇的时期。一次是战国时期,吸收了来自西域和匈奴的词汇;一次是在明清时期,吸收了很多来自西方的词汇;还有一次则是在魏晋隋唐时期,吸收的主要就是从梵语翻译而来的佛教词汇。佛经翻译从东汉末年开始,到南北朝逐渐流行,到盛唐时期达到鼎盛。佛经翻译对汉语词汇的扩大、白话文的产生、词汇的演变和翻译理论的发展等方面都产生了重大的影响。为了正确地传达经文的深层含义,翻译家们创造出了很多新词,这些词汇很多逐渐变成了我们的日常用语,如"世界""实际""如实""相对""现象""觉悟""解脱"等,它们都来自佛教典籍,极大地丰富了我国的语言文字库,使汉语的表现力大为增强。同样源于佛教的成语也非常多,如"六根清净""大慈大悲""生老病死""心猿意马""不可思议""苦海无边,回头是岸""种瓜得瓜,种豆得豆""放下屠刀,立地成佛"等,它们不仅方便了人们的思想交流,也极大地推进了中国的文学写作。

佛教对中国文学的影响非常大。首先,佛教文化为文学创作提供了丰富的素材。鲁迅先生曾在《中国小说史略》中写道:

> 魏晋以来,渐译释典,天竺故事亦流传世间,文人喜其颖异,于有意或无意中用之,遂蜕化为国有。

这是说佛经中有很多故事与传说,它们流传到民间,成为文学创作的灵感来源。最著名的如明朝吴承恩的小说《西游记》,它讲述的故事原型乃是唐朝高僧玄奘历经磨难、誓向西域求取佛经的曲折历程(见图3-6)。而根据陈寅恪在《〈西游记〉玄奘弟子故事之演变》中的考证,《西游记》里还借用了很多印度佛经里的情节,如孙悟空大闹天宫是由印度故事中的《顶升王升天因缘》和《罗摩衍那》中神猴哈努曼的故事合并而成;沙和尚的很多情节则源自《慈恩法师传》;猪八戒的原型则是从天神幻化大猪救僧人牛卧苾刍(人名)的故事演化而来。陈寅恪的说法虽是一家之言,但也给我们研究《西游记》提供了某些方面的思路。另外,据学者们考证,中国小说中出现的如吐人幻术、梦幻人生、狸猫换太子、镜影谜团、鹦鹉救火、聊斋画皮等情节也均可以在佛经故事里找到原型。

图3-6　日本江户时代佛画　玄奘取经图(纸本设色,纵58.4cm,横31.8cm)

除了故事素材,佛教的思想也直接或间接地影响了中国文学。还是以小说为例,《红楼梦》的悲剧中就有佛教"万法皆空""诸行无常"思想的影子。佛家之生死轮回、三世业报等思想,在魏晋南北朝志怪小说如王琰的《冥祥记》、刘义庆的《宣验记》、侯白的《旌异记》、颜之推的《冤魂志》《集灵记》,以及明清白话小说如《三言二拍》《金瓶梅》等书里也都多有体现。还有佛教的鬼神地狱说,经宋平话小说、元明通俗小说之渲染,到蒲松龄《聊斋志异》的出现，更是大放异彩。

佛教还影响了中国文学的体裁、形式。由于佛经在翻译中会涉及梵汉两种语言的对译，而梵文是拼音文字，有声母和韵母，梵文佛经念起来会有音调节奏之感，这便推动了南朝音韵学的发展。周颙、沈约等人受梵文启发，发现汉字四声的规律，并提出利用汉字声、韵、调的搭配关系形成一套诗文创作的规则，这种诗歌格律的发明推动了后来格律诗这一新体裁的产生，影响可谓巨大。此外，佛教为了弘法的需要，自南北朝以来，开始流行经文的"转读""梵呗"，即用说和唱相结合的方式讲经传法，这便是"变文"的源头。变文是唐代兴起的一种讲唱文学，内容为演绎佛经故事及历史、民间故事等，变文对后代的诸宫调、宝卷、鼓词、弹词等讲唱文学和杂剧、南戏等戏曲文学，也有积极的影响。

佛教对文学创作手法亦有很大影响。在佛经翻译中，受梵文本身表达特点的影响，一般经文都是散文、韵文交错使用的，即一段散文的讲解之后往往都有韵文的偈颂，这种散文、韵文交错使用的活泼风格在传统汉语文章中是不多见的。佛教传入之前，中国文学的体裁非常单纯。诗是诗，词是词，散文是散文，韵文是韵文。但印度文学作品则不然，它们基本都是散韵交错，说唱融合的文学作品，表现形式非常丰富。随着佛教的传入，这种创作手法被带入中国，使中国的文学创作也有了散韵交错的现象出现。比如我国话本及章回小说，往往会在讲故事中加入一段"诗曰""有诗为证""有一道词儿唱得好"等韵文，这便是受佛经形式影响的证明。另外，中国以往的志怪小说，一般都十分短小，每篇仅以一个故事为主，从头到尾平铺直叙，而佛经的故事则往往以一个主要故事为骨干，在叙事过程中再穿插许多小故事，如《摩诃婆罗多》即是如此。这种叙事方法对中国的传奇小说、长篇小说的创作产生了巨大的影响。胡适就曾经在《白话文学史》中写道：

> 印度的文学往往注重形式上的布局与结构，《普曜经》《佛所行赞》《佛本行经》都是伟大的长篇故事，离奇曲折，结构宏大，故事中引套着故事。这种葡萄藤式的叙述手法，都是古中国所没有的；他们的输入，对后世的小说、戏剧创作，都产生了直接或间接的影响。

正如胡适所说的：佛教及佛经翻译"给中国文学史上开了无穷新意境，创了不少新文体，添了无数新材料"，它"留下无数文学种子在唐以后生根发芽，开花结果"，并且富于想象力的佛教文学"对于那最缺乏想象力的中国古文学有很大的解放作用"，因此"中国的浪漫主义文学是印度文学影响的产儿"。

佛教除了对中国文学有巨大影响以外，对中国文人的影响则更深远。自佛教传入中国后，文人与佛教就结下了不解之缘，他们中很多人都在中国文学史上留下过浓墨重彩的一笔。比如谢灵运、王维、白居易、王安石、苏东坡、黄庭坚、吴道子、唐伯虎、司马光，等等。他们或涉足佛教，或结交名僧，佛教智慧给了他们很多启示，他们也因此为中国文坛留下了许多佳作。以著名的北宋文豪苏轼为例，由于受成长环境与家庭因素的影响，他很早就接触到了佛教典籍和佛学思想，步入仕途以后，随着宦海浮沉，佛教更成了他人生重要的精神支柱，对他的文学创作产生了很大的影响。苏轼一生创作了将近三千首诗词，与佛家思想相关的占了六分之一，达到了近五百篇之多，可见佛教思想对苏轼的影响之大。佛经里的思想、故事、典故等，都可成为苏轼诗词创作的借鉴对象。佛教返璞归真的主张也促成了苏轼恬静淡雅的审美旨趣(见图3-7)。

第三章 佛禅智慧

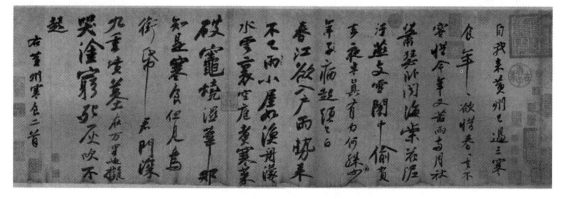

图 3-7 宋 苏轼 诗并书 寒食帖(台北故宫博物院藏)

更为重要的是,苏轼豁达、超越的性格也深受佛教随缘任运思想的影响,他经常在诗词中宣扬禅机、理趣、妙悟、解脱,因此他的诗词颇具哲思,耐人寻味。比如《定风波》词云:

莫听穿林打叶声,何妨吟啸且徐行。竹杖芒鞋轻胜马,谁怕?一蓑烟雨任平生。料峭春风吹酒醒,微冷,山头斜照却相迎。回首向来萧瑟处,归去,也无风雨也无晴。

这是苏轼的一首代表词作,作于北宋神宗元丰五年春,当时苏轼正因"乌台诗案"被贬为黄州团练副使。一日,他与朋友出游,风雨忽至,朋友深感狼狈,他却毫不在乎,泰然处之,吟咏自若,缓步而行。这种逸怀浩气、超然物外的洒脱,正是苏轼最令后人称道的人格魅力。他的乐观、洒脱,深受佛教禅宗"万物皆空"思想的影响,因此他可以坦然地面对人生的各种磨难打击,"不以物喜,不以己悲"(北宋·范仲淹《岳阳楼记》),以生活为修行,处处悟禅机,如此方能写出《定风波》这样既有豁达心胸又有哲学深意的作品来。

佛教对艺术,尤其是绘画、雕塑、音乐、建筑等方面,也产生了深远的影响,留下了很多旷世杰作和优秀作品。以绘画为例,佛经故事历来都是画家们的素材宝库,很多人皆以擅画佛像闻名于世。唐代著名的画圣吴道子,他画的佛像,笔势圆转,衣带翩飞,仿佛被风吹拂一般精妙动人。比吴道子更早一点的北齐画家曹仲达,他画的佛像则仿佛身着薄质而贴身的衣服,衣纹的线条多而稠密,好像湿衣出水。这两种衣纹描绘风格,就是后人所说的"吴带当风,曹衣出水",在美术史上有很重要的地位。

再以莫高窟为例,它不仅是珍贵的佛教文化宝库,更是无与伦比的艺术宝藏。那些精美绝伦的壁画、栩栩如生的造像,具有很高的历史和艺术价值,是中国古代美术史的光辉篇章,也为中国古代史研究提供了珍贵的形象史料。在各个洞窟中还描绘了成千上万的佛寺、城垣、宫殿、阙楼、草庵、穹庐、帐帷、客栈、酒店、屠房、烽火台、桥梁、监狱、坟茔等建筑,它们有的呈院落布局,有的是单体建筑,全都清晰地呈现在世人面前。此外,壁画中还有丰富的建筑部件和装饰的刻画,如斗拱、柱枋、门窗以及建筑施工图等,这些建筑形象资料,算得上一部丰富的中国古代建筑史籍。另外,莫高窟里不同时期、不同形制的几百余座洞窟建筑、数座唐宋木构窟檐,以及颇具规模的舍利塔群,都是古代留存至今的宝贵的建筑实物资料,这也算得上佛教对我国建筑艺术的一大贡献。

总之，自佛教传入中国以后，便以它深邃的思想与杰出的智慧不断影响着中国的民众与中国的文化，随着佛教文化与中国本土文化的融合加深，它对文学、艺术、天文、医学等的影响也越来越大，最终给我们今天留下了许多宝贵的文化遗产，值得我们永远珍视与珍藏。

第四章 兵法谋略

"不读战史,何言太平。"在人类历史的长河之中,生存与斗争始终是一个永恒的主题。而我国更是战争频繁之国,从奴隶社会的奴隶起义到封建社会的农民革命战争,一直到近代的人民革命战争,历史上统治阶级内部以及诸侯之间攻城略地的战争更是难以计数。据《中国历代战争年表》统计,见诸史籍、可以计算的战争,从夏朝至清末共有三千八百余次。多难兴邦,《孙子兵法》开篇第一句就说:"兵者,国之大事,死生之地,存亡之道,不可不察也。"战争实乃一个民族、国家自存自强不可或缺的方式,我们可以承诺不率先使用武力,但这绝不意味着我们要放弃使用武力,尤其是在捍卫主权统一和领土完整的时候。中国自古就是多战之国,军事实践活动丰富,名将、军事家辈出,因此兵书数量多,军事思想博大精深,蕴含着极高的军事智慧。本章我们将走近我国古代兵书的杰出代表——《孙子兵法》,讲述它的成书过程、基本思想、原则及其具体的运用,借以提升我们的战略思想和谋略意识。

(本章执笔:梁洁)

在中国古代浩如烟海的兵书著作中，有七部影响最大，被称作"武经七书"，它们是《孙子兵法》《吴子兵法》《六韬》《司马法》《黄石公三略》《尉缭子》和《李卫公问对》。这其中，《孙子兵法》作为中国现存最早的兵书，被誉为中国的"兵学圣典"，它也是世界上最早的军事著作，早于欧洲克劳塞维茨的《战争论》约两千三百年，在世界上享有极高的声誉。

一、兵学圣典

《孙子兵法》又称《孙子兵书》《孙武兵法》，作者为距今两千五百年的春秋时期的吴国将军孙武(见图4-1)。

图 4-1　山东省惠民县　孙子塑像

众所周知，春秋战国时期乃是我国历史上第一个大的乱世，正如司马迁在《史记·太史公自序》里描述的那样："春秋之中，弑君三十六，亡国五十二，诸侯奔走，不得保其社稷者，不可胜数。"孙武所在的春秋时代，正是诸侯列国群雄争霸的时代，战争和谋略成为各国兼并扩张的主要手段。据记载，春秋时期共延续二百四十多年，其间发生的有记录的战争近四百次之多。在如此频繁的战争中，人们积累了丰富的经验，更有众多的志士仁人研究兵法，几乎"士无不言兵"，正是在这样的历史背景下，《孙子兵法》诞生了。

《孙子兵法》共有六千字左右，一共十三篇，分别是《始计篇》《作战篇》《谋攻篇》《军形篇》《兵势篇》《虚实篇》《军争篇》《九变篇》《行军篇》《地形篇》《九地篇》《火攻篇》和《用间篇》。各篇既可独立成章，又相互联系。孙武用极其精练的笔墨建立了世界上最早的战争哲学体系，其内容博大精深，思想深邃富赡，逻辑缜密严谨，是古代军事思想精华的集中体现。曹操曾评价："吾观兵书战策多矣，孙武所著深矣。"唐太宗李世民说："朕观诸兵书，无出孙武。"就连伟大的领袖毛主席也曾经说过："孙子的规律，'知己知彼，百战不殆'，仍是科学的真理。"(《论持久战》)

那么这部伟大的军事著作是怎么写成的？在被后世尊为"兵圣"的孙武身上，又有哪些值得一提的故事呢？

孙武(公元前 545—前 470)，字长卿，春秋末期齐国乐安人。孙武在青年时期，遭遇了齐国的内乱，于是他与全家避祸到了南方的吴国，潜心钻研兵法，著成兵法十三篇。后经吴国谋臣伍子胥多次推荐，孙武带上他的兵法十三篇晋见了吴王阖闾。在回答吴王的提问时，孙武的见解独特深刻，得到了吴王的赏识。为了进一步验证孙武实际的领兵能力，吴王派出了宫女一百八十名分成两队让孙武操演阵法，又任命两个宠姬分别担任两队队长。孙武明白吴王是在考验他，于是欣然接受了任务。他命宫女全部持戟站立，并向她们详细解释了操练的指令，然而这些从未经过作战训练的宫女们没有一人认真听从号令，反而嬉戏打闹乱成一团，孙武又三令五申地重复要求，宫女们仍然我行我素。于是孙武郑重地说："约束不明，申令不熟，这是为将者的过错。"便下令将两个队长斩首。吴王看见孙武要斩杀自己的宠姬，急忙派使臣传令求情，但孙武严词拒绝了，称"将在外，君命有所不受"，仍坚持将两名队长斩首示众，并重新任命两队的排头充当队长。孙武的做法果然起到了震慑的效果，在接下来的训练中，所有的宫女都全神贯注，再也不敢轻慢懈怠。吴王在这次演练中虽然失去了两个宠姬，但也逐步了解到孙武是一个不可多得的人才，最终拜他为将。吴国在伍子胥和孙武的帮助之下，迅速崛起，军队素质也有了明显的提高。

公元前 506 年，吴楚大战开始，孙武指挥吴国军队以三万精兵，千里远袭，直捣楚都，柏举之战创造了中国军事史上以少胜多的著名战例(见图 4-2)，为吴国跃升为天下强国立下了汗马功劳。《史记》中记载他："西破强楚，入郢，北威齐、晋，显名诸侯。"关于孙武的结局，正史多半语焉不详，今天多数人认可的观点是他晚年隐居乡间，修订其兵法著作直至去世。

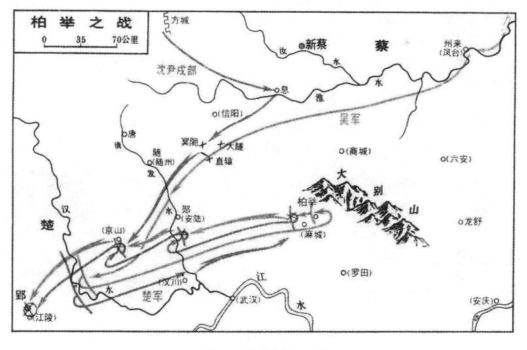

图 4-2　柏举之战示意图

孙武和他的军事思想享誉古今、蜚声中外，对后世影响极为深远，在世界军事史上亦有着极高的地位，在很多方面都得到了关注和应用。今天看，《孙子兵法》内容广泛，意义深远，除对战略、战术、军队建设和后勤保障等战争诸要素进行了深刻的论述外，还有政治、经济、外交、组织管理、法制建设、地理环境、侦察通信、间谍使用等多方面的内容，有着博大精深的思想体系。《孙子兵法》在唐朝时开始流传到国外，今天已有十几种文字的译本，具有广泛的世界影响。其中自日本奈良时代的遣唐留学生吉备真备将《孙子兵法》带到日本之后，日本就开始了对《孙子兵法》的狂热研究和运用。在日本，《孙子兵法》的影响远远超出了军事领域，它的许多原则早已被广泛地应用于经济、商业、教育、管理、体育、医疗甚至家庭生活等方面，甚至还出现了"孙子兵法管理学派"，对日本经营管理理论和实践的发展起了很重要的推动作用。《孙子兵法》传入欧洲的时间虽然较晚，但一经面世，就引发了极大的关注，法、英、俄、德等国均有《孙子兵法》的译本。第二次世界大战后，一些国家还出现了研究《孙子兵法》的热潮，有的学校还将其列为必读之书，很多当代军事理论家的论著都不同程度地汲取和运用过孙子的思想。美国《大战略》一书的作者约翰•柯林斯高度赞扬孙子是"古代第一个形成战略思想的伟大人物"。以我们今天的眼光看，虽然孙武的军事理论尚有缺点，但它的深度远远超出了同时代的兵法著作，其卓越的军事思想也深深地影响了后世，因此《孙子兵法》受到古今中外的广泛推崇也就在情理之中了。

二、知兵慎战

"好战必亡，忘战必危"，我们对战争应该有清醒的认识，要明白战争是一把双刃剑，对待它要非常谨慎，而这也正是孙武在《孙子兵法》中所执有的态度。孙武的伟大之处在于，他不是一个简单的、只追求战无不胜的用兵高手，而是一个对战争本质有着深刻理解的、具有跨时代意义的军事政治思想家。《孙子兵法》一开篇就以"兵者，国之大事，死生之地，存亡之道，不可不察也"为全篇定下基调，从中我们可以充分看出孙子的慎战思想。1995 年，中国邮政曾发行一套《孙子兵法》邮票，如图 4-3 所示。

图 4-3　孙子兵法(1995 中国邮政)

孙武的慎战思想有两个层面的意思：一是对是否进行战争的谨慎，这属于战略层面的谨慎;二是对如何进行战争的谨慎,这属于战术层面的谨慎。并且在这两个层面所强调的谨慎中,前者是后者的前提,没有对战争的必要性以及获胜概率的通盘考虑,后面的一切战术设计就都是空谈。因此首先应针对是否要进行战争作慎思详虑,《孙子兵法》在第一篇《始计篇》中就详细地阐述了"庙算"的重要性。"庙算"是指战前要在宗庙里计算敌我双方的优劣得失,只有经过周详的分析,战争取胜的把握才会大。顺便说一下,很多人都以为《始计篇》的"计"指的是"计谋"的"计",但事实上这里的"计"是指的"计算"的"计",也就是前面说的"庙算"的意思。而这个"计算"的"计",其实比"计谋"的"计"更为重要,因为战前计算是战略层面的考量,而计谋是战术层面的设计,战略与战术之间是有先与后、高与下、全局与部分、宏观与微观的区别的。战略计算应该在具体战术规划之先,这个顺序不能弄错。

那么应该具体从哪些方面进行"庙算"呢?孙子在《始计篇》里提出了五个最重要的考虑对象:

故经之以五事,校之以计,而索其情:一曰道,二曰天,三曰地,四曰将,五曰法。道者,令民与上同意也,故可以与之死,可以与之生,而不畏危。天者,阴阳、寒暑、时制也。地者,远近、险易、广狭、死生也。将者,智、信、仁、勇、严也。法者,曲制、官道、主用也。

上述五种就是我们今天说的政治因素、天气原因、地理环境、领导艺术和法度保障等一些对战争胜负有着决定性影响的要素,作为军队的指挥官,必须深入了解。"凡此五者,将莫不闻,知之者胜,不知之者不胜。"在"五事"的基础上,孙武接着进一步阐明了开战前必须搞清楚的七个问题:

故校之以计,而索其情,曰:主孰有道?将孰有能?天地孰得?法令孰行?兵众孰强?士卒孰练?赏罚孰明?

具体说来就是扪心自问:君主有没有凝聚人心?将帅是否有才能?天时地利是否占优?法令号召是否能贯彻执行?军队作战是否勇猛?士卒兵众是否训练精良?奖惩赏罚是否公正严明?有了这些计算比较,就能轻松地预知谁胜谁败了。战争的决策者在决定发动战争之前,先以上面说的"五事七计"来进行整体考虑,对交战双方的情况要做到心中有数,如此就能判断是否能发动战争。如果己方胜面不大,那么聪明的做法应该是"强而避之",而不是一意孤行、以卵击石。如果己方有一定的获胜把握,那么下一步则应该具体考虑如何合理安排战术以保证胜利。

所以《孙子兵法》十三篇之间,是有内在逻辑联系的:有了第一篇《始计篇》对战争慎之又慎的态度,以下十二篇便都可看作在此指导思想下的具体的战术运用,只有这样方能保证战争是必要且能获胜的,如此方是对战争应该有的负责任的态度,而不是随意地发动战争,随意地指挥作战,陷军队与国家于危险之中。

孙武所提出的慎战思想既是其战争哲学的基石,对后世也有着不可磨灭的深远影响。作为一个生活在和平年代的人,我们该如何正确地看待战争呢?首先,我们应该明白,一种文明的强大是多方面的,政治的完善、文化的创造、经济的发展、军事的捍卫,四者相辅相成、缺一不可,最终形成一个国家赖以振兴的基石与屏障,从而自立于世界民族之林;

其次，我们也应该明白，战争"固然是文明嬗递过程中一个不可逾越的阶梯，但从战争的本质来看，它对物质文化的毁耗、对人类生命的吞噬等种种严重后果也同样显而易见"(克劳塞维茨《战争论》)，因此，我们对待战争应该像孙武那样慎之又慎。

三、全争天下

基于慎战的思想，孙武在后面的章节中提出了他著名的"全胜"理论，在第三章《谋攻篇》里有几段非常精彩的表述：

夫用兵之法，全国为上，破国次之；全军为上，破军次之；全旅为上，破旅次之；全卒为上，破卒次之；全伍为上，破伍次之。是故百战百胜，非善之善也；不战而屈人之兵，善之善者也。

故上兵伐谋，其次伐交，其次伐兵，其下攻城。

……

故善用兵者，屈人之兵而非战也，拔人之城而非攻也，毁人之国而非久也，必以全争于天下，故兵不顿而利可全，此谋攻之法也。

这几段话翻译过来就是：指挥军队作战的原则是，使敌人举国完整地屈服是上策，击破敌国就差一些；使敌人整个军(一万人)完整地降服是上策，击破敌人的"军"就差一些；使敌人整个旅(两千人)完整地降服是上策，击破敌人的"旅"就差一些；使敌人整个卒(两百人)完整地降服是上策，击破敌人的"卒"就差一些；使敌人整个伍(五个人)完整地降服是上策，击破敌人的"伍"就差一些。因此，百战百胜，还不算好中最好，不战而使敌人屈服，才是高明中最高明的。所以，指导战争的上策是用谋略挫败敌人，其次是使用外交的手段，再次是用交战的方式，最下策是硬攻敌人坚固的城池堡垒……所以善于指导战争的人，能迫使敌人的军队屈服不用交战，夺取敌人的城堡而不用强攻，毁灭敌人的国家而不需久战。用全胜的计谋争胜于天下，这样军队才不至于受到挫伤，而胜利也可以完满取得，这就是谋攻的法则。

从上面的表述中，我们可以看到，孙武的全胜思想简单来说就是追求敌人的整体降服而不是伤亡惨重的击破，要力争用最小的代价获取全局的胜利。"全胜"思想要求决策者最大限度地使敌人屈服而把敌我双方的损失减少到最小，这是让战争获利最多的一种结果。而要想"全胜"，就必须"谋攻"，即通过"不战而屈人之兵"的高超的战争艺术来实现预期的目标。这样的思想对后世启发很大，一个真正高明的军事家不应该只想着与敌人短兵相接拼消耗，而应该以寻求谋略或者外交的途径来巧妙地挫败敌方的战略意图或战争行为，以不战胜百战。可以说，"上兵伐谋，其次伐交"正是孙子军事智慧的集中体现。

那么"不战而屈人之兵"的谋攻之法具体如何去实施呢？我们先来看一副对联，这是四川成都武侯祠大门前悬挂着的一副纪念诸葛亮的对联。上联是"能攻心则反侧自消，从古知兵非好战"；下联是"不审势即宽严皆误，后来治蜀要深思"。(见图4-4)

这副对联是1902年由清末才子赵藩撰书的，民间俗称其为"攻心联"。"攻心联"向我们揭示了一个非常重要的道理，那就是"从古知兵非好战"，越是知兵，越是知道战争的残酷与危害，越是该以谨慎的态度对待它，其实这就是上一节说的慎战思想。但是在分歧与冲突无法避免的情况下，如何能做到"非好战"却又"反侧自消"呢？对联中的答案是"攻心"，也就是今天俗称的心理战，即通过软化、瓦解对手的战斗意志，迫使对手妥协退让的一种战术。历史上诸葛亮七擒孟获，对南方少数民族施行了一系列宽大扶助的政策，得到他们的爱戴与衷心拥护，他们不仅不再反抗，反而协助诸葛亮北伐，这种"怀柔"政策就是一种攻心战术。

图 4-4 成都武侯祠 攻心联

另外，大家都知道的成语故事《四面楚歌》，则向我们展示了另一种攻心战术：在刘邦和项羽争夺天下的最后一战中，刘邦的军队把项羽的军队层层围住，并利用心理战术，让士兵唱起了楚国的民歌，动摇项羽的军心。这招果然奏效，严重打击了项羽及其军队的斗志，项羽在听到楚歌后，连夜带领只剩八百多人的军队逃到了乌江边，在属下劝他过江时，项羽自觉无颜面见江东父老，于是自刎而死，刘邦最终赢得了天下。由此可见，"攻心"就是一种有效的"伐谋"。

除了攻心伐谋以外，外交的手段也可以有效地挫败对手的战争意图。《左传》中记载了"烛之武退秦师"的精彩历史事件，讲的便是春秋时，晋国联合秦国讨伐郑国。郑伯闻讯后，派烛之武面见秦穆公，劝他退兵。烛之武巧妙地利用秦、晋两国的矛盾，痛陈其中的利害关系，一针见血地指出因为郑国与晋国相邻而不与秦国接壤，灭掉郑国只会对晋国

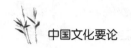

有益，同时晋国强大以后终究会对秦国不利，因此说动了秦国退兵，而晋军失去盟军支持后，也被迫撤离了郑国。烛之武以一己之力，凭借对时局的正确把握以及杰出的口才，最终使郑国免于灭国之祸。其临危不惧、能言善辩的形象，为后人交口赞誉。而这种用外交的手段实现"不战而屈人之兵"的做法正是孙武所推崇的"伐交"的完美体现。

我们可以看到，孙武对战争有着极为现实、理性的态度，战争"必以全争于天下"（《孙子兵法·谋攻篇》），其实就是为了实现国家利益的最大化。因此，无论是"伐谋"还是"伐交"，都是围绕这个思路展开的。"不战而屈人之兵"可以最大限度地减少己方的消耗和损失，降低取得战果的代价，因此值得提倡。同时，从现实的角度来说，这种"全胜"思想，也可避免一些不必要的战争，对人的生命以及社会财产无疑是一种保全，体现了人性的升华。

四、形势虚实

《军形篇》《兵势篇》《虚实篇》是《孙子兵法》中相邻的三个篇目，分别论及了三个重要的兵家概念，同时也是孙子军事哲学思想的集中体现。

形，即形体的意思，讲的是具有客观、稳定、易见等性质的战斗因素，如兵力众寡、战力强弱、物资充足或缺乏等。军事实力是关乎战争胜负的前提和基础，因此战争任何一方都先要使自己具备"立于不败之地"的必胜实力之后，再去寻求"敌之可胜"的有利战机，这个因果关系不能倒置。《军形篇》中说："不可胜在己，可胜在敌。"这用今天辩证唯物主义的观点来看，就是揭示了事物发展变化的本质规律："在己"强调的是内因，"在敌"强调的是外因，而内因才是事物发展变化的源泉和动力，是根本原因；外因是发展变化的条件，是次要原因，外因必须通过内因才能起作用。因此要想赢得战争，归根结底要抓内因，也就是要不断壮大自己的实力；而不能寄托于外因，即敌人犯错给我们可乘之机。所以在《军形篇》接下来的部分中，孙武说："是故胜兵先胜而后求战，败兵先战而后求胜。"胜利之师一定是先具备必胜条件然后再去交战的，而失败之师总是先同敌人交战，然后再从苦战中求侥幸取胜的机会。这话其实也是对第一章《始计篇》中通过"庙算"谋定而后动的慎战思想的重申。

势，相比形，是个相对抽象的概念。汉语中含有"势"字的一些词，如"态势""局势"和"气势"等，均是无形之物，但又具有影响事物发展及结局走向的强大力量。《孙子兵法》中的"势"这个概念，和上述这些词类相似，主要是指战争中涉及战斗的时机、战场的状况、军队的气场等的一些抽象的要素，而这些看不见的东西对于战争的胜利同样不可或缺。前文讲过"四面楚歌"的例子，为什么同样是那些江东子弟兵，在楚汉相争的初期就可以所向披靡，而在最后关键一役时却不攻自破？在实力不变的情况下，斗志起了至关重要的作用。所以战争要讲看得见的"形"，也要讲看不见的"势"。"形""势"结合，才能最大限度地发挥每个士兵的积极性和创造性，最终赢得战争。"形"和"势"是相互依存、相互转换的一组概念："势"以"形"为本，"形"以"势"为表；"形"是军队实力的具体构成，"势"是军队实力的正确释放；"形"是静态的，"势"是动态的；没有"形"，"势"就成了虚张声势；没有"势"，"形"也就有力无处使。所以，在战争中要不断保持自己的"形"并经营好自己的"势",最终让自己如高山滚石、鹰隼捕猎一般锐不可当,获得胜利也就在情理之中。由于"势"比较抽象,同时可以产生"势"的因素也很多,大到天下格局、历史走向,小到兵士的斗志、稍纵即逝的战机等,都可以化为"势",所以为将者应该充分认识到"势"的重要性,并且积极地把握好"势"。《兵势篇》中最核心的一句话是:"故善战者,求之于势,不责于人,故能择人而任势。"所谓"择人",就是要知人识人,选择适合的人在适合的岗位上;而所谓"任势",就是凭借对各种要素的认识和把握,制定好正确的应变策略,简单来说,就是要看准时局、认清规律、创造机会,用好各种有利条件,最终取得胜利。

1357年,朱元璋亲率大军出征浙东,道经徽州时,他经邓愈的推荐,亲至石门向隐士朱升请教夺取天下的计策。当时朱元璋名义上受小明王韩林儿节制,属北方红巾军系统,而天下另有陈友谅、张士诚等几路军阀,势力尚在朱元璋之上。因此,朱升针对当时的斗争形势和朱元璋"地狭粮少"的实际情况,进献了"高筑墙、广积粮、缓称王"九字对策,意思是巩固根据地防守,储备充足的粮草,不先出头称王,避开群雄的矛头,蓄积力量,后发制人,争霸天下。这九个字于朱元璋的作用非常之大,可说是朱元璋改朝换代成功的重要原因。朱升的审时度势,连毛主席也曾对其十分称赞,称之为"千古第一帝师","九字国策定江山"。后来面对美苏争霸、社会主义与资本主义两大阵营对峙日益严峻的国际形势,毛主席的"深挖洞,广积粮,不称霸"的应对策略,便是受朱升九字对策的影响而提出的。因此,用兵也好,治国也好,"择人任势"都是非常重要的。

有了"形"的自身实力,再加上对"势"的正确把握,那么接下来就该制定具体的战略战术,从而克敌制胜,而这就是《虚实篇》的内容。"虚实"亦是《孙子兵法》中一个重要的术语,它的内涵非常丰富,一般而言,无者为虚,有者为实;空者为虚,坚者为实。具体到军情上,大凡怯、弱、乱、饥、劳、寡、无备等都为虚;勇、强、治、饱、逸、众、有备等都为实。在兵力部署上,兵力分散为虚,兵力集中为实。在作战准备上,懈怠麻痹为虚,准备充分为实。在军队实力上,质量低劣为虚,质量优良为实。在军队管理上,管理不严为虚,管理严格为实。在后勤保障上,保障不力为虚,保障有力为实。在军队心理上,胆怯为虚,勇敢为实。在军队行踪上,行踪暴露为虚,行踪隐蔽为实。在军队处境上,处境危险为虚,处境安全为实。在军队情报上,不了解敌情为虚,了解敌情为实。总之,实者易胜,虚者易败,这是无须辩驳的真理,也是"虚实"之道的核心所在。

掌握了"虚实"的内涵及其对于战争结果的重要影响之后,我们在作战时,便可围绕"避实而击虚"的原则来制定具体的战术。因此,虽然战争中用到的战术千变万化、不可穷尽,但只要能做到以己之实攻敌之虚,那么胜利就如"以碫投卵"一样简单了。当然,要想充分地"避实击虚",还有一个重要的前提,即"致人而不致于人",《虚实篇》开篇中即有这样的句子:

孙子曰:凡先处战地而待敌者佚,后处战地而趋战者劳。故善战者,致人而不致于人。

"致人而不致于人",实际上就是掌握战争主动权的问题。致人,调动敌人,即掌握了战争的主动权;致于人,被敌人调动,即丧失了战争的主动权。"致人而不致于人"是用兵的基本原则。毛泽东就曾经说过:"一切战争的敌我双方,都力争在战场、战地、战区以至整个战争中的主动权,这种主动权即是军队的自由权。军队失掉了主动权,被逼处

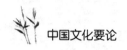

于被动地位,这个军队就不自由,就有被消灭或被打败的危险。"(《毛泽东文集》)只有掌握军队的自由权,才能方便地施展我方的各种战略战术,从容地在敌人调动的过程中打击其薄弱的、缺乏准备的以及意料之外的地方。否则就只能仓促应战,被对方牵着鼻子走,这对己方军队来说是非常危险的。

夫兵形象水,水之形,避高而趋下;兵之形,避实而击虚。水因地而制流,兵因敌而制胜。故兵无常势,水无常形;能因敌变化而取胜者,谓之神。

这是《虚实篇》最后一段中的几句话,颇有辩证唯物主义运动观式的哲学智慧。孙武认为水是流动的、无形的,同时也是灵活的、善于变化的。所以兵形像水,就是强调要善于在瞬息万变的形势中灵活应对、赢得机会。

五、智启千秋

《孙子兵法》中包含了许多有价值的哲学思想、谋略原理以及战略设计,不仅适用于军事,也适用于许多其他领域。很多现代企业,都把《孙子兵法》的辩证思想和军事谋略运用到企业经营和商战中去,《孙子兵法》的现实意义已远远超出了兵书的范畴。而就整个社会和普通个人而言,学习《孙子兵法》,对于弘扬我国优秀的传统文化、培养爱国情操、训练思维品质等很多方面,也都是有帮助的。

比如,《计篇》中提到的"攻其无备,出其不意",在孙武看来,就是"兵家之胜"的秘诀,打仗要想赢,就得攻打对方没有防备、防御薄弱的地方。其实这里的"攻其无备,出其不意",从思维的角度来说,就是一种逆向思维。一般而言,人类的思维是具有方向性的,存在着正向与逆向的差别,并由此产生了正向思维与逆向思维两种形式。正向思维就是指沿着人们的习惯思路去思考,而逆向思维则与正向思维背道而驰,是对习惯、常规的一种反叛。我们在解决问题时,往往习惯于采用正向思维,当然,这么做也往往能收到令人满意的效果。但正向思维也容易限制我们的创造力,让人难以有所突破。所以,很多时候,我们得与常规思维做斗争,只有打破了思维定式,才能实现"出奇制胜"。大家小时候都应该听过司马光砸缸的故事,其他孩子都慌张地想把落水的孩子救出来,但水缸很深,救人不易,于是大家便束手无策了。只有司马光能想到用砸缸的方式把水排出,解除落水孩子的威胁,这样不按常理出牌的做法就是一种逆向思维的体现。

再比如,《计篇》中还提到做一个合格的将领应该具有"智、信、仁、勇、严"五种品质,这对我们今天学会做人,同样具有普遍的借鉴意义。一个人所应该具有的"智"首先就是指过硬的专业素养,它是我们事业上的立身之本,成才之基。在"智"的基础上,我们与人交往时要诚实守信,《论语》里说:"人而无信,不知其可也。"人要是失去了诚信,就会像没有轮子的车一样走不远。除此之外,我们还应该"仁者爱人",因为善待别人是一种胸怀,关心别人是一种品质,唯有仁爱才能让我们这个社会变得更加和谐。当然,我们在生活中难免会遇到各种挫折,就像《孟子》中说的:"故天将降大任于斯人也,必先苦其心志,劳其筋骨,饿其体肤,空乏其身,行拂乱其所为,所以动心忍性,曾益其所不能。"当遇到困难的时候,我们最需要的就是"勇",这是一种气概,也是一种担当,不畏险阻，继往开来，只有这样，我们自己、我们整个民族才能不断负重前行。最后，我们每个人都应该严于律己，严格要求自我，严守做人底线，"严"能帮助我们不在诱惑面前迷失，不改初心。

《孙子兵法》不仅仅是一部杰出的军事著作，更是一部闪耀着"理性之光"的哲学著作，它是我国古代灿烂悠久文化中的一份珍贵遗产，也是今天我们做人做事的智慧源泉。"从古知兵非好战"，我们学习兵法，并不是要从此成为好战分子，相反，是要建立对战争更为清醒、理性的认知，并在此基础上，运用兵法韬略带给我们的启示去解决学习、生活中遇到的各种难题，少走弯路。谋略不是小花招，而是大智慧。

值得一提的是，除了《孙子兵法》以外，中国历史上还有很多论述兵法的军事著作。先秦的时候，兵家也是诸子百家学派之一，并且位列影响最大的"九家"之中。据《汉书·艺文志》记载，先秦时"凡兵书五十三家，七百九十篇，图四十三卷"，数量之多，令人叹服。兵家根据其各自不同的侧重点又可分为权谋家、形势家、阴阳家和技巧家四类，杰出的代表人物有孙武、孙膑、吴起、尉缭、赵奢、白起、张良、韩信等。这些兵家的有识之士，积极总结军事方面的经验教训，研究制胜的规律，给后世留下了一部部富含智慧的旷世杰作。除了开篇提到过的"武经七书"以外，历代有名的兵书还有战国时的《孙膑兵法》，唐代的《太白阴经》，宋代的《武经总要》《何博士备论》《守城录》《历代兵制》，明清的《武备志》《登坛必究》《战略》《纪效新书》《百战奇略》《曾胡治兵语录》等，此外，还有许多论兵的文章，比如诸葛亮的《隆中对》、辛弃疾的《美芹十论》和《九议》等。这些兵书兵论在哲学、科学、天文学、气象学、文学、历史学等方面，都有相当高的运用价值，对今日充满竞争的政治、外交、选才用人、商场角逐、为人处世等方面，都有着不容低估的指导意义。

第五章　诸子杂说

无论在东方还是西方，公元前6世纪到前2世纪这几百年时间，都可算是人类历史上第一个黄金时期，值得被永远铭记。在欧洲，古希腊人在哲学、诗歌、建筑、科学、戏剧、神话等诸多方面都有浪深的造诣，灿烂光辉的古希腊文化成为后来西方文明的精神源泉；在南亚，印度人建立了高度发达的文明，释迦牟尼在菩提树下顿悟，找寻生老病死、人生之苦的解脱之道，佛陀的智慧至今仍是我们精神和心灵的一剂良药；而在中国，奴隶制度正在向封建制度转型，联邦制政体正在向中央集权政体过渡，在这样一个"礼崩乐坏，瓦釜雷鸣，高岸为谷，深谷为陵"的激变时代，大才如云，名将辈出，举凡社会生活的所有领域，都在这个大争之世中碰撞出耀眼火花。而以老子、孔子、孙子、墨子等为代表的大德先贤，分别以各自不同的思想，影响着历史进程，构成了令后人叹为观止的"百家争鸣"的繁荣盛景。因本篇之前章节已经有对儒、道、兵家的详细介绍，故而本章我们将简述先秦其他一些影响巨大的思想流派以及各自的见解主张。

（本章执笔：梁洁）

所谓诸子百家,是对先秦时期各个学术派别的总称,据《汉书·艺文志》的记载,先秦学派约有一百八十九家,著作有四千三百余篇。班固说:"王道既微,诸侯力政,时君世主,好恶殊方,是以九家之术蜂出并作,各引一端,崇其所善,以此驰说,取合诸侯。"春秋战国之世,各种学说纷纷涌现,各执一词,各崇其理,各派名士周游列国、讲学著书,以期最终赢得诸侯的认同。在这些学派之中,影响最大的即是班固所说的"九家",后世或又称"九流",分别是阴阳家、儒家、墨家、名家、法家、道家、纵横家、杂家和农家,各家思想各有特色,共同创造出了春秋战国时期灿烂辉煌的文化成就。

一、墨家兼爱

墨家的创始人墨子(见图 5-1),名翟,宋国人,生卒年不详,曾为宋之大夫。墨子出身于社会下层,早年受过儒家文化的熏陶,成年以后,自创学派,另立新说。墨子曾周游列国,游说诸侯,但未被统治者重用。他晚年将主要精力放了开坛讲学之上,门下弟子日益增多,最终形成了一个实力强大的学派即墨子学派,成为"当世之显学"。墨家学派的理论非常丰富,内容涉及社会政治、自然科学、逻辑学等很多方面,并且与其他学派松散的组织结构不同,墨家是纪律严明的团体,首领称"钜子",其成员吃苦耐劳、严于律己,有强烈的社会实践精神,把维护公理与道义看作义不容辞的责任。他们大多是有知识的劳动者,到各国为官必须推行墨家主张,所得俸禄亦须向团体奉献。

图 5-1　古代思想家·墨子(2000 中国邮政)

墨家思想主要体现在《墨子》一书中,这是我们今天研究墨子及其后学思想的重要史料。《墨子》内容广博,大概可以分为五大类:第一类乃是墨家记录墨学的概要,另夹杂

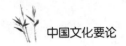

有其他学派之说；第二类记录墨家的政治思想；第三类被后世称作"墨辩"或"墨经"，涉及哲学、伦理学、逻辑学、天文学、光学、力学、几何学等诸多内容，辩理深奥；第四类是墨子弟子记载墨子的言论行事，体裁接近《论语》；第五类是墨家在军事兵法上的见地。墨家在许多领域均有发现和建树，尤其对中国哲学史和科学史有很大的贡献，这种成就在先秦诸子百家中是不多见的。

墨家的政治思想概括起来主要有十点，即兼爱、非攻、尚贤、尚同、天志、明鬼、非命、非乐、节用、节葬。

其一，"兼爱"的社会理念。

与儒家强调人伦血缘的"孝悌"思想不同，墨家强调的兼爱乃是平等的、无差别的博爱，即"爱人如己"。墨子认为天下大乱，以及社会上出现强执弱、富侮贫、贵傲贱等现象的原因，皆是由于天下人不相爱。所以要想避免误解、消除冲突，就必须"兼相爱，交相利"，具体说来，就是要"视人之国若视其国，视人之家若视其家，视人之身若视其身"，看待别人的国家就好像看待自己的国家，看待别人的家庭就好像看待自己的家庭，看待别人的身体就好像看待自己的身体，只有这样换位思考，才能建立一个和谐的社会。

其二，"非攻"的反战思想。

墨子首先从功利的角度分析了战争的危害，指出战争对双方而言都是不利的行为。对于败者而言，国家毁灭，人民死伤，战争是一种巨大的破坏行为；对于胜方而言，虽获得了数座城池与税收，但因为发动战争，老百姓的正常生活和生产秩序也会被打乱，因此战争是得不偿失的行为。我们可以看到，墨子是个典型的和平主义者，他坚决反对战争，并且其本人及弟子们也多次用实际行动去阻止过战争的发生。

其三，"尚贤"的用人主张。

墨子出身微末，他早年的生活接近"农与工肆之人"，因此他的思想也自觉地代表了小生产者的利益。我们都知道，西周时期是宗法制社会，实行的是分封制，治理国家的官员皆是宗亲、贵族。针对于此，墨子提出了"尚贤使能"的口号，要求打破任人唯亲的做法，任用有德有才的人来治理国家，这其实代表了打破等级、允许平民参政的呼声。《墨子》的《亲士》篇里有这样的句子："入国而不存其士，则亡国矣。见贤而不急，则缓其君矣。非贤无急，非士无与虑国。缓贤忘士，而能以其国存者，未曾有也。"意思是说，到一个国家主政却不能蓄纳贤士，那就要亡国了；发现贤人却不急于举用，贤人就会怠慢其国君。没有贤才就没有能处理危机、谋虑国事的人。怠慢贤才、忘记良士，而能保国的情况是从未有过的。贤才对国家来说是如此重要，因此"古者圣王之为政，列德而尚贤，虽在农与工肆之人，有能则举之。高予之爵，重予之禄，任之以事，断予之令"，国君应该任用有德有才的人，即使是农民、工匠或商人，有能力者就举用，给其高爵厚禄，委其重任权力，只有这样，国家方能发展壮大。

其四，"尚同"的政治主张。

墨子认为国家上下意见不统一容易导致社会混乱，因此必须通过层级控制系统实现行政组织的全面协调。具体的操作模式是："选天下之贤可者，立以为天子"，"又选择天下之贤可者，置立之以为三公"，"故画分万国，立诸侯国君，诸侯国君既已立，以其力为未足，又选择其国之贤可者，置立之以为正长"。也就是，首先选择天下最贤能的人为天子，次而选择天下之贤能的人为三公；先选择诸侯国中最贤能的人为诸侯国国君，次而选择诸侯国中贤能的人为行政长官。如此层层推进建立行政组织，并且下级与上级之间要保持高度统一，这样就能建立一个良好有序的国家。

其五，"天志""明鬼"的有神论思想。

墨子认为天是有意志的，是万事万物的主宰，君主若违天意就要受到天的惩罚，反之，则会得到天的奖赏。除了天以外，墨子还承认有鬼神的存在，鬼神和天一样，可以施以善恶赏罚。由此可见，墨家的"天志""明鬼"之说，虽然是一种有神论思想，但其主要目的是培养人的敬畏之心以及制约君权，也并不是毫无可取之处的。

其六，"非命"的人生观。

墨子反对儒家的"天命"思想和贵贱观念，他提倡人定胜天、事在人为的人生观，鼓励人们努力创造、改变现世中的不平等状态。

其七，"非乐""节用""节葬"的勤俭思想。

墨家非常反对君主、贵族的奢侈浪费，同时也反对儒家的久丧厚葬之俗和礼乐制度。他认为久丧厚葬既浪费财产，也破坏正常的劳动生产，而那些费时耗事、花费甚大的礼仪音乐，除了烦琐奢侈以外，对国家并无裨益。因此墨子主张君主、贵族都应像古代大禹一样，过清廉俭朴的生活，在这点上，墨子自己也是身体力行。提倡勤俭、废除铺张浪费的葬礼习俗、废除大型音乐活动，这些主张都是从有利于平民的角度提出的。

除了立场鲜明的政治主张，墨家更令后人称道的是他们的科学思想。在先秦诸子百家中，儒、道、法等学派都不同程度地有轻视科学技术的倾向，或不屑为之，或明确排斥，唯独墨家表现出一种与众不同的科学精神。墨家在自然科学和应用技术等方面有着令人瞩目的建树，在中国乃至世界的科技史上都占有重要的地位。前文说过，《墨子》一书中涉及科学技术研究的部分主要集中在《墨经》当中，其中关于自然科学的论说达到五十余条之多，内容涉及力学、光学和数学等方面，此外，还有关于认识论、逻辑学等社会科学方面的内容。很多论述结构严谨，表述严密，说理透彻，立论准确，具有十分重要的科学价值。总结起来，墨家的科学精神主要体现在以下几个方面。

第一，墨家重视科学研究。《墨子》中有不少自然科学方面的论述，内容涉及多个分支，发现了一些重要的定理，并且针对研究结果，做出了概念和定义的理论总结。比如墨子对力的定义是："力，形之所以奋也。"(《墨经·经上》)也就是说，力是使物体运动的原因。又比如，墨子将称重的秤杆保持平衡的原因概括为"本"短"标"长，其实就是我们今天所说的杠杆原理。

第二，墨家重视理性思维。虽然墨子承认有天志鬼神的存在，但他并不把各种自然现象产生的原因都归结为神秘莫测的超自然主宰，而是习惯用理性的思维去思考宇宙世界。比如，墨子就认为时空是连续的、无穷的存在，而运动是物体在时间先后和位置远近上的变化，离开了时空的运动是不存在的。又比如，墨子还喜欢研究一些具有高度抽象性和严密性的数学命题，对于数字、几何图形等都有理性、客观的认识。

第三，墨家重视实验操作，坚持通过实践来发现真理。比如墨子曾通过小孔成像的实验，得出光是直线传播的结论；又如他通过对平面镜、凹面镜、凸面镜等的透光实验，得出了几何光学的一系列基本原理等。

第四，墨家重视技术运用。墨子本人精通手工技艺，他曾研制出一种能够飞行的木鸟、能载重的车子，他还擅长各种兵器、机械和工程建筑的制造(见图 5-2)。墨子还通过比较不同物体传播声音的效果的不同，发现井和罂有放大声音的作用，因此他教导学生在守城时，置大罂于井中，在罂口绷上薄牛皮，让听力好的人伏在罂上进行侦听，以监知敌方是否在挖地道，这无疑是墨子善于将科学研究转化为技术运用的明证。

图 5-2　墨子发明的攻城工具(山东滕州墨子纪念馆藏)

　　第五，墨家重视逻辑推论。墨子在论证自己的思想主张时，比较自觉地运用了逻辑推论的方法。他在中国逻辑史上第一次提出了"辩""类""故"等逻辑概念，他要求弟子将"辩"作为一门专业知识来学习，指出"譬""假""援""推"四种辩论方式的逻辑要求与常见逻辑错误。此外，墨子还总结出了假言、直言、选言、演绎、归纳等多种推理方法，从而使辩学成为一个有条不紊、系统分明的体系，在古代世界中独树一帜。

　　墨家除了上述政治主张、科学思想之外，还有一种精神也值得一提，那就是"任侠"。墨子曾说："万事莫贵于义。"这个"义"，并不是我们今天狭义理解的兄弟义气，而是一种天下大义，即"兴天下之利，除天下之害"的人间正义，为了这个目标，墨者们愿意"摩顶放踵利天下"(《孟子·尽心上》)，愿意用实际行动去践行，因此便有了所谓"墨侠"的出现。《墨子》里说："任，士损己而益所为也。""为身之所恶，以成人之所急。"墨者可以损己以利人，救人之急不惜赴死，这种勇于自我牺牲而救人危难的行为，就是"任侠"的表现。

　　《墨子·公输》里记录了一个故事：楚惠王年间，鲁班帮楚国建造新的攻城工具"云梯"，造好之后就准备攻打宋国。墨子知道后，从齐国起程，日夜兼程，奔走千里，磨坏了三双鞋子，脚底生满了茧子，赶到楚国见到鲁班，力陈缘由，阻止他帮助楚国攻宋。说服鲁班之后，墨子再见楚王。楚王不听，于是墨子表示云梯并非万能的，如果楚国一定要攻打宋国，自己会帮助宋国抵御。并且为了证明自己所言不虚，墨子解下腰带，围作一座城的样子，用小木片作为守备的器械，让鲁班用机巧多变的器械来进攻，自己则为守卫。最终墨子多次抵住了鲁班的进攻，鲁班攻城的器械用尽了，墨子的守御战术还有余。鲁班欲使楚王杀墨子以绝后患，墨子则置生死于不顾，指出自己即便被杀，自己的弟子也一定能帮助宋国抵御楚国，最终迫使楚国放弃了战争，宋国也得以保全，两国人民免受了战火之苦。墨子这种不顾个人安危，敢于冒犯楚王阻止战争，救民于水火的行为不正体现了墨家为国为民的"任侠"精神吗？

可以说，墨子展现在墨家弟子面前的是一个栉风沐雨、日夜不息、救济天下的圣人形象。他的精神感染着墨家弟子，让他们前赴后继、勇于牺牲，为天下大义而奔走不息。"墨子服役者百八十人，皆可使赴火蹈刃，死不还踵，化之所致也。"(西汉刘安《淮南子·泰族训》)墨家这种"任侠"精神，后来被司马迁在《史记》中总结为："其言必信，其行必果，已诺必诚，不爱其躯，赴士之厄困。"重视承诺，言出必行，不计生死，救人危难，"侠"并非单纯的武力，而是一种精神。在《吕氏春秋》中还记载了一个叫孟胜的墨家钜子，受楚国阳城君所托守护其城，后楚王诛杀阳城君，阳城君避而出走，楚王要收回阳城君的封地，孟胜认为自己没有履行好阳城君的守城嘱托，因此选择赴死守义，跟他赴死的墨家弟子有一百八十三人之多。墨家这种严守承诺、至死不渝的慷慨气度，令后人感佩。墨侠们对墨家"任侠"精神的身体力行，最终构成了墨家不同于先秦其他诸子的独特的人格魅力，这种人格魅力随着墨家思想的传播而被世人广泛接受，以至于"任侠"的精神在墨家衰亡以后的上千年时间里，依然长久地保存在中国文化之中，成为一种富有魅力的精神风度及行为方式，被文人墨客传扬。

二、法立天下

法家也是战国时期的重要学派之一，其思想以法治为核心，以富国强兵为己任，"不别亲疏，不殊贵贱，一断于法"(西汉司马迁《史记·太史公自序》)，故名为法家。春秋时期齐国的管仲、晋国的郭偃、郑国的子产等人，因颁布法令刑书，改革田赋制度，促进了所在诸侯国的发展，因此被视作法家学派的先驱人物。到了战国时期，李悝、商鞅、申不害、慎到等人相继在各国变法，法家学派的影响也日益扩大。法家的变法革新，经济上主张废井田，重农抑商，奖励耕战；政治上主张废分封，设郡县，君主专制；行政上主张抑贵族，仗势用术，以严刑峻法进行统治；思想和教育上主张以法为教，以吏为师。我们都知道，春秋战国是我国历史上一个特殊的历史转型期，经济、政治、思想各领域都有全面变革奴隶制的需要，法家学说为结束奴隶制社会末期的乱世分裂，建立君主专制的封建王朝，提供了理论根据和行动方略，极大地推动了历史的进程。

战国前期的法家代表有三个——商鞅、慎到和申不害，他们各自的理论主张也不尽相同。

卫国人商鞅为"重法"之代表。

秦孝公时期，商鞅在秦国主持变法，使秦国迅速走上法治之路，成为战国七雄中最强大的国家，为秦始皇扫平六国统一天下奠定了基础。商鞅的思想集中在《商君书》中，他认为人性皆好利，趋利避害是人的本能，因此礼义对于人的约束是有限的，必须依靠严刑峻法。另外，人君可以充分利用人性好利的特点，因势利导，奖励耕战，达到富国强兵的目的。

商鞅的法治思想可以概括为三个方面：其一，"定分"。商鞅曾经有个经典的比喻："一兔走，百人逐之，非以兔为可分以为百，由名之未定也。夫卖兔者满市，而盗不敢取，由名分已定也。" 商鞅认为人类社会之所以会存在如百人逐兔的现象，原因不在于追逐的对象，而在于财产所有权不确定。要制止社会动乱，根本途径就是确定人与人之间的财产分界，即"定分"。因此商鞅主张"立法明分"，反对以私害法。其二，"缘法而治"。商鞅反对儒家的"礼"，主张以"法"代"礼"，他对法制高度重视，把法律视作一种有利于社会统治的强制性工具。他认为法可以"兴功惧暴"，鼓励人们立功，震慑不法之徒，这两者都可使民众服从专制国家的需要。其三，"刑无等级"。商鞅认为："法者，国之权衡也。"他反对"刑不上大夫"的旧传统，认为法律的基本精神就是公平，因此在执行法律的过程中，除君主以外，任何人都不得逃脱法律的制裁，爵禄不得抵刑，功不得抵过，善不可当恶，要做到"不失疏远，不违亲近"，有功必赏，有罪必罚。

商鞅变法的意义无疑是深远的，他让秦国在短时间内就实现了富国强兵，取得了一系列兼并战争的胜利。商鞅认为历史是向前发展的，一切法律和制度都要随历史的发展而发展，他的"不法古，不循今"的思想至今仍对我们有很大的启示意义。

赵国人慎到为"重势"之代表。

齐宣王时，慎到曾在稷下学宫讲学，是稷下最具有影响力的学者之一，《汉书·艺文志》中记录他著有《慎子》四十二篇，但今天仅存七篇。慎到认为"治国无其法则乱"，坚决主张"法治"，而要想实行"法治"，就必须尊君，只有"民一于君，事断于法"，方"是国之大道也"。

慎到的思想也可以概括为三个方面。其一，"事断于法"。慎到主张百姓、百官听从于君主的政令，而君主在做事时又必须依法行事，国家必须从上到下严格地遵守法律和执行法律，即"以死守法"。法律必须公平，不能立法为私，要"官不私亲，法不遗爱，上下无事，唯法所在"（《慎子·君臣》）。慎到认为法治比人治优越，所以他反对儒家主张的"德治"，认为那样会影响法律的贯彻执行，产生很多混乱和弊端。其二，"贵势"。在慎到的政治思想体系中，"势"被认为是政治行为的保障，君主只有掌握了权势，才能保证法律的执行。慎到把君主和权势分别比喻为飞龙和云雾，飞龙有了云雾才能飞得高，如果云雾散去，飞龙就是地上的蚯蚓了。贤人之所以屈服于不贤的人，是因为权势轻微、职位卑下；不贤的人能驾驭贤人，是因为权势大、地位尊贵。如果没有权势，即使像尧那样贤德，百姓也不会听从命令。所以君主必须想尽办法维持其权势。其三，"无为而治"。慎到早年曾学黄老道德之术，因此其法家思想中也有道家思想的影子。他把法家所主张的"法"和道家所主张的"道"等同起来，依法即是依道，君主应该在法治的基础上依照事物的本性来管理，使法律成为君主顺应自然之道来管理国家的统治工具。国家一旦制定了法律，其他人为地变通法律的情况便是违道，百姓依法而行便是顺道，有了大家遵法守法的前提之后，君主就应该无为而治了，即 "臣事事"则"君无事"。

慎到的思想简单概括起来就是强调国家以法治为中心，而法治以统治者的威势为基础。慎到的"贵势"思想迎合了君主要求加强君权的需要，因此在当时也颇有市场。

郑国人申不害为"重术"之代表。

申不害，韩昭侯时被任为丞相，在韩国主持变法。申不害在韩国为相十五年，"内修政教，外应诸侯"，帮助韩昭侯推行"法"和"术"，使吏治得到整顿，君权得到加强，国内政局得到稳定，百姓生活渐趋富裕。申不害的思想与慎到有相似之处，他们都曾习黄老之术，崇尚"人法地，地法天，天法道，道法自然"(老子《道德经》)的理念，因此申不害亦主张"无为而治"，但他强调以君主的"权术"来实现。

申不害重"术"。所谓"术"主要是指君主驾驭驱使臣下的方法，通过"术"来加强国君的权力，巩固国君的地位以及防止臣下篡权。有了"术"，方能更好地释放国君的"势"，国君有了"势"才能更好地实行法治，因此申不害并不是不讲"法"与"势"，他与商鞅、慎到的主张并不矛盾，只是更强调国君的御下权术。申不害主张国君"操杀生之柄"，强调国君的独裁地位，要求臣下绝对服从君主，"君之所以尊者，令。令不行，是无君也，故明君慎令。"(《申子》)君主的权威体现在发号施令上，如果君主的命令不能被执行，那么证明君主的权威没有得到认可，所以君主任何时候都不能让大权旁落。如果君主的权威没有问题，那么在确保君令能够被严格执行的前提下，具体工作可以交给臣下，国君可以"无为而治"，不必事必躬亲。但国君亦要"课群臣之能"(《韩非子》)，即随时对群臣进行监督、考查、防范，要防止臣下篡权夺位，因此这些御下之术也是保证国家安定的重要手段。除了上述的"阳术"，国君还可以有"阴术"，"阴术"不宣于外而秘密进行，主要目的是及时了解、掌握臣下的情况，以便于控制。

应该看到，申不害的术治之说，主要是由当时复杂的社会斗争决定的。春秋战国时期，因为利益驱使，子弑父、臣弑君的情况时有发生，变法改革亦最怕朝局动荡、朝令夕改，因此以"术"加强君权，也是为了避免臣下因权力过大而篡位进而导致法治中道被废的情况发生。但实行术治也会产生另外的后果，即"一言正而天下定，一言倚而天下靡"(《申子》)，如果君主有道，则国家就会兴旺，如果国君无道，则国家就会陷入混乱。归根结底，"术"只是实现法治的一种手段，它本身并不是目的，过分强调术而忽略法令的施行，无疑是舍本逐末。申不害与韩昭侯用"术"有余，定法不足，操纵权术却并没有从根本上解决韩国的问题，因此韩昭侯一死，韩国很快就衰落了。

商鞅、慎到、申不害三人分别看重法、势、术，到了战国后期韩非子将三者思想融合后进一步指出：法是治理国家的根本；势是君主手中的权势，尤其是军政大权；术是驾驭群臣、掌握政权、推行法令的策略和手段。法、势、术三者相辅相成，如此方能发挥最大的作用。韩非子是法家思想的集大成者，他的思想集中在《韩非子》一书中(见图 5-3)，在他那里法家逐步形成一套系统的理论，对秦汉以后中国封建社会制度的建立发挥了巨大的作用，并深刻地影响了后世，以至于很多人都认为中国两千年的封建制度其实就是儒表法里的制度。

韩非子的思想概括起来，有如下三个方面的内容：其一，"人性本恶"的理论依据。法家在一定程度上继承和发扬了"性恶"论，认为人都是自私逐利的，因此需要以赏罚分明的法律来因势利导，规范其行为；其二，"以法治国"的核心思想。韩非子强调："治强生于法，弱乱生于阿。"(《韩非子·外储说右下》)因此只有法治才能使政治清明、公平公正，官吏不敢贪赃，民众守法致富，这样的国家自然就会稳定强大；其三，强调君主权势及用术。韩非子认为君主只有有权有势，才能治理天下，势是君主能君临天下的根本条件，有势与无势，是君与臣的根本差别所在。君主的权势，不外乎德和刑两个方面，君主只有操德、刑二柄，才能制服臣下。韩非子强调君主至上的理论，他认为君主的利益也就代表着国家的利益，因此在君臣关系上，应该一切从君主的利益出发，臣下要绝对服从，君主可以用各种"术"来驾驭和制衡臣下。韩非子的这种思想其实就是君主专制中央集权的思想。

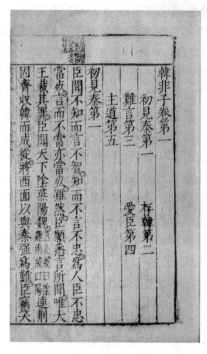

图 5-3　明朝万历年间刻本　韩非子

总之，法家重视法律的作用，主张以法治国，主张实行君主专制统治，同时通过一些富国强兵的政策，使国家保持稳定和发展。法家的思想在先秦诸子百家中显得比较激进，对后世的影响也十分巨大。

三、纵横中国

在诸子百家中，有一派以谋略直接干预列国外交乃至影响天下格局的群体，那就是纵横家，代表人物有鬼谷子、苏秦、张仪等人，他们多明于辩说，善于辞令，长于外交，精于权谋，奔走游说，入朝干政，对当时政治格局产生了深远的影响。纵横家的代表作有《鬼谷子》《苏子》《张子》，另有记录各策士游说之辞的《战国策》。与其他诸子百家多重著书立说、理论总结不一样，纵横家更看重实践，他们没有系统的学术思想，也没有固定的政治主张，只是依据各国具体的情况与不同的政治要求来设策定谋。因为善变通，无恒策，他们在当时也难免被诟病为朝秦暮楚、反复无常之辈。其实客观地说，纵横家的产生也是有其特殊的历史原因：春秋战国乃是一个割据纷争的时代，天下四分五裂，各个国家为了稳固统治，必须在自身国家建设的基础上，利用战争以及联合、排斥、威逼、利诱等各种外交手段在列国中周旋，纵横家也就应运而生了。他们凭借自己的才智、胆识，游说各国诸侯，动之以形势，诱之以利害，外陈言辞，内设计谋，常以三寸之舌化解百万之兵，他们所设计的外交策略和外交战术，至今仍有很大的影响。

纵横家的称谓来自战国时期的"合纵连横"运动，对此韩非子在《五蠹》中解释道："纵者，合众弱以攻一强也；而横者，事一强以攻众弱也。"也就是由弱国联合起来抵御一个强国，以防止强国吞并的策略为"合纵"；由强国拉拢一些弱国来进攻另一些弱国，以实现扩张的策略为"连横"。合纵连横的实质就是大国的争霸与其他国家的反争霸斗争。随着秦国的不断强大，"合众弱"以抗秦的"合纵"方略及秦国联合一些国家"攻众弱"的"连横"方略就应运而生了，并且愈演愈烈，对天下格局也产生了重大影响，战国时主张"合纵""连横"的代表人物分别是苏秦和张仪。

苏秦，字季子，东周王都洛阳人，家以务农为生。他早年投入鬼谷子门下学习纵横之术，学成游历多年，潦倒而归，受尽家人尤其是妻子、嫂子的冷眼鄙视。苏秦遂闭门不出，发奋苦读，终于揣摩出纵横之术，于是再度出山。他先后游说了燕、赵、韩、魏、齐、楚六国，最终成功说服诸王合纵抗秦，建立合纵联盟，苏秦被任为"从约长"，兼佩六国相印，一时风头无两。苏秦衣锦还乡时，从前看不起他的家人在他面前十分谦恭，这就是成语"前倨后恭"的由来。

苏秦之所以能够成功游说列国，关键就在于他对当时的天下大势有正确的分析和把握。一方面，秦国在商鞅变法、奖励耕战之后，国力日益强盛，尤其在兼并巴蜀以后，物资供应有了极大的保障，再加上秦国本就地势险要，易守难攻，因此秦国事实上已经成为天下最有实力的诸侯国；而另一方面，六国因为地缘关系紧密，数百年间攻伐不断，彼此消耗，早已不复当年之盛。在此消彼长之下，所谓"战国七雄"并立的均势早已被打破，山东六国中任何一国都不足以单独对抗秦国，唯有抱团合力方能与之抗衡，从而避免力量失衡的格局进一步加剧。苏秦正是洞悉到了这一客观事实，因此才能适时地提出"合纵"方略，对各国君主晓以利害，诱以利益，最终促成抗秦联盟成立。战国形势图如图5-4所示。

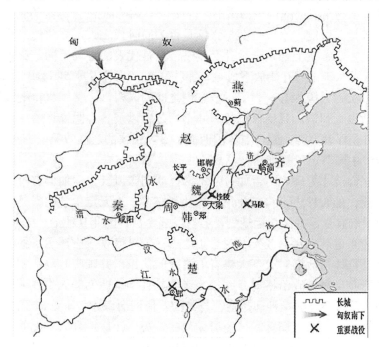

图 5-4　战国形势图

当然，除了深谙天下大势以外，苏秦的口才及游说的方法和技巧，也是其成功不可或缺的要素。苏秦在游说时很注意有的放矢，敏锐地抓住各国核心利益进行有针对性的劝服。比如，苏秦首先游说的燕国，本与秦国并不接壤，彼此间利益冲突也不大，但燕国与赵国相邻，赵国乃是燕国的心腹大患，于是苏秦告诉燕王："与赵从亲，天下为以，则燕国必无患矣。"(西汉司马迁《史记·苏秦列传》)也就是如果天下抗秦的话，赵国因为忙着对付西边的秦国，便不会再来威胁东边的燕国了。这样的说辞，显然很符合燕王的所需，自然能被接受。而到了赵国，苏秦则告诉赵王如果六国合力攻秦，秦国必破，到时候赵国称霸，就易如反掌了。因为赵国在六国中实力较强，如果抗秦成功，赵国将得利最多，除了能获得大量土地外，还可以从此称霸天下，所以赵国也接受了苏秦的游说。苏秦每到一个国家，都从该国利益或所虑出发，这种灵活机变的辩论技巧非常高超。

合纵联盟使秦国十五年不敢东出函谷关，苏秦确实以一己之力影响了天下，可谓"一怒而诸侯惧，安居而天下熄"(《孟子·滕文公下》)，纵横之术的作用也由此可见一斑。我们在前面的章节中了解过兵家的智慧，《孙子兵法》中有"上兵伐谋，其次伐交"的谋略思想，从某种意义上讲，苏秦的合纵之策也是一种"伐交"之法，以外交结盟的方式成功抑制住了当时风头正劲的秦国的兼并战争。但是，这种合纵的外交策略归根结底是一种权宜之计，它只是暂时地迟滞秦国统一天下的步伐，却不能真正消除六国之间的矛盾以及六国内部的诸多问题，不是真正让六国发展壮大的办法，因此注定不会长久。随着六国的矛盾激化，再加上统治者们的鼠目寸光、自私偏狭，合纵联盟最终瓦解，苏秦也被齐王以"燕国间谍"的罪名车裂于市。

张仪，魏国人，《史记》中称他与苏秦同为鬼谷子门下，出山后得到秦惠王赏识，封为相国，奉命出使游说各国，以"连横"之策破"合纵"之围，受封为武信君。但据1973年马王堆汉墓出土的帛书《战国纵横家书》(见图5-5)中的记载，苏秦的时代晚于张仪，两人并没有直接较量的可能。不管苏秦与张仪是否为同时代之人，张仪的"连横"之术与苏秦的"合纵"之术，本质上都是一种外交策略，只是代表的立场不同。秦国崛起以后，引发了六国的恐慌，六国之间开始放下成见，加强联系，以期共同节制秦国，其中尤以齐国、楚国、魏国三个实力大国为甚。为了拆散它们之间的联盟，为秦国赢得继续发展的时间和空间，张仪不断出入列国，凭借自己的三寸不烂之舌以及各种阴谋诈术，最终成功地瓦解了抗秦联盟，并说服韩、齐、赵、燕等国西面事秦。张仪的连横政策，为秦国消除了威胁，为秦国最后统一中国奠定了基础。

虽然纵横家们辩才无碍、巧舌如簧，常常搅动列国风云，但他们有时为了达到自己的目的而不择手段、处心积虑、钩心斗角，且功利心重，士无定主、朝秦暮楚。而他们献计于国多是"权时制宜"，并无长远规划，容易反复无常，因此其他诸子学派对其贬多褒少，认为其不是国之正道。但我们今天客观公正地去评价纵横家，应该承认他们乃是先秦时期不可多得的智慧群体，他们对天下大势有着清醒的认识，并顺应时势，积极入世，以自己的智慧和口才影响当时的政治格局，并扬名诸侯，且不论他们的人生追求是否高尚，他们那种始终向前、百折不挠的精神却是值得肯定的。他们的口才、辩论技巧，以及《战国策》中那些辩词所展现出来的纵横捭阖、凌厉无双的气势，让后世之人，尤其是文学家们大为倾倒，成为文章写作尤其是议论文写作时的模仿对象。另外，由"合纵""连横"发展而来的诸多外交原则、策略，在后世争战和国家交往中也起到了重要作用，对我们今天正确处理好纷繁复杂的国际关系，在激烈的国际竞争中保全自我都有很多启示。

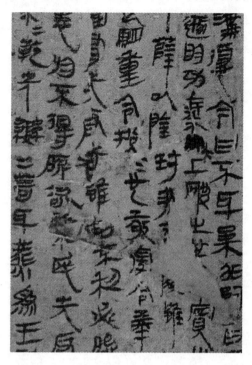

图 5-5　西汉帛书 战国纵横家书(局部)(长沙马王堆三号汉墓出土)

总之，诸子百家以其各自的思想和主张为中国文化的发展奠定了宽广的基础，给后代留下了很多深刻的启示：无论是儒家的"己所不欲，勿施于人"的仁道思想，还是道家的"道生一，一生二，二生三，三生万物"的朴素唯物主义思想；无论是墨家的科学精神，法家的法治思想，还是兵家的智慧谋略，纵横家的外交智慧，在今天都依然闪烁着耀眼的光芒。而所有这些，至今仍深刻地影响着中华民族，如同一条滔滔大河，千古不废。我们可以学习儒家的刚健有为，学习墨家的兼爱非攻，学习道家的自然清净，学习法家的废私立公。海纳百川，兼收并蓄，只有这样，才是对先秦诸子最好的纪念。

礼俗教化篇

第六章　传统礼仪

　　孔颖达《春秋左传正义》言："中国有礼仪之大，故称夏；有服章之美，谓之华。"这句话可视作"华夏"一词的解释之一。我国是个历史悠久的文明古国，历来就被称作"礼仪之邦""衣冠上国"，而礼仪所代表的秩序与和谐的社会理念，就是文明古国的表现之一。同时，礼仪是一个人、一个民族、一个国家文化修养和道德修养的外在表现形式，它是一种行为规范，引导人们向善和自律。在中国古代，礼和乐相辅相成，构成了一个完整有序的社会政治文化制度，即礼乐制度，这是人们心目中理想社会的一种范本，因此，在数千年的中华文明发展史上产生了重大而深远的影响，至今仍有强大的生命力。礼仪不仅仅是外在的行为约束，更应该内化成我们的道德涵养：懂得尊敬和谦让，学会律己和敬人，懂得什么该做和什么不该做，学会区分善恶与美丑。本章我们将了解一些中国传统的典礼制度与言行规矩，就让我们遁着古人的操守仪范，通过日常生活中的不断修炼，将传统礼仪文化的精神发扬光大、植入骨髓，成为真正的文明人。

（本章执笔：梁洁）

儒家经典《礼记》有言："鹦鹉能言，不离飞鸟；猩猩能言，不离禽兽。今人而无礼，虽能言，不亦禽兽之心乎……是故圣人作，为礼以教人，使人以有礼，知自别于禽兽。"人与鹦鹉、猩猩最大之区别，在于人能知礼，能自觉地节制自己的言行，因此，"礼"是区别人与动物、文明与野蛮的标准。"礼"作为一种行为规范，调节了人与人之间的关系，维护了社会的秩序和正义。对此，《荀子·修身》中说："人无礼则不生，事无礼则不成，国无礼则不宁。"礼仪既是个人的修养，也是成事的关键，还是国家安宁的重要保障。华夏民族自古以"仪礼之邦"闻名于世，礼仪文化在我国源远流长。早在先秦时代，就有了关于礼仪的专著，在后来被奉为儒家经典的"十三经"中，有三部和礼仪有关，分别是《周礼》《仪礼》《礼记》，它们合称为"三礼"，对后世的礼仪文化产生了深远的影响。

一、礼始冠笄

冠礼，是中国古代汉族男子的成年礼。先秦时，男子一般二十岁算成年，天子和诸侯的接班人可以更早一些。传统文化很重视冠礼，认为所有礼仪皆始于冠礼，唯有成年才能被家族和社会承认，才能娶妻婚嫁，参与诸如祭祀、丧葬等其他仪式。冠礼意味着年轻人明确其伦理道德和社会责任而步入社会的开始，必须严肃而郑重，所以冠礼一般在宗庙内举行，由家族长辈主持，有着完整而严格的仪式流程，在传统的冠礼仪式上，还会给年轻人命字。

根据《仪礼》记载，冠礼可分为筮日、戒宾、筮宾、宿宾、引宾、加冠、醴冠、命字、拜见亲长等一系列礼前礼后的流程。

冠礼之前，首先要在宗庙门前占筮加冠的吉日。家族的主人头戴玄冠，身穿朝服，在庙门的东边就位，面朝西方；司礼人员身着与主人相同的礼服，在庙门的西边就位，面朝东方，准备蓍草、蒲席和记卦所用的卜具，陈放在宗庙门外，并布设筮席。主持占卜的筮者手持蓍草，在主人的授意之下占筮，占筮结果会写下来，拿去给主人看，报告主人筮得吉卦。如果占筮结果不吉，则占筮以后的日期，其仪式与前相同。占筮结束，撤去筮席，家族中掌管宗祀礼仪的人，即宗人，会宣布筮日之事结束。

接下来是戒宾与筮宾，主人会至众宾家门告知举行"冠礼"的日期，并邀请其参加，这个就是"戒宾"。在将行加冠礼的前三天，还要举行一个占筮正宾的仪式，正宾即为冠礼当天为冠者加冠的人。筮宾仪式与筮日的流程相同。筮宾结束后，主人会再次前往邀请正宾。除了正宾，还要邀请赞者一名，仪式与邀请正宾相同。行加冠礼前一天的傍晚，举行宿宾仪式。主人站立在门外东边，当众宣布举行冠礼的时辰。

冠礼当日，众人清晨早起为冠礼做准备。冠礼一般是三加，冠者会换三套不同的服装：首先是爵弁服，其次是皮弁服，再次是玄端服。礼服需提前悬挂在相应位置，加冠时会使用到的冠缨、束发巾、簪子等，也均需放好备用。还要准备蒲苇席两张，分别用作仪式时冠者与正宾的席位。另要准备醴席一张，醴席上摆放好祭酒祭肉。至于冠礼中最重要的物品——三顶冠，即缁布冠、皮弁(见图6-1)、爵弁，则各盛在一个冠箱里备用。

冠礼正式开始后，三位司仪各持一只冠箱，等候在西首南边，面朝南站立。冠礼以东方为上首，主人身着玄端，面西而立，正宾身穿与主人相同的礼服，面东而立，赞者在主宾身后。将冠者从房内出至堂上，面朝南方，即席坐下。赞者为将冠者梳理头发，并用头巾束发。正宾上前坐下后，为将冠者再次整理头巾，而后口致祝词，为将冠者加缁布冠。冠者进入房内，穿上玄端服后出来，面朝南方向众宾客进行展示，这就是初加。次加与三加的流程与此相同。

图 6-1 明 鲁荒王九梁皮弁(山东邹县出土)

加冠之后是醴冠，醴是一种礼仪用的甜酒，醴冠即正宾为冠者赐酒祝贺，冠者祭醴三番后尝醴。随后，冠者取干肉，下堂去拜见母亲，母亲拜受干肉。正宾与主人下堂，在台阶前分宾主再次站定，冠者站立在西阶东边，接受正宾给他的命字。

礼成之后，冠者会拜见参加仪式的众亲戚，再进内院拜见姑母、姊妹，仪式与拜见母亲时相同。而后更换礼服，戴玄冠，穿玄端服，进献礼物，朝见国君。还会携礼物晋见乡大夫、乡先生，表明冠者已获成年身份，被家族和社会认可了。此后，作为酬谢，主人还要宴请正宾、赞者。

从冠礼这一整套烦琐的仪程中，我们不难看出古人对于成年这件事情的重视，三次所加的冠，一次比一次贵重，教谕冠者从自身出发，确立远大的志向。加冠之后还要命字，在姓名之外另取一个可供平辈朋友交往时使用的称呼，这是在为走出家族后的人际交往做好准备。以上种种，皆是为冠者步入社会做好训诫和铺垫。

与冠礼相对应的，还有女孩子的成年礼即笄礼。《白虎通义》里说："娶必成冠，嫁必及笄。"古时候规定贵族女子在订婚以后出嫁之前要行笄礼，宣示成年。笄礼一般在女子十五岁时举行，如果一直待嫁未许人，则年至二十也可行笄礼。

《周礼》里说我国的传统礼仪可分为"吉礼、凶礼、军礼、宾礼、嘉礼"五种类型，冠礼、笄礼皆属于嘉礼，它们是一个新的成人第一次践行的礼仪，是他们理解华夏礼仪的开始，也是他们进入华夏礼仪系统的开始。只有经过冠礼、笄礼的教育和启示，获得新的思想导引和行为规约，每个新的成年人才能真正进入华夏礼仪的语境。

二、礼重孝亲

中华孝道文化源远流长，博大精深。《尔雅》中言："善事父母为孝。"孝道简单说来就是子女对父母的一种善行和美德，是家庭中晚辈在处理与长辈的关系时应该具有的道德品质和必须遵守的行为规范。古人以孝为百善之首，因此也就有了一系列的孝亲礼仪(见图 6-2)。

图 6-2　清末民初　木版老年画　二十四孝

(一)出必告，反必面

《礼记·曲礼》："夫为人子者，出必告，反必面。"

作为子女，外出必须向父母禀告；返回家时，要首先和父母见面，报个平安。这样做，无非是为了让父母放心，在外不做出格的事，不让父母因自己的过失受牵连。现在，我们上班、下班以及上学、放学进出门时，是否会记得跟父母打声招呼？很多人出门扬长而去，进门不声不响，在家时自顾自地玩手机，对在家里忙碌的父母熟视无睹、不理不睬，这些都是不对的。

(二)冬温夏清，昏定晨省

《礼记·曲礼》："凡为人子之礼，冬温而夏清，昏定而晨省。"

子女应该随时关心父母，冬天要留意父母穿衣是否温暖，夏天要考虑怎样让父母感到凉爽，每晚睡觉前要扶持父母就寝，早上起床要第一时间探视父母。我们现代人工作节奏快，有些还不与父母同住，因此可能每天扶持父母就寝不太能做到，但常打电话询问父母的健康情况、生活情况，我们还是应该能做到的。另外，周末常回家看看，帮父母干点家务，一起吃饭、聊天，陪父母散步、看病，这不仅是对父母表示孝心，更是为人子女应尽的职责。

(三)几谏不怨

《论语·里仁》："事父母几谏，见志不从，又敬不违，劳而不怨。"

孝道的核心是发自内心的尊敬，而不是不分对错的愚孝。父母若有错，子女可以用委婉的语气进行劝谏，以免陷父母于不义，这才是真正的孝。《孝经》也说："父有争子，则身不陷于不义。故当不义，则子不可以不争于父。"父母有能谏诤的子女，很多时候便可以减少犯错的概率。在我们今天的社会，一方面传统孝道需要弘扬，另一方面，家庭关系也在向西方学习，越来越推崇民主平等。但其实这两方面是不矛盾的，我们需要孝敬父母，却也不提倡"愚忠""愚孝"，家庭内部应该既讲情也讲理，这样的家庭才能和谐稳固。

除了孝敬自己的父母，孝道扩展开来就是"老吾老以及人之老"(《孟子·梁惠王上》)，把对自己父母的尊敬爱护推己及人，从而尊敬爱护天下所有的老人，这是一种大爱，是一种更高的精神境界与道德情怀，是我们中华民族的优良传统，值得我们传承保持。而且我们应该看到，尊老敬老的风气是与社会文明程度相关联的，对待老人的态度就是社会风气好坏的一个显著标志，对老年人的尊敬，其实就体现着这个社会的爱心和责任感。因为变老是我们每个人都不可避免的归宿，我们尊敬已经对社会做出一辈子贡献的老人，并激励自己为社会多做贡献，等我们老去的时候，也能受到别人对我们的尊重，这才是一个良性发展的社会应该有的风气。

关于如何尊老、敬老，具体而言，需遵循如下之礼仪：

其一，长者优先。

《礼记·曲礼》："长者立，不可坐；长者来，必起立。"

作为晚辈，我们看见长辈站着，自己不要随便坐下；看见长辈到来，一定要起立迎接。除此之外，如《常礼举要》中列举的"徐行后长，不疾行先长""不在长者座前踱来踱去""长者与物，须两手奉接"等言行规范也是需要我们注意的。具体来说，长辈行动不便，我们应该在长者身后慢行照料，不要嫌长者走得慢而快步跑到长者前面；在长辈面前，我们的举止要克制，不能随便晃来晃去；长者给东西的时候，我们要用双手恭恭敬敬地去接。

再比如，在餐桌上我们要先请长者动筷子，自己再动筷，长者夹菜不方便，我们应该主动替长者夹菜，也可以把距离远的菜肴送到他们面前；在上下楼梯或者进电梯的时候，遇到长者,我们也应该礼让先行,如果长者行动不便,我们应该主动提供帮助。总之,尊老、爱老是我们中华民族的优秀传统,它不仅是构筑社会和谐的基石,也是我们道德修养的体现,我们应该从点滴做起,不断践行。此外,言传不如身教,如果为人父母的能在生活中切实地孝敬长辈,那么这也是给自己孩子做出的最好的表率。

其二,使用敬语。

中国自古就有借助谦辞、敬语来表示尊重礼貌的习惯,在长辈面前更要注意自己的言行举止,准确得体地使用谦辞敬语可以体现出一个人的修养与品位。比如,见到长辈,应该主动招呼问候,对长辈应尊称"您";询问长者的姓氏、年龄、意见时可以加上"贵""高"等敬语,常见的有"高寿""贵庚""贵姓""高见"等;不可直呼长辈的名讳,可以在姓或名后加上"老""公"等尊称,像"王老""徐公";称呼别人的父母,可以加上"令"字,也就是美好的意思,像"令尊""令堂"。除此之外,看望长辈应说"拜访";等候长辈应说"恭候";请长辈帮忙应说"烦请";请长辈指点应说"请教";得长辈教诲应称"赐教",等等。敬语谦辞虽小,却是一个人的学识涵养、道德风貌的外在体现。

其三,慎行恭敬。

大家应该都听说过"程门立雪"(见图 6-3)的故事:宋代有一个叫杨时的人,去拜访当时名满天下的大师程颐。那天正下着大雪,而程颐刚好在睡觉,杨时怕打扰老师休息,又不想放弃求学,于是就在门口的雪地里站着恭候老师。等程颐睡醒的时候,杨时身边的积雪已深达一尺。

图 6-3　程门立雪(左上角邮票)(中国邮政)

与"程门立雪"类似的还有一个"张良进履"的传说:秦末时的张良有一天经过一座桥,遇到一位年迈的老人。老人故意把鞋扔到桥下,让张良替他取鞋,张良替他取鞋后,老人又令张良给他穿上。张良恭敬地膝跪于前,小心地帮老人穿好鞋。老人见张良恭顺,于是约他五日后会面,张良按时去时却见老人已经在那里了,老人嫌张良迟到,约他五日后再见面。第二次张良虽提前到达,却依然晚于老人。到了第三次,张良提前到半夜出发,终于赶在了老人之前。老人被张良的诚意打动,便授给张良一部兵书。张良日夜诵读,终于成为一个足智多谋、文武兼备的人,辅佐刘邦打下了天下。这个故事虽然只是一个传说,并非真事，但它至少向我们说明了敬老、守时、诚信等是古人非常看重的品质，而这些品质放在今天，依然值得我们弘扬。

曾子说："夫孝，置之而塞于天地，衡之而衡于四海。"（《大戴礼记·曾子大孝》）孝是放诸四海而皆准的真理，而由孝亲到敬老，由保持家庭关系和谐再到维护社会稳定，这既是我们应该自觉践行的公序良俗，更是我们中华民族团结相亲的内在文化驱动力，值得发扬光大、永远传承。

三、晤面行礼

我们今天在与人见面或分别的时候，常常会伸出手去与对方的手相握，以示亲切友好，或表祝贺、慰问，这就是握手礼，它是今天全世界最流行、最常用的一种礼节。不过握手礼在我国普及开来，是在辛亥革命以后。孙中山先生因其体现着平等自由的理念，便极力倡导。据说孙中山先生在日本组织同盟会时，还规定握手是入盟同志相见的"暗号"，并亲自教导会员如何行握手礼。那么，在握手礼普及之前，我国古代还有哪些见面的礼仪呢？

其一，跪拜礼。

跪拜礼是中国古代最主要的礼节之一，又称叩头、磕头，一般是晚辈或社会地位低的人对长辈或社会地位高的人所施的礼仪(见图 6-4)。因为中国最早没有凳子，所以古人都是席地而坐，坐姿是两膝着地，臀部垫坐在脚后跟上。行礼时，双手前伸，上身直立，再俯伏向下，头触地，即为跪拜。根据具体的行礼方式，又可分为"九拜"，即《周礼·春官·大祝》里记录的稽首、顿首、空首、振动、吉拜、凶拜、奇拜、褒拜、肃拜。这是不同等级、不同身份的人，在不同场合所使用的不同的跪拜礼。

图 6-4　东汉　陕北绥德四十铺汉墓　拜谒图

在"九拜"中，稽首是程度最高、最隆重的，《周礼》郑玄注为"拜头至地也"。行礼时，施礼者屈膝跪地，左手按右手，拱手于地于膝前，手不分散，再慢慢伸头到手前地上，俯伏向下直至头碰到地面并且要停留一会儿，动作毕恭毕敬。《周礼》贾公彦疏说"稽首"在"拜中最重"，所以臣拜君、子拜父、学生拜老师以及拜天、拜地、拜祖先时就要用"稽首"。不仅如此，古时给师长写信，也往往会在开头写上"某某稽首"的字样，以示尊敬。

顿首的方式与稽首差不多，只是头触地后立即抬起而不在地面停留，也是下对上表示敬意的礼节，后也多用在书信的开头或结尾，类似今天"致敬"的意思。

空首，又称"拜手"，《周礼》郑玄注为"拜头至手"，段玉裁解说为"即跪而拱手，而头俯至于手，与心平，是之谓'头至手'"。空首施礼时，俯下头但不接触地面，低头至与胸口齐平。陕西省考古研究院所藏的唐代"跪拜俑"所行之礼正是"空首"(见图6-5)。

图 6-5　唐 跪拜俑(陕西省考古研究院藏)

振动，见于丧礼，不仅要"顿首"，还要双手相击，哭天喊地，浑身战栗不已，表示对丧者悲痛哀悼，是丧礼相见中最隆重的跪拜礼。

凶拜，即行礼时，先顿首，后空首，是守丧时答拜宾客，以表示悲痛和感谢之意的礼节。吉拜，则与凶拜相反，先空首，后顿首。

此外，奇拜即一拜；褒拜，即再拜、三拜。肃拜，则是古代女子的跪拜礼。总之，"九拜"是古代跪拜之礼的合称，是最郑重的见面礼。

其二，揖礼。

揖礼也是古人常用的相见礼，施礼时为站立姿态，无须跪拜。揖礼时双手除拇指外四指并拢，左手叠在右手上，掌心朝内，左右拇指相扣，两手合抱，两臂前伸。另据《周礼》记载，揖礼还有天揖、时揖、土揖、特揖、旅揖、旁三揖之分。天揖比较庄重，一般针对长辈，行礼时拱手前伸而稍上举，俯身约60°。时揖针对同辈，拱手向前平伸，俯身约30°。土揖，也是俯身约30°，但拱手前伸而推手向下，一般用于在长辈或上司面前还礼。长揖，即拱手高举，自上而下向人行礼，表示倨傲。特揖是一个一个地作揖；旅揖是按等级分别作揖；旁三揖是对众人一次揖三下。

另外，揖礼还有一种变化形式即抱拳。抱拳是古时军礼的一种，因为军人一般甲胄在身，不便行跪拜礼，且往往手握兵器，不便行普通的揖礼，只能一手持握另一手盖在其上。抱拳即由此演化而来：行礼时，右手握拳，左手四指伸直或弯曲覆裹于右拳上，左手拇指扣住右手虎口，右拳顶住左掌中指下端，两手先环抱胸前再向外平推出。抱拳礼在后世由军队流传到了民间，成为习武之人常用的见面礼。

与抱拳礼在手形上有些相似的还有拱手礼。拱手是两手稍弯,相叠于胸前或偏上,形成一个"拱形",也可一手虚握,用另一只手抱住。行拱手礼时,身姿有直立和向前躬身两种,拱手礼多用于祝贺、恭喜、拜年等喜庆场合。值得特别注意的是,古时男子的吉礼尚左,即行礼时,右手在内,左手在外,女子反过来。如果弄错了左右手的叠放顺序,则吉礼就成了凶礼,在丧礼上方能使用。

此外,在唐宋元时还流行一种叉手礼,也可看作是揖礼的一种演化形式,在当时的壁画里还时常能见到(见图6-6)。叉手礼在不同朝代,具体手势略有不同,南宋人陈元靓在《事林广记》中对当时的叉手礼行法做了详细描述:两手交握于胸前,左手握住右手拇指,左手拇指向上,左手小指指向右手腕,右手四指伸直。这种行礼方式男女老幼皆宜,是地位低者向地位高者行的一种礼,以示尊敬。

图 6-6 唐 赵逸公墓壁画 叉手礼(局部)

其三,万福礼。

万福礼也是一种历史悠久的见面礼,后来成为女子的专用礼节,万福礼的基本方式是两手松松抱拳,在胸前下侧上下略作移动,右腿稍向后退,然后两腿屈膝,低头下视,稍作鞠躬虚坐之势,同时口道万福,有祝颂、祈福之意。万福礼的形式在不同朝代也略有不同,比如有的行礼时双手交叠放在身侧而不是胸下,但是这种礼节所包含的美好祝福始终如初。

其四,鞠躬礼。

鞠躬礼,相对前面介绍过的各种礼仪而言,不仅简单,而且易于操作,即弯腰、低头、肃立或缓行,表示恭敬与顺从,在我国也有很长的历史。《论语·乡党》中就有"入公门,鞠躬如也"的说法,即进入庄严的场所,应该低头下视,弯腰而入。鞠躬的深浅也是有讲究的,15°左右的鞠躬一般用在普通场合,表示友好或致谢;30°左右,表示尊敬和歉意;弯腰90°,则表示郑重的忏悔、改过和谢罪。鞠躬礼除了在我国,在日本等国家也应用得非常广泛,至今仍是日常生活、社交活动中的重要礼节。

礼仪是我们华夏文明的重要组成部分,从各式各样的见面礼中,我们不仅可以窥见古人传统的生活方式,亦可以看见华夏民族"和为贵"的社会理念。不管礼节如何变迁,礼节背后所蕴含的文质彬彬、谦逊有礼的民族之风永不会改变。

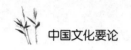

四、称谓合礼

前文提到过古人在冠礼的时候会命字,其实不只是名和字,古人还有各种号,相互称呼时还有排行、官职、谥号、追封等不同叫法,即使是我们今天所说的"姓氏",在先秦时也是完全不一样的东西。在这些种类繁复的称谓背后,有着悠久的历史渊源与丰富的文化内涵,同时也有着不同的社交礼仪功能。中国人讲礼,礼仪在古代社会就是一种社会秩序,怎么称呼别人,怎么称呼自己,大有讲究,不能随便逾矩。因此古人分设姓、名、字、号,以方便不同的人称呼使用。

称谓之礼首先体现在姓与氏的不同。

我们的姓氏是把祖先、自己、子孙联系起来,把过去、现在、未来贯通起来的一条纽带,这条纽带上维系着的是中华文化生生不息、绵延不断的价值理念,即建立在血缘亲情之上的崇祖重孝传统。

在今天,"姓氏"是一个词,大约等同于英语的"family name",而在先秦,"姓"与"氏"是两个概念。《说文解字》说"姓"字是"人所生也……从女从生,生亦声"。"姓"的本义是"母生",代表有共同血缘、血统、血族关系的族号。姓产生于母系氏族时期,母系氏族的人只知其母,不知其父,聚族而居,姓就是源于同一女性始祖的部族共有的名称。因此,最早的姓几乎都有一个女字偏旁,如姬、姜、嬴、妊、妃、好、姚。早期姓的数量并不太多,西周铜器铭文所见的姓,可以明确考定的不到三十个。而"氏",则是华夏进入父系氏族后,由大部落分出去的支系小宗的族号。这时,原本由母系计算的血缘关系,转换为由父系计算。由姓分化出的氏,便成为以男性为中心的新氏族的公名。在周代,天子分封有德的人为诸侯,根据他们始祖部落赐姓,再封赏土地,根据封地的地名来命氏。所以,当时只有贵族才有姓有氏,平民是没有姓氏的。"百姓"的最初含义也并非指一般民众,而是指贵族。"姓"与"氏"的区别和作用分别是:姓产生于母系氏族,主要作用在于"明血缘""别婚姻",标志着母系血缘;氏是氏族分支的称号,来自父系血缘,其作用主要在于"别贵贱",显示贵族男子的宗法身份。

以战国时著名的诗人屈原为例,他是楚国的贵族,是黄帝的八世孙、高阳帝的五世孙季连的后代。季连是芈姓的始祖,这个姓来自其母亲的氏族。芈姓的图腾是羊,羊即羌,在《说文解字》中注为"羌,西戎牧羊人也,从人从羊,羊亦声"。可见,季连的母亲来自西方的羌部落,他便以姓记之。芈姓入楚以后,又演化出熊、屈、伍、卓等氏,这是季连不同的子孙分出的不同家族。所以屈原是芈姓屈氏,芈姓说明了他的先祖血缘,屈则表明了他的父系出身。同样的例子还有孔子,据《史记·孔子世家》记载,孔子的祖先本是殷商王室后裔,殷商王室以子为姓,所以孔子是子姓孔氏。

不过,从战国开始,中国的姓、氏逐步合一,到了秦建立户籍制度,为了登记方便,原本没有姓氏的庶民也有了姓氏,"姓"和"氏"的区别也不再体现了。

称谓之礼还体现在名和字的区分。

古人的姓来自家族传承。古人的名,一般是出生时由父母所取,用于父母等直系长辈所称、自称或署名,不能他称。也就是说一般的人不能直呼他人之名,更不能指名道姓称呼，否则是对他人极大的不尊重甚至是侮辱。当然，有一个人可以例外，那就是皇帝，因为皇权至高无上。

字，一般是在成年的时候，由德高望重之人所取。前面详细介绍过冠礼，冠礼的流程比较复杂，其中一项就是要选出一位德高望重之人，请其为冠者加冠颂祝，并赠字。"礼仪既备，令月吉日。昭告尔字，爰字孔嘉。髦士攸宜，宜之于嘏。永受保之，曰伯某甫。"《士冠礼》中的这段话就是长者在赠字的时候说的话，大概意思是：今天日子很吉利，加冠的礼仪也已完成，现在公布一下你的字，这个字非常美好，配得上你这个君子，希望你永远地持有，你的字叫伯某。这里的"伯"是指排行，长子称伯，后面的依次用仲、叔、季。比如孔子，姓孔名丘，字仲尼，仲就是指他排行老二，尼指的是鲁国的尼山，用排行加一个地名这就是春秋战国时候常见的命字方式。另一种常见的命字方式是对名进行引申、解释、说明或者强调。比如：关羽，字云长；张飞，字翼德；张衡，字平子。这些字都和名有关。非直系的长辈称晚辈、上级称下级或平辈朋友之间互称一般都用字且不加姓。称字是对别人的一种尊敬，但字不能拿来自称，否则就是托大。

号，一般是朋友赠送的，也可以自号。号一般都比较雅，能彰显品位或志趣，在朋友往来时使用最多。比如苏轼，自号东坡先生，因为他被贬黄州，生活窘迫，不得不开荒躬耕解决温饱，在这样的境遇中，他想到唐代的白居易也是被贬到一个叫"东坡"的地方，也能够随遇而安，处之泰然，因此他便自号"东坡"，以显示自己对白居易的追慕，以及彰显自己虽遇困境而坦然的胸襟。

其实除了姓、名、字、号等称谓之外，古代还有很多其他的指称方式：称地名，比如康有为，世称康南海；称排行，比如杜甫在家中行二，大家就叫他杜二；称谥号，这个针对已去世之人，比如欧阳修谥号文忠公，所以后人说欧阳文忠公就是指欧阳修；还有称官职的、称科举学衔的，凡此种种，不一而足。不过有一点是要特别强调的，那就是后辈、下级不能直接称呼长辈、上级的字，当然更不能叫名，必须使用尊称，前面在敬老礼仪中已经详细说过了。

国有四维，一维绝则倾，二维绝则危，三维绝则覆，四维绝则灭。倾可正也，危可安也，覆可起也，灭不可复错也。何谓四维？一曰礼，二曰义，三曰廉，四曰耻。礼不逾节，义不自进，廉不蔽恶，耻不从枉。故不逾节，则上位安；不自进，则民无巧诈；不蔽恶，则行自全；不从枉，则邪事不生。

《管子·牧民》的这段话充分告诉了我们礼仪的重要性，它是一个国家、一个民族开化、进步与兴旺的标志，关系到国家的和谐稳定、长治久安。它又是我国优秀的文化传统，为我国走向伟大复兴提供了丰润的道德滋养和强大的精神动力，它值得我们去继承和弘扬。对于我们今天的华夏儿女而言，自觉地学习和践行礼仪，不仅可以展现自身的教养和品味，也可以帮助我们国家重塑"礼仪之邦"在世界上的形象。

第七章　民间节俗

你可曾想过我们何以为中国人？我们作为中国人，绝不仅仅是因为我们都有黄皮肤、黑头发，更重要的是我们都拥有那些祖先留给我们的、与生俱来的文化基因。之所以称它们为文化基因，因为它们在形成和发展的过程中，造就了中华民族的精神传统和人文性格，而这些一旦确立，便可在民族中代代传承、薪火相继。当我们用粽叶包裹糯米，用五彩的丝线缠缚粽子时，我们与隋唐先民并没有什么不同；当我们在八月十五月圆之夜与家人围坐，将圆圆的月饼分而食之的时候，岁月仿佛停留在了宋明的时光中。几千年来，虽然科技发展日新月异，我们的物质生活得到了极大的丰富，但总有些特殊的生活方式，顽强地对抗着时间，长久地保留和坚持了下来，并且还将长久地流传下去，如放风筝、赛龙舟、耍龙灯、舞狮子、剪窗花、贴春联……这是历史的坚守，也是国人共同的选择，因为它是我们的来处，是我们自立于世界民族之林的底气。本章我们将选取一些大家熟悉并喜爱的节日，介绍其特殊的风俗习惯，带领大家感受这些节俗背后蕴含的传统文化的魅力。

(本章执笔：梁洁)

民俗又称民间文化,是指一个民族或一个社会群体在长期的生产实践和日常生活中逐渐形成的、世代相传的、较为稳定的文化,可以简单概括为民间流行的风尚、习俗。民俗包含的内容丰富多彩,物质生活、精神生活和社会生活的各个方面都有特定的民俗。而节俗,即岁时节日民俗,是民俗中重要的组成部分,最为老百姓喜闻乐见和广泛参与。

我国的传统节日丰富多彩、形式多样、内容繁多,汉族主要的节日有春节、元宵节、龙抬头、清明节、端午节、七夕节、中元节、中秋节、重阳节、冬至节、除夕等。此外,各兄弟民族也都有自己的传统节日,如傣族的泼水节、蒙古族的那达慕大会、彝族的火把节、白族的三月节、藏族的藏历年等。这些中华传统节日,不仅清晰地记录着华夏先民丰富多彩的社会生活习俗,也积淀着博大精深的历史文化。

一、腊月辞旧

在我国所有传统节日中,春节无疑是其中最重要、最隆重的一个节日。春节历史悠久,早在上古时代就有祈年祭祀的习俗,这种习俗后来就演变成了春节。汉代以前的春节在干支历的立春这天,汉代以后演变为夏历正月初一(即农历正月初一)。春节习俗以祭祀祈年为中心,以除旧布新、拜神祭祖、祈福禳灾等形式展开,具体活动有扫尘、祭灶、祭祖、贴春联、放鞭炮、守岁、年夜饭、拜年、压岁钱、舞龙舞狮、逛庙会、赏花灯等。总体而言,春节的气氛是热闹喜庆的。

严格意义上的春节虽然只有一天,但其实在民间,对春节的庆祝从腊月二十三或者二十四的"小年"就开始了,一直要持续到正月十五元宵节才算结束,整个过程可以简单划分为辞旧与迎新两个阶段。北京地区有一首童谣:

小孩儿小孩儿你别馋,过了腊八就是年;腊八粥,喝几天,哩哩啦啦二十三;二十三,糖瓜粘;二十四,扫房子;二十五,冻豆腐;二十六,去买肉;二十七,宰公鸡;二十八,把面发;二十九,蒸馒头;三十晚上熬一宿;初一初二满街走。

童谣里说的就是民间百姓过春节持续半个多月的忙碌与热闹。

辞旧活动之一是过小年。

民间把腊月二十三或二十四,称为"小年",一般从小年起人们便开始"忙年"了。因为各地风俗不同,小年的具体日子也不尽相同。小年期间主要的民俗活动有扫尘、祭灶等。

扫尘是年节除旧布新的习俗之一,即民谚所谓的"腊月二十四,掸尘扫房子"。为了迎接过年,每逢春节来临,家家户户都要打扫环境,清洗各种器具,拆洗被褥窗帘,洒扫六闾庭院,掸拂尘垢蛛网,疏浚明渠暗沟,希望以干净整洁的面貌迎接新年。并且,因为"尘"与"陈"谐音,所以新春扫尘有"除陈布新"的含义,即把过去一切"穷运""晦气"统统扫出门,以祈来年清净吉祥。"扫尘"这一习俗寄托着人们辟邪除灾、辞旧迎新、迎祥纳福的祈求与愿望。

祭灶也是中国民间流传极广的传统习俗,据专家考证,民间祭灶可以上溯到古人拜火的习俗。《释名》中说:"灶。造也,创食物也。"灶神即民间传说中执掌灶火、管理饮食的神，又因为他与老百姓的日常生活紧密相连，所以后来他的职责扩大为考察人间善恶，以降福祸。祭灶传统在中国民间已有几千年历史了，灶神信仰寄托了中国劳动人民对于衣食丰足的美好向往。

旧时，普通人家的灶间一般会设有"灶王爷"的神位。传说他是玉皇大帝亲封的"九天东厨司命灶王府君"，负责管理各家的灶火，比之高高在上、不食人间烟火的神祇，灶王爷与老百姓的关系最为密切，他接受着烟熏火燎，是最有人情味、最和善可亲的神，因此他也被视作普通人家的保护神。灶王爷无疑是中国民间最富代表性、群众基础最广泛的神。在民间传说中，灶王爷会在每年的小年这天回天庭述职，向玉皇大帝汇报这一家人一年的所作所为，因此到了小年当晚，民间会有送灶神的仪式，一般是由这家的男性成员向灶王爷的神位敬香，并供上各色祭灶果，灶果多是甜食，相传这样就能粘住灶王爷的嘴，避免他向玉帝说坏话。送灶之后，到了除夕夜，要再把灶王爷接回家来，通常的做法是将新购来的灶君神像(见图7-1)贴到灶台上，烧香叩拜，以祈求灶王爷来年赐福于家人。

图7-1　灶君像

辞旧之二是除夕守岁。

关于除夕守岁习俗的由来，有一个流传甚广的民间故事：相传，"年"是一个头长触角、尖牙利齿、非常凶猛的怪兽，因为它吼叫时发出"年"的声音，故名年兽。它每到了年底就会爬出来吃人，人们为了躲避年兽，只得在除夕这天扶老携幼躲进深山中。时日一久，人们渐渐发现年兽害怕三样东西，即红色、火光和巨大的响声。于是后来人们便在除夕夜年兽将要到来的时候，聚到一起贴红纸、挂红灯笼、放鞭炮，其目的就是赶走年兽。当年兽被赶走以后，人们就会纷纷换上新衣，戴上新帽，到亲友家互相道喜。

世界上当然没有"年兽"这样的怪物，不过南北朝梁宗懔的《荆楚岁时记》中有这样一段文字："正月一日，鸡鸣而起，先于庭前爆竹，以避山臊恶鬼。"倒可说明春节放爆竹的习俗古已有之。而贴春联的习俗，乃是源于贴桃符，据《后汉书·礼仪志》所载，桃符长六寸，宽三寸，桃木板上写着"神荼""郁垒"两个神号(见图7-2)，桃符"名仙木，百鬼所畏"。又据《宋史·西蜀孟氏世家》载，后蜀主孟昶令学士辛寅逊题桃木板，"以其非工，自命笔题云：'新年纳余庆，嘉节号长春'"，相传这便是中国的第一副春联。

图7-2　桃符

中国自古便是人伦社会，家庭是社会的基石。中国人特别看重血缘亲情，所以在除夕这一天家庭成员就会齐聚一桌，吃顿团圆饭，这便是除夕最重要的一项活动。对中国人而言，再没有比合家团圆更能给人精神上的安慰与满足的了。一年一次的年夜饭，是全家总动员的大餐，家家户户都会摆上平日里舍不得吃的或是寓意吉祥的菜品，这代表了对来年美好生活的期许。中国部分地区还有除夕上坟的习俗，称为送年食，人们把做好的年夜饭，送到亡故亲人的坟上，让亡故的亲人与生者一起享用除夕夜的美食，从而寄托人们对亡故亲人的哀思。年夜饭，吃的是喜悦，品的是亲情，闻的是家的味道。

年夜饭一般都会持续很长的时间，饭后人们也不会立刻就寝，而会点燃岁火，让灯火通宵不灭，等着辞旧迎新的时刻到来。据晋朝周处所著的《风土记》中记载，除夕之夜大家会相与赠送，叫作"馈岁"；长幼欢聚，祝颂完备，称"分岁"；终岁不眠，以待天明，称"守岁"。通宵守夜，象征着把一切邪瘟病疫都驱走，期待着新的一年吉祥如意。

时至今日，除夕的时候，长辈们还有给晚辈们压岁钱的习俗。据说压岁钱可以压住邪祟，晚辈得到压岁钱就可以平平安安度过一岁，压岁钱饱含着长辈对晚辈的关切之情和真切祝福，也饱含着中国人浓浓的人伦亲情。

二、元月迎新

北宋政治家王安石曾写过一首七言绝句，名曰《元日》：

爆竹声中一岁除，春风送暖入屠苏。千门万户曈曈日，总把新桃换旧符。

这首诗描写了新年热闹、欢乐的气氛和万象更新的动人景象。元日，指的是农历正月初一，它是一年之岁首，即农历新年。一般到了正月初一子时交年的时刻，鞭炮齐响、烟花照天，各种庆贺新春活动会达到高潮。到了早上，人们会焚香致礼，敬天地，祭祖宗，然后依次给长辈道贺新年，大家还会穿上新衣服，打扮得漂漂亮亮，出门去走亲访友，人们见面时会互道吉祥话，恭祝新年大吉。

元日以后，各种丰富多彩的娱乐活动就会竞相开展，为新春佳节增添浓郁的喜庆气氛。传统的春节娱乐活动有舞龙、舞狮(见图7-3)、赶庙会、逛花街、赏花灯、游锣鼓、踩高跷、跑旱船、扭秧歌等。

图 7-3 舞狮子

舞龙时，舞龙者在龙珠的引导下，手持龙具，随着鼓乐伴奏，通过人体的运动和姿势的变化完成龙的穿、腾、跃、翻、滚、戏、缠等动作和套路，充分展示龙的精、气、神、韵等内容。舞龙源自古人对龙的崇拜，每逢喜庆节日，人们都会舞龙，除了春节，二月"龙抬头"、五月端午节等皆可舞龙，中国人相信以舞龙的方式可以祈求平安和吉祥。舞狮的习俗亦与舞龙类似。

踩高跷，亦称"高跷""踏高跷""扎高脚""走高腿"，是我国北方民间盛行的一种群众性技艺表演，由舞蹈者脚上绑着长木跷进行表演。踩高跷技艺性强，形式活泼多样，深受群众喜爱。其表演又有"文跷""武跷"之分，文跷重扮相与扭逗，武跷则强调个人技巧与绝招，各地高跷，都已形成鲜明的地域风格特色与民族色彩。

扭秧歌，是我国民间喜闻乐见、具有代表性的一种舞蹈，是我国第一批进入国家级非物质文化遗产名录的项目之一。它的前身是农民在插秧时的一种歌咏活动,起源于农业生产劳动。每年春耕时,农家的妇女儿童一起到田里插秧,一人敲起大鼓,鼓声一响,"群歌竞作,弥日不绝",称之为"秧歌"。至今逢年过节时,北方很多地方都会组织秧歌队,村邻之间扭起秧歌互相访拜,比歌赛舞,热闹非凡。

除了初一元日,正月里还有一个重要的日子就是元宵节,过完元宵节,年就算正式过完了,所以有的地方还称元宵节为"大年"。元宵节是每年的农历正月十五,也是一年中第一个月圆之夜,所以人们会以热烈喜庆的方式来庆祝这个特殊的日子,常见的习俗有赏花灯、吃汤圆、猜灯谜、放烟花等(见图7-4)。

图7-4　上海豫园灯会(梁洁摄)

元宵节的起源据说可以追溯到西汉,《史记·乐书》中记录:"汉家常以正月上辛祠太一甘泉,以昏时夜祠,到明而终。"汉武帝会在正月十五这天在甘泉宫举行大规模的祭祀"太一"神的活动,于是这一天后来便成了一个重要的祭天祈福的日子。佛教传入中国以后,相传东汉明帝为了弘扬佛法,听说佛教中有僧人正月十五燃灯敬佛的做法,便下令效仿,于这天晚上在宫中和寺院"燃灯表佛"。因此正月十五夜燃灯的习俗也便逐步扩展开来。

到南北朝时,元宵张灯渐成风气。根据文献记载,南朝时,南京城内就曾举办过元宵灯会,这是中国最早记载的灯会。举办灯会是为了祈求风调雨顺、家庭美满和天下太平,对此,梁简文帝萧纲、陈后主等都曾用生动的诗歌来描绘当时灯彩之盛的节日氛围。从唐代起,元宵张灯即成为法定之事,赏灯活动更加兴盛,皇宫里、街道上到处张灯结彩,城里还有高大的灯轮、灯楼和灯树,仕女君子们结伴赏灯,游人如织、热闹非凡。大诗人苏味道曾在《正月十五夜》诗中记录过当时的盛况:"火树银花合,星桥铁锁开。暗尘随马去,明月逐人来。游伎皆秾李,行歌尽落梅。金吾不禁夜,玉漏莫相催。"

元宵节在宋代盛极一时,发展成一个"妇女出游街巷,自夜达旦,男女混淆"的狂欢节日,花样繁多的彩灯将街市映照得"花市灯如昼"(宋·欧阳修《生查子》),除了灯,还有各种如流星四散的烟花,就像辛弃疾在词里描绘的:"东风夜放花千树,更吹落,星如雨。"同时,宋代还兴起了猜灯谜活动,有人开始把谜语写在纸条上挂在灯笼上,猜中的人还能得到小小的奖励,这些谜语既迎合节日气氛又益智醒脑,所以响应的人众多,遂流传开来。猜灯谜展现了古代劳动人民的聪明才智和对美好生活的向往。

另外,元宵节还要吃一种特别的食品,北方称为"元宵",南方叫作"汤圆",指的都是同一类带馅儿的甜食。这种甜食在我国也是由来已久,在宋代时,老百姓以白糖、玫瑰、芝麻、豆沙、核桃仁、果仁、枣泥等为馅料,用糯米粉包裹成团,用以汤煮、油炸或蒸食,取名叫"浮圆子",寓意团圆美满,因其好吃又吉祥,所以深受老百姓喜欢。到今天,北方"滚"元宵,南方"包"汤圆,两者做法和口感都不太相同,但都蕴含了人们对团圆生活的憧憬,成为元宵节餐桌上必备的食品。

总体说来,以腊月辞旧和正月迎新为主要内容的、从小年开始到元宵节结束的农历新年是我国最重要、最有代表性的民族节日,在民间有"百节之首"的说法,它蕴含着对过去一年的缅怀以及对来年新景的期许和祝愿。同时,"过年"也是一条亲情纽带,出门在外的游子,无论漂泊多远,总会想尽办法回家,即便在今天,过年的习俗发生了很多改变,这份对家的眷恋与对团圆的期盼依旧不曾改变。元日与除夕,是我们在时间上画出的圆,离别与回归,是我们在空间上画出的圆,周而复始,这就是我们的年轮。在除夕的团圆饭里,浓缩着我们世代相依的血脉亲情;在春节的爆竹声中,有我们华夏民族生生不息的民族之魂。

三、春景清明

清明节,又称三月节,时间在公历四月五日前后,即春分后第十五日。清明既是二十四节气之一,同时也是重要的传统节日。从时间来看,清明前后,正是雨水充沛、万物生长的好时节,大地生机勃勃、春和景明,正适合郊外踏青。同时,在这样吐故纳新的季节,礼敬祖先,慎终追远,既能表达对祖先的缅怀和追思,也能激发人们的道德亲情,故被尤其重视人伦血缘的中国人看重。因此清明节自古就有踏春与祭扫两大主题,兼具自然与人文两大内涵,充分体现了中华民族对"天人合一"的追求,既顺应天时自然,又倡导人和亲情,因此延绵至今,成为中国传统四大节日之一。2006年,清明节经国务院批准被列入第一批国家级非物质文化遗产名录。除了中国,越南、韩国、马来西亚、新加坡等一些国家和地区也会过清明节。

清明节的起源与上古时代的祖先信仰及春祭活动有很大关系。中国自古便有很强的亲缘意识:没有祖先就没有我们的一切,祖先是我们的根,是我们从何而来的依据。因此,"吃水不忘挖井人",对祖先的敬拜追思,体现的是一种不忘本初的朴素情感。儒家学说兴起后,"忠""孝"被视作最重要的美德,不仅要孝敬长辈,而且对已经去世的先人,也依然要像他们活着时一样去尊敬,适时去供奉、祭祀。在中国,对祖先的尊崇不仅仅是一种情感信仰,更形成了日常生活中要遵守的行为准则,为了表达对祖先的"思时之敬",便形成了历史悠久的"春秋二祭",其中春祭传统就成了清明节的源头之一。至今,清明节所承载的"慎终追远"的人伦观念,已经深深烙在每一个中国人心里,成为中国人的情感慰藉与精神支柱。

清明节在历史发展中还融合了寒食节的一些习俗。传说寒食节是在春秋时代为纪念晋国的忠义之臣介子推而设立的节日。据史籍记载，春秋时期的晋国公子重耳为避祸逃亡十九年，大臣介子推始终追随左右、不离不弃，甚至"割股啖君"。重耳回国后，励精图治，成为一代名君晋文公。而此时介子推不愿接受名利，便与母亲归隐绵山，晋文公为了迫其出山而下令放火烧山，但介子推态度坚决，宁愿被火烧死也不愿意出山。介子推死后，晋文公非常后悔，便下令以后每年的这天禁绝烟火，以寄哀思。所以后世百姓在这一天吃冷食、祭祀，也便逐渐成了习俗。这个故事最早见于西汉桓谭的《新论·卷十一·离事》，后在《后汉书·郡国志·太原郡》《后汉书·周举传》、曹操《明罚令》、《晋书·石勒传》、郦道元《水经注·汾水》、北魏《齐民要术·煮醴酪》、南宋周密《癸辛杂识》、元代陈元靓《岁时广记》等典籍中均有记述。后因寒食、清明两节时间相近，久而久之便合为一个节日，寒食节的冷食习俗也移植到清明节，今天我国南方地区清明节吃的"青团"(见图7-5)、"清明糕"便是这种风俗的遗风。

图 7-5 青团

青团是江南地区的传统特色小吃，用艾草的青汁拌进糯米粉里将其染青，再包裹进豆沙、枣泥等馅料，蒸熟后放凉冷食。青团带着艾草的清香，甜而不腻，最是清新爽口，是清明时节的时令小吃。

清明节，中国民间还有插柳的习俗，相传这也是寒食节的遗风：当年介子推被烧死后，晋文公在烧焦的柳树下找到了他的尸体，悲伤不已。第二年，晋文公亲率群臣来祭拜介子推时，发现那棵被烧毁的老柳树居然发出了新芽。于是晋文公便将老柳树赐名为"清明柳"，并且折下几枝柳条戴在头上，以示对介之推不灭英灵的怀念之情。从此以后，群臣百姓纷纷效仿，变成了一种风俗。

除了寒食节，清明节在发展过程中还融合了另外一个古老的节日，即上巳节。上古时代以"干支"纪日，三月上旬的第一个巳日，谓之"上巳"。上巳节一般会举行"祓除畔浴"活动，即人们结伴去水边沐浴，洗去污垢晦气。《周礼》郑玄注中就曾记录："岁时祓除，如今三月上巳如水上之类。"除了"祓除畔浴"，后世又增加了祭祀宴饮、曲水流觞、郊外游春等内容。魏晋以后，上巳节的节期改为农历三月初三，故又称"重三"或"三月三"。晋代陆机的《三月三日诗》中写道："迟迟暮春日，天气柔且嘉。元吉隆初巳，濯秽游黄河。"这首诗给我们展现了当时上巳节祓禊、踏青的习俗。号称"天下第一行书"的《兰亭集序》记录的也是三月初三上巳节这天的活动(见图 7-6)。当时会稽内史王羲之与友人谢安、孙绰等四十一人在会稽山阴的兰亭聚会雅集，曲水流觞，饮酒赋诗。后王羲之将这些诗赋辑成《兰亭集》，并作序一篇，这篇序文就是《兰亭集序》，今天我们仍能透过那些飘逸俊秀的文字感知当时的文华风流。后来，和寒食节一样，因为上巳节与清明节日期相近，也便合为一个节日了，上巳节的郊游踏青等习俗，也成为清明节的重要活动。今天"三月三"节日依旧在南方的少数民族，如壮族、侗族、瑶族、黎族等民族中流传。

图 7-6　唐　冯承素　摹兰亭序(局部) (北京故宫博物院藏)

在清明踏青的诸多活动中，放风筝是一项深受人们喜爱的活动。风筝一般用竹篾做成骨架，糊上纸或绢，并在上面画上各种图案，或者裁剪成各种形状，甚至在下面挂上小灯笼、小铃铛等装饰物。放风筝时，用长线系住骨架，便可迎风放上天空，不仅白天可以放，夜间也可以放。风筝在天上翩然飞舞，好看又好玩，给人极大的愉悦享受。风筝飞高之后，还可剪断牵线，任风吹远，据说这样便可祛病消灾，给自己带来好运，有着吉祥的寓意。

荡秋千也是清明节常见的活动之一。秋千架一般利用粗壮的树枝，下垂结实的彩带，也可用两根绳索加上木制踏板做成，成人小孩皆可摆荡其上。秋千越荡越高，不仅需要技巧，也考验勇气，既是嬉戏游玩的项目，也可强身健体，所以至今仍深受人们特别是儿童喜爱，有些地方，荡秋千甚至还演变成了竞技项目，各种精彩刺激的高难度秋千表演，往往引得围观者齐声赞叹。五代王仁裕的《开元天宝遗事》中就曾记载唐代"天宝宫中至寒食节竟竖秋千，令宫嫔辈戏笑以为宴乐。帝呼为半仙之戏，都中士民因而呼之"。

总之，清明节有着悠久的历史，随着时代的发展而变化，又渐渐融合了寒食节和上巳节的习俗，成为中国百姓春季生活中一个必不可少的大节。清明节的扫墓与踏青两大习俗，既能让人们充分享受春天的乐趣，又提醒人们不忘本源、感恩先人，是有着丰富的精神内涵的节俗活动，具有非凡的文化意义。

四、阳盛端午

端午节为农历五月初五，又称端阳节、端五节、重午节、龙舟节等，根据天干地支，一年的第五个月是"午月"，又根据《说文解字》里说"端，物初生之题也"，端，在古汉语里有开头、初始的意思，因此五月初五便被称为"端午"了。关于端午节的来源说法很多，今天流传最广泛的说法是为了纪念在端午节这天投汨罗江的爱国诗人屈原，另外也有纪念伍子胥、曹娥及介子推等人的说法。不过据专家考证，端午节当起源于南方百越先民在"龙飞天"的吉日祭祀龙祖的习俗，后又注入夏季"祛病防疫"的内容，再附会对屈原等历史人物的纪念。

众所周知，华夏民族的图腾是龙，在上古星象的二十八星宿中，东方的七颗大星就被称作苍龙七宿，苍龙七宿的出没周期正好与一年的生产周期相一致，春季抬头，夏季飞天，秋季下沉，冬季隐没，符合春生、夏长、秋收、冬藏的自然生长与农业生产的规律，所以苍龙七宿是古时观象授时的重要参照物。而仲夏时节，天上的苍龙七宿正好升到正南中天，即《易经·乾卦》第五爻的爻辞所说的"飞龙在天"，被古人认为是大吉大利之象，因此要举行盛大的图腾祭祀，以祈福纳祥、压邪禳灾。

其实，龙是一种想象中的生物，《辞海》中说"龙是古代传说中一种有鳞有须能兴云作雨的神异动物"。龙在中国人心目中是威力无比、无所不能的神灵，对龙的崇拜，把龙视作图腾，是中国人的一种原始信仰，尤其是古代百越之人，生活在江南水乡，对能游泳也能飞天的龙更是推崇至极。《汉书》记载："越人常在水中，故断其发、文其身，以象龙子。"《淮南子》高诱注中也记载："越人以箴刺皮为龙文，所以为尊荣也。"古越人把自己视作龙子龙孙，于是便有了在仲夏端午祭祀祖先龙神的系列活动。

另外，农历五月正是仲夏时节，一方面万物生长，阳气最盛，正是草药一年里药性最强的时候；另一方面气候湿热，东西最容易腐烂变质，从而滋生各种瘟疫。因此，在这段时间，积极地采集草药、祛病防疫也便成了端午节的习俗之一。

再来说说屈原。他是战国时期楚国的贵族，出生于楚国丹阳秭归(今湖北宜昌)，他博闻强识，志向远大，早年很受楚怀王的信任，出任左徒、三闾大夫，兼管内政外交大事。面对日益强大的秦国，屈原力主联齐抗秦，却因此遭受贵族排挤诽谤，被先后流放至汉北和沅湘流域。后秦军在大将白起的指挥下攻入了楚国的都城，在极度苦闷绝望的心情下，屈原于农历五月五日投汨罗江自尽。屈原同时是一位伟大的诗人，他的旷世杰作《离骚》，是我国浪漫主义文学的源头之一，对后世有着深远的影响。后来人们为了纪念屈原，便也把对他的祭奠，加入到了端午节的文化内涵中去。

在端午节的众多民俗活动中，赛龙舟(见图7-7)无疑是最特殊、最经典的项目。英语中端午节经常被译作 Dragon Boat Festival，也就是"龙舟节"的直译。"龙舟竞渡"是在战国时代就已有的习俗。战国时期，百越先民划着刻画成龙形的独木舟，伴着击鼓声在水面上竞渡，以祭龙神，有半宗教、半竞技的性质。随着后来端午节中加入了纪念屈原的内涵以后，赛龙舟的意义也由单纯的祭祀龙神增加了凭吊屈原的相关内容：相传屈原死后，楚国百姓哀痛异常，纷纷涌到汨罗江边，渔夫们划起船只，在江上来回划动，打捞屈原的遗体。纪念屈原的说法后来广为流传，唐代诗人刘禹锡就写过一首《竞渡曲》：

沅江五月平堤流，邑人相将浮彩舟。灵均何年歌已矣，哀谣振楫从此起。
杨桴击节雷阗阗，乱流齐进声轰然。蛟龙得雨鬐鬣动，螮蝀饮河形影联。
刺史临流褰翠帏，揭竿命爵分雄雌。先鸣余勇争鼓舞，未至衔枚颜色沮。
百胜本自有前期，一飞由来无定所。风俗如狂重此时，纵观云委江之湄。
彩旗夹岸照蛟室，罗袜凌波呈水嬉。曲终人散空愁暮，招屈亭前水东注。

这首诗描述的就是当时划龙舟纪念屈原的风俗及龙舟竞渡热闹激烈的场面。刘禹锡在这首诗后还加了个自注："竞渡始于武陵，及今举楫而相和之，其音咸呼云'何在'，斯招屈之义。"

图 7-7　赛龙舟(2001 中国邮政)

吃粽子，也是端午节的特色习俗之一。粽子的主要材料是糯米、馅料和箬叶，花样繁多。由于各地饮食习惯不同，形成了南北风味：粽子有咸粽和甜粽两大类，北方有包小枣的北京枣粽，南方则有绿豆、五花肉、豆沙、八宝、火腿、冬菇、蛋黄等多种馅料的粽子，其中以广东咸肉粽、浙江嘉兴粽子最为出名(见图 7-8)。在关于粽子起源的传说中，今天流传甚广的说法仍然与纪念屈原相关：屈原跳江之后，沿江百姓为了避免鱼虾糟蹋屈原的遗体，就将粽叶包裹的米粮投入江中，希望鱼虾只顾吃这些米粮而不损伤三闾大夫的遗体。

其实，粽子是我国一种很古老的祭祀食品，早在春秋之前就已出现，人们用菰叶(茭白叶)包黍米成牛角状，称之为"角黍"，在西晋周处所写的《风土记》中就曾明确记载："仲夏端五，方伯协极。享用角黍，龟鳞顺德。"这里的"角黍"是逢年过节时用来祭拜神灵和祖先的贡品，因为早先人们盛行以牛角祭天，因此汉晋时的粽子，多做成角形。到了晋代，粽子正式定为端午节的节庆食品。南北朝时期，有了杂粽，即米中掺杂禽兽肉、板栗、红枣、赤豆等的粽子，口味变得丰富起来。到了唐代，粽子的形状出现了锥形、菱形。到了明清两代，粽子成了吉祥的食品，据说那时参加科举考试的秀才，在赴考场前要吃家中特意给他们包的"笔粽"，样子细长很像毛笔，谐音"必中"，为的是讨个口彩。

图7-8 嘉兴肉粽

前文说到，端午节的习俗中还有夏季祛病防疫的内容，最常见的便有挂艾草与菖蒲、用草药水沐浴、饮雄黄酒、佩戴驱虫香囊等。总体而言，即利用各种中草药以达到祛病、防蚊、辟邪的目的。以艾草为例，它的茎、叶都含有挥发性精油，可以产生奇特的芳香，可驱蚊蝇、虫蚁，净化空气；菖蒲的叶片也有类似作用，可以提神通窍、杀虫灭菌。所以人们把挂艾草与菖蒲作为端午节的重要内容之一，如宗懔的《荆楚岁时记》中所记："采艾为人形，悬于户上，可禳毒气。"艾草与菖蒲等草药不仅可以悬挂，也可以煎汤沐浴洗去晦气，治疗皮肤病，还可以制成香囊随身佩戴。

总之，端午节是在中国民间十分盛行的民俗大节，其内涵之丰富、来源之广泛、习俗之众多，在传统节日中，唯有春节可以与之相比。端午节既有祭祀、祈福、消灾等主题，寄托了人们迎祥纳福、辟邪祛灾的美好愿望，又在历史发展演变中杂糅了多种传说故事，因此文化内涵非常丰富。而又因为中国幅员辽阔，各地因地域文化不同又存在着习俗内容或细节上的差异，因此形成了端午节特别丰富多彩的节日活动与热烈浓厚的节日氛围。

五、河汉七夕

七夕节，又称七巧节、女儿节、乞巧节等，是中国民间的传统节日，因为民间"牛郎织女"的美丽爱情传说，这个节日又有了与爱情相关的内涵，被称作"中国情人节"。

牵牛星、织女星本是天上两颗星宿的名字，《诗经·小雅·大东》中就有"维天有汉，监亦有光。跂彼织女，终日七襄。虽则七襄，不成报章。睆彼牵牛，不以服箱"的诗句。在汉时的《古诗十九首》中，这两颗星宿衍化成了具体的人物：

迢迢牵牛星，皎皎河汉女，纤纤擢素手，札札弄机杼。终日不成章，泣涕零如雨。河汉清且浅，相去复几许？盈盈一水间，脉脉不得语。

到了魏晋时期的文学作品中，牵牛与织女被明确记载成了夫妻，在《文选》曹植的《九咏》篇自注中，明确有了"牵牛为夫，织女为妇，各处河之旁，七月七日得一会同"的说法。到了南北朝，任昉在《述异记》中对牵牛、织女的故事有了更为详细的记述：

大河之东，有美女丽人，乃天帝之子，机杼女工，年年劳役，织成云雾绢缣之衣，辛苦殊无欢悦，容貌不暇整理，天帝怜其独处，嫁与河西牵牛为妻，自此即废织纴之功，贪欢不归。帝怒，责归河东，一年一度相会。

这个故事说的是天帝有个女儿叫织女，她每天织布，给天空织彩霞，自己却没有空闲打扮容貌。天帝可怜她独自生活，准许她嫁给天河西边的牵牛郎，织女出嫁后荒废了纺织的工作。天帝大怒，责令她回到天河东边，只许他们一年相会一次。至于为什么牵牛、织女相会是在七月七日这一天，原文并未交代。据后世学者推测，可能是每年七月夜间的星辰在天空最为明亮，牵牛、织女二星视觉上相距较近。于是七夕这一天就被定义成天河两边的牛郎和织女相会的日子，七夕节也就逐渐演变成中国的"情人节"。

除了纪念牛郎织女那坚贞不渝的爱情外，七夕节还有一个重要的主题即"乞巧"(见图7-9)。传说中的织女是个劳动能手，因此女子便向织女请教心得和手艺，让自己的针织女红技法娴熟，而这些对于古时候的女子来说，是非常重要的技能，是贤惠持家的标志。

图7-9 明 佚名 仿仇英 汉宫乞巧图(局部)(绢本设色，全卷纵29.8cm，横377cm)

东晋葛洪的《西京杂记》中有"汉彩女常以七月七日穿七孔针于开襟楼，人俱习之"的记载，这是关于乞巧风俗最早的文献记载。后来的唐宋诗词中，妇女乞巧也被屡屡提及，唐代林杰的诗中说："家家乞巧望秋月，穿尽红丝几万条。"(《乞巧》)唐代权德舆也有"家人竟喜开妆镜，月下穿针拜九霄"(《七夕》)的诗句。另据《开元天宝遗事》载：

帝与贵妃，每至七月七日夜，在华清宫游宴。时宫女辈陈瓜果酒馔，列于庭中，求恩于牵牛织女星也。

说明唐代"乞巧"的风俗不仅盛行于民间，亦盛行于宫廷。至于"乞巧"的具体内容，《开元天宝遗事》中亦有详细的记载：

宫中以锦结成楼殿，高百尺，上可以胜数十人，陈以瓜果酒炙，设坐具，以祀牛女二星，妃嫔各以九孔针、五色线，向月穿之，过者为得巧之候。动清商之曲，宴乐达旦。

到了宋代，七夕乞巧更是相当隆重的活动，京城中还设有专卖乞巧物品的市场，被称为乞巧市。《醉翁谈录》中记录："七夕，潘楼前买卖乞巧物。自七月一日，车马嗔咽，至七夕前三日，车马不通行，相次壅遏，不复得出，至夜方散。"人们从七月初一就开始办置乞巧物品，街上车水马龙、热闹非凡，越是临近七夕，乞巧市上人就越多，车马拥堵、难以通行，这种人山人海的盛景，一直要持续到七夕的深夜，如此盛大的场景简直只有元宵观灯可以媲美，充分说明了宋人对乞巧节之喜爱。至于乞巧的内容则与前述唐代的活动类似：姑娘们穿上漂亮的衣服，焚香点烛，摆上时令瓜果、各色小吃，对织女星跪拜，祈求心灵手巧以及美满的爱情婚姻。乞巧之后姑娘们还要斗巧，她们会比赛穿针，一口气能穿九枚针孔的叫得巧。除此之外，一般姑娘们还会提前制作一些小物品，七夕时互相赠送，以示友情。

此外，宋代还有七夕食巧果的风俗。巧果又名"乞巧果子"(见图7-10)，南宋孟元老《东京梦华录》中还有"笑厌儿""果食花样"等名称，样式不一而足，但做法类似：先将白糖熬成的糖浆和入面粉、芝麻，再做出各种形状，最后入油锅中炸，味道香甜酥脆，宋代街市上即有售卖。

图 7-10　巧果

另据《东京梦华录》记载："七月七夕，潘楼街东宋门外瓦子、州西梁门外瓦子、北门外、南朱雀门外街及马行街内，皆卖磨喝乐，乃小塑土偶耳。"宋代的"瓦子"就是集市，"磨喝乐"是梵文的音译，原是佛教的八部众神之一，传入中国以后经过一番汉化，由蛇首人身的形象演化为可爱的儿童形象，唐时也叫"化生"，在宋代成为"七夕"节供奉牛郎、织女的一种土泥人偶，有祝祷生育男孩之意，还有借此来实现婚姻美满和多子多福的愿望。

当然，除了上述的一些七夕节习俗以外，因地域、年代的不同，乞巧的内容也有一些发展变化，但总体而言都自有趣味，近代的穿针引线、蒸巧馍馍、生巧芽以及用面塑、剪纸、彩绣等方式做成各种装饰品的活动皆可看成是乞巧风俗的延伸。

七夕节是一个以"牛郎织女"民间传说为载体，以祈福、乞巧、爱情为主题，以女性为参与主体的综合性节日。这一习俗在民间经久不衰，代代延续。宋代时七夕节还被国家定为法定假日，节日气氛浓烈、老百姓广泛参与，娱乐性及商业性兼具。值得一提的是，受中华文化的影响，日本、朝鲜、越南等国亦自古便有过七夕的传统，从某种程度来说，七夕节就是整个东亚地区的"情人节"兼"女儿节"。

六、月满中秋

中秋节，又称八月节、团圆节。中秋所在的八月乃是秋季的第二个月，按伯、仲、叔、季的排行，当为"仲秋"，而十五日又是"仲秋"之中，所以得名"中秋"。中秋节自古便有祭月、赏月、拜月等活动，又因中秋月圆可类比亲人团圆，所以中秋节又有了团聚的主题。受中华文化的影响，中秋节也是东亚和东南亚一些国家尤其是当地华人华侨的传统节日，2006年被列入首批国家级非物质文化遗产名录。今天，中秋节与端午节、春节、清明节一起并称为中国四大传统节日。

"仲秋之月，养衰老，授几杖，行糜粥饮食。"《礼记·月令》里的这段文字今天被视为与"中秋"有关的最早的文献资料。从西周开始，敬老尊老就成了一项制度，每年到了八月仲秋之月，都会由地方官府登记高龄老人并举行授杖仪式，为老人颁发几、杖及羊、酒、糜粥、布帛等生活物资，有时甚至由天子亲自出面邀请年岁已高的老人共赴盛宴，以此来教育和影响全社会。至于为什么选择八月给老人授杖与赐粥，据推测当是因为这个季节农作物和各种果品陆续成熟，正是政府粮仓充盈的时候。

除了上述八月养老的仪式外，当时政府还会举行盛大的祭月活动。《国语·周语上》中记载："古者，先王既有天下，又崇立於上帝、明神而敬事之，于是乎有朝日、夕月以教民事君。"对于这段话，韦昭注中有详细的补充说明："礼，天子搢大圭、执镇圭，缫藉五采五就，以春分朝日，秋分夕月，拜日於东门之外，然则夕月在西门之外也。"就是说古时天子会在春天的时候祭祀太阳，秋天的时候祭祀月亮，祭祀是为了敬天事神，祈求上天庇佑风调雨顺。所以有的专家认为中秋节源于当时古时天子的这种祭月活动。

到唐代的时候，中秋赏月、玩月成为风尚，初唐王建写的《十五夜望月寄杜郎中》有"今夜月明人尽望，不知秋思在谁家"的句子，张南史《和崔中丞中秋月》也提到"千家看露湿，万里觉天清"。还有"诗圣"杜甫也有《八月十五日夜月二首》《十六夜玩月》《十七夜对月》等系列诗，都描述了时人中秋赏月的习俗。另外，还有一些文献中有唐玄宗中秋玩月的逸闻趣事。由此可见，中秋节的风俗在唐代已经非常流行了。

到了宋代，中秋节成了一个群众参与度非常高的大节，吴自牧在《梦粱录》里记载：

此际金风荐爽，玉露生凉，丹桂香飘，银蟾光满。王孙公子，富家巨室，莫不登危楼，临轩玩月，或开广榭，玳筵罗列，琴瑟铿锵，酌酒高歌，以卜竟夕之欢。至如铺席之家，亦登小小月台，安排家宴，团围子女，以酬佳节。虽陋巷贫窭之人，解衣市酒，勉强迎欢，不肯虚度。此夜天街卖买，直至五鼓，玩月游人，婆娑于市，至晓不绝。

这便是宋代中秋节的盛况，前文提到的祭月、赏月等传统活动依旧是宋代中秋节的主题。到了明朝，祭月之风依然不减，刘若愚在《酌中志》中记载："八月十五日供月饼、瓜、藕，候月上，焚香，即大肆饮啖，多竟夕始散。"又据河北《宛平县志》中记载："八月十五日祭月，其祭用果饼，剖瓜瓣错如莲花，设月光纸，向月而拜，焚纸，撤供，散家人必遍。"上述两处文献皆可说明祭月这一习俗在明朝的传承。

此外，明清两朝的中秋节也是热闹非凡，而且在原有的习俗之上更添了不少新的内容。如田汝成在《西湖游览志》中明确提到了中秋"月饼"一词："八月十五日谓之中秋，民间以月饼相遗，取团圆之义。"又如明人纪坤在《花王阁剩稿》中记录了"拜兔儿爷"的习俗："京中秋节多以泥抟兔形，衣冠踞坐如人状，儿女祀而拜之。""兔儿爷"具体的形象另据《北京岁华记》中记载是"以黄土抟成"，"着花袍，高有二三尺者"的兔子。时至今日，这些中秋的习俗都还得以保留，成为中国老百姓一年中最重要的节日之一。

除了以祭月、赏月、拜月为主的习俗以外，中秋节的文化内涵也是十分丰富的，很多传说故事都与其有关，这其中最著名的当属嫦娥奔月、吴刚伐桂和玉兔捣药的传说。据《淮南子·览冥》高诱注中记载：

> 姮娥，羿妻。羿请不死之药於西王母，未及服之，姮娥盗食之，得仙，奔入月中，为月精也。

姮娥，就是嫦娥，因汉代人避当时皇帝刘恒的讳而改名。根据上文记录，嫦娥本是后羿之妻，后羿即是那个射下九个太阳的大力士，后羿向西王母求来不死仙药，还没得及吃，就被嫦娥偷偷服下，然后她就飞到了月宫，成为月宫仙子。嫦娥奔月的故事后世流传甚广，唐代诗人李商隐的《嫦娥》一诗中有"嫦娥应悔偷灵药，碧海青天夜夜心"之句，说的就是这个故事，不知道嫦娥在月宫里长久地忍受孤寂的时候，有没有对当初的行为有所后悔。

当然，在民间传说中，月宫里也不是只有嫦娥一人，还有一个叫吴刚的仙人，他因为过错被天帝惩罚在月宫伐桂树，这棵月桂树有五百丈高，而且随砍即合，永远不会倒下，因此吴刚伐桂便是个永远不能完成的任务。这个传说在唐代段成式的《酉阳杂俎》中有详细记载：

> 旧言月中有桂，有蟾蜍，故异书言：月桂高五百丈，下有一人，常斫之，树创随合。人姓吴，名刚，西河人，学仙有过，谪令伐树。

吴刚伐桂的故事颇有些悲剧色彩，在古希腊神话中，也有一个人和吴刚的遭遇类似，这个人就是西西弗斯。因为西西弗斯触犯了众神，诸神为了惩罚西西弗斯，便要求他把一块巨石推上山顶，而那块巨石到达山顶后又会沿着山的另一边滚下山去，因此西西弗斯只能不断重复、永无休止地做这件事，诸神认为再也没有比进行这种无效无望的劳动更为严厉的惩罚了。

我们今天看明月时，能看见月亮表面的环形山造成的阴影，但古时的老百姓不知道这个原因，便根据阴影的形状，想象月亮上的情形，认为上面住有瑞兽。在《楚辞·天问》中就提到过："厥利维何，而顾菟在腹？"对此王逸注云："言月中有菟，何所贪利；居月之腹，而顾望乎？菟，一作兔。"说的便是月中有兔的传说。又据汉初《淮南子·精神训》中说:"日中有踆乌,而月中有蟾蜍。"古人认为日中住有神鸟乌鸦,月中住有神兽蟾蜍。其实,我们今天来看月亮上的阴影,左下较大的阴影看起来就像只蟾蜍,而右上较小的那片阴影则像奔跑的兔子(见图 7-11),大概古人便是据此想象月亮上住着蟾蜍和兔子的。

图 7-11　月球

西汉以后,在月图中绘蟾兔便成了一种普遍的现象。月宫中的这只兔子,因为浑身雪白,所以又被呼为"玉兔"。另外,在民间传说中,玉兔还有一个重要的职责,就是替掌管不死神药的西王母捣药,比如,《乐府诗集》中就有"白兔长跪捣药虾蟆丸,奉上陛下一玉桮,服此药可得神仙"的句子,魏晋人傅玄在《拟天问》里也说"月中何有?白兔捣药,兴福降祉"。所以后来,人们便习惯在画月亮时,在月里画上一只正在捣药的兔子,而这也成为玉兔的"标准形象"了。又因为玉兔能捣神药,因此它也就被老百姓认为具有消灾祛病的神力,明清时,人们用泥塑成玉兔的样子,有的骑着鹿,有的乘着凤,有的穿着威武的铠甲,有的穿着各式花衣服,千姿百态,非常可爱。到了中秋节这天,大家给它摆上祭品,祈求它给家里带来安康,这便是前面说的"兔儿爷"的来历了。

除了动人有趣的神话传说,中秋节还有一个最具特色的习俗,也就是上文提到过的吃月饼。月饼是一种以面制作,内裹有馅,经烘烤而成的食品,因为它圆圆的形状好像中秋满月,所以得名叫"月饼"(见图 7-12)。月饼不仅又香又甜,关键它还是吉祥、团圆的象征,每逢中秋,皓月当空,合家团圆,品饼赏月,被视为人世间一种最真最纯的天伦之乐。所以月饼便随着中秋节的习俗代代传承下来,成为与元宵节的元宵、端午节的粽子一样的中国民间传统食俗。并且月饼的味道也越来越丰富,现在已经发展出广式、京式、苏式、滇式等月饼;就口味而言,有甜味、咸味、咸甜味、麻辣味;从馅料来看,有桂花、梅干、五仁、豆沙、玫瑰、莲蓉、冰糖、白果、肉松、黑芝麻、火腿、蛋黄等;按饼皮分,则有浆皮、混糖皮、酥皮、奶油皮等;从造型上又有光面与花边之分,被中国南北各地甚至世界各国人民喜爱。

图7-12　广式莲蓉蛋黄月饼(梁洁摄)

总之，中秋节祭月、赏月的习俗，历史悠久、古已有之，而在千百年的发展中，又融合了很多民间传说与新的习俗，从而形成以赏月、团圆为主的、内涵丰富的民间重要节日。其浓郁温馨、团圆祥和的文化氛围以及吃月饼、拜兔儿爷等丰富的民俗活动，已经深深地融入中国人的精神血脉中。

除了本章提到的春节、清明节、端午节、七夕节、中秋节以外，中国其实还有很多很有特色的传统节日，它们是中华民族悠久历史文化的重要组成部分。这些传统节日的形成，是中华民族历史文化长期积淀凝聚的结果，蕴含着深邃丰厚的文化内涵，成为一个蔚为大观的精神文化遗产宝库，至今还深刻地影响着每个华夏子孙的社会生活和精神生活。"无民俗，不中国"，以节俗为代表的民俗最能体现我们民族的心理、志趣、信仰与历史发展，也是我们民族最有意义的文化特征。我们了解民俗对于增强民族认同感、强化民族精神、塑造民族品格等方面都有积极的作用。

第八章　华夏衣冠

"岂曰无衣？与子同袍。"(《诗经》)服饰很多时候不仅是御寒遮羞之物，更代表着一个国家、民族的自我认同，是国家、民族外化的尊严与精神。从秦始皇陵兵马俑身着的铠甲上，我们能看到秦人强悍尚武的血性；从南京西善桥出土砖画《竹林七贤图》中所绘的宽袍缓带上，我们能感受到魏晋人个性飞扬的风度；从敦煌洞窟、隋唐壁画里刻画的繁复华服上，我们能看到盛世王朝开放自信的雅量。中国作为历史悠久的文明古国，我们穿在身上的历史同样悠久。服饰的发展演变，记录了一个千年古国的视觉经验，向世界展现了华夏民族兼收并蓄的胸襟气度，也给我们记录了华夏儿女文采菁华的丰神雅韵。"揉蓝衫子杏黄裙，独倚玉阑无语点檀唇""风吹仙袂飘飖举，犹似霓裳羽衣舞""绣罗衣裳照暮春，蹙金孔雀银麒麟"，不知道这些描写传统服饰的诗词，有没有让你心生艳慕、浮想联翩。本章即让我们一起了解华夏服饰的发展演变历程与各朝各代的流行风尚。对我们而言，这不仅是一次美的体验与享受，更是对优秀传统文化的纪念与继承。

(本章执笔：梁洁)

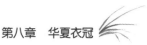

第八章 华夏衣冠

《周易·系辞下》中说："黄帝、尧、舜垂衣裳而天下治。"服饰制度的建立，标志着华夏文明的开始，华夏服饰博大精深，上溯炎黄，流传至今。服饰是民族文化的重要组成部分，最能体现民族特色及审美、信仰。几千年来，华夏服饰不断地发展变化，曲裾、直裾、襦裙、袄裙、褙子、半臂、深衣、玄端……这些花样繁多的服制款式，不仅是华夏历史的一个个缩影，更重要的是，它们承载了我们这个民族对美好生活的强烈热爱与执着追求，永无止息。这份对生命本身的尊重与肯定，纵使时间流逝，依然能让人为之动容。我们不能让时间倒流，但幸运的是，历史总会以各种方式为我们记录下时间，比如壁画、雕塑、出土文物、文学作品等，并让我们可以循着这些线索去感受华夏衣冠的绝美风华。

一、先秦仪范

根据现代考古学家的考证，中国大约在原始社会旧石器时代的晚期，就已经出现了服饰文化的源流。古人类用兽皮缝制衣服，其证据就是在北京周口店山顶洞人遗址里发现的骨针。另外，同时出土的还有当时人用贝壳、石头、动物骨骼及牙齿等制成的装饰品(见图8-1)，这些都揭开了中国服饰文化史上最早的篇章。

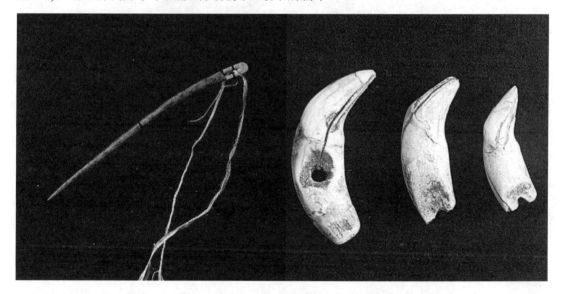

图8-1 山顶洞人的骨针及装饰品(周口店北京人遗址博物馆藏)

通过西安半坡、浙江河姆渡等遗址的出土文物可以证实，到了新石器时期，原始纺织手工业开始出现，麻布、丝绸等编织物逐步代替了兽皮等原始材料。《魏台访议》里曾说："黄帝始去皮服布。"传说黄帝的妃子嫘祖发明了养蚕缫丝的方法，从此以兽皮为衣的时代就终结了，中华民族进入以丝绸或葛布等制衣裳的阶段。

1958年在浙江良渚文化遗址出土了一些绢片，其工艺已经相当精湛，距今约四千七百年，由此可见，随着中国农耕文明的发展，中国很早就进入种植桑麻、养蚕缫丝的生产新阶段，而纺织技术的飞速进步，必然会促进服饰文化的发展，服饰不单拿来御寒遮羞，还要兼顾实用与美观，衣服上的图案、纹饰还被赋予了浓厚的文化内涵，这不仅仅是服饰的进步，更是古文明发达到一定程度的标志。

进入奴隶社会以后，服饰变得更加繁复多样，不同质料、色泽、花纹、款式，代表着穿衣人不同的社会地位。河南安阳殷墟出土的一系列石雕、玉像、陶俑(见图 8-2)，虽然造型各异，但基本上可以反映商代服饰的具体情况：贵族一般头戴高帽或扁帽，上衣交领右衽，下身着裙，腰束大带，或垂一条斧形装饰物，即"蔽膝"，腿扎裹腿，脚穿翘尖鞋。这种"上衣下裳"的服饰也奠定了后来华夏服饰两千多年的基本形制。

图 8-2　妇好墓商代玉人像(中国国家博物馆藏)

交领右衽，即衣领直接与衣襟相连，衣襟在胸前相交叉，左侧的衣襟压住右侧的衣襟，在外观上表现为"y"字形。蔽膝，则是古代中原地区一种男女皆用的服饰，属于古代下体之衣，是遮盖大腿至膝部的服饰，是古代遮羞物的遗制。蔽膝与佩玉在先秦时都是区别尊卑等级的标志。

到了周代，随着宗法制的确立，服饰也成为一种制度，要体现尊卑贵贱。深衣逐渐成为贵族阶层的家居便服以及庶人百姓的礼服。深衣就是上衣和下裳连在一起的长衣，一般会用不同色彩的布料作为边缘，其特点是使身体深藏不露，雍容典雅。孔颖达《礼记正义》说："所以称深衣者，以余服则上衣下裳不相连，此深衣衣裳相连，被体深邃，故谓之深衣。"因为贵族阶级不事生产，所以穿这种长衣以示身份，并且他们的深衣往往图案精美、材质精良，且宽衣博带、袖筒宽大，这些都可以和下层劳动者相区别。

深衣的款式很多，延续的时间也比较长，不同的朝代还有不同的演变。春秋战国时常见的一种款式便是曲裾。曲裾深衣左边衣襟接长形成一个大的三角形，可以在腰上缠绕一到数圈，最后系带固定。曲裾男女均可穿着，男子曲裾的下摆比较宽大，以便于行走；而女子的曲裾一般通身紧窄，长可曳地，下摆呈喇叭花状，行不露足，特别能勾勒出女子婀娜多姿的美好身段。在后世,男子的曲裾越来越少,女子的曲裾则保留的时间更长。长沙陈家山楚墓出土的帛画(人物龙凤帛画)就非常生动地展示了战国贵族女子身着曲裾深衣的形象(见图8-3)。

图8-3 陈家山楚墓出土 人物龙凤帛画(湖南省博物馆藏)

除了深衣以外,普通劳动人民的穿着依然是上衣下裳的"两件套",且窄衣小袖,这样是为了便于劳作。另外,当时还流行一种"胡服",顾名思义,当是西方和北方游牧民族所穿的服装,一般短衣、长裤、革靴、带钩,后来赵武灵王推行"胡服骑射",将胡服大规模用于军队,尤其是骑兵,因其轻便实用,所以很快从军队传至民间,被汉族老百姓广泛采用。

另外,从周代开始中国的冠服制度逐步完善,春秋战国之交被纳入礼制,王室公卿在不同礼仪场合,顶冠皆要求冕弁有序,穿衣着裳也须采用不同的形式、颜色和图案,以别贵贱。祭祀时有吉服,朝拜时有朝服,丧葬时有凶服,而且根据地位高低,在服饰的装饰纹样和颜色上也各不相同。周王朝还设有司服一职(掌管王室服饰)。冠服制度对中国封建社会的服饰发展产生了深刻的影响。

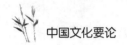

如《周礼·春官·司服》中就详细地记录了周王在不同场合的六种冠服，即大裘冕、衮冕、鷩冕、毳冕、絺冕、玄冕。"王之吉服：祀昊天上帝，则服大裘而冕，祀五帝亦如之；享先王则衮冕；享先公飨射则鷩冕；祀四望山川则毳冕；祭社稷五祀则絺冕；祭群小祀则玄冕。"这些冠服合称为冕服，后世历代天子举行重大仪式时皆要穿戴相应的冕服。冠服制度除了详细规定天子、诸侯、公卿、列士们在不同场合所戴冠冕的差别，他们所穿的礼服在颜色装饰与所绣"文章"的数量上还都各不相同，但皆要体现等级差异，这就是冠服制度，其作用如贾谊在《服疑》里说的那样："是以天下见其服而知贵贱，望其章而知势位。"

总体而言，先秦服饰的发展变化，让服饰逐渐摆脱了单纯的御寒遮羞的原始功能，同社会的经济基础、政治制度、思想意识、风尚习俗及审美观念日益密切地联系起来。服饰文化的内涵越来越丰富，这对后世产生了深远的影响。

二、魏晋风度

魏晋时期，是我国历史上一次思想大解放的时期，礼教衰微，玄学盛行，以"竹林七贤"为代表的魏晋名士，追求"越名教而任自然"，他们崇尚自然，超然物外，率真任性，风流自赏，他们的言谈举止，表现出一种潇洒脱俗的魅力，也就是为后世所称道的"魏晋风度"。魏晋风度不仅表现在人们的言谈、举止等方面，也体现在当时的服饰、饮食、交游、宴乐等诸多方面。因此魏晋时候的服饰，极富时代特性，且与当时人的风姿意态相得益彰，成为我们去看魏晋风度时一个不可或缺的风向标。可以说，魏晋人的服饰就是魏晋风度的具体载体之一，它不仅是中国服饰的一次创新、发现、尝试，而且也有着自身的精神内蕴和文化承载。

魏晋时代社会动荡，政治污浊，随时可能降临的战争与死亡，以及改朝换代的危险，让人们普遍产生了"人生无常"的幻灭感。之前建立的皇权尊严、王朝荣耀，在魏晋人看来不过是梦幻泡影。因此，对酒当歌、及时行乐，以当下的快乐消解对死亡的恐惧，成了魏晋人普遍具有的人生观。人们重视自身的生命体验，尽情追求声色犬马，以期在有限的岁月中获得尽量多的生活乐趣，以此对抗生命的短暂，摆脱人生的苦闷。于是这种思想体现在服饰上，便有了上自帝王将相，下至士大夫，纷纷追求华衣美服，热衷于自身的美容修饰与展现的风潮。这种着装出发点，不再是西周秦汉以来以服饰体现尊卑等级的理念，而纯粹源于对自身生命的珍爱与欣赏，这便大大地提升了服饰的审美价值。

从《高逸图》(见图 8-4)的描绘中可以看到，魏晋时常见的男子服饰是大袖衫、宽袍、袴褶、裲裆，头戴小冠或笼冠。衫和袍形制上相仿，只是袖口不同，袖口宽敞者为衫，袖口较小者为袍。不论是衫还是袍，魏晋人都喜欢将其做得比较宽大，这样可以衣袂翩飞，显得人风采如仙、格外潇洒。袴褶之名起于汉末，本是戎服，上衣窄小，长至膝部；裤管宽松而下收口，长至足部。这种服饰在魏晋时期被广泛用于民间，也成为普通人的常服和便服。裲裆，则类似我们今天的背心或坎肩，其意在挡背挡心，其形制也与现在的背心相似，前后各一片，在肩部用两条带子相连，腰间再以皮带系扎。裲裆虽为男子服饰，但妇女也可以穿着，只是妇女在初起多穿在外衣的里边。

图8-4 唐 孙位 高逸图 卷(绢本设色，纵45.2cm，横168.7cm，上海博物馆藏)

小冠是魏晋时期特殊的冠式，比前代的冠形小，由头巾发展而来，当时上下层人士皆可戴之。在小冠上再加笼巾即成笼冠，笼冠不是顶于头上，而是罩在头上，顶平，两边有耳垂下，戴于头上显得十分挺拔、庄重，当时文官皆戴笼冠。以唐章怀太子墓中的壁画《礼宾图》为例(见图8-5)，图中官员所戴的帽子，即为笼冠。

图8-5 唐 章怀太子墓壁画 礼宾图(陕西历史博物馆藏)

魏晋时女子最常见的服饰是襦裙。襦裙是"上衣下裳"衣制的一种。上衣叫作"襦"，长度较短，一般长不过膝，领子分交领和对襟两种；下身为"裙"，又以裙腰之高低，分为齐腰、高腰和齐胸。另外，根据是否夹里，又可分单襦和复襦，单襦近于衫，复襦近于袄。襦裙其实在先秦时便已产生，但因为战国到汉流行深衣，因此襦裙直到魏晋才再度风靡。

魏晋时期人们对于美有更自觉主动的追求，所以女子服饰也开始更注重细节装饰：材质、色泽、花纹更讲究更艳丽；领子、袖子、下摆处多会添施彩绣；腰间有围裳，外束丝带，这些丝带上宽下尖形如三角，被称作"髾"，它们层层相叠，行走时如燕飞舞，这就是"杂裾垂髾服"。此外，妇女们还往往在肩上、手臂上批挂披肩和飘带，发髻上的装饰也逐渐多了起来，步摇、花钿、簪、钗等不一而足，或者直接在头上插满鲜花。从山西大同北魏司马金龙墓中出土的木板漆画《列女古贤图》(见图8-6)中穿杂裾垂髾服的女子身上，我们可以明显感受到用服饰表达美的强烈欲望，这是一个自我觉醒、自我取悦的审美自觉时代。可以说魏晋的服饰就是魏晋风度及时代精神的一种体现，将魏晋人"仙风道骨"的飘逸脱俗展现得淋漓尽致。

图8-6　山西司马金龙墓出土的木板漆画　列女古贤图(局部)

不过凡事无绝对，对美的过分追求，也会衍生出另外一些不良的倾向。总体而言，魏晋男性的着装打扮有些趋于女性化，有的甚至直接追求女性美。以曹植为例，他不仅在文学创作上追求文辞华美、雕琢堆砌，在日常生活中也注重修饰容貌，尤喜傅粉施朱。不独曹子建，当时皇帝左右的俳优弄臣、朝堂上的世家贵族，很多都喜欢傅粉，魏晋男子化妆俨然就是当时的一种风尚。关于傅粉，还有一个著名的故事，据《世说新语》记载，魏明帝时期的名士何晏长得"美姿仪，面至白"，因此"明帝疑其傅粉，正夏月，与热汤饼。既啖，大汗出，以朱衣自拭，色转皎然"。这段话翻译过来就是，因为何晏长相俊美，而且喜欢修饰打扮，面容细腻洁白，无与伦比，因此魏明帝疑心他脸上搽了一层厚厚的白粉。为了验证此事，魏明帝在一个大热天时把何晏找来，赏赐他热汤面吃。汤面下肚，何晏满头大汗，只好不断用衣服擦拭，等他擦完，非但不见粉掉下来，反而脸色更白皙了，明帝这才相信他没有搽粉。所以后来人们便用"傅粉何郎"来形容美男子。不过何晏虽然天生白皙，但他"性自喜，动静粉帛不去手，行步顾影"，这在今天看来，多少也有些缺乏男子汉的阳刚之气，显得过于阴柔了。由此可见，魏晋时期这种对容止的刻意修饰和一味追求，以至于产生矫揉造作的流弊，可说是过犹不及了。

此外，魏晋还有一些名士，因为对世事的反抗与无奈，便走向了另一个极端，即恣意放浪不羁、故意不拘礼节，这其中最突出的便是"竹林七贤"。他们动则袒胸裸身、披头散发、箕踞高卧，他们不喜欢洗澡，因此搞得身上长很多虱子，自己却把"扪虱而谈"当作是"真名士自风流"的风采。与追求精致的何晏不同，他们的衣服往往破旧宽大，甚至赤身裸体，根本就不穿衣服，但这在后世竟也被视作一种特立独行的风度而被人称颂，魏晋服饰在不同人那里以不同的表现都走向了极致，这也许就是魏晋服饰最令后人着迷的

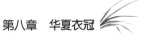

第八章 华夏衣冠

地方。

总体而言，魏晋士人在服饰上刻意求新，经历了一段特殊的美的历程。寻求自我的价值，追求内在精神与外在气度更和谐自由的表达，这便是魏晋风度在服饰上的呈现。

三、盛唐气象

综观中国的历史，唐代无疑是其中最为辉煌的篇章。鼎盛时期的大唐，是当时世界上最强大的帝国。东方的茶叶和丝绸源源不断地从长安运到西方，西方的金银和珠宝，以及各国的君主使臣、商人学者、教士僧侣、工匠舞姬，则纷纷涌入长安，东西文化的交流在唐代达到了顶峰，各族人民在长安完成了经济、文化、工技、艺术等的大融合。大唐的大度豁达、自信包容，让它成为中国历史上最为开放的朝代。并且大唐的政治体制和社会氛围，都相对比较宽松，这种宽松也给文化、艺术、思想、宗教等的繁荣发展带来了更多自由。所谓盛唐气象，正是在这种全方位的开放和宽容中建立起来的无与伦比的辉煌和荣耀。

盛唐气象在服饰上的体现也是很明显的。首先，唐代的服装款式，比之以往极大地丰富了，不仅传统的服饰继续发展，衍生出新的变化，而且各式胡服也流行开来，无论是西部民族高昌、回鹘、吐蕃，还是更遥远的天竺、波斯，这些国家和地区的服饰，都随着打开的国门和往来的商客，来到大唐，落地生根，竞为时尚。其次，唐代的服饰审美也有着自身的时代特点，它吸收了周代的严谨、战国的舒展、汉代的明快、魏晋的飘逸，又加以华贵、典雅的创造、发挥，以自由、丰满、华美、圆润为美，使服饰艺术达到了历史上的高峰。

唐代最常见的女装是裙、衫、披帛的统一，披帛是一根长条状的巾子，多搭于肩上，旋绕于手臂间，前端通常会打一结扣，材质上一般是薄质纱罗，上面或印花，或加泥金银绘画。唐代女子穿着十分大胆，以著名的《簪花仕女图》(见图 8-7)为例，左立的女子高梳发髻，酥胸半露、肩上披帛，外着黄色纱衫，内穿红色团花抹胸曳地长裙，整个服饰轻盈透薄，十分性感，这种袒胸透视的形象是以往女性着装中不曾见到的，唐代女子着装之开放，由此可见一斑。

图 8-7 唐 周昉 簪花仕女图(局部)(绢本设色，全图纵 46cm，横 180cm，辽宁省博物馆藏)

半臂也是这一时期常见的服饰，男女皆可穿着，但女子穿着更为常见。半臂又称"半袖"，无领对襟，用小带子当胸结住，或作敞胸套头式，袖长齐肘，身长及腰，在陕西乾县永泰公主墓的壁画中多可见这种穿着。

《新唐书·五行志》中说："天宝初，贵族及士民好为胡服胡帽，妇人则簪步摇钗，衿袖窄小。杨贵妃常以假髻为首饰，而好服黄裙。时人为之语曰：'义髻抛河里，黄裙逐水流。'"这里的胡服胡帽据沈从文考证就是锦绣浑脱帽、翻领窄袖袍、条纹小口裤、透空软锦鞋等服饰，在出土的唐代石刻、陶俑上多有反映，在开元、天宝以前，便已成为一种潮流服饰。《虢国夫人游春图》中画着妇女们身着胡服骑马，显得英姿勃发，与其他时代的妇女形象迥然不同。胡服流行还与当时的文化生活密切相关，尤其与胡舞的风靡密不可分，据说唐玄宗、杨贵妃都是"善胡舞"的能手，因此杨贵妃好为胡服胡帽也有此原因，当时社会上"臣妾人人学团转"(唐代白居易《胡旋女》)，对胡舞简直到了痴迷入魔的程度。

对胡舞的崇尚，发展到对胡服的追捧，进而还出现了"胡妆"盛行的情形。元稹《和李校书新题乐府十二首·法曲》里就曾记录载："女为胡妇学胡妆，伎进胡音务胡乐。火凤声沉多咽绝，春莺啭罢长萧索。胡音胡骑与胡妆，五十年来竞纷泊。"胡妆，包括头部发式和面部化妆。《新唐书·五行志》说，"元和末，妇人为圆鬟椎髻，不设鬓饰，不施朱粉，惟以乌膏注唇，状似悲啼者。圆鬟者，上不自树也；悲啼者，忧恤象也"，"唐末，京都妇人梳发，以两鬓抱面，状如椎髻，时谓之'抛家髻'"。上面这些典籍中所说的蛮鬟椎髻，乌膏注唇，脸涂黄粉，啼妆等便是典型的胡妆，对此，白居易的《时世妆》中曾有详细传神的描述：

时世妆，时世妆，出自城中传四方。时世流行无远近，腮不施朱面无粉。乌膏注唇唇似泥，双眉画作八字低。妍媸黑白失本态，妆成尽似含悲啼。圆鬟无鬓堆髻样，斜红不晕赭面状。昔闻被发伊川中，辛有见之知有戎。元和妆梳君记取，髻堆面赭非华风。

乌膏，是妇女用以涂唇的化妆品；赭面，是以赤色涂脸，受吐蕃影响；堆髻在西北民族中非常常见，即将头发结成锥形的髻。"堆髻""赭面"虽非中原传统的装扮，但流行长达数十年，可见当时妇女对其的钟爱程度。另外，"妆成尽似含悲啼"指的是"啼眉妆"，又称"啼妆"，即"双眉画作八字低"，状似悲啼，让人怜惜。堕马髻，又称坠马髻，为一种偏垂在一边的发髻。与胡服一样，胡妆的流行是对中原传统的化妆样式有力的冲击，充分显示了胡汉文化交流所产生的巨大魅力。

对于唐代男子的服饰，阎立本的《步辇图》(见图 8-8)中最能反映出来：图中无论唐太宗还是吐蕃使者皆身着圆领袍衫，头戴软脚幞头，脚着乌皮六合靴。同样的穿着在《凌烟阁功臣图》中也随处可见，这就是唐代男子最常见的服饰了。

幞头又称袱头，是在汉魏幅巾基础上形成的一种帽子，后垂两脚，唐时多为软脚，唐后变成硬脚。圆领袍衫是唐代官宦贵族的常服，圆领亦称团领，衣领形似圆形，内覆硬衬，领口用纽扣系结，这种闭合方式与传统的"交领右衽"迥然不同。唐代圆领袍衫一般为窄袖袍，穿起来方便、舒适。值得一提的是，圆领袍衫穿着时颜色还有明确规定：天子着赤黄袍；三品以上官员着紫袍；五品以上着红袍；六品、七品为绿袍；八品、九品为青袍；无品者白衣。另外，唐代的官员还会佩戴与之品级相配的鱼袋，三品以上配金鱼袋，内盛鲤鱼状金符，五品以上佩银鱼袋，六品以下无鱼袋。虽然唐代总体的服饰趋于自由、丰富，但等级森严的章服制度依然在"赐紫金鱼袋"中表露无遗。

图8-8　唐　阎立本　步辇图(局部)(绢本设色，全图纵38.5cm，横129.6cm，北京故宫博物院藏)

唐代武将的铠甲和戎服也颇具时代风格，除了传统的两裆甲和明光甲外，还有光要、细鳞、山文等十三种铠甲，样式、材质各不相同。唐高宗、武则天两朝，由于国力鼎盛，天下承平，上层集团奢侈之风日趋严重，除了用于实战的铁甲和皮甲外，还出现了绢布甲。绢布甲是绢布一类纺织品制成的铠甲，它结构比较轻巧，外形美观，但没有防御能力，纯为美观豪华，是以装饰为主的礼仪服饰。

总之，唐代是中国封建社会的极盛期，经济繁荣，文化发达，对外交往频繁，世风开放。加之域外少数民族风气的影响，唐人所受束缚较少。在这独有的时代环境和社会氛围中，唐代服饰，无论男女，皆以其众多的款式、艳丽的色调以及胡汉相容、兼收并蓄的设计理念、典雅华美的风格，成为唐文化的重要标志之一。

四、宋明风尚

陈寅恪曾说过："华夏文明造极于两宋之时。"宋文化由于继承了唐文化，故起点甚高，中国古代文化在两宋时达到了最高峰。宋文化不同于唐文化，自有其时代特点，正如著名史学家缪钺先生所言："宋的审美与六朝不同，六朝之美如春华，宋代之美如秋叶，六朝之美在声容，宋代之美在意态；六朝之美为繁丽丰腴，宋朝之美在精细澄澈。宋代之承唐代，如大江之水潆而为湖，由动而变为静，由浑灏而变为澄清，由惊涛汹涌而变为清波容与。此兼宋人心理情趣之种种特点也。"(《论宋诗》)

从国力的角度来看，宋代远不及唐代强悍，尤其是周边少数民族的崛起，无休止的战争与边患，给宋人心理投下了沉重的阴影，唐人的自信开放，被低调保守所取代。再加上宋朝的国策是重文轻武，所以唐代的剑侠之气逐步让位于儒雅书香，纤细的南方意趣压倒了豪放的北方气度，所以宋代的审美风格也由唐代的雄浑豪放变为深沉内敛、朴素淡雅，在舒和澄定与幽婉隽雅方面达到了极致，可谓"郁郁乎文哉"。在这样的审美文化背景之下，服饰也褪去了浓艳华丽的色彩，转而崇尚洁净自然和清新雅致的风格。

宋代女子的服饰一般造型简洁质朴、颜色淡雅、色调单一，"褙子"是这一时期新出现的服饰款式。褙子的形制比较像古代的中单(内衣)，其最大的特点是腋下开胯，即衣服前后襟不缝合，对襟、窄袖，领、袖口、衣襟下摆都镶有缘饰。穿着时，衣襟两边敞开或用绳带系连，任其露出内衣。初期的褙子比较短小，后来逐渐加长，发展为长与裙齐。

褙子是宋代普通妇女的日常服饰，包括妃嫔的常服也多为褙子。而嫔妃、贵族妇女的礼服则是"大袖"。《朱子家礼》称："大袖，如今妇女短衫而宽大，其长至膝，袖长一尺二寸。"大袖样式为对襟、宽袖，衣长可拖地，领、衣襟往往镶有花边。地位稍低的妇女则不能穿大袖，只能以褙子代替。

宋代因为施行重文轻武、文官执政的国策，因此通过科举取士，形成了数量庞大的文官阶层，这些文士对于整个宋代的政治、经济、文化、文学都产生了极大的影响。宋代的官服继承了历代冠服制度，对官员有着严格的规定。宋代官服按场合、功能可分为祭服、朝服、公服、时服、戎服、丧服等，又以官职大小有所不同。另外官员入衙办公时，皆穿公服，公服基本承袭唐代的款式，圆领大袖，腰间束以革带，革带的材质和装饰还是区别官职高低的重要标志之一，头戴幞头，脚穿靴或革履。值得一提的是，宋代的公服幞头，一般都用硬翅，长长的伸在帽子两侧，与唐代时的软脚幞头很不一样(见图8-9)。

图8-9 宋 王霭 宋太祖坐像 轴(绢本设色，纵191cm，横169.7cm，台北故宫博物院藏)

代宋而立的元朝由蒙古人统治，其服饰制度既对前朝有所借鉴，又兼具民族特色。比如，男子喜穿"质孙服"，质孙服上衣连下裳，上衣紧窄，下裳宽大且短，用腰带束起时会在腰间堆出很多衣褶，这种衣服方便骑射。另外，蒙古男子的发型也与汉族男子不一样，喜欢额前垂发一小绺做成小桃子式，两耳旁用发辫绕成大环，其余头发皆剃掉，头上戴各式帽子，常见的有笠子帽。而元代的贵族妇女，常戴着一顶高高上耸的帽子，式样非常特别，这种帽子叫作"罟罟冠"(音"姑")。专家们根据各种记载推知，这种帽子或用东北产的桦木，或用铁，外糊绒锦，饰以珠玉，穿衣之人越富有，装饰也越讲究。

明朝建立以后，服饰制度恢复了汉族传统，以"上承周汉，下取唐宋"的原则，重新制定了服饰制度。头戴乌纱帽、身穿补服是明代官吏的主要服饰,以补子来区分官职高低。凡文武官员,不论级别,都必须在袍服的胸前和后背缀一方补子,文官用飞禽,武官用走兽,以示区别。据《明会典》记载当时规定的补子图案为:一品文官仙鹤,二品锦鸡,三品孔雀,四品云雁,五品白鹇,六品鹭鸶,七品鸂鶒,八品黄鹂,九品鹌鹑;一品、二品武官狮子,三品、四品虎豹,五品熊罴,六品、七品彪,八品犀牛,九品海马。

明代男子常见的家居之服为道袍,道袍直领大襟,两侧开衩,接有暗摆,以系带系结,领口常会缀上白色或素色护领,大袖或直袖,穿着时可配丝绦、布制细腰带或大带。锦衣卫以及武官则常穿曳撒,乃由元朝质孙服变化而来。据《明宫史》记载:"曳撒,其制后襟不断,而两傍有摆,前襟两截,而下有马面褶。"马面褶指的是中间光面、两侧打褶的样式。

明代女子最常见的服饰是袄裙。袄是有衬里的上衣,多在两侧开叉。按长短来分,有短袄和长袄,按领子样式来分,有直领、圆领、方领和立领,其中立领这种领子样式,是明朝才开始出现的,前朝没有。裙子方面,明朝女子流行的样式是马面裙;另一种特殊的女装款式叫"水田衣",用各色碎布拼接起来,形似僧人所穿的袈裟。从审美的角度来看,水田衣以几何图案拼接而成,颇有现代主义的味道。此外,明代女子还流行外穿披风,披风与宋元褙子十分相似,只在领部和袖口样式上有所区别,因而很多人会将两者混淆。明代贵妇还有一种特殊式样的帔巾,由于其形美如彩霞,故得名"霞帔"。它的形状宛如一条长长的彩色挂带,穿着时绕过脖颈,披挂在胸前,下端垂有金或玉石质地的坠子。命妇(丈夫为官的妇女)着霞帔时,在用色和图案纹饰上还有严格规定。

清朝是我国最后一个封建王朝,也是第二个由少数民族统治的王朝。清朝废除了明朝的冠冕、礼服以及汉族的一切服饰,穿瘦削的马蹄袖箭衣、紧袜、深统靴,同时推行满族发型:前面剃发,脑后垂辫(见图 8-10)。满族女子则着"旗装",梳旗髻,穿"花盆底"旗鞋。满人的风俗习惯逐渐影响全国,流行中国两千多年的汉服制度至此衰落。

图 8-10 清 郎世宁 乾隆皇帝大阅图 轴(绢本设色,纵 332.5cm,横 232cm,北京故宫博物院藏)

总之，中国古代服饰，不仅是中国古代工艺美术的重要组成部分，更是世界文化宝库中的一颗明珠。从服饰中可以看到历朝阶级制度、文化思想、艺术审美、风俗习惯、生产工艺等的发展以及各民族之间的交流融合。服饰中记录着华夏民族发展兴衰的轨迹，我们了解它的发展历史，不仅可以对传统文化中宝贵的精神和物质财富进行继承和发扬，还有利于加强民族凝聚力和自尊心，增强国人的文化归属感与认同感。

第九章 茶道饮食

每个国家都有属于自己的历史和文化，因此风俗习惯、宗教信仰、人文艺术等也都千差万别，这其中也包括饮食文化。从食材选择到烹饪方式，从味道偏好到工艺火候，从餐具取用到用餐习惯，饮食文化内涵丰富、博大精深。不仅如此，饮食文化还与时代、经济、地域、民俗、民族、宗教、等级、制度、技术等诸多方面密切相关，是国家历史文化中不可缺少的重要组成部分。中国饮食文化追求健康营养，味道上讲究色、香、味俱全，强调用餐礼仪和氛围情趣，是中华民族个性与传统的展现，更是文化与思想的绽放。历史上，中国饮食文化直接影响了日本、朝鲜等国家，是东方饮食文化圈的轴心；茶叶、瓷器餐具等还间接影响了欧、美、非洲和大洋洲的饮食习惯。"民以食为天"，老百姓在饮食上投入的热情，其实反映的是对生活的热爱，再也没有比合家团聚吃上一桌热气腾腾的饭菜更令人高兴的事情了，那是对当下美好生活的犒赏以及对未来幸福的期盼。本章就让我们来了解一下中国人的"饮"与"食"，了解茶的历史、种类、茶中蕴含的深厚民族文化以及中国烹饪的文化发展与八大菜系。

（本章执笔：梁洁）

中国是美食的国度，也是茶的故乡。《神农本草经》记曰："神农尝百草之滋味，水泉之甘苦，令民知所避就，当此之时，日遇七十毒，得荼而解。"茶在中国被发现和饮用，距今大约已有四五千年的历史。并且中华茶文化不仅包含茶叶、茶具等物质层面，还包含品茶、修身等精神层面。茶在这几千年不仅完全融入中国社会，而且还融入中国的诗歌、绘画、书法、宗教、医学等方方面面，形成了中国特有的茶文化，丰富了茶的精神内涵。

一、茶源悠远

中国是世界上最早发现、饮用茶叶和栽培茶树的国家，从传说中的神农时代起，人们就注意到茶叶的药用价值，茶有止渴、清神、消食、除瘴、利便等"解毒"功能，于是便开始了茶的饮用历史。古人最初饮用茶的方式是口嚼生食，后来才开始以火煮茶羹饮，到了春秋时代，为了长时间保存茶叶以用作祭品，开始把茶叶晒干，方便随时取用。大约在汉以前，茶已由单纯药用转化为日常饮料，在西汉，已有饮茶之事的正式文献记载。

关于"茶"，古代另有"荼""茗"等不同的称呼，《尔雅·释木》中说"槚，苦荼。"说槚树的叶子可以做成茶，而郭璞注中则有更详细的说明："槚，树小如栀子，冬生叶，可煮作羹饮。今呼早采者为荼，晚取者为茗，一名荈，蜀人名之苦荼。"根据一天中茶叶的采茶时间不同，有不同的叫法，说明那个时候茶叶的采摘制作技术已经非常成熟了，并且饮茶也已非常常见了。三国魏晋时期，人们习惯将采来的茶叶先做成饼，晒干或烘干，饮用时，碾末冲泡，加佐料调和作羹饮，此称为饼茶。对此，三国时张揖写的《广雅》中就有记载：

荆巴间采茶作饼，成以米膏出之。若饮先炙令色赤，捣末置瓷器中，以汤浇覆之，用葱、姜、橘子芼之。其饮醒酒，令人不眠。

这是中国茶文化史上第一次有考证的制茶及饮茶方法的文字记载。三国以后的魏晋，是一个礼教衰微、玄学盛行的时代。名士们崇尚自然、潇洒脱俗，于是饮茶清谈成为时尚，茶和酒与令后人称道的"魏晋风度"之间建立了不可分割的联系。大抵由于茶生于灵山妙川，承甘露之芳泽，蕴天地之精气，有清灵玄幽之秉性，这正好与名士们飘逸超然的情趣相符合，与他们淡泊、清灵的心态一致，所以茶便成了文人雅士们的精神寄托之一。随着和茶有关的文化活动，如交游宴乐、诗赋酬答等的日益丰富，茶已经脱离一般形态的饮食走入文化圈。这时还出现了不少吟咏茶事的诗歌，比如西晋文学家张载在《登成都白菟楼》中有"芳茶冠六清，溢味播九区"的句子，说明茶在所有饮料中首屈一指的超然地位。又如杜育有《荈赋》一文，这是一篇专门描述茶的文学作品，内容涉及茶树生长至茶叶饮用的全部过程。可以说，魏晋时期的饮茶之风已具有显著的社会、文化功能，中国茶文化也初见端倪。

进入隋唐以后，首先是茶叶生产迅速发展，茶区进一步扩大，具史料统计，唐代产茶的区域遍及今天十五个省、市、自治区，几乎与近代茶区大致相当。随着产茶区域的扩大，饮茶之风也随之风靡全国，正如封演在其《封氏闻见记》中记录的："穷日尽夜，殆成风俗，始自中地，流于塞外。"唐太宗时期，文成公主进藏时带去了茶叶，从此西藏也有了饮茶之风;中唐时期,随着日本往来中国的使者僧侣的传播,茶种及饮茶风气传入日本;茶马互市兴起以后,以茶换马的茶马交易也开始实施,自此北方与南方的少数民族地区也开始广泛饮茶。正如《膳夫经手录》中所说:"今关西、山东、闾阎村落皆吃之,累日不食犹得,不得一日无茶。"茶叶开始在全国乃至世界进行贸易与传播。

唐代的制茶工艺也有了长足发展,除了魏晋以来的饼茶,这时还出现了散茶,散茶一般用幼嫩芽叶加工而成,保持着茶叶原有的香味,其生产工艺经历宋、元、明三代的改进和发展,便成为今天我们习见的绿茶。另外,当时还流行蒸青饼茶,其工艺与饮茶流程非常繁复讲究。陆羽在《茶经》中详细记述了其生产过程:"晴,采之,蒸之,捣之,拍之,焙之,穿之,封之,茶之干矣。"(见图9-1)

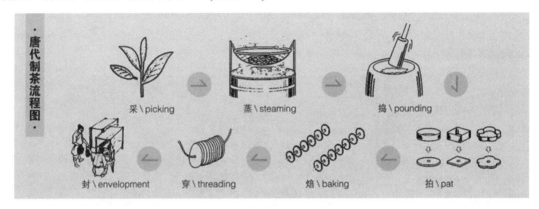

图 9-1 唐代制茶流程图

唐代制茶流程具体而言有如下一些步骤。

其一,在农历二月至四月之间,选择晴天采摘新鲜茶嫩芽,嫩芽的评判标准则是"笋者上,芽者次。叶卷上,叶舒次"。其二,将采来的叶子放在小篮子中,置于甑(木制或瓦制的圆桶)中,甑置锅上,锅内盛水,烧水蒸叶。其三,将蒸熟后的茶叶趁热捣碎。其四,将碎后的茶叶倒入各种形状图案的模具中,用力拍压茶叶,使其紧实成饼。其五,将压好的茶饼脱模晾干,同时在茶饼上穿孔,便于后续烘干和烘干后穿成串。其六,将茶饼置于地灶上以热气焙茶,然后用绳子将茶饼串起来,放进密封容器中封存,以便于茶叶的保存。

好的蒸青饼茶制好以后,应该是有皱有棱、其味道芳香浓郁的,而劣茶则硬而变形。饮用时,先将饼茶放在火上烤炙。然后用茶碾将茶饼碾碎成为粉末,并用罗筛将茶末过筛,保证茶末足够精细。接下来煮水烹茶,煮水时,水面出现细小的像鱼眼一样的水泡时为一沸,此时加盐调味。当锅边水泡如涌泉连珠时为二沸,这时要用瓢舀出一瓢水备用,然后用工具在沸水中心搅打,将茶末从汤心倒进去。再稍加烹煮后,待锅中的茶水"势若奔涛溅沫"时为三沸,此时将刚才舀出来的那瓢水再倒进锅里"救沸育华",然后一锅茶汤就算煮好了。最后将煮好的茶汤分至各茶碗,务必做到茶汤和泡沫都分得均匀,这就是"分茶"。20世纪80年代,陕西法门寺出土了一套唐代金银茶器制品,可以对上述陆羽《茶经》中叙及的这个饮茶过程加以印证。唐人从炙茶、碾茶,到罗茶、煎茶,最后到分茶、饮茶,每一个细节都力求精要、独到、雅致,诱人想象并使人沉迷,饮茶已经上升到了一种生活艺术的高度。

如果说陆羽代表了艺术类茶道,那么唐代释皎然、卢仝则代表了茶道的另一个门类:

修道类茶道。其实，从魏晋开始，茶就开始进入宗教领域，因为茶是山川自然之物，又有清醒头脑、疏通经络的作用，因此便成了一些修行之人净化心灵、感悟天地的灵物，出现了一些饮茶可以羽化成仙的故事。卢仝即"玉川子"(见图9-2)，他在《走笔谢孟谏议寄新茶》中曾详细介绍过茶与修行的关系：一碗仅是解渴，"喉吻润"，满足生理需求；二碗"破孤闷"，把愤世嫉俗、压抑烦闷的心情都消解了，由外到内实现满足；"三碗搜枯肠，惟有文字五千卷"，茶能激发诗心灵性，引起创作灵感；"四碗发轻汗，平生不平事，尽向毛孔散"，郁结于心中的烦闷借助于饮茶发汗而散掉，使心灵轻盈；"五碗肌骨轻"，肉身凡胎的肌肉与骨骼也由于饮茶而净化，变得更加轻松、轻灵，为精神升华打好了基础；"六碗通仙灵"，人的心灵也通过饮茶得到了彻底净化；第七碗，轻易饮不得，因为饮之便能御风而行，进入神仙的境界。总之，修道之人认为饮茶可以使思想升华，物我两忘，达到得道成仙的美妙境界，这就赋予了茶更多的哲学或宗教的内蕴，所以至今道观寺庙还多有种植茶树的传统。

图9-2　明　丁云鹏　玉川煮茶图(局部)(纸本设色，全图纵137.3cm，横64.4cm)

茶文化兴起于唐，是唐文化中重要的组成部分，它超越了茶的自然属性，上升到人文艺术、哲学思想、宗教精神等高度，出现了大量茶书、茶诗。茶由最初药用变为饮用再变为品用，由生理需要，升华为一种修养、一种精神，从此迈入了茶文化的新境界。

进入宋代以后，茶文化继续发展，第一是制茶工艺有了进步，当时福建建安因为茶叶品质好而成为团茶、饼茶制作的技术中心，名冠全国，如欧阳修诗句中所说的："建安三千里，京师三月尝新茶。"(《尝新茶呈圣俞》)建茶的生产工艺和制茶技术代表了当时的巅峰，是中国御贡历史最长的茶，前后共鳌占了四百多年的风骚。第二，唐时虽已有散茶，但仍以团茶、饼茶为主，它们工艺烦琐，煮饮也比较费事。而进入宋代以后，当时的淮南、湖北和江南一带，已大量出产散茶，使贫民大众也越来越多地加入到品饮茶叶的行列中去，这也预示着中国传统的制茶和烹饮习惯的改变。第三，茶馆文化开始兴起。在北宋的都城汴京以及当时人口众多的大城市，茶坊遍地开花，这些茶坊除了可以喝茶以外，很多还是商贩们做买卖的场所，有的茶坊还提供皮影戏、讲平话、唱宋词等娱乐活动，推动了民间贸易和俗文学的发展。第四，茶与社会、政治生活的诸多方面都建立了广泛的联系。在民间，有人迁徙，邻里要"献茶"；有客来，要敬"元宝茶"；订婚时要"下茶"；结婚时要"定茶"；同房时要"合茶"。在宫廷，设有专门的茶事机关，贡茶按等级分配，赐茶成为皇帝笼络大臣、眷怀亲族的重要手段，茶还可赐给国外使节，加深邦交友谊。第五，上至达官，下至百姓，斗茶成风。所谓斗茶，其实就是评比茶的优劣，从烹茶之水到茶具搭配，再到烹煮手艺、火候，最后到汤色、汤花的评比，有一系列烦琐的评判标准。宋代的斗茶将茶由"品"上升到"玩"的至高境界，为当时的日常生活注入了新的情趣，也极大地丰富了茶文化的内涵。

　　明清以后，中国茶业出现了较大的变化，很多方面都向近现代靠拢。明太祖朱元璋在洪武二十四年时，曾发布了一道诏令，"罢造龙团，惟采芽茶以进"，要求进贡的茶叶从费时费工的团茶改为相对易制的散芽茶，这对散茶的发展是一种巨大的推动力量。一方面，工艺上持续进步，改蒸青为炒青，能更好地保留茶叶本来的鲜香味。另一方面，茶的品类也极大丰富了，出现了黄茶、白茶和黑茶，明末清初还出现了乌龙茶、红茶和花茶。各地名优茶品层出不穷，龙井茶、黄山毛峰、碧螺春等大批名茶不断问世。

　　除此之外，饮茶的方式也发生了极大变化，"点茶""煮茶"变为"泡茶"，方便快捷又能保持茶叶的原汁原味，这种饮茶方式一直保持到今天。随着饮茶方式的改变，茶具也相应地发生了变化，各式茶壶、盖碗茶盏、紫砂茶具等应运而生，还有福州的脱胎漆器茶具、四川的竹编茶具等特色茶具相继出现，为饮茶平添了几分雅趣。此外，明清之人喜茶，因此茶书、茶诗、茶画的数量也多起来，明代的徐渭、文徵明、黄宗羲、唐寅，清代的曹廷栋、曹雪芹、郑板桥、顾炎武等著名文人都作过不少茶诗。

　　综观茶的发展历史，制茶工艺、饮茶方式，茶的贸易、传播以及与茶相关的周边产品、风俗习惯、文学艺术等都是不断变化进步的，茶文化的外延不断扩大，内涵不断丰富，成为中国传统文化中重要的组成部分，亦成为中国人物质和精神生活中不可或缺的东西。中国茶的发展历史，不仅是形成一种饮食文化的过程，还映射出了一个文明古国的精神发展的脉络。

二、茶香万种

　　不同的茶，有着不同的香。我国共有六大茶系，分别是绿茶、红茶、青茶、白茶、黄茶和黑茶。这其中，绿茶茶多酚含量最高，红茶则氧化发酵最重，黄茶有闷堆渥黄的工艺，白茶则着重萎凋，青茶有做青的过程，黑茶越陈越香。因为它们各自的茶种和制作工艺不同，茶多酚等物质的含量也不同，因此口味也是千差万别、各具特色。

　　绿茶属于不发酵茶类，以适宜茶树的新梢为原料，较多地保留了鲜叶内的天然物质，如茶多酚、咖啡因、叶绿素等，维生素的损失也较少，茶汤、叶底以绿色为主调，它是我国产区最广、产量最大的茶类，占茶叶市场总量的 70%左右。绿茶的外形也很多，如扁平形、剑形、松针形、方形、雀嘴形、螺形、圆柱形、钩形、卷曲形等。绿茶按工艺又可分为四种类型。

一是炒青绿茶：如西湖龙井(见图 9-3)、碧螺春等。炒青绿茶采用铁锅炒制脱去鲜叶中的水分。炒青绿茶根据茶叶形状又可分三类：其一是长炒青，产品形状似眉毛，又称眉茶；其二是圆炒青，外形颗粒圆紧，鲜叶经过杀青、揉捻、锅炒造型后，形圆如珠，又称珠茶；其三是扁炒青，外形扁平，又称扁形茶。炒青茶以浙江、安徽、江西数量较多，品质最佳。

二是烘青绿茶：如信阳毛尖、黄山毛峰、太平猴魁、华顶云雾等。烘青绿茶，用烘笼进行烘干，主要产于河南、安徽、浙江、福建四省。除了高档的嫩烘青绿茶供直接饮用外，大部分用于各种花茶的原料。

三是晒青绿茶：主要产于四川、云南、广西、湖北和陕西等地，直接通过日光晒干。一般作为压制紧压茶的原料。

四是蒸青绿茶：用蒸汽杀青的绿茶，主要产于湖北、江苏、浙江等地，如湖北恩施玉露、仙人掌茶等。蒸青工艺历史悠久，在陆羽《茶经》里已有记载。

图 9-3　西湖龙井

黄茶属于轻微发酵茶类，基本工艺近似绿茶，但是在制茶过程中加以闷黄，促使茶多酚、叶绿素等物质部分氧化。制作好的黄茶，色泽黄嫩油润，汤色澄黄明亮，香气清鲜，滋味醇爽。其代表品种有君山银针、蒙顶黄芽等。黄茶产于我国的四川、贵州、湖南、湖北、安徽、浙江、广东等地。黄茶的形状有单芽形、扁形、雀舌形、兰花形和环形。

红茶属于全发酵茶，茶叶在加工过程中发生了以茶多酚氧化为中心的化学反应，鲜叶的化学成分变化较大，特别是茶多酚大为减少，同时产生了茶黄素、茶红素等新的成分，香气物质比鲜叶明显增加。冲泡后多具有甜花香或蜜糖香，具有红汤、红叶和香甜味醇的特征。红茶的出口量占我国茶叶出口量的一半，客户遍布全球。红茶具有代表性的品种有祁红、滇红、闽红、川红等，主要产于我国四川、云南、贵州、湖北、湖南、江西、江苏、安徽、浙江、广东、福建等地。国际上习惯将红茶分为叶茶、碎茶、片茶、末茶四种规格。

青茶又称乌龙茶，是介于红茶和绿茶之间的半发酵茶类的总称。青茶品种较多，是中国几大茶类中，独具鲜明的中国特色的茶叶品类。据说青茶的前身可以追溯到前一节提过的宋代建茶的北苑茶，北苑茶是历史悠久的贡茶，至今那一带仍产优质茶叶。青茶一般要经过采摘、萎凋、摇青、炒青、揉捻、烘焙等工序，它的品质综合了绿茶的清香和红茶的醇厚,形成了一种独特的风味,品尝后齿颊留香,回味甘鲜。青茶的药理作用,突出表现在分解脂肪、减肥健美等方面,因此在日本也被称为"美容茶""健美茶"。其代表品种有武夷岩茶、凤凰水仙、安溪铁观音(见图9-4)、黄金桂等。青茶主要产于福建的闽北、闽南及广东等省。四川、湖南等省也有少量生产,除了内销广东、福建等省外,主要销往日本、东南亚和我国港澳地区。

图9-4 精美茶具与铁观音

白茶属于轻微发酵的茶类,其制作工艺最为自然,一般把采下的新鲜茶叶薄薄地摊放在竹席上,置于微弱的阳光下,或置于通风透光效果好的室内,让其自然晾晒萎凋,待至七八成干时,再用文火慢慢烘干。白茶的制法既不破坏酶的活性,又不促进氧化作用,因此最能保留茶叶原有的清香味。其成品茶芽片完整,满披白毫,如银似雪,故此得名。白茶冲泡后,毫香清鲜,汤色黄绿清澈,滋味清淡回甘。白茶的类别是根据茶树品种的不同而区分的,采自大白茶茶树的品种叫"大白";采自水仙茶树的称为"水仙白";采自菜茶茶树的称为"小白"。又因为采摘标准的不同,而将选采大白茶单芽制成的称为"银针"(也称为白毫银针);将选采嫩梢芽叶,其成品茶茶色如花朵的,称为"白牡丹";将采摘的时候芽叶连枝,带着粗大茶梗的称为"贡眉""寿眉"。白茶主要的产区在我国福建省。白茶具有很好的药用性能,能消炎解毒、降压减脂、消除疲劳。

黑茶属于后发酵茶,是我国特有的茶类,历史非常悠久。黑茶的基本工艺流程是杀青、初揉、渥堆、复揉、烘焙。黑茶一般原料比较粗老,加之制造过程中往往堆积发酵时间较长,因而叶色油黑或黑褐,故称黑茶。黑茶一般会压制成砖茶、饼茶、沱茶等紧压茶,是藏、蒙和新疆等兄弟民族的日常生活必需品,有"宁可三日无食,不可一日无茶"的说法。黑茶的代表品种有普洱茶、六堡茶等,主要产区在湖南、湖北、四川、云南、广西等地。黑茶类产品普遍能够长期保存,而且有越陈越香的品质。黑茶里含有很多有益的有机化合物,有特殊的香气,无机物也相当丰富,包括不少维生素和矿物质,其含有的咖啡因、氨基酸等物质,有助于食物消化,调节脂肪代谢,因此是主食牛、羊肉和奶制品并缺少蔬菜的西北民族重要的饮食调节品。

表9-1就是中国六大茶类的品质特征。

表 9-1 中国六大茶类的品质特征

茶 类	外 形	汤 色	香 气	滋 味	叶 底
绿茶	嫩绿、青翠、细嫩	嫩绿明亮 嫩黄明亮	嫩香 嫩栗香	鲜醇柔和 嫩鲜、鲜爽	嫩绿明亮 显芽
红茶	细紧露毫有锋苗、色乌润、或显棕褐金毫	红亮	嫩甜香	鲜醇甜味	柔软见芽
青茶	重实、紧结 深绿、油润	澄黄明亮	花果香 细腻	清爽、鲜醇、细腻	绿亮、肥软、绿叶红边
黄茶	芽肥壮、色杏黄、满披茸毫	杏黄明亮	浓甜香	甜醇柔和	显芽黄亮
白茶	芽肥长、银白、茸毫均布	杏黄、明亮或浅黄色	甜香 浓郁	甜和	肥嫩、杏黄
黑茶	重实均整、棕润	红褐	陈香 浓郁	浓醇	棕褐肥软

除了上述六大种茶以外,另外还有一种常见的再加工茶,即花茶。花茶用红茶、绿茶或乌龙茶为原料,以各种香花熏窨而成。花茶吸收了花香,饮之既有茶的甘醇又有花的芬芳。花茶的原茶以绿茶数量最多,绿茶中以烘青绿茶最好。花茶因所用的香花不同可分为茉莉花茶、白兰花茶、桂花花茶、玫瑰花茶、米兰花茶、金银花茶、珠兰花茶等。各种花茶各具特色,较好的上品茶都具有香气浓郁纯正、滋味浓醇鲜爽、汤色清亮艳丽等特点。

当然,一杯好茶,除了茶叶本身好之外,泡茶之水的品质与温度也很有讲究,此不赘述。

三、肴品五味

说完茶文化,再来谈谈中国的菜肴烹饪。中国地大物博,不同的地区因气候、地理、历史、物产及人文风俗的不同,因此形成了不同的烹饪技艺和饮食风味,再经过漫长的历史演变而自成体系,最终形成具有鲜明地方风味和特色的菜系流派。其中,中国有八种菜系知名度最高、影响最大,分别是鲁菜、川菜、粤菜、闽菜、苏菜、浙菜、湘菜和徽菜,即人们常说的中国"八大菜系"。

其一,鲁菜。

中国人讲究并善于烹饪,早在春秋战国时期,中国饮食文化中的南北菜肴风味就表现出差异。到唐宋时,南食、北食各自形成体系,宋以后鲁菜成为"北食"的代表。明、清两代,鲁菜是宫廷御膳的主体,对京、津、东北各地的影响非常大。鲁菜是各大菜系中历史最悠久、技法最丰富、难度最大、最见功力的菜系,口味以咸鲜为主,烹饪方法上讲究蒸、煮、烤、酿、煎、炒、熬、烹、炸等,善烹海味,火候精准,其代表菜有"糖醋鲤鱼"(见图 9-5)、"葱烧海参""九转大肠""汤爆双脆""乌鱼蛋汤""芙蓉鸡片""德州扒鸡""清蒸加吉鱼""油爆海螺"等。

图 9-5　鲁菜　糖醋鲤鱼

其二，川菜。

川菜在秦末汉初就初具规模，唐宋时迅速发展，明清时名气渐盛，现在川菜馆遍布世界各地，是一个特色鲜明突出的菜系。川菜又可分为上河帮、小河帮、下河帮三大支系：上河帮是以川西成都、乐山为中心的蓉派川菜；小河帮是以川南自贡为中心的盐帮菜；下河帮是以重庆江湖菜、万州大碗菜为代表的重庆菜。川菜重视选料，调味多变，菜式多样，口味醇浓，以善用麻辣著称，形成川菜的独特风味。川菜擅长于烤、烧、干煸、蒸，并在咸、甜、麻、辣、酸五味的基础上，加上各种调料，相互配合，形成各种复合口味，创造出了家常味、咸鲜味、鱼香味、荔枝味、怪味等二十几种味型。代表菜肴有"水煮牛肉""麻婆豆腐""宫保鸡丁""辣子鸡丁"(见图9-6)、"回锅肉""鱼香肉丝""开水白菜""夫妻肺片""酸菜鱼"等。

图 9-6　川菜　辣子鸡丁

其三，粤菜。

粤菜历史悠久，西汉时即有记载，早在中原移民到来之前，岭南先民就已形成了独特的饮食风格。随着历史的变迁，中原移民的不断到来，中原的饮食文化也传到了粤地。尤其是南宋时期，随着朝廷的南迁，大量御厨、官厨云集南方，粤菜的技艺日趋成熟。在融合的过程中，粤菜既保留了本地的口味，又吸收了中原饮食的烹饪精华，经过不断地接纳、积累、改良、创新，从而形成了菜式繁多、烹调考究、质优味美的一派菜系。粤菜在世界范围内也有很高的知名度，仅美国纽约就有粤菜馆数千家。粤菜由广州菜、潮州菜(也称潮汕菜)、东江菜(也称客家菜)三种地方风味组成，三种风味各具特色。广州菜十分讲究，追求清而不淡、鲜而不俗、嫩而不生、油而不腻，用料丰富，选料精细，技艺精良；潮州菜以烹制海鲜见长，汤类、素菜、甜菜最具特色，刀工精细，口味清纯。东江菜则多用肉类，香味浓，下油重，味偏咸，以砂锅菜见长，有独特的乡土风味。粤菜著名的菜品有"烧鹅"(见图9-7)、"木瓜炖雪蛤""蜜汁叉烧""荔枝虾球""清蒸东星斑""金龙烤乳猪""白切鸡""潮州卤水拼盘""潮汕牛肉火锅""盐焗鸡""猪肚包鸡"和"糖醋咕噜肉"等。

图9-7　粤菜　烧鹅

其四，闽菜。

福建省位于中国东南部，面临大海，背负群山，气候温润，四季如春，适宜多种农作物和花果的生长，盛产稻米、菌菇、蔗糖、荔枝、龙眼、柑橘等物。并且福建还有漫长的海岸线，鱼、虾、螺、蚌等海鲜常年不绝，这些都给当地百姓带来了便捷的生活。据考古出土文物显示，闽人在五千多年前就有了煮食海鲜的传统。闽菜以福州菜为中心，分福州、闽南、闽西三种流派。福州菜的特点是清爽、鲜嫩、淡雅，汤菜居多；闽南菜以讲究作料、善用香辣而著称，在使用沙茶、芥末、橘汁以及药物、佳果等方面有独到之处；闽西菜的特点是鲜润、浓香、醇厚，以烹制山珍野味见长，略偏咸、油。闽菜著名的菜品有"佛跳墙"(见图9-8)、"鸡汤氽海蚌""八宝红鲟饭""福州鱼丸""淡糟香螺片""肝花""走油田鸡""荔枝肉"等。

图 9-8　闽菜　佛跳墙

其五，苏菜。

江苏自古就是鱼米之乡，物产丰饶，饮食资源十分丰富，苏菜是"南食"的代表之一。苏菜由南京菜、淮扬菜、苏锡菜、徐海菜四大地方风味菜肴组成，烹饪技艺擅长炖、焖、蒸、炒，重视调汤，保持本味，风味清鲜，浓而不腻，淡而不薄。其中南京菜口味醇和，玲珑细巧；淮扬菜清淡适口，刀工精细；苏锡菜口味趋甜，清雅多姿；徐海菜鲜咸适度，五味兼崇，清而不淡、浓而不浊。苏菜的代表菜肴有"水晶肴蹄""清炖蟹粉狮子头""鸡汤煮干丝""凤尾虾""盐水鸭""三套鸭""响油鳝丝""糖醋排骨""阳澄湖大闸蟹"等。另外值得一提的是，除了主菜之外，南京和苏州的小吃也闻名天下，它们历史悠久，风味独特，品种繁多，有荤有素，甜咸俱有，形态各异，著名的小吃有"卤汁豆腐干""松子糖""玫瑰瓜子""枣泥麻饼""炒年糕""小笼馒头""蟹粉小笼包"(见图 9-9)等。

图 9-9　苏菜　蟹粉小笼包

其六，浙菜。

浙江东临大海，北部河道成网，南部丘陵起伏，山珍海味充足，物产丰富。浙江自古人杰地灵，湖山清秀，淡雅宜人，所以菜肴亦讲究文化底蕴，菜如美景。浙菜菜式小巧玲珑，清俊逸秀，菜品鲜嫩软滑，香醇绵糯，清爽不腻。浙菜以杭州、宁波、绍兴、温州等地的菜肴为代表，烹调技法擅长于炒、炸、烩、溜、蒸、烧。久负盛名的菜肴有"西湖醋鱼""奉化芋头""蜜汁火方""东坡肉"(见图9-10)、"宁式鳝丝""三丝敲鱼"等。

图 9-10　浙菜　东坡肉

其七，湘菜。

湖南在春秋战国时期，是楚人和越人生息的地方，多民族杂居，饮食风俗各异，秦汉开始，逐步形成了比较完整的菜肴体系。因地理位置的关系，湖南气候温和湿润，故人们多喜辛味，用以提神去湿，今天的湘菜在口味上仍偏重香辣，用料广泛，油重色浓，多以辣椒为原料，喜食熏腊食品，烹调方法擅长腊、熏、煨、蒸、炖、炸、炒。湘菜可分为湘江流域、洞庭湖区和湘西山区三大地方风味，著名菜肴有"腊味合蒸""剁椒鱼头"(见图9-11)、"辣椒炒肉""吉首酸肉""衡阳鱼粉""东安子鸡""永州血鸭""九嶷山兔"等。

图 9-11　湘菜　剁椒鱼头

其八，徽菜。

徽菜起源较早，但真正兴盛是明清的时候，随着徽商的崛起，徽菜也随之在全国范围内流传，产生了广泛的影响。徽州盛产山珍野味、河鲜家禽，当地人就地取材，以鲜取胜，在烹饪技巧上善用火候，能根据不同原料的特点，选择适当的火候烹调，爆、炒、熘、炸、烩、煮、烤、焐、烧、炖、熏、蒸，各具特色，味道方面讲究浓淡相宜，以食养身，兼具南北菜之长。徽菜著名的菜肴有"徽州毛豆腐""红烧臭鳜鱼""火腿炖甲鱼""红烧果子狸""腌鲜鳜鱼""黄山炖鸽""问政山笋"(见图9-12)等。

图9-12　徽菜　问政山笋

总之，一个菜系的形成和地方的悠久历史与特色分不开，选料、切配、烹饪、摆盘等烹调过程中的各项技艺和各个环节都自成风格。同时地方菜系也深刻地打着当地人文风情与性格秉性的烙印。比如有人就把"八大菜系"形象地描绘为：苏、浙菜好比清秀素丽的江南美女；徽、鲁菜犹如古拙朴实的北方壮汉；粤、闽菜宛如风流蕴藉的南方公子；川、湘菜就像锋芒毕露的奇人侠士。中国"八大菜系"的烹调技艺各具所长，其菜肴特色也各有千秋。

四、食重养生

李时珍曾说："饮食者，人之命脉也。"食物从古至今一直是人类生存不可或缺的物品。自有烹饪以来，人们对饮食的追求也逐步从满足口腹之需转变到注重品质享受上来，不仅关心食物能不能填饱肚子、味道如何，而且更关心它的营养价值与养生功能。在中国人看来，合理饮食对保持人体健康是至关重要的，饮食合理，可以延年益寿，饮食失当，则会招灾致病。因此"食用、食养、食疗、食忌"，就成了中国饮食文化中非常重要的内容，亦成为中国饮食文化的鲜明特色之一。

在中医经典著作《黄帝内经》中就有关于"虚则补之，药以祛之，食以随之"的"药食同源"理念，这种"寓医于食"的饮食观，对后世影响非常大。比如孙思邈的《备急千金药方》中就有《食治》一篇，他强调："夫为医者，当须先洞晓病源，知其所犯，以食治之，食疗不愈，然后命药。"食物皆有药性，适当调理，便是祛病健身的良方，并且这种"不治已病治未病"的方式,比用质性刚烈的药要来得缓和平稳很多,对人的伤害也小。所以"食能排邪而安脏腑,悦神爽志以资血气。若能用食平疴、释情遣疾者,可谓良工,长年饵老之奇法,极养生之本也"。

　　基于这种药食同源的思想理念,中国饮食在烹饪上也形成了一些特有的传统:在日常饮食中多安排一些具有养生和防治功能的食物,注意食物之间的搭配和助益,烹饪时按照食物的性味来调制以发挥其最大功效等,这些做法的目的都是将食疗与医疗紧密结合起来,从而让食物更好地为养生健身服务。因此诸如薏仁、蜂蜜、山药、莲子、桂圆、百合、菌菇、银耳、陈皮之类既可为药亦可入菜的食物便成了中国人餐桌上的常客,此外以黄芪、党参、天麻、枸杞等药材佐炖鸡鸭禽肉做成的药膳(见图9-13),既可口又营养,也是深受食客们喜爱的佳肴。饮食与养生,相互作用、相辅相成,已成为不可分割的对立统一体,丰富和深化了中国饮食文化的思想内涵。

图9-13　药膳鸡汤

　　除了药食同源理念外,中国的饮食文化还有一个突出的特色:讲究食物搭配及味道的和谐。《黄帝内经》中说:"五谷为养,五果为助,五畜为益,五菜为充,气味合而服之,以补益精气。"五谷者,大米、小麦、小米、黏米及各种豆类也。五谷的营养成分主要是碳水化合物和植物蛋白,能给人体活动提供能量。五果指的是杏、李、枣、桃、梨等各种水果,水果中富含维生素、纤维素、微量元素和有机酸等物质,能均衡体内营养。五畜就是以猪、牛、羊、鸡、鱼为主的各种肉类。肉类含有蛋白质和脂肪,是人体生长发育、修补机体组织的重要物质。五菜则是以葵、藿、薤、葱、韭为代表的各种蔬菜,蔬菜中含有多种微量元素、维生素、纤维素等营养物质,有助消化、补营养、防便秘等多种作用。从我们今天营养学的角度来看,合理的膳食结构也有助于人体获得全面均衡的营养,对人体的健康十分有益,而我们的先民很早就在饮食烹饪中注意到这一原理,并合理调配三餐,形成了以五谷为主食,以五畜五蔬为荤素菜肴,以五果为餐辅的科学的饮食结构,应该说,这是一种非常难得的生存智慧与经验总结。

　　另外,"天食人以五气,地食人以五味",不管烹饪技巧和方式如何变化,烹饪的核心内容都是不变的,即通过酸、甜、苦、辛、咸五种基本味道的不同组合与融汇,调制出千变万化、口感精微的适口菜肴。这其中"五味调和"就是中国传统饮食生产的最高原则。

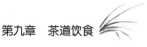

第九章 茶道饮食

《吕氏春秋·本味篇》里曾有一段关于"至味"的论述:

> 夫三群之虫,水居者腥,肉玃者臊,草食者膻。臭恶犹美,皆有所以。凡味之本,水最为始。五味三材,九沸九变,火为之纪。时疾时徐,灭腥去臊除膻,必以其胜,无失其理。调合之事,必以甘、酸、苦、辛、咸。先后多少,其齐甚微,皆有自起。鼎中之变,精妙微纤,口弗能言,志不能喻。若射御之微,阴阳之化,四时之数。故久而不弊,熟而不烂,甘而不哝,酸而不酷,咸而不减,辛而不烈,淡而不薄,肥而不腻。

这是世界上关于烹饪原理最古老的论述,五味之变,精妙难言,但总体的思路就是"和",只有五味平衡,才能让人获得丰富而美妙的味觉体验,也就是上文说的"至味"。五味调和就像儒家说的"君子和而不同"一样,它们聚在一起,并不是泯灭个性、彼此相失,反而是相互制衡、相互激发,最终实现和谐共生的辩证统一。由此可见,五味调和,不仅是一种味觉之美的极致追求,更是一种富含哲理的美学理想。另外,五味调和,对人的健康也是有积极意义的,"饮食口嗜,皆不可多也。多者生疾,少者为益"(元·忽思慧《饮膳正要》)。现代医学认为食盐过多容易引发冠心病、高血压,食糖过多容易引发糖尿病、心血管疾病,所谓"过犹不及",对味道偏求,会反过来对我们身体造成伤害,只有适当地调和,方是健康之道。

中国人讲究顺应自然、天人感应,这种哲学思想体现在饮食文化上便有了合乎时序、注意时令的饮食观。元代医官忽思慧在《饮膳正要》中列举了饮食与四时相应的一些做法,如春食麦,夏食豆,秋食麻,冬食黍,这些食物不仅当季应产、取之易得,同时也可顺应四时气候,调理人体机能。这在今天看来也是有一定道理的:春温、夏暑、秋燥、冬寒,四时气候会给人身体带来一系列变化,因此可以适当改变饮食摄入来进行调节。春天阳气生发,故饮食宜清淡;夏天闷热潮湿,当以清爽、甘凉之物降温解暑;秋天天气干燥,当少食辛辣,用一些滋养裨补的食物;冬天天寒地冻,当注意营养和能量摄入,以保证机体代谢。

中国的饮食文化是中华民族的一份宝贵遗产,它的许多理论和原则都凝聚着中国古代艺术思想、哲学思想以及医学理念,它是一种广视野、深层次、多角度的民族文化智慧,是中华各族人民在几千年的生产和生活实践中,在原料组配、营养结构、烹饪技艺、饮食方法、饮食习惯乃至饮食审美等方面的不断创造与积累,它与中国人的健康和生活息息相关,它的丰富性与深邃性,不仅让它成为中华民族物质财富及精神财富的重要组成部分,也让它在世界上享有了很高的声誉。

第十章　人伦教育

"人之初，性本善。性相近，习相远。苟不教，性乃迁。教之道，贵以专。"《三字经》用最浅显易懂的句子，在开篇就给我们阐明了教育的重要意义。在人的成长过程中，教育能培养人纯正无邪的品质，能引导人走上正道，简单说来即教会我们如何做人、做事，这既是一个人在社会上独立生活的必要条件，也是整个社会能保持和谐有序、健康发展的前提。当然，教育本身所涵盖的内容是非常丰富的，包括科学素养、批判思维、契约精神、人文精髓、审美能力等方面，它们既能帮助我们掌握前人世代累积的经验和知识，还能在前者基础上唤起我们的潜能，激发我们不断提高和革新。好的教育是连接过去和创造未来的重要凭借。我国自古就很重视教育，相传在舜的时代就设"庠"为教，这便是最早的教育机构。从那时算起，中国教育史已经有数千年的时间，不仅为历朝历代培养了大批人才，推动了历史发展，也积累了丰富的教育学经验，给我们留下了非常宝贵的精神遗产。本章我们一起来了解中国传统的人伦教育，看看它给今天的我们留下了哪些宝贵的经验和启示。

（本章执笔：梁洁）

中国的教育思想史不仅历史悠久,更是名师辈出。孔子、孟子、朱熹、张载等伟大的教育家,不仅给后世贡献了如《论语》《孟子》《朱子语类》等蕴藏着丰富教育智慧的典籍,更总结了如"教学相长""因材施教""循序渐进""温故知新""言行一致""见贤思齐"等一系列教育、教学的原则与方法,这些都是中国教育思想遗产中的瑰宝,比之朝代的不断更迭,优秀的教育思想反而具有更广泛、更重要、更持久的影响力。

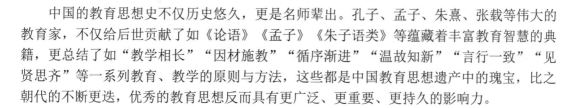

一、蒙以养正

在中国古代,教育一般可分为小学与大学两个阶段。小学指的是启蒙教育阶段,主要是识字书写,为以后的学习奠定基础。除此之外,小学最重要的任务还在于培养行为规范和道德操守。大学则是在小学的基础上学习格物致知、穷理通经、修身治国的内容。虽然学习分了大小,但这只是从学习内容上来谈的,教育本身的价值却并不分大小,启蒙教育也可以是"作圣之功"。流传到今天的传统蒙学课本有很多,虽然看来内容复杂、形式多样,但仔细分析起来,它们的旨归都是一样的:教会儿童做人、做事,并且在中国人心中,做人永远都是第一位的。明代沈鲤在《义学约》中说:"蒙养极大事,亦最难事。盖终身事业此为根本。"启蒙教育是教育的根本,必须在儿童时期就把正确的观念植入脑海,引导儿童走上正途,如此方能受益终身,这是比传授知识更为重要的事情。

中国自古就非常看重启蒙教育,这在《周易》中即有体现。《周易》是我国最古老的经典著作之一,被誉为"群经之首,大道之源"。《周易》不单纯是一本卜筮之书,更是一本上至天文,下至地理,再到国家大事、政治生活,甚至家庭婚姻、劳动生产等无所不包的百科全书,里面充满着丰富的哲学意义,其卦辞、爻辞向我们展示了中国的远古先民对万事万物及其发展规律的归纳和总结,包含着华夏民族对自然、社会、人生的认识和看法,因此《周易》对后世很多方面都产生了巨大深远的影响。在《周易》的六十四卦中有一卦《蒙》卦,卦象象征"蒙昧",蕴含事物蒙昧状态下的"启蒙发智"的道理,这就是之前提到的启蒙教育。因此我们可以看到中国先民很早就注意到教育,尤其是启蒙教育的重要性,并且在《周易》这部上古经典里就有关于教育方面的经验总结。

《周易·蒙卦第四》:

蒙:亨。匪我求童蒙,童蒙求我;初筮告,再三渎,渎则不告。利贞。
初六:发蒙,利用刑人,用说桎梏;以往吝。
九二:包蒙,吉。纳妇,吉;子克家。
六三:勿用取女,见金夫,不有躬,无攸利。

六四：困蒙，吝。
六五：童蒙，吉。
上九：击蒙，不利为寇，利御寇。

字典里"蒙"的意义中含有"暗昧"和"幼稚"的意思，对于人来说，儿童属于萌芽阶段，这个阶段懵懂无知，皆因心智未开，故而事理不明，就像万物初生时暗昧不清的状态一样。"启蒙"即意味着光明战胜黑暗，含有"点亮"和"唤醒"的意思。《蒙卦》的卦辞中"童蒙"二字，就是说的幼稚的儿童。正因为儿童"暗昧"和"幼稚"，所以有必要为其启迪智慧、拔除愚昧，进而使其获得人生和社会的真知，其意义非同寻常，因此这卦"利贞"且"亨"，非常吉利，由此可以看出古人心中启蒙教育的价值。而启蒙教育对儿童的重要性在《周易》的《象传》中，则被更为清晰地指明："蒙以养正，圣功也。"也就是说在儿童单纯幼稚的时候就给予正确的引导，使儿童走上纯正无邪的道路，这是可以成就圣人的伟大功业。

另外，在启蒙教育的目标方面，《周易》的《象辞》指出："君子以果行育德。""果行"是指果决其行，有"百折不挠"的深意；"育德"是说一切行为的内在指向都是道德修养的提升，因此真正的君子应当"果行"不止，"育德"不懈。"君子"这个词是儒家思想中一个非常重要的概念，在古人看来，教育的目标之一就是要培养"君子"，孔子杏坛讲学、删述六经都是以此作为出发点的(见图10-1)。因此，《象辞》的这句话，既可以看成是对君子提出的内外要求，也可以看成是启蒙教育的具体目标：外有百折不挠的行为，内有不断提升的品德。当然，在"果行育德"的教育目标中，内和外的地位也是不一样的，"果行"是为"育德"服务的，换句话说，"育德"才是启蒙教育的重点。

图10-1 清 焦秉贞 孔子圣迹图之删述六经 册页
(绢本设色，纵29.2cm，横35.7cm，美国圣路易斯美术馆藏)

前文提到过《象传》里的"蒙以养正，圣功也"，对于这句话，宋儒张载的解释是：

第十章 人伦教育

"教者但观蒙者时之所及则道之,如既引之中道而不使之通,则是教者之过,当时而道之,使不失其正,则是教者之功,养其蒙使正者,圣人之功也。"(宋张载《正蒙》)启蒙教育培养儿童纯正无邪的品质,引导儿童走上正道,这是启蒙教育的价值,同时也是启蒙教育的重点。教育者能始终坚持这样的教育重点,就能成就圣人的功业,反之,如果忽略或者半途而废,则是教育者最大的过错。

在《周易》中被视作首要教育目标的"养正""育德",在后来几千年的启蒙教育中也得到贯彻,在今天常见的蒙学读本如《三字经》《千字文》《弟子规》等书里都能轻易地找到佐证。比如《三字经》有:"子不学,非所宜。幼不学,老何为。玉不琢,不成器。人不学,不知义。为人子,方少时。亲师友,习礼仪。"这告诉儿童要通过学习,修善抑恶,永保纯良。《弟子规》有:"首孝悌,次谨信,泛爱众,而亲仁,行有余,则学文。"这告诉儿童,道德的养成当从点滴做起,首先要孝敬父母、友爱兄弟,走入社会后要谨言慎行,讲求信用,要博爱大众,亲近仁德,还要孜孜不倦,追求学问,从在家、出外、待人、学习等方面提出一系列的道德准则。《增广贤文》有:"责人之心责己,恕己之心恕人。"这告诫儿童做人应严于律己、宽以待人,要有君子的自律与心胸。这些都可以看成是传统启蒙教育对儿童的优秀品质的塑造,蕴含着深刻的人伦义理和为人之道。

《周易》作为中国最古老的经典,它所包含的内容对后世很多方面都产生了很大的影响。单就启蒙教育领域来看,无论是启蒙教育的必要性与重要性,还是启蒙教育的重点与具体方式,《周易·蒙卦》都给后人提供了丰富的思想和理念。后来的大儒,如董仲舒、朱熹、张载等人在研究《周易》时,也受其启发而形成了自己的教育思想,从而推动了我国古代启蒙教育事业的发展。比如张载,把阐述自己教育理念的专著命名为《正蒙》,从这就可以明显看到受《蒙卦》影响的痕迹。

自《周易》以下,重视启蒙教育成为中国教育的一个传统,尤其是宋元以降,我国传统启蒙教育进入兴盛期。各类学塾遍布乡野,各种蒙书层出不穷,据不完全统计,我国传统蒙书和有关蒙学的著述大约有一千多种,其中绝大多数都出现在这一时期。蒙书的内容越来越丰富,其中有关道德教育和习惯养成的蒙书则最为繁复,宋元明清的教育家普遍认为儿童时期是人生重要的发展阶段,要为以后成为"圣人"奠定基础,所以必须重视启蒙教育。比如张载就认为:"勿谓小儿无记性,所历事皆能不忘。故善养子者,当其婴孩,鞠之使得所养,全其和气,乃至长而性美。"王守仁也认为儿童时期的"良知"保存最多,受蒙蔽最少,因此,教育应从儿童时期抓起。这些思想都可以看作是对《周易·蒙卦》所奠定的以"养正"为核心的启蒙教育的重要性和必要性的不断肯定和强化。

在现代教育看来,启蒙教育就是指生命早期的教育。启蒙,就是开启智慧,驱除蒙昧,使人明白事理,获得独立人格。启蒙不是仅仅向蒙昧的儿童传授基础知识或提供入门知识的教育,更重要的是要启发思维和养成品格。今天已经有很多研究表明:良好的启蒙教育能够帮助儿童树立正确的人生观和价值观,建立健全的人格,改善儿童早期的不良行为习惯,提高儿童的社会能力和自控能力,而这些对于降低之后犯罪的可能性、减小社会危害、促进社会和谐发展都具有积极意义,因此启蒙教育的必要性在今天已经被广泛认可。而在两千多年前的《周易》时代,中国的先民就已经注意到了启蒙教育的重要性,这是非常难得的。

二、德才兼备

提到中国传统的教育，自然不能不提儒家的教育思想，儒家自孔子(见图10-2)起，就非常重视教育。孔子兴办私学，将自己的精力贡献给了教育事业，他培养出了颜回、子贡、子路等众多优秀的弟子，成为后世公认的"万世师表"。孔子通过教学实践，积累了丰富的经验，他在教学方法、教学内容、教学目的等方面都有自己独特的见解，对后世的教育影响深远。由于孔子的思想学说和事迹被弟子们编成了《论语》，所以这就成了我们今天研究孔子教育思想的重要文献。

图10-2　明　仇英画文徵明书　孔子圣绩图之孔子像

《论语》中最常提到的字词是"仁"和"礼"，孔子也希望他的弟子最终成为道德高尚、仁爱有礼、博学多才的"君子"，而要想成为"君子"，不仅要有学识才干，还必须要有操守德行，也就是必须德才兼备，所以孔子在施教时提倡知识实践与道德修养的结合："子以四教，文、行、忠、信。""四教"里既有道德教育，也有文化教育，只有这样的教育才能提高学生各方面的修养，使其不断完善，达到"君子"的境界。

孔子理想的社会图景，是人人皆能仁爱守礼的和谐社会，因此教育也是为了最终实现这个目标而服务的，高尚的道德修养是人才培养的核心，学以致用是人才最终体现的价值。教育可以使人具备高贵的品格、丰厚的学识以及实践的才能，再通过"学而优则仕"的展现，成为国之栋梁，为社会服务，最终完成德政礼治的宏愿。可以说，"德才兼备"既是孔子教育的终极目的，也是每个读书人应该追求的境界。

《论语》里说："道之以德，齐之以礼，有耻且格。"构建有序良好的社会离不开精神文明的建设，精神文明的建设重点在于道德礼法的构筑，而道德礼法的构筑，关键在于教育宣化。"苟志于仁矣，无恶也"，教育事业必须致力于价值引领，把理想信仰的弘扬、三观体系的建立、情感世界的构筑、伦理精神的重建等作为教育最重要的事情来做，只有这样，学生才能逐步远离邪恶，进而整个社会才能逐步远离邪恶。

当然，要想培养德才兼备的君子，教师的教育手段与学生的学习方法也是必须注意的方面，在这点上，孔子可谓是高明的教育家。首先，孔子提倡因材施教，即从实际情况出发，根据不同弟子的不同情况，采取因人而异的教育方式。《论语》中，我们经常能看到针对不同学生提出的相同问题，孔子给出不一样的答案的例子，比如颜回问仁，孔子的回答是"克己复礼"；司马牛问仁，孔子的回答是"其言也讱"；而仲由问仁，孔子的回答则是"己所不欲，勿施于人"。因材施教必须建立在对学生的个性、优缺点和特长充分了解的基础上，孔子对学生的观察极细心，知人甚深，方能针对不同弟子，给予不同的回答。因材施教能最大限度地照顾不同学生的不同情况，因势利导，帮助他们保持和发挥各自的长处，从而实现共同进步。

其次，孔子善于启发教育，他在教导弟子时，常会耐心地引导、激励。如颜渊所说："夫子循循然善诱人，博我以文，约我以礼，欲罢不能。"孔子解惑答疑时常常不直接表达自己的观点，而是先让弟子自己去思考解答，当弟子无法解答时，孔子才去开导他们。所谓"不愤不启，不悱不发"，孔子强调要充分发挥学生学习的主动性，只有在恰当的时机去启发、开导他们，才能获得最令人满意的效果。

再次，孔子强调学思结合，他说："吾尝终日不食，终夜不寝，以思，无益，不如学也。"一个人如果不学习知识，只知冥思苦想，难免会走入胡思乱想的误区，劳而无功；同时，一个人如果只知道埋头苦学、死记硬背，而不去思考追问，则不过是食人余唾，很难取得真正的进步。所以，在孔子看来，"学而不思则罔，思而不学则殆"，学与思同等重要。"学"是学习知识，掌握本领，"思"是思考问题，分析问题，只有学思结合方能取得良好的学习效果。

最后，孔子强调学以致用，他说："诵《诗》三百，授之以政，不达；使于四方，不能专对；虽多，亦奚以为？"他认为尽管熟读了很多经典，但如不能独立应对，不能解决实际问题，书读得再多也是无用的。因此孔子主张"仕而优则学，学而优则仕"，学生最终要能将所学用在出仕为宦治理一方上，如此方能学以致用。

儒家教育思想的另一个代表人物是孟子(见图 10-3)，他继承和发扬了孔子的教育思想，他也将培养"德才兼备"的君子作为教育的终极目标，同时他对"德才兼备"还提出了具体的衡量指标，他认为"仁、义、礼、智、信"是君子应该达到的伦理道德标准，这也是与禽兽相区别的地方。孟子认为，君子应该具有修养崇高、严己宽人、重义轻利、舍生取义等优点，应该"富贵不能淫，贫贱不能移，威武不能屈"(《孟子·滕文公下》)，教育的意义即是引导人们保持天生的善良品性，争做君子。

孟子认为教育者本身就应该是道德崇高、学识渊博、诲人不倦的君子，唯有如此方可为学生传道授业解惑。这种观点后来被陶行知先生总结为"学高为师，身正为范"，成为今天教师们自我激励时的准则。孟子还认为教育者在给学生讲授时应该做到由近及远，深入浅出，融会贯通，启发鼓励，所谓"言近而指远者，善言也；守约而施博者，善道也"(《孟子·尽心下》)，教育者要注意教育的方式方法。

与孔子相同，孟子也很看重因材施教，比如《孟子》中借助揠苗助长的寓言故事，说明了不按事物发展的规律行事只会适得其反，教育只有从学生自身的情况出发，顺其自然，方能将其培养成才。孟子在教导自己学生的时候，总喜欢强调让学生去独立思考，从而产生独立的见解。《孟子》中有云："尽信书则不如无书。"也就是强调学生不要轻信、盲从或者全盘接受书中的见解和前人之说，一定要自己独立思考，对前人以及书中的见解进行独立的判断。孟子的这些教育理念，今天看来依然很先进。

图10-3　至圣先贤像册之孟子像(原清宫南熏殿旧藏)

除了教育者，孟子对于受教者也同样提出了很高的要求，学生必须能够吃苦，意志坚强，刻苦勤奋，即所谓"天将降大任于斯人也，必先苦其心志，劳其筋骨，饿其体肤，空乏其身，行拂乱其所为"，如此方能取得最后的成功。此外，学生还要做到持之以恒，三天打鱼两天晒网是孟子最为反对的事情。《孟子》中有这样的比喻："有为者辟若掘井，掘井九轫而不及泉，犹为弃井也。"做事无恒心，半途而废，则如同挖井一样，哪怕离成功一步之遥，但只要放弃了，就是失败的。另外，《孟子》中还有一个两人学棋的例子：一心一意的最终成为围棋高手，三心二意的结果一场空。所以，孟子意在告诉大家，成才并非全然因为智力，持之以恒才是决定性的因素，除了知识的学习以外，意志品质的磨炼也很重要，只有两者兼得才能成为"德才兼备"的君子。

"穷则独善其身，达则兼济天下。"这不仅是儒家所推崇的理想品格，更是教育应该实现的目标。可以看到，无论是孔子还是孟子，他们的教育观都是不仅要求被教育者获得知识技能，更要求他们实现人格的升华，成为真正的君子，如此方能"修身齐家治国平天下"。总之，孔孟这种以德育为中心，注重培养学生德才兼备的教育理念，对我们当前的教育事业以及和谐社会的构建都是有启发意义的，他们丰富精深的教育手段和方法，在中国的教育史上占据着重要地位，也给我们今天很多珍贵的启示。

三、知行合一

《尚书》有言："非知之艰，行之惟艰。"此言意指理解事物并不困难，真正困难的是如何实践，"知易行难"是一个真理。前文说到，孔孟的教育思想很看重"学以致用"，若不然，知识"虽多，亦奚以为"。荀子也说过"知之不若行之"，这些话都强调了"行"对"知"的转化与发挥，如果不能做到，教育归根结底是失败的。那么该如何解决"知"

与"行"的关系呢?对此,明代著名的思想家王守仁提出了"知行合一"的理念。他指出了"知"与"行"二者是相互包含、相互融合的对立统一关系,强调"践履之功""事上磨练""不行不足谓之知",教育学生用亲身体验去理解所知所学,从而让所知所学更加深刻。

  王守仁(1472—1529),绍兴府余姚县(今浙江省宁波余姚市)人,幼名云,后改名守仁,字伯安,因他曾在会稽山阳明洞建造草堂,故世称其"阳明先生"。他是明代著名的思想家、哲学家、书法家兼军事家、教育家,弘治十二年(1499)中进士,但仕途坎坷,曾遭宦官迫害,被贬往贵州任龙场驿丞。王守仁在龙场"百难备尝"后对儒家思想有了新的领悟,他认识到"圣人之道,吾性自足,向之求理于事物者,误也",对程朱理学知先行后、知行分离的思想进行了批判,提出知中有行、行中有知以及用"知行合一"来达到真知的观点。王守仁的这段经历,后被称作"龙场悟道",是王学成立的标志。紧接着王守仁创办了龙冈书院,开始了他新思想的传播之路。

  引言曾述及中国早在舜的时代就设立了"庠"这样的教育机构,这是学校的开始。后来历朝历代这种由朝廷直接举办和管辖的学校系统被称为官学,它包括中央官学和地方官学,是我国古代最主要的教育形制。随着科举制度在唐代的逐步完善,官学教育的目标渐渐锁定在为科举考试服务及为政府培养预备官吏之上。与官学相对的私学,则是指中国古代私人办立的学校,它打破了"学在官府"的限制,打破了只有贵族才能接受教育的桎梏,让更多人有机会受教育,即"有教无类"。私学产生于春秋时期,孔子创办的私学规模最大,影响最深,在他之后两千余年间,中国私学私塾不断壮大,成为中国教育史上的重要组成部分。

  除官学与私学以外,中国另有一种特殊的教育形制,即书院教育。书院的名称最早出现在唐代,唐玄宗时期设立了丽正修书院,后改名为集贤殿书院,这是中国最早的官办书院,其主要工作是修书、藏书,不具备讲学功能。与之相对的,后来民间出现了一些私办书院,开始有了讲学育人的活动,但尚未形成完整的书院制度。到了宋代以后,书院得到了极大发展,这一时期的书院多由富商、学者自行筹款,于山林僻静之处兴建学舍,广泛接纳民间学子,属于私学性质,有相当大的学术自由性。南宋时,书院已经成为文人儒者讲学立说的重要场所,具有藏书、供祀、讲学、学术研究等多种功能,甚至一时取代官学的地位成为当时最主要的教育机构。河南商丘的应天书院、湖南长沙的岳麓书院、江西庐山的白鹿洞书院和河南太室山的嵩阳书院,并称为天下闻名的"四大书院"(见图 10-4)。此外,湖南衡阳石鼓山的石鼓书院、江西上饶的鹅湖书院等也声名显赫,门徒聚集,影响盛大。

  元代时书院开始出现官学性质倾向,书院院长多由朝廷任命,书院学生亦可被推荐做官吏。明朝建立以后,明太祖朱元璋设立国子监培养官吏,教学上严格以朱子之学为中心,以科举考试为目标。在以国子监为代表的官学大兴的同时,民间的书院也并没有绝迹,依然在地方教育中发挥着作用。明代中期,随着王守仁的大力倡导,书院又一次在全国范围内兴盛起来,一时间书院林立,书生成群。可惜到了明朝末期,由于东林书院涉及党争,明熹宗下诏烧毁全国书院,书院发展遭受重创。随后而来的清朝,书院几乎全部被纳入官学体系,不复有宋明之盛况。到了清末,全国兴起废书院办学堂的风潮,使中国上千年的书院历史就此终结。

图 10-4　古代四大书院(1998 中国邮政)

纵观中国书院的兴衰史可以看到，书院发展几经沉浮，办学性质或官或私因时而异。但总体而言，它对中国学术文化的保存和发展以及人才的培养起到了巨大的推动作用，它是一种独具特色的教育机构和文化组织，自诞生以来，极大地促进了中国的教育、学术、藏书、出版、建筑等文化事业的发展，因而是我国古代教育史上一股不可忽视的重要力量。

前面说到王守仁在贵州设立龙冈书院，亲任讲学，传授他的"心即理""知行合一"的新学说，听讲者多时达百余人，盛极一时，对发展贵州乃至西南的文化教育事业，起到了极其重要的作用。结束贵州的贬谪岁月之后，王阳明历任庐陵等地地方官，及南赣巡抚、两广总督等朝廷要职，其中在江西、福建等地镇压起义，"破山中贼"之时，他痛感教育宣化的重要性。因此，在赣州，他修造六所书院，其中新建的义泉、正蒙、富安、镇宁、龙池五所书院以教民化俗为主，修复的濂溪书院则以传播其心学为要事。在南昌，他派门人冀元亨到宁王朱宸濠的阳春书院，试图讲正学而规止其反叛之心。在庐山，他多次在白鹿洞书院讲学，留诗题字。受弹劾由江西返家后，他在余姚、绍兴等地专事讲学，门人为他修造稽山、阳明二书院作为倡导其学的大本营。嘉靖六年，再度被朝廷重用的王守仁，赴广西上任，赴任途中，他所经之地，一路讲学不辍。在广西，他于当地举乡约、重礼教、兴学校，在南宁创建敷文书院，聘其门人讲学，又发布《经理书院事宜》，要求书院"法立事行"，进行制度化建设，后又批复梧州府"照依南宁书院规制，鼎建书院一所"。一直到王守仁病逝，他都在孜孜不倦地重教兴学，各处书院遍地开花，一时鼎盛。可以说，王守仁(见图 10-5)的一生，是与书院和讲学密不可分的一生。

关于书院的教育目标，王守仁在《万松书院记》中写道："自科举之业盛，士皆驰骛于记诵辞章，而功利得丧，分惑其心，于是师之所教，弟子之所学者，遂不复知有明伦之意矣。"故书院兴，是为了"匡翼夫学校之不逮也"，简单说来，就是为补救官学的流弊，讲求古圣先贤的明伦之学而存在的。

图 10-5　清　焦秉贞王阳明先生真像

所谓明伦之学，就是中国人自古就很看重的人伦秩序与道德规范。人生于社会，必定同他人发生联系，这些联系须以理义次序来进行规范，这样才能使人与人之间可以和谐相处。而最常见的人伦秩序，就是《孟子·滕文公上》中说的"父子有亲，君臣有义，夫妇有别，长幼有序，朋友有信"，以道德来约束尊卑长幼之间的关系，这样便可"顺于道，不逆于伦"。可以说，人伦秩序是中华文明发展的道德基础，贯穿在中华文化的方方面面。

基于人伦秩序的重要性，中国自古就很重视人伦教育。"人伦明于上，小民亲于下，家齐国治而天下平矣"(《万松书院记》)，只要上下的人都明白了人伦原则的要求，并人人恪守，社会自会变得和谐起来。因此，王守仁兴建书院的一个重要原因就在于宣讲明伦之学，以"孝弟忠信礼义廉耻为专务"，培养具有"父义，母慈，兄友，弟恭，子孝，友信"诸美德之人。其实这与现代的教育理念亦是不谋而合的，比如著名教育家陶行知先生就说过："先生不应该专教书，他的责任是教人做人；学生不应该专读书，他的责任是学习人生之道。"

宣传"知行合一"的王学也是王守仁建立书院的重要原因。当时，由于程朱理学强调"知重于行"，这便造成了知行脱节的弊端，面对社会问题，人们往往夸夸其谈，形成了只说不做的社会现象，根本无法解决实际问题。这样的情况引起王守仁的强烈不满，他认为无论是在日常生活还是在学习实践中，知和行都是相互影响、相互渗透的，二者缺一不可，"知是行的主意，行是知的功夫，知是行之始，行是知之成"(《传习录》)，简单来说就是，所知是用以指导行动的，而行动是为了验证所知的，只有践行方能对所知理解得更深刻。因此，王守仁特别强调在"行"中去"知"，他在《传习录》里说道："知是心之本体，心自然会知。见父自然知孝，见兄自然知悌，见孺子入井自然知恻隐，此便是良知，不假外求。"见到父亲自然知道"孝"，见到兄长就知道"悌"，看到小孩掉入井中自然会有恻隐之心，很多东西不用去刻意知晓，体验到了自然就明白了。我们可以看到王守仁的"知行合一"，其实就是反对纸上谈兵，强调实践与躬行。

陆游曾说："纸上得来终觉浅，绝知此事要躬行。"我们做事情必须亲身实践方能有所收获，"未有知而不行者，知而不行，只是未知"（《传习录》）。孔孟都倡导德才兼备、学以致用，而在王阳明看来，再也没有比"知行合一"更能学以致用的了。并且一个人的道德才学，也不是只说不做、夸夸其谈就能提升的，只有经过如孟子说的"苦其心志，劳其筋骨，饿其体肤，空乏其身，行拂乱其所为"等环境和经历的磨炼，方能不断精进、自我实现。因此，"知行合一"，就是强调身体力行，发挥人的主观能动性，不断践行、不断超越，最终成就自我。

王守仁的"知行合一"思想，对我们今天的教育很有启发意义：学校在教授学生时不应把传授知识作为终极目标，知识的传授只是一种手段，通过这种手段最终要让学生能在实践中去应用。并且，在知识和技能的学习之外，也不能忽略学生的道德教育和人格养成，仍然要以德才兼备、学以致用作为人才考核的标准。

教育是一种传授知识技能和道德规范等内容的社会活动。教育的根本价值，就是为国家培养具有崇高的信仰、道德和诚实守法、博学多才、技艺精湛的人才，使其为国家、为民族创造物质财富与精神财富。同时，对个人而言，教育能够帮助其发展能力、完善人格，同时让其明白自己对人类社会的责任与义务，并在此基础上实现自我价值。再也没有比人类的教育更伟大的事业了，正如蔡元培所说："教育者，非为已往，非为现在，而专为将来。"

文学经典篇

第十一章　诗经风雅

　　在浩如烟海的文学经典中，或许你倾心于楚辞之浪漫、汉赋之华美，或许你钟情于唐诗之大气、宋词之婉约，或许你尤爱那三国英杰之豪情、梁山好汉之侠义，或许你沉醉于唐僧师徒西游之神幻、红楼梦中人之儿女情长……但是，请不要忘却，在我国数千年文学长河的源头，有一股静静流淌的清泉，是她，带给我们最原始的感动；也是她，带给中国文学最丰富的滋养。她，便是《诗经》，似乎离我们很远，古奥素朴之文辞、儒家经典之地位，不免让人肃然起敬，以至于当下的人们很少愿意去逐页翻阅、细细品读，仿佛理所应当地要将其供之高阁；其实，她就在我们身边，在你常用的成语中，在你美好的名字里，在你偶然抒怀的笔墨间，在你不经意哼起的歌声里；她是让君子一生想望的秋水伊人，更是代言华夏风雅的窈窕淑女。本章即让我们一同走近《诗经》，去了解她的时代和源流，在名篇佳作的分类鉴赏中，去感受其温柔敦厚的人文精神以及古朴典雅的艺术魅力。

（本章执笔：黄毅）

《诗经》，又称"诗三百"，是我国第一部诗歌总集。这本诗集共收集了自西周初年到春秋中叶(公元前11世纪至公元前6世纪)大约五百年间的诗歌三百〇五篇，共四万余字。另外还有六篇仅见名目而不存文辞，宋代学者朱熹将其称为"笙诗"。《诗经》产生的地域在今黄河、渭水两岸及江汉之北。这些诗歌的作者姓名多不流传，可考证者极少，绝大部分篇章当为集体所作。《诗经》之成书大约为周代史官采编，据说曾经孔子校订整理。

一、远古绝唱

《诗经》最初之名称其实只有一个字，即"诗"。我们在先秦的散文中常可以看到"诗云""诗曰"这样的表述，又比如《论语》中说"小子何莫学夫诗"(《阳货》)，"不学诗，无以言"(《季氏》)等。后来此书被提倡"罢黜百家，独尊儒术"的汉代儒家学者们奉为儒家经典，因而得了《诗经》之名，从此沿用至今。

汉代时，《诗经》的流传有"鲁诗""齐诗""韩诗"和"毛诗"四个版本，合称"四家诗"。其中前三家皆属今文诗学，故又并称为"三家诗"，分别为鲁人申培、燕人韩婴和齐人辕固所传。三家诗在西汉时皆立于学官，置博士，颇为兴盛，然而在魏晋以后先后亡佚。"毛诗"为毛亨、毛苌所传，是古文诗学，虽比三家诗晚出，在西汉虽未被立为官学，但在民间广泛传授，因其学有渊源，又有经学大师郑玄作笺，贾逵、马融等大学者亦都治毛诗，故而最终压倒了三家诗，于东汉时盛行于世，并一直通行至今(见图11-1)。

图11-1 清 王鸿绪等奉敕撰 钦定诗经传说汇纂

《毛诗序》中称，"诗有六义焉：一曰风，二曰赋，三曰比，四曰兴，五曰雅，六曰颂"。一般认为，风、雅、颂是指诗的文体分类；而赋、比、兴则是指诗的表现手法。关于"诗三百"，《墨子·公孟》亦言："颂诗三百，弦诗三百，歌诗三百，舞诗三百。"可见，《诗经》中的三百余篇诗歌，均是可以诵咏，可以用乐器演奏、歌唱和伴舞的。《诗经》在成书之初就与音乐和舞蹈有着密切的关联。

《诗经》全书分为风、雅、颂三部分，一般学者认为，这是按照音乐来划分的。因为《诗经》的诗篇当初都是乐歌，由于曲调的特点不同，因此划分为三类，后来乐谱失传，仅留歌词，我们今天看到的不过是一部乐曲歌词的底本。

风，即十五国风，共有一百六十篇，为各诸侯国的土风歌谣，带有浓郁的地方色彩，相当于我们今天意义上的"民歌"和"地方小调"。十五国风分别是位于东区的《齐风》，位于南区的《周南》《召南》和《陈风》，位于西区的《秦风》和《豳风》，位于北区的《魏风》和《唐风》，以及位于中区的《郑风》《卫风》《邶风》《鄘风》《王风》《桧风》和《曹风》。(见图11-2)

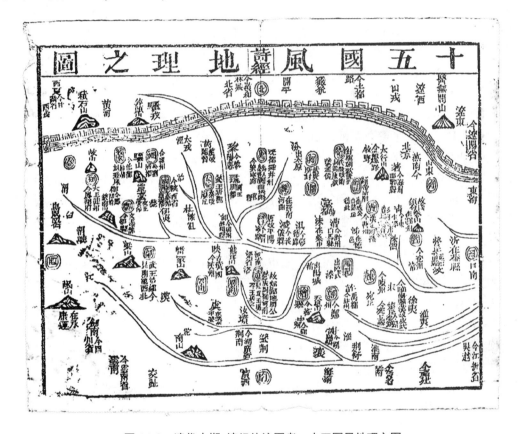

图 11-2 清代中期 诗经体注图考·十五国风地理之图

雅，为西周王畿的乐调，共有一百〇五篇。王畿，即都城地区，也就是渭水流域地区。为什么称这一地区的乐调为雅诗呢？有以下两种解释：其一，"雅"同"夏"，周称西周的王畿为"夏"，雅乐就是"夏乐"，夏乐就是王畿乐调；其二，雅者，正也，雅乐即正乐，当时称诸侯国的地方音乐为俗乐，周天子的都城是全国的中心，出于尊王观念，便把王畿之乐称为"正乐"。这两种解释都有一定的道理。"雅"诗可分为"大雅"和"小雅"，分别为三十一篇和七十四篇。除《小雅》中有少量民歌外，大部分是贵族文人的作品。

颂，是王室宗庙祭祀时所用的舞曲歌词，内容多为赞美神灵或祖先之功德。颂诗共有四十篇，其中周颂三十一篇，产生于王畿地区、渭水流域，是西周初年的作品；四篇鲁颂和五篇商颂则都是东迁以后到春秋中叶之间的作品,产于鲁国和宋国。

与后世的诗歌集不同,《诗经》中的诗歌没有一篇标明作者。那么,这些诗歌到底是谁写的呢?又是怎么被编定成书的呢?

其实,《诗经》之作者绝大部分已经无法考证了,应该是散落在黄河流域各个阶层的庞大群体。其成分十分复杂,产生的地域也非常广泛,约相当于今陕西、山西、河南、河北、山东及湖北北部一带。除了周王朝乐官制作的乐歌,公卿、列士进献的乐歌,还有许多原来流传于民间的歌谣。

关于这些民间歌谣是如何集中到朝廷来的,则有不同说法。汉代的一些学者认为,周王朝派有专门的采诗人,到民间搜集歌谣,以了解政治和风俗的盛衰利弊。又有一种说法:这些民歌是由各国乐师搜集的。乐师是掌管音乐的官员和专家,他们以唱诗作曲为职业,搜集歌谣是为了丰富他们的唱词和乐调。诸侯之乐献给天子,这些民间歌谣便汇集到朝廷里了。具体说来,以如下三种说法为主。

其一,"王者采诗"之说。

《诗经》中诗歌的创作时间,上起西周初年,下至春秋秦穆公时,绵延五个世纪。创作的地点,几乎包括了整个黄河流域,加上长江、汉水一带,纵横上千里。怎样把众多的诗歌集中起来呢?《汉书·食货志》曰"孟春之月,群居者将散,行人振木铎徇于路,以采诗",即说由天子指派官吏去全国各地采集诗歌。这样做的目的是什么?我们今天音乐和音乐文学的主要功能是消遣和娱乐,但在当时,政治目的显得更为明显,即通过采集各地诗歌,以便能使"王者不出牖户,尽知天下所苦;不下堂而知四方"(何休《公羊解诂》)。

其二,"周朝太师编订"之说。

现代学者朱自清认为,《诗经》的编审权很可能在周王朝的太师之手。他在《经典常谈》中指出,春秋时各国都养了一班乐工,像后世富贵人家的戏班子,老板叫太师。各国使臣来往,宴会时都得奏乐唱歌。太师们不但要搜集本国乐歌,还要搜集别国乐歌。除了这种搜集来的歌谣外,太师们所保存的还有贵族们为了特种事情,如祭祖、宴客、房屋落成、出兵打猎等所作的诗,这些可以说是典礼的诗;又有讽诗、颂美等的献诗,这些诗是臣下作了献给君上,准备让乐工唱给君上听的,可以说是政治诗。太师们保存这些唱本,附带乐谱、唱词共有三百多篇,当时通称作《诗三百》。各国的乐工和太师们是搜集、整理《诗经》的功臣,但是统一的权力就非周王朝的太师莫属。

其三,"孔子删诗"之说。

此说起源于汉代。《史记·孔子世家》载:"古者诗三千余篇,及至孔子;去其重,取可施于礼义……三百五篇,孔子皆弦歌之,以求合《韶》《武》《雅》《颂》之音。礼乐自此可得而述。"(见图11-3)《汉书·艺文志》上记载的也是差不多的说法,都认为《诗经》篇目是由孔子选定的,把《诗经》的编纂之功归于孔子一人。

这些说法,都有一定道理。但不论怎么收集来的,都会被一次次加工整理,因此也就成了一种集体创作,很少有留下名字的个体诗人。这也就是说,《诗经》所标志的,是一个缺少个体诗人的诗歌时代。这是一种悠久的合唱,一种群体的美声。这里呈现出一个个被刻画的形象,却很难找到刻画者的身影。

第十一章 诗经风雅

图 11-3　明 文徵明书 仇英绘 圣迹图·在齐闻韶

《诗经》被采集和编订，主要是出于政治和教化的目的。后来被奉为经典，也与儒家的"乐教"和"诗教"理念密切相关。我们来看一段儒家经典《荀子·乐论》中的文字：

夫乐者，乐也，人情之所必不免也，故人不能无乐。乐则必发于声音，形于动静，而人之道，声音、动静、性术之变尽是矣。故人不能不乐，乐则不能无形，形而不为道，则不能无乱。先王恶其乱也，故制雅颂之声以道之，使其声足乐而不流，使其文足以辨而不諰，使其曲直、繁省、廉肉、节奏足以感动人之善心，使夫邪污之气无由得接焉。是先王立乐之方也。

这段话讲述了音乐的重要性以及古代圣王设置音乐的目的和原则：音乐是人的情感表达必不可缺的东西。人的所作所为，包括声音、举止、性情及其表现方式的变化，全都会体现在音乐之中。如果不对人的行为进行引导，就难免招致祸乱。古代的圣王憎恶那种祸乱，所以创作了《雅》《颂》的音乐来引导他们，使那歌声足够用来表达快乐而不淫荡，使那歌词足够用来阐明正确的道理而不流于花巧，使那音律足够用来感动人的行善之心，使那些邪恶肮脏的风气没有途径能和民众接触。可见，"善民心"和"移风易俗"是当时音乐的重要功能。

而《诗经》，正是这些音乐的歌词，儒家自然也很看重它的教化功能，这种重视在《论语》一书中体现得尤为明显，如《泰伯》篇中孔子曰"兴于诗，立于礼，成于乐"，不仅将学诗和学礼、习乐并视为人生教育的三大方面，更将学诗作为人生修养之开始。于是，他让儿子孔鲤(字伯鱼)从小学诗，《季氏》篇中有这样一段记载：

陈亢问于伯鱼曰："子亦有异闻乎？"对曰："未也。尝独立，鲤趋而过庭，曰'学诗乎？'对曰'未也'。'不学诗，无以言。'鲤退而学诗。他日又独立，鲤趋而过庭，曰'学礼乎？'对曰'未也'。'不学礼，无以立。'鲤退而学礼。闻斯二者。"陈亢退而喜曰："问一得三。闻诗，闻礼，又闻君子之远其子也。"

陈亢是孔子的弟子，他以普通人的眼光看待孔子，认为孔子在对自己儿子的教育上必存私心，教授一些特别的知识，于是去找孔鲤探问。可实际上呢？孔子同样是让儿子踏踏实实地学好《诗》《礼》。"不学诗，何以言？"不学习《诗经》，就不懂得怎么说话！可见，《诗经》在当时已被作为贵族教育中普遍使用的文化启蒙教材。这种教育具有美化语言的作用，特别是在外交场合，人们常常需要摘引《诗经》中的诗句来曲折地表达自己的意思，这叫"赋诗言志"，其具体情况在《左传》中多有记载。学《诗》、读《诗》，关键还在于能灵活运用，于是，《论语·子路》中又说"诵《诗》三百，授之以政，不达；使于四方，不能专对，虽多亦奚以为？"从这句话也可以看出，学习《诗经》对于上层人士以及准备进入上层社会的人士，具有何等重要之意义。另一方面，《诗经》的教育也具有政治和道德意义。《礼记·经解》篇引用孔子的话说，"诗教"可以使人"温柔敦厚"。所谓"温柔敦厚"，孔颖达疏云"温，谓颜色温润；柔，谓性情和柔。诗依违讽谏，不指切事情，故云"，即强调"止乎礼义""主文而谲谏"，只允许"怨而不怒"地委婉劝说，不允许尖锐地揭露批判。后来这一原则又引申成了文学作品在艺术表现上要讲究蕴藉含蓄，委婉委曲，在内容上要讲究深郁厚笃，既不叫嚣乖张，又不浅显直露的艺术原则。

孔子还在《论语·阳货》篇中指出了《诗》作为文学艺术的美学特征和社会功用：

子曰：小子何莫学夫诗？
诗，可以兴，可以观，可以群，可以怨。
迩之事父，远之事君；多识于鸟兽草木之名。

所谓"兴"，孔安国注为"引譬连类"，即通过某一个别的、形象的比喻，使人们通过联想的作用领会到同这一比喻相关的某种带有普遍性的关于社会人生的道理，可以说是我们今天所谓的"形象思维"的发端；朱熹补充道："兴"具有"感发志意"的作用，即强调艺术的形象能陶冶和发展人性，能唤起个性向善的自觉。

所谓"观"，郑玄注为"观风俗之盛衰"；朱熹补充说可以"考见得失"。也就是说《诗》能够帮助我们认识当时社会风俗的盛衰情况以及当时人们道德情感的实际状态。

所谓"群"，孔安国注曰"群居相切磋"，朱熹注曰"和而不流"，言学《诗》可以帮助人们互相切磋砥砺，懂得作为一个人应如何去处理对待各种社会伦理关系，达到人与我的协调。

所谓"怨"，孔安国注曰"怨刺上政"，这是说《诗》具有批判作用，可以用来批评时事政治、社会生活以及表达民情。

"兴观群怨"是孔子对《诗》之作用的分析,也可以说是包含着对一切艺术作用的分析。这一观点还体现出孔子美学思想的特征,即注重通过情感去感染、陶冶个体,使强制的社会伦理规范成为个体自觉的心理欲求,从而达到个体与社会的和谐统一。

《诗经》除了具有"兴、观、群、怨"的社会功能和"事父""事君"的伦理教化作用外,其三百〇五篇还涵括了丰富宽广的知识面,可以让人们"多识于鸟兽草木之名",认识自然和世界(见图11-4)。

图11-4　日本江户时代 细井徇和细井东阳撰绘 诗经名物图解(鸟兽草木)

按照孔子的说法,"《诗》三百,一言以蔽之,曰:思无邪"。(《论语·为政》)所谓"无邪",乃指《诗经》中的作品,既要具备真诚的情感,又要合乎当时社会公认的礼法道德。"无邪"是孔子编订《诗经》时重要的选诗标准,也是儒家"诗教"理论的重要前提,否则《诗经》是不可能用以"教化"的。

但不得不指出,《诗经》的政治功能性和道德教化性经过汉代儒学家一定程度上的曲解而被过于强化了,甚至那些原本就与政治和道德问题关系不大的诗篇,包括众多质朴纯美的爱情诗,也演绎成了道德教科书式的文字,这一现象是需要我们去理性思考和客观评价的。

二、时空画卷

《诗经》是一轴巨幅的画卷,它深刻地反映出殷周时期,尤其是西周初至春秋中叶的社会生活,包括政治、经济、军事、文化以及世态人情、民风习俗等各个方面,具有较高的社会认识价值。下面我们略举几类题材的诗歌加以说明。

其一,祭祀和宴飨题材。

"国之大事,在祀与戎"(《左传·成公十三年》),上古时期的这种观念促使祭祀活动十分盛行,相对应地,产生了不少赞颂神灵、祖先,以及祈福禳灾的祭祀乐歌。《诗经》的大雅和"三颂"中就保留了许多祭祀诗,且皆为歌功颂德之作。

比如大雅中的《生民》篇写的是后稷诞生的神奇传说和他在农业上做出的贡献;《公刘》篇写的是公刘率领周部族迁徙到豳地并开始定居生活的历史功绩;《绵》写的是古公亶父率周部族再度迁徙并创业立国的伟业,诗中还叙及文王的事迹;《皇矣》篇则先写太王、王季的德业,然后写文王征伐得胜的经过;《大明》篇从王季娶太任生文王,写到文王娶大姒生武王,再到武王的牧野大战。这五篇诗歌完整叙述了周部落从产生到逐步强大,直至最后建立统一王朝的历史过程,并且歌颂了周人,特别是先公先王的丰功伟绩,因此被视为周族的史诗。

以君臣、亲朋欢聚宴飨为主要内容的燕飨诗是《诗经》中体现周代礼乐文化的另一重要题材,反映出上层贵族社会的和谐与欢乐。小雅的第一篇《鹿鸣》就是周天子宴飨群臣嘉宾之诗:

> 呦呦鹿鸣,食野之苹。我有嘉宾,鼓瑟吹笙。
> 吹笙鼓簧,承筐是将。人之好我,示我周行。
> 呦呦鹿鸣,食野之蒿。我有嘉宾,德音孔昭。
> 视民不恌,君子是则是效。我有旨酒,嘉宾式燕以敖。
> 呦呦鹿鸣,食野之芩。我有嘉宾,鼓瑟鼓琴。
> 鼓瑟鼓琴,和乐且湛。我有旨酒,以燕乐嘉宾之心。

这首诗以一群呦呦鸣叫着在原野上吃着苹草的鹿儿起兴,引出君臣饮宴、琴瑟相合的场景,自始至终都洋溢着欢快祥和的气氛(见图11-5)。

图11-5 南宋 马和之 鹿鸣之什图(局部)卷

这样的宴飨活动不单单是为了享乐，还有维系宗法关系以加强统治的政治目的。因此，宴飨题材的诗歌也不是单纯地记述宴飨活动本身，而在于表现出浓厚的宗法观念和亲族间的脉脉温情。

其二，战争和徭役题材。

《诗经》中的战争诗可分为两类：一类表达的是对正义战争的歌颂，另一类则表达出人们对残酷战争的厌倦和对和平生活的向往。

前一类诗歌如《大雅》中的《江汉》《常武》，《小雅》中的《出车》《六月》《采芑》等，都是从正面描写了天子和诸侯的武功，表现出强烈的自豪感和乐观向上的斗争精神。国风中也有这样的篇章，如秦风《小戎》《无衣》等，反映出秦地男儿从军参战、共御外侮的尚武精神。这类诗歌有一个共同的特点，即并不着力于表现具体的战斗场面，而是集中体现军事声威，强调不战而屈人之兵的道德感化力量。

后一类诗歌则充满着忧伤的情绪，比如小雅《采薇》篇：

采薇采薇，薇亦作止。曰归曰归，岁亦莫止。
靡室靡家，玁狁之故。不遑启居，玁狁之故！
……
昔我往矣，杨柳依依。今我来思，雨雪霏霏。
行道迟迟，载渴载饥。我心伤悲，莫知我哀！

北方游牧民族屡屡侵犯周朝，士卒们为保家卫国而奔赴战场。这首小诗描述的就是他们在结束长年征战之后返回家乡的路途中的情景，充满着沧桑之感。遥想当年离家之时，周遭一派"杨柳依依"的明媚春景，如今归来之际却只见"雨雪霏霏"的严冬景象。诗人善于通过时令来表达心境，征战在外，经历了多少艰险，承受了多少苦难，无须多言，萧索破败的景致已将那满腔的悲凄情怀显现无遗。

如果说《采薇》这首诗的情感是多重的，既有对侵略者的痛恨和对战争获胜的欣慰，又有对战争本身的无奈，以及对自身遭遇的哀叹；那么，《豳风·东山》一诗的厌战情绪则表现得更为分明：一位跟随周公作战三年退伍回来的士兵，在蒙蒙细雨中独行于旷野，露宿于车下。沿途所见，都是被战争破坏的乡村——屋宇被废弃，田园也已荒芜。自己虽然在战争中幸免于难，但九死一生的往事难以释怀，疮痍满目的景象惊心动魄，不禁百感交集。他多想与久别的亲人团聚，尤其是新婚即别的妻子；他多想永远不再有战争，能过上平安稳定的生活。

令百姓们厌倦的不只是战争，还有繁重的徭役。《唐风·鸨羽》一诗即以"肃肃鸨羽，集于苞栩"起兴(见图11-6)，寓意为服徭役的百姓就像鸨鸟聚集于大树上一样被召集到工地上，进而说"王事靡盬，不能艺稷黍，父母何怙"，因为徭役无止无息，百姓们连耕作庄稼的时间都给耽搁了，又如何能奉养父母亲呢？诗中流露出服役者强烈的愤慨。

男子因征战和徭役常年在外，家中的思妇默默忍受着空闺的寂寞，《诗经》中的一些篇章表达了她们的悲哀。如《王风·君子于役》：

君子于役，不知其期。曷至哉？
鸡栖于埘。日之夕矣，羊牛下来。君子于役，如之何勿思！

君子于役，不日不月。曷其有佸？
鸡栖于桀。日之夕矣，羊牛下括。君子于役，苟无饥渴？

这首诗将思妇的心理描写得细致而真实：她看到牛羊归来，自然而然地联想到久役不归的丈夫。她极力抑制这种思念之情，但又怎能做到呢？她是那样深爱着自己的丈夫，时刻都在惦记着他。这首诗全篇未提一个"怨"字，然而句句都是浓浓的相思之"怨"，它从一个侧面写出了繁重的徭役给千百个家庭带来的痛苦。

图 11-6 南宋 马和之 唐风图(局部)卷

其三，农事和怨刺题材。

农业自古以来就是王朝维续之根本。周代时，谷物种植业已发展成为社会经济中最重要的生产部门。《诗经》中就有十多篇专门描述农业生产的诗篇，充分反映了当时农业的状况。其中，最有名的是《豳风·七月》(见图 11-7)。这首长诗完整地叙述了农民一年四季每个月需从事的农务、女工及采集、狩猎等事项，保存了当时的农业知识和生产经验。诗中还展现了社会底层的劳动人民生产和生活的不易：他们从年头忙碌到年尾，哪怕是流火的七月也不得停歇，然而最后收获的粮食、捕捉的猎物都不能归自己所有，而要敬献给主人，供那些王孙公子们尽情享受。社会的不公，等级的差异，于诗中可见一斑。其他诸如《周颂·臣工》《大雅·生民》《大雅·绵》《小雅·甫田》等也都反映了当时农业生产的情形。

与辛勤劳作的底层人民形成鲜明对比的是那些贪图享乐的统治阶级，他们不劳而获，在百姓看来就是一只硕大的老鼠。百姓们在诗中发出了抗议之声：

硕鼠硕鼠，无食我黍！三岁贯女，莫我肯顾。
逝将去女，适彼乐土。乐土乐土，爰得我所。(《魏风·硕鼠》)

图 11-7 明 文徵明 豳风图(局部) 轴(纸本墨笔，全图纵 111.7cm，横 52.7cm，上海博物馆藏)

不堪忍受统治阶级的剥削和压榨，百姓们只好选择迁移，去寻找心中的那片"乐土"。《孟子·离娄》篇云"得天下有道，得其民，斯得天下矣；得其民有道，得其心，斯得民矣"，民心向背是一个国家能否稳定长久的关键之所在，因此，这首诗既可以说是普通民众对统治阶级的讽刺和抱怨，也可以说是采诗编《诗》者作为上层社会的一分子为维护统治而对本阶级的一种警醒和告诫。魏风中的另外一首《伐檀》也是如此：

坎坎伐檀兮，寘之河之干兮。
河水清且涟猗。
不稼不穑，胡取禾三百廛兮？
不狩不猎，胡瞻尔庭有县貆兮？
彼君子兮，不素餐兮！

怨刺诗还有一种是针对统治阶级内部礼仪制度的破坏而创作的，比如《鄘风·相鼠》：

相鼠有皮，人而无仪！人而无仪，不死何为？
相鼠有齿，人而无止！人而无止，不死何俟？
相鼠有体，人而无礼，人而无礼！胡不遄死？

本篇以鼠起兴,分别从外在仪表、内在心灵和行为举止三方面对失德违礼之辈进行了严厉的抨击。该诗如此激烈,连称这些无礼之人连禽兽尚且不如,何不早早死去!诗歌三章重叠,反复类比,既一气贯注,又回流激荡,极大地增强了讽刺的力量与风趣。

其四,爱情和婚姻题材。

反映婚姻和爱情生活的诗歌主要集中在"十五国风"之中,且数量众多,内容丰富。此类题材的盛行大抵与先秦时期社会对于男女交往的限制相对后世较少密切相关。

翻看《诗经》一书,首先出场的便是一位窈窕的妙龄女子,《关雎》篇诉说的正是年轻小伙对这位姑娘刻骨铭心的相思:

关关雎鸠,在河之洲。窈窕淑女,君子好逑。
参差荇菜,左右流之。窈窕淑女,寤寐求之。
求之不得,寤寐思服。悠哉悠哉,辗转反侧。
参差荇菜,左右采之。窈窕淑女,琴瑟友之。
参差荇菜,左右芼之。窈窕淑女,钟鼓乐之。

诗歌以关关和鸣的雎鸠鸟(见图11-8)起兴,进而引出真正的主人公,即君子和淑女。那么,两者之间有什么内在的关联?朱熹《诗集传》中说这种鸟"生有定偶而不相乱,偶常并游而不相狎",即通常有自己固定的配偶,很专情,故而它们成了忠贞爱情的象征,后人常以雎鸠鸟的雌雄和鸣来比喻夫妻或恋人之间的和谐相处。

图11-8　日本江户时代　细井徇、细井东阳撰绘　诗经名物图解(雎鸠、荇菜)

君子钟情的是怎样一位姑娘呢?诗中以"窈窕淑女"作了概括。所谓"窈窕",并非只是身体形态上的"苗条",其实还兼有"娴静美好"的意思;所谓"淑女",即具有贞洁贤淑的品行和温婉和善的气质。可见,古人的择偶标准是非常全面的,就这一个词就包含了外在形象和内在品行两方面的要求。

综观全篇,诗歌用细腻生动的笔触描绘了一个男子对心上人痴情的思念,由"一见钟情"到"日夜思念"再到"幻想结合",求之不得的焦虑和求而得之的喜悦被纤毫毕现地表现了出来。艺术上则以中和、平正的语言蕴蓄难以遏止的激情，以反复比兴的手法传达深长缠绵的意味，还巧妙地运用了重章叠句、一咏三叹的形式，使诗歌内容层层递进，逐步深入地展现出"君子"炽热的情怀，堪称精妙。

儒家学者认为：《关雎》这首诗是赞美"后妃之德"的。周文王选妃子，并非一味追求其美色，而是注重其德行。文王认为有品德的妃子才能帮助他把家庭治理好。儒家选这首诗为《诗经》之首，亦是希望天下夫妻都能以周文王夫妇为榜样，和谐美满、相敬如宾。儒家这种"伦理教化"的解读固然有一定道理，但我们更愿意相信，《关雎》的真正身份是一首"经过了加工的民间恋歌"，它所表现的是民间青年男女真诚质朴的爱恋相思。

在《诗经》里，我们经常可以看到对青年男女在树林里、在城墙上和在小河边约会的场景，如《召南·野有死麕》(见图11-9)：

野有死麕，白茅包之。有女怀春，吉士诱之。
林有朴樕，野有死鹿。白茅纯束，有女如玉。
舒而脱脱兮！无感我帨兮！无使尨也吠！

诗中写一个打猎的男子将自己捕获的猎物用白茅草包好送给林间偶遇的一位芳容似玉的姑娘，以表达对她的爱慕之情。姑娘则劝这个男子休要莽撞，免得惊动身边的猎狗狂吠。这种细节描写生动地表现出姑娘那种既欣喜又害羞的微妙心理。

图11-9　日本江户时代　细井徇、细井东阳撰绘　诗经名物图解(尨、白茅、麕)

又如《邶风·静女》：

静女其姝，俟我于城隅。爱而不见，搔首踟蹰。
静女其娈，贻我彤管。彤管有炜，说怿女美。
自牧归荑，洵美且异。匪女之为美，美人之贻。

男女幽会于城墙之上，男子久久不见佳人到来，急得不停搔首，四处徘徊。佳人赶到之后，将彤管、茅荑等爱情信物赠予情郎，男子则爱不释手，反复玩摩。为什么如此喜欢呢？其实并非是这些礼物有什么特别，而是因为它们是心上人送给自己的。诗中流露出的情感真挚纯洁，细腻感人。

随着礼法制度的逐渐发展，社会对青年男女交往的限制也日渐严苛。他们不得不顾忌父母长辈的言论而有所约束，比如《郑风·将仲子》曰：

将仲子兮，无逾我里，无折我树杞。
岂敢爱之？畏我父母。仲可怀也，父母之言亦可畏也。
将仲子兮，无逾我墙，无折我树桑。
岂敢爱之？畏我诸兄。仲可怀也，诸兄之言亦可畏也。
将仲子兮，无逾我园，无折我树檀。
岂敢爱之？畏人之多言。仲可怀也，人之多言亦可畏也。

诗中的女子因为害怕父母、兄长和周围人的苛责而再三告知情郎，不要翻墙与我约会，不要攀折我家的树木，并表达出自己的真实情感和深深的无奈——并非是我不爱你，而是实在畏惧人言，不敢爱你啊。

现实的诸多原因常常会让爱情的发展平添变数，这也使许多青年男女在追求爱情时充满迷惘，如《秦风·蒹葭》曰：

蒹葭苍苍，白露为霜。所谓伊人，在水一方。
溯洄从之，道阻且长；溯游从之，宛在水中央。
蒹葭萋萋，白露未晞。所谓伊人，在水之湄。
溯洄从之，道阻且跻；溯游从之，宛在水中坻。
蒹葭采采，白露未已。所谓伊人，在水之涘。
溯洄从之，道阻且右；溯游从之，宛在水中沚。

烟水迷蒙，佳人隐约可见，全诗并未出现一个"情"字，仅借助秋水蒹葭，伫立凝望，营造出一种凄清、哀伤的氛围，不但给全诗罩上了一层朦胧、缥缈的色彩，而且将痴情青年无限惆怅又坚贞执着的感情淋漓尽致地表露了出来。

"所谓伊人，在水一方"是整首诗的诗眼。首先，它给人一种"隔水相望"的距离之美。"水"将双方隔绝开，分明就在眼前，却够不着；够不着，则让人情迷意乱，心神摇曳，不免心急起来，而这种心急正能激发出人们不断追寻、上下求索的勇气和热情。其次，这相隔之秋水何尝不是一种社会阻力的象征？正是这种阻力，才把传说中的牛郎和织女阻隔在银河的两岸，使他们"盈盈一水间，脉脉不得语"（《古诗十九首》）。再则，它是一个肯定句式，表明诗人确信心上人的存在，因此尽管前景渺茫，仍能始终抱着坚定的信念，执着地去追求。

《蒹葭》一诗细腻、含蓄、悠远、空灵，相比起侧重于"叙事"的《关雎》一诗，它没有完整的情节，更具有一种朦胧的"兴象"——若即若离却充满着希望。也正因为这类诗歌注重的是"兴象"之美，意蕴之美，所以它才给人更多的诠释空间。作为一首爱情诗，它带给我们"上下求索"的感动，教会我们对待感情的执着；诗中的"秋水伊人"何尝不可以看成是我们人生的理想呢？在我们每个人心中，其实都有这样一个"伊人"，都有这样一个朦胧的梦。我们都想去追寻她，也都在不懈地努力追寻她。尽管我们并不太清楚她究竟离我们有多远的距离，并不清楚我们是否能最终追上她，但她的召唤让我们的生命有了意义。纵然是"衣带渐宽""为伊消得人憔悴"，也"终不(觉)悔"(宋·柳永《蝶恋花》)，因为，这追寻过程之本身就是一种极致的美丽。

诗经中不乏这样痴情而执着的男子，如《郑风·出其东门》云："出其东门，有女如云。虽则如云,匪我思存。缟衣綦巾,聊乐我员。"尽管东门之外有那么多的美女,但诗人却并不动心,因为他心中早已有了一位穿着青白色衣服的美丽少女。执着专一的爱情理想与"一日不见,如三秋兮"(《王风·采葛》)的刻骨相思让我们感动,却也让我们担忧,因为一旦爱情受挫,他们所要面对的将是莫大的悲楚。《鄘风·柏舟》描写的就是女子在爱情遭受父母阻挠时表现出的极端痛苦以及为争取自主婚姻而表达的强烈誓言:"髧彼两髦,实维我仪。之死矢靡它。母也天只,不谅人只。"呼母喊天的激烈情感,宁肯以死殉情的坚定决心怎能不带给我们心灵的震撼?

《诗经》中对婚姻的描写也有幸福与不幸两种,前一种如《周南·桃夭》和《郑风·女曰鸡鸣》,后一种如《卫风·氓》和《邶风·谷风》。

桃之夭夭,灼灼其华。之子于归,宜其室家。
桃之夭夭,有蕡其实。之子于归,宜其家室。
桃之夭夭,其叶蓁蓁。之子于归,宜其家人。

《桃夭》描写的是新娘出嫁时的场景。柔嫩的桃枝、鲜艳盛开的桃花,让人联想起新娘的年轻美貌,"宜其室家"则是人们对她出嫁后能与家人和睦相处的美好祝愿。

女曰鸡鸣,士曰昧旦。子兴视夜,明星有烂。
将翱将翔,弋凫与雁。弋言加之,与子宜之。
宜言饮酒,与子偕老。琴瑟在御,莫不静好。
知子之来之,杂佩以赠之。
知子之顺之,杂佩以问之。
知子之好之,杂佩以报之。

《女曰鸡鸣》写的是一对夫妻和合美满的家庭生活。他们彼此勉励在今后的生活中互相尊重、互相体贴,并期望能白头偕老,幸福一生。

但对于许多家庭而言,或许《女曰鸡鸣》中的幸福场景永远只是他们一个美好的梦境而已。《氓》中的少妇就是一位不幸的女子,虽然她也有过美好的爱情,但结婚后丈夫变心,最终将她抛弃。《谷风》中那位妇女则更为可怜,她与丈夫共患难,通过辛勤劳作逐渐富裕起来,但丈夫却不能与她同享乐,另娶佳人,将其赶走。

相比较而言,这些以爱情和婚姻为题材的作品,可以说是《诗经》中艺术性最高、最能打动人心的篇章。

三、比兴寄情

《诗经》的艺术特色,首先体现在它的现实精神。其三百〇五篇中,大多数是反映现实的作品。这些诗篇不仅生动地展现了社会的历史、政治、劳动、战争、恋爱等各个方面的真实情况,而且还写出了人们对生活的感受,以及心中的期盼。也正因为它的现实性,我们在数千年后再次读到诗经中那些形形色色的人物或故事时,仍能想见当时的社会情景,仍能被他们的喜怒哀乐深深感染。

除了关注现实的特点，《诗经》在形式体裁、语言技巧、艺术形象和表现手法等各个方面都颇具特色，显示出我国第一部诗歌总集在艺术上之巨大魅力。我们主要从三点来进行论述。

其一，赋、比、兴的运用。

赋、比、兴的运用，既是《诗经》艺术特征的重要标志，也是我国古代诗歌创作的基本手法。

赋，按朱熹《诗集传》中的说法："敷也，敷陈其事而直言之者也。"也就是说，"赋"是直接的叙述和反复的铺陈，它是最基本的表现手法之一。我们先以《卫风·伯兮》为例，来体会"赋"之"直接叙述"：

伯兮朅兮，邦之桀兮。伯也执殳，为王前驱。
自伯之东，首如飞蓬。岂无膏沐？谁适为容！
其雨其雨，杲杲出日。愿言思伯，甘心首疾。
焉得谖草？言树之背。愿言思伯，使我心痗。

这是描写妻子思念远行出征的丈夫的一首叙事诗(见图11-10)。全诗紧扣一个"思"字，以娓娓道来的赋法行文，讲述了丈夫为何要出征远方，自己为何会"首如飞蓬"，以及见到天气的转变，为何又"甘心首疾"。在叙述的过程中，无处不流露着女子的真情。前四句以夸夫开篇，是仰慕之爱；次四句述无心梳妆，是别离之怅；再四句兴气象变幻，是思念之苦；末四句求忘忧萱草，是忧郁之疾。随着叙事的步步推进，抒情亦层层深化，这种以赋写心、以赋言情的叙事方法，使人物形象更加生动而真实。

图11-10　陈少梅　绮窗仕女(局部) 轴(纸本设色，全图纵65cm，横29.5cm，藏处不详)

"赋"的"反复铺陈"特征在《诗经》中比比皆是，如《硕鼠》《伐檀》《月出》等诗，多为重章或叠句的形式，其间只改动少数几个字，这种语言重复的艺术效果能够带来

第十一章 诗经风雅

语意上的强调和情绪上的推升，给人留下非常深刻的印象。"赋"的手法对后来的汉赋文学产生了深远的影响。

比，朱熹解释为"以彼物比此物"，即比喻之意。《诗经》中用比喻的地方很多，手法也富于变化。如《氓》那篇诗歌，写一个勤劳善良的妇女哀诉她被遗弃的不幸遭遇，即用桑树从繁茂到凋落的变化来比喻爱情的盛衰；又如《鹤鸣》一诗用"他山之石，可以攻玉"来比喻治理国家要任用贤人；再如《卫风·硕人》篇："手如柔荑，肤如凝脂，领如蝤蛴，齿如瓠犀。螓首蛾眉，巧笑倩兮，美目盼兮。"这一段是对卫庄公夫人庄姜美好容貌的描写，后来成为歌咏美人的千古传诵的佳句。其妙处正在于一系列比喻的连续运用：你那尖尖的十指啊，就像茅草芽儿般柔嫩；你那雪白的肌肤啊，就像凝固的膏脂一般光滑；你的颈脖像那蝤蛴一样既白且长；你的牙齿像那瓠瓜子儿一样齐整洁白；你有着螓儿一般的方额、蚕蛾触须一样的细眉；浅笑盈盈，还有两个迷人的酒窝，眼睛黑白分明顾盼生波。这一连串的比喻使庄姜形象更为逼真传神，宛如一幅栩栩如生的美人图。吴闿生《诗义会通》集旧评云："手如五句状其貌，末二句并及性情，生动处《洛神》之蓝本也。"后来诗词中描写美女也常常会借用这些比喻，尤其是以"蛾眉"代指美人等。

"赋"和"比"都是古今中外一切诗歌最基本的表现手法，而"兴"则是以《诗经》为滥觞的中国诗歌的独特之手法。

兴，本义是"起"。朱熹解释《诗经》中的"兴"为"先言他物以引起所咏之辞"，也就是借助其他事物为所咏之内容作铺垫。它往往用于一首诗或一章诗的开头。大约最原始的"兴"，只是一种发端，同下文并无意义上的联系，表现出思绪无端的飘移联想。

就像《秦风·晨风》篇的开头句"鴥彼晨风，郁彼北林"与下文"未见君子，忧心钦钦，如何如何？忘我实多"所述，就很难发现彼此间的意义联系。直译是这样的："疾飞的鸟儿，停留在北林。没有见到君子，忧心而叹息。怎么样啊怎么样？忘掉我的时候实在多。"

这是一首哀怨的山歌，描写的是一位妻子对丈夫的怨恨：连晨风鸟儿都知道停留在林子间，那么人呢？总该知道要回家看一看吧！原来是丈夫忙于公事，根本不回家，忘掉了家有娇妻。这种哀怨到今天依然很多，因为工作而忽略家庭，冷落妻儿，这叫家人怎么能不怨恨呢？当然，这种联系是我们后人发挥想象力而作出的一种猜想，可能正确，也有可能并非其诗歌本意，毕竟我们与当时的诗人之间有着时代的隔阂。他们在创作时并不一定非得有一个明确的想法，或许只是源于一种朦朦胧胧的诗兴罢了。

进一步说，"兴"又兼有比喻、象征、烘托等具有实在意义的用法。但正因为"兴"原本是由思绪无端的飘移联想产生的，所以即使有了比较实在的意义，也不是那么固定僵板，而是虚灵微妙的。

如《周南·关雎》的首句"关关雎鸠，在河之洲"，原是诗人借眼前景物以兴起下文"窈窕淑女，君子好逑"的；但雎鸠和鸣，也可以比喻男女求偶，或男女间的和谐恩爱，只是它的喻义不那么明白确定。

又如《桃夭》一诗，开头的"桃之夭夭，灼灼其华"，写出了春天桃花开放时的美丽景象，可以说是写实之笔，但也可以理解为对新娘美貌的暗喻，又可说这是在烘托结婚时的热烈气氛。

由于"兴"是这样一种微妙的、可以自由运用的手法，因此后代喜欢诗歌含蓄委婉之

韵致的诗人,对此也就特别有兴趣,各自逞技弄巧,翻陈出新,创造出了中国古典诗歌的一种特殊味道。

诚然,关于"赋""比""兴"并非只有朱熹这一种说法,明朝人杨慎在《升庵词话》中则表述为"叙物以言情,谓之赋,情物尽也;索物以托情,谓之比,情附物也;触物以起情,谓之兴,物动情也",可供我们参考。

在创作过程中,表现手法经常相互渗透,对后世历代诗人的创作所产生的影响,也是极其深远的。像辞赋中的"铺陈"即是由"赋"发展而来,楚辞中的"隐喻"便是"比"的延续;而"兴",则成为后来《咏怀》等诸体的起源。

其二,文体和语言特征。

《诗经》的基本句式为四言,间或杂有二言至九言的各种句式,以二节拍的四言句为主干,可以想见当时演唱《诗经》的音乐旋律应该是较为徐缓而简单的。加之重章叠句和双声叠韵的语言特征,使其更具有回环往复的韵律之美。诚然,《诗经》中也有个别诗篇是以杂言为主的,比如《伐檀》,但只占极小的份额。至汉代以后,四言诗虽然一直还有人写,但已不再是一种重要的体裁了,反而在辞赋、颂、诔、铭等特殊的韵文文体中,运用得比较普遍。

《诗经》多采用叠章的形式,即各章的内容和意义基本类同,只在字面上做出少许的改动,以表现动作的进程或情感的变化。比如《国风·召南·鹊巢》:

维鹊有巢,维鸠居之。之子于归,百两御之。
维鹊有巢,维鸠方之。之子于归,百两将之。
维鹊有巢,维鸠盈之。之子于归,百两成之。

全诗三章,一共只换了六个动词,生动地描述了新郎迎娶新娘的成婚过程。复沓回环的结构、灵活多样的用词,不仅使三章诗文互为补充,在意义上形成一个整体,还使人们在吟咏时能营造出一唱而三叹的效果。这是歌谣的一种特点,可以借此强化感情的抒发效果,所以在《国风》和《小雅》的民歌中使用最为普遍。《诗经》中诗章重叠的现象并非只有这一种,还有如《郑风·丰》般一篇之中存在两种叠章者,或是如《周南·卷耳》般一篇之中,既有重章,也有非重章者等。

《诗经》的叠句也有多种,比如《豳风·东山》中四章皆用同样的语句开头,《周南·汉广》中三章则都以同样语句收尾;又比如《召南·江有汜》,在同一诗章中,既是重章,又是叠句。

《诗经》中的叠字,我们又称之为重言。比如小雅《伐木》篇中象声词的运用,"伐木丁丁,鸟鸣嘤嘤";又如《采薇》篇中以"依依""霏霏",状柳、雪之姿等。此外,双声叠韵的手法也运用得比较频繁,如"参差""踊跃""委蛇""绸缪"等,这些词的使用让《诗经》的语言更具有音乐之美。

音乐美的形成还得益于押韵的运用。《诗经》中最常见的押韵方式为一章之中只用一个韵部,隔句押韵,韵脚落于偶句。这种押韵法对后世诗歌影响很大,运用最为普遍。此外还有句句用韵和中途换韵等现象。只有极少数的诗篇为无韵之作。

《诗经》的语言不仅具有音乐美,还有着丰富、准确、生动、形象、简明、朴实等诸多特点,往往能"以少总多""情貌无遗"(《文心雕龙·物色》)。

其三，抒情方式。

与大致属于同一时期的《荷马史诗》有所不同，《诗经》这部东方诗歌经典，是以抒情而非叙事作为主要的表达方式的。可以说，在诗三百中，真正的叙事诗是罕见的，绝大多数诗篇具有一定的故事情节，但都不过是为抒情言志提供一个舞台，实质上都是抒情诗。这一特点奠定了中国文学以抒情为主的发展方向。

首先，《诗经》中的抒情诗在情感上是真挚的。我们在《诗经》中绝少看到忸怩作态的矫情，不论是对于情人的爱慕或是对于统治者的批判都是发自于内心，体现出《诗经》创作者敢爱敢恨的质朴情愫。

其次，这些情感的抒发总体上表现得比较克制，趋于平和。除了像《相鼠》和《巷伯》这样言辞激烈的极个别的怨刺诗篇，更为多见的是委婉的告诫和含蓄的表达。这也正是儒家要实行"诗教"，倡导"温柔敦厚"和"怨而不怒"的重要原因之一。

最后，作者感情上的克制使"忧伤"成了《诗经》抒情诗的感情基调。不论这些诗篇是描写爱情的甜蜜或失意，还是表现征战的艰辛或厌倦，一般都没有特别强烈的欢乐或特别激昂的悲愤，总是弥漫着一种淡淡的忧伤。此后数千年的中华诗坛，一直氤氲在这种忧伤的氛围中，甚至可以说，整个中华民族的平和内敛的性格的形成，也与《诗经》的风格有着或多或少的关联。

作为儒家经典和文学经典，《诗经》不仅影响了我国两千余年的政治和教育，也在文学上奠定了我国诗歌的现实主义传统，与《离骚》同为中国文学之源。

第十二章　辞赋宏篇

如果说《诗经》是上古人民久远的合唱，那么，《楚辞》则是以屈原为代表的个体诗人深情的吟咏。作为中国文学共同之源头，二者皆以悠扬谐美的韵津和质朴无邪的情感抒发出属于那个时代的清音，回响长空，流韵千古。王国维先生曾言"凡一代有一代之文学"，相继而起的汉赋亦是如此，其华丽浮夸、铺张恣肆，似乎要将整个大汉的恢宏气象都囊括其间。我们庆幸，在中华文学长河之上游即出现了如此之多的名家名作，其留给后世的，不只是奇妙的修辞和丰富的题材，还有独立之人格和自由之精神。本章即让我们走近战国诗人屈原，去了解他内心的苦闷和崇高的理想，去感受他《离骚》伟辞的悲怆激昂、《九歌》神曲的瑰丽空灵。我们还将一一陈述汉代辞赋的发展脉络，从汉代初期贾谊撰写的骚体赋，到景帝时期枚乘和武帝时期司马相如诸人笔下洋洋洒洒的盛世大赋，再到东汉时期班固等人创作的京都大赋以及张衡的抒情小赋，去感知不同时期作家的心路历程，领悟其诉诸笔端不一样的艺术风采。

（本章执笔：黄毅）

辞赋，是一种古老的文体，为"辞"与"赋"之合称，其源流可上溯至战国时代楚国诗人屈原。西汉初期，人们已有"楚辞"之称，泛指楚地的歌辞。后来逐渐成为专称，指以屈原之创作为代表的新诗体。西汉末年，学者刘向将屈原之作品，连同后人诸如战国宋玉、西汉严忌、淮南小山、东方朔、王褒及刘向本人"承袭屈赋"之作品汇编成集，计十六篇，定名《楚辞》，是为总集之祖。东汉时，王逸作有《楚辞章句》，为现存最早之楚辞注本。其间，王逸增入了注释为自作的《九思》(洪兴祖《楚辞补注》疑为王逸之子延寿所作)，成十七篇，分别为《离骚》《九歌》《天问》《九章》《远游》《卜居》《渔父》《九辩》《招魂》《大招》《惜誓》《招隐士》《七谏》《哀时命》《九怀》《九叹》和《九思》。可惜刘向《楚辞》原书和王逸《楚辞章句》原书皆已亡佚，今人因宋代洪兴祖《楚辞补注》上承《楚辞章句》，较好地保持了原貌，故现通行的十七卷、十七篇之篇目结构，基本是依以《楚辞补注》(补正《楚辞章句》之作)等为据。作为中国文学史上第一部浪漫主义诗歌总集，《楚辞》可谓意义深远，对汉代赋体文学创作之影响则尤为直接。后人遂将辞、赋并称，泛指以抒情为主、讲求声调之美并注重排比铺陈的赋体文学。

一、屈子离骚

屈原，在文学史上地位崇高，作为"楚辞"的创立者和代表作者，开辟了"香草美人"的传统，今人对其有"辞赋之祖""中华诗祖"之盛誉，他的出现，标志着中国诗歌进入了一个由集体歌唱到个人独唱的新时代。然而实际上，在屈原生活的年代里，文学尚未成为独立之学科，因此，当时之人，包括屈原自己对于其身份之认知更多的是政治家，而非诗人。

约公元前340年，屈原出生于楚国丹阳秭归(今属湖北宜昌)的贵族之家，为楚武王熊通之子屈瑕的后代。屈，为其氏，姓芈，名平，字原；又自云名正则，字灵均。其事迹主要见于西汉司马迁所著《史记》。

屈原幼居乐平里，嗜书成癖，胸怀大志。其所学多而杂，因此后人将其归入儒家、墨家、法家者皆有，然结合其一生所追求的"美政"理想，其骨子里坚持的应是修身、齐家进而治国平天下的儒家思想。

早年屈原深受楚怀王信任，任左徒、三闾大夫等职，兼管内政外交大事。他"博闻强志，明于治乱，娴于辞令""入则与王图议国事，以出号令；出则接遇宾客，应对诸侯"(《史记》)，主张对内举贤任能、修明法度，对外则须联齐抗秦。屈原所倡行之"美政"一度使楚国国力有所增强。然而，屈原的卓越表现却招来了佞臣靳尚、怀王幼子子兰以及宠妃郑袖等人的嫉妒。他们毁谤屈原居功自傲，于是怀王怒而疏之，免去其左徒之要职，转任三闾大夫，掌管王族昭、屈、景三姓事务，负责宗庙祭祀和贵族子弟之教育。此后，楚国内政外交开始出现一系列问题，加之靳尚等人收受秦国使者张仪贿赂，破坏了楚齐联盟，并一再阻止怀王接纳屈原的外交建议，使楚国逐步陷入困境。约在怀王二十五年，屈原被逐出郢都，流放到汉北一带。此后，楚怀王被诱入秦，并囚死于秦国。

继位的顷襄王任命子兰为令尹，总揽军政大权，并继续与秦交好。由于屈原坚决反对这种外交政策，并严厉指斥子兰之行径，再度遭到子兰和上官大夫靳尚的谗害，被顷襄王放逐至江南沅、湘一带。公元前 278 年,秦将白起带兵南下,攻破楚国郢都(今湖北江陵),屈原政治理想破灭,痛苦绝望,自沉于今湖南岳阳一带的汨罗江,以身殉国(见图 12-1)。

图 12-1　傅抱石　屈原像(局部)

据说屈原沉江之时为农历五月,百姓为纪念他,遂将五月初五定为楚地传统节日端午节。每年此日,百姓用苇叶包糯米为粽子,投入江中祭祀屈原,而后渐成风俗。

仕途之坎坷艰险,尤其是长期流放于汉北和江南之经历,使屈原集聚了对时政的深切悲愤和对家国的眷恋深情。他无法实现"美政",只能寄情于诗歌创作,他的大多数作品都基于这样的情感。

屈原之作品,为大家所熟知的有《离骚》《九歌》(十一篇)、《天问》《九章》(九篇)、《招魂》《渔父》等。而实际上,关于其中诸多篇目之归属和真伪,学界历来多有存疑,错综复杂。据袁行霈主编的《中国文学史》载:"我们基本可以认定,王逸《楚辞章句》目录中,除去《远游》《卜居》《渔父》《大招》,屈原的作品共计二十三篇。正是这些篇章奠定了屈原在文学史上的崇高地位。"

《离骚》无疑是屈原最具代表性的作品,也是中国古代最长的抒情诗。全诗共三百七十七句,二千四百七十六个字,以自述身世、政治遭遇和抒发心志为中心。关于诗歌的题目,历来有"离忧(遭受忧患)""离愁(离别的忧愁)""牢骚""劳商(楚地歌曲)""别愁(排解忧愁)"等诸多说法,然以第一种即司马迁的说法最为可信。《史记·屈原贾生列传》载:"《离骚》者,犹离忧也。"汉代班固亦在《离骚赞序》里说:"离,犹遭也;骚,忧也。明己遭忧作辞也。"关于此诗的写作年代,则通常认为是在屈原离开郢都前往汉北之时。

《离骚》的前半篇章主要是诗人对于自己高贵身世和美好品质的自我陈述,并表达了对楚国命运和民众生活的关心,对革新政治和建立美政的追求,以及虽逢灾厄也绝不妥协的意志;后半篇章诗人则充分发挥奇幻之想象,神游天界,追寻理想,然而因终未达成愿望而产生以身殉国的想法。

由于整首诗篇幅巨大,内容极为丰富,故而历来关于具体层次之探讨有多种说法。大致可分为三大部分,外加一小段结束式礼辞。

第一部分从开篇至"岂余心之可惩"止。屈原先以"帝高阳之苗裔兮,朕皇考曰伯庸"交代了自己的贵族出身,并以出生于寅年寅月寅日之吉时,且拥有皇考所赐之嘉名来表明自己的先天美质。然后紧承"内美"讲述自己还具有"扈江离与辟芷兮,纫秋兰以为佩"之"修能"。其抱负何其高远,期待将二者结合起来,志在重修法度,使楚国强大。然而岁月匆匆流逝,屈原依旧未能实现理想,故而充满"美人迟暮"之叹。接着,屈原以"尧舜之耿介"与"桀纣之猖披"为比照,讲述圣君与贤臣的相合方能使国家前景光明,并表明不惧"余身之殚殃",愿辅佐君王"及前王之踵武"。令屈原痛心的是君王非但不能体察自己的忠心,"反信谗以齌怒";而即便是后来执掌教育,努力为国家储备栋梁之材,换来的竟也是弟子变节的悲伤:"哀众芳之芜秽。"在险恶的政治环境中,屈原尽管洁身自好,却依然难以逃避小人的诋毁。推行新法的失败亦总让他"长太息以掩涕兮,哀民生之多艰"。邪与正终不能相容,屈原预测自己可能面临"溘死以流亡"的遭遇,却反复强调绝不屈服和妥协,甚至做好了"伏清白以死直"的打算。诚然,屈原也曾经历过"仕"与"隐"的剧烈思想斗争,有过内心深处矛盾、彷徨、苦闷与追求的起伏波澜,但最终发出了"虽体解吾犹未变兮,岂余心之可惩"的豪迈誓言。

第二部分从"女媭之婵媛兮"至"余焉能忍与此终古"。屈原首先以女媭之口吻展开叙述,作为世间唯一的亲人,女媭的劝告虽然看似在理,也让屈原感受到了关心与怜爱,却无法消释其内心深处莫大的孤独和痛苦。于是屈原只好"济沅湘以南征兮,就重华而陈词",向他最为崇拜的古代圣君帝舜来倾诉衷肠。屈原广征博引,先是枚举了夏启康娱自纵、后羿淫游好射、寒浞恃强施暴、夏桀违理逢殃、殷纣菹醢贤臣而皆不得善终,以致家国倾覆的诸多反例;然后又举出了商汤和夏禹严明谨慎、周文王和周武王恪守正道等正面事例,两相对比,体现出他所坚信之真理,即唯有秉行"义"和"善","循绳墨"且"举贤能"才能赢得民心,使国祚昌盛。"路漫漫其修远兮,吾将上下而求索",屈原之主张在现实环境中找不到出路,于是只得如传说中"仙女乘鸾"(见图12-2)一般巡行天界、周游神州,凭借精神的遨游去开拓一个更为宽广的世界。他设想自己先后追求了洛水女神宓妃、帝喾之妃简狄以及有虞之二姚,可皆因美人品性不佳或是缺少良媒、为他人抢先等诸多原因而未能遇合,实则是借求爱之炽热与失恋之痛苦来象征自己未能遇见贤君、亦无法实现"美政"的无比空虚与失落。"陈词重华"和"上下求索"的描述一步步将屈原深刻而复杂的苦痛推向高潮。

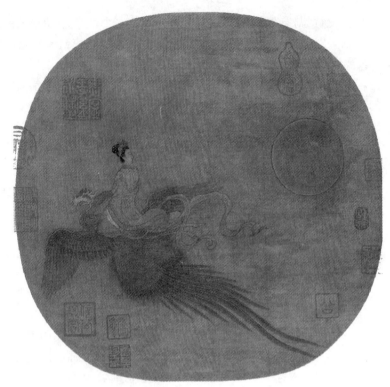

图 12-2　南宋　无款　仙女乘鸾图　页(绢本设色，纵 25.3cm，横 26.2cm，北京故宫博物院藏)

第三部分从"索琼茅以筳篿兮"至"蜷局顾而不行"。在追求不得之后，诗人陷入了是离开还是继续留在楚地的沉思。他首先问卜于灵氛，想要听从灵氛劝其远走他乡以实现"两美必合"的吉占，却又"心犹豫而狐疑"，难以抉择。转而又请巫咸降神，询问出路，巫咸亦告之屈原"勉陞降以上下兮，求榘矱之所同"，并且讲述了历史上君臣遇合的诸多案例，勉励屈原努力寻找政治主张一致的同道。灵氛和巫咸的说法似乎动摇了屈原的思想，于是他准备再度启程，"聊浮游而求女"，趁着自己尚未年老，"周流观乎上下"。然而，屈原毕竟是屈原，终究没能放下自己眷恋的楚国，借"仆夫悲余马怀兮，蜷局顾而不行"道出了自己至真至切的情意。

末尾一小节为礼辞。"既莫足与为美政兮，吾将从彭咸之所居"，虽只寥寥数语，却使整首诗歌的主题进一步深化，表明了屈原至死不渝的爱国之情和美政理想，是为点睛之笔。

《离骚》的文学成就，首先体现在屈原成功地塑造了中国文学史上第一个形象丰满、个性鲜明的抒情主人公的形象。他俊朗而飘逸，他举世而独立；他是践行"美政"的政治家，勇敢地直面政治的黑暗与腐朽；他亦是浪漫多情的梦想家，上天入地，追求着心中的光明和真理。他是屈原笔下虚拟的人物，亦是特定时代中写实的形象，无处不体现着屈原本人的非凡气度、崇高人格和伟大思想。可以说，屈原以自己为原型写就了《离骚》，而《离骚》又以其生动的文学性强化了后人对于屈原的认识，因此，他那坚贞高洁之品行、傲岸独立之人格以及斗争不屈之精神，激励了后世无数的文人，并凝结成中华民族之精神的重要象征。

其次体现在"香草美人"修辞传统的确立。这一传统源自《诗经》中的比兴手法,屈原继承《诗经》并予以发展,除以各种香草象征自己高洁的品格外,还以美人形象及爱情关系来言说君臣,这是《诗经》中原本所没有的;而且较之《诗经》,《离骚》具有更为丰富瑰丽的想象,充满浪漫主义色彩。汉代王逸在《离骚经序》中言:"《离骚》之文,依《诗》取兴,引类譬喻,故善鸟香草,以配忠贞;恶禽臭物,以比谗佞;灵修美人,以媲於君。宓妃佚女,以譬贤臣;虬龙鸾凤,以托君子;飘风云霓,以为小人。"在屈原笔下,美人的意象具有多重寓意,可以比作君王,如宋人朱熹在《楚辞集注》中曰"女,神女,盖以比贤君也。于此又无所遇,故下章欲游春宫,求宓妃,见佚女,留二姚,皆求贤君之意也";可以比作自己,如"惟草木之零落兮,恐美人之迟暮"和"众女嫉余之蛾眉兮,谣诼谓余以善淫";此外,还可以比作贤臣,比如关于"求女"的情节,王逸则在《楚辞章句》中认为"女以喻臣,言己虽去,意不能已,犹复顾念楚国无有贤臣"。《离骚》中的"香草"系列也是如此,"余既滋兰之九畹兮,又树蕙之百亩""扈江离与辟芷兮,纫秋兰以为佩""制芰荷以为衣兮,集芙蓉以为裳",这些芳香洁美的花草(见图12-3)或比喻理想,或比喻人才,或象征自己的高洁品行。总之,屈原以香草和美人两大意象群为基础,构建了复杂而巧妙的比兴象征系统,提升了诗歌"言有尽而意无穷"的艺术魅力。

图 12-3　明　薛素素　马守真　兰花图　卷(纸本墨笔,纵 20.3cm,横 136.6cm,上海博物馆藏)

此外,屈原在《离骚》中还大量借用楚地神话素材来拓展诗歌意境,大量吸收楚声方言来增强诗歌的形象性和生动性,具有浓郁的楚文化色彩。整首诗篇气势宏伟雄奇、情节波澜起伏、文笔纵恣幻美、情感强烈激荡,在浩如烟海的古代诗歌中,实为光耀千秋的经典之作。后人还将其与《诗经》之"国风"合称为"风骚",作为中国文学之基石与源头。后代个性和情感强烈的文人如汉之贾谊、司马相如,唐之李白、李贺,宋之苏轼,明之汤显祖,清之曹雪芹等,都从中受到极大的启发。

二、神曲九歌

与《离骚》不同,《九歌》并非完全由屈原原创,而是他在被放逐至沅湘之地时根据当地民间祭祀神灵的乐歌改作或加工而成。王逸《楚辞章句·九歌序》有云:"屈原放逐,窜伏其域,怀忧苦毒,愁思沸郁。出见俗人祭祀之礼,歌舞之乐,其词鄙陋。因为作《九歌》之曲,上陈事神之敬,下见己之冤结,托之以风谏。"

《九歌》的形成与楚地特殊的文化背景密切相关。据《汉书·地理志下》记载:楚人"信巫鬼,重淫祀"。究其原因,一是楚地多崇山大川,自然环境深邃灵秀;二是楚地地势偏远，时为南蛮之地，较少受到中原礼乐文化之影响；三是楚地生活着濮、越、巴、蛮等南方部落集团，他们保留了许多原始的遗风，并且多信奉自然神灵，"昔楚南郢之邑、沅湘之间，其俗信鬼而好祠，其祠必作歌乐鼓舞以乐诸神"(王逸《楚辞章句》)；四是楚地贵族虽源于中原，且拥有"周之典籍"甚至"周大史"，但也深受本地巫风之影响，"隆祭祀，事鬼神"(《汉书·郊祀志下》)，不仅治国理政"简贤务鬼，信巫祝之道"(桓谭《新论·言体论》)，就连出兵征战也依托巫觋鬼神之言。

巫风的盛行赋予了楚地文化神秘莫测的基调和瑰丽空灵的色彩，也使楚地的文学和艺术无不呈现出浪漫飘逸、自由超迈的美学特质。作为发端于民间的祭歌，《九歌》组诗正完美体现了这些特点。

《九歌》名曰"九"，实则有十一篇(见图12-4)，分别为《东皇太一》《云中君》《湘君》《湘夫人》《大司命》《少司命》《东君》《河伯》《山鬼》《国殇》和《礼魂》。因此，学界关于其定名之含义素来不乏争论，有"九"为实数之说，为约数之说；"九"为"纠"、为"鬼"、为"龙"之说；或是为古乐曲、古乐舞名之说等，在实数一说里学者又因采用或合并，或取，或舍等不同方法而导致说法纷纭，莫衷一是。

图12-4　元　张渥　临李龙眠九歌图(局部拼接)卷(纸本墨笔，原图全卷纵29cm，横523.5cm，吉林省博物馆藏)

从今存十一篇的体例来看，除末篇《礼魂》为乱辞，其余所祭神灵大致可分为三类：其一是"天神"，如最尊贵之天帝"东皇太一"、云神"云中君"、寿夭之神"大司命"、子嗣之神"少司命"、太阳神"东君"；其二是"地祇"，如湘水之神"湘君"和"湘夫人"、河神"河伯"以及山神"山鬼"；其三是"人鬼"，即阵亡将士之魂灵"国殇"。

与《诗经》中的祭歌所呈现出的庄严肃穆的感情色彩不同，楚辞《九歌》更具有活泼欢快、情思缱绻的人情之美。这是因为楚地的神灵均与民众的生活密切相关，既崇高，又亲近，楚人借助于"巫"来表达对于神灵的敬仰，达到与神灵的沟通。而祭祀，就是敬神和娱神的过程，他们载歌载舞、倾心动情，只为让神灵获得欢愉，而与此同时，人也得到了欢乐，这正是南方信仰中人神和谐共处的特征。

娱神的方式很多，比如向神灵敬献美酒佳肴，或是奏乐欢歌以颂其神明等，而最为直接有效的则是爱的表述。《九歌》中的多数篇章都描绘了神与神相恋或者神与人相恋的场景。

比如《湘君》和《湘夫人》，后人通常将此二篇合而观之，理解为配偶神之间的情恋故事(亦有理解为分祭娥皇和女英的姊妹篇之说,此不展开)。宋代朱熹曾在《楚辞辩证》中言:"楚俗祠祭之歌,今不可得而闻矣。然计其间,或以阴巫下阳神,以阳主接阴鬼,则其辞之亵慢淫荒,当有不可道者。"据此推断,《湘君》篇当是以女巫扮演湘夫人招祭湘君,而《湘夫人》篇则当是以男巫扮演湘君来招祭湘夫人。我们试将两篇对比观之。

《湘君》一开篇即抒发了湘夫人对湘君的迫切期待:

> 君不行兮夷犹,蹇谁留兮中洲?美要眇兮宜修,沛吾乘兮桂舟。
> 令沅湘兮无波,使江水兮安流。望夫君兮未来,吹参差兮谁思。

见湘君没有及时赶来赴约,她心中不免焦虑,精心打扮好自己,乘一叶小舟主动前去迎接。她让沅湘之水平静无波,望眼欲穿,只好吹起排箫以遥寄情思。

《湘夫人》开篇则与之呼应:

> 帝子降兮北渚,目眇眇兮愁予。袅袅兮秋风,洞庭波兮木叶下。
> 登白蘋兮骋望,与佳期兮夕张。

湘夫人仿佛已降临在北边的水涯,极目远眺却看不分明,这可愁坏了湘君。秋风阵起,落叶纷飞,洞庭湖也涌起了波涛。此萧瑟之景所渲染的正是湘君的惆怅之情。他登上长满白蘋的高地远望,并为与佳人的约会做好准备。

他们互相盼望,互诉相思:

> 望涔阳兮极浦,横大江兮扬灵。扬灵兮未极,女婵媛兮为余太息。横流涕兮潺湲,隐思君兮陫侧。(《湘君》)
> 沅有茝兮醴有兰,思公子兮未敢言。荒忽兮远望,观流水兮潺湲。(《湘夫人》)

然而,他们的约会并没有如预期中那般顺遂。因此两首诗的下文中均出现了一些反常的景象:

> 桂棹兮兰枻,斲冰兮积雪。采薜荔兮水中,搴芙蓉兮木末。(《湘君》)
> 鸟何萃兮蘋中,罾何为兮木上……麋何食兮庭中,蛟何为兮水裔?(《湘夫人》)

湘夫人手持兰桂之桨划水前行,却无奈江如冰封,寸步难行;薜荔本是缘木而生,芙蓉原是出水玉立,却为何反其道而求摘?

湘君眼见奇景,满腹疑惑:为何鸟儿聚集在水草间?为何渔网悬挂在大树颠?为何山林中的麋鹿觅食庭院?为何深渊里的蛟龙搁浅水边?

其实,这些一反常规的场景皆是刻意而为的艺术造景,只为呈现湘君、湘夫人"期而不遇"的感情纠葛。

他们并非背弃约定,情过意迁,诗中交代了彼此赴约时"错过"的情形:

> 驾飞龙兮北征,邅吾道兮洞庭。(《湘君》)
> 鼂骋骛兮江皋,夕弭节兮北渚。(《湘君》)
> 朝驰余马兮江皋,夕济兮西澨。闻佳人兮召予,将腾驾兮偕逝。(《湘夫人》)

多情的湘夫人为此心生嗔怨:

心不同兮媒劳，恩不甚兮轻绝……交不忠兮怨长，期不信兮告余以不闲。(《湘君》)

而执着的湘君则在失落与恍惚之中生发出绚烂美好的白日梦来：

筑室兮水中，葺之兮荷盖。荪壁兮紫坛，播芳椒兮成堂。
桂栋兮兰橑，辛夷楣兮药房。罔薜荔兮为帷，擗蕙櫋兮既张。
白玉兮为镇，疏石兰兮为芳。芷葺兮荷屋，缭之兮杜衡。
合百草兮实庭，建芳馨兮庑门。九嶷缤兮并迎，灵之来兮如云。(《湘夫人》)

诗中描绘了湘君为迎娶湘夫人而筑建起华美的水晶宫殿，文笔极尽铺陈，荪壁荷盖、桂栋兰橑、百草满庭、芳馨盈门、山神纷降如云……这一切皆洋溢着对真挚爱情和美满理想的无限向往。

然而，再痴情的设想终究不过是一场梦罢了。两首诗之收尾彼此照应，重回现实，弥漫着一种淡淡的忧伤：

捐余玦兮江中，遗余佩兮醴浦；采芳洲兮杜若，将以遗兮下女。时不可兮再得，聊逍遥兮容与。(《湘君》)

捐余袂兮江中，遗余褋兮醴浦。搴汀洲兮杜若，将以遗兮远者。时不可兮骤得，聊逍遥兮容与！(《湘夫人》)

既然是以爱恋"娱神"，却为何终于"爱而不得"呢？这与祭祀歌曲的特殊属性不无关联。上古祭祷山川神灵多采取"望祭"和"追踪祭祀"的方式，即神不可见，无以出场，只能假设在某方某地，然后"望而祭之""追而祭之"。巫师作为祭祀的主导人物，通过扮演某种角色来对祭祀过程加以串联。《湘君》和《湘夫人》(见图12-5)正脱胎于当时水神祭祀的仪式，其篇章布局恰好对应了古老仪式中"降神""迎神""留神"和"送神"的四大环节。这种结构在《九歌》的其他诗篇里也频频可见。

图12-5 明 文徵明 湘君湘夫人图(局部)轴(纸本设色，全图纵100.8cm，横35.6cm，北京故宫博物院藏)

诚然，作为经历过屈原二度创作的民间恋曲，诗中所呈现出的会合无缘、彷徨怅惘的状态，对生命和爱情的执着追求，以及求而不得的忧伤怀疑也或多或少地折射出屈原自己一生孤独凄凉的心路历程。

对于崇高而神秘的自然天地，屈原并非只有敬畏和膜拜，也有着穷根问底的探索精神。他在《天问》中一连向苍天提出了一百七十二个问题，上至天文地理、下至文史哲学，所涉及之人事，则多有政治现实之意义。清代贺裳在《骚筏》中评曰："其词与意，虽不如诸篇之曲折变化，自然是宇宙间一种奇文。"后世模拟《天问》之作颇多，如晋代傅玄的《拟天问》、梁代江淹的《遂古篇》、唐代杨炯的《浑天问》、柳宗元的《天对》，明代方孝孺的《杂问》、王廷相的《答天问》、清代李雯的《天问》等，足可见其影响之深远。

三、汉赋华章

在楚辞的影响下，汉代文人从模拟继承渐渐转向脱胎成长，最终成就了一种最能彰显大汉时代精神的新文体，即"赋"。

在今人看来，以《离骚》为代表的"楚辞"似乎已经具备"文"的某些特征，然而究其本质，仍是以强烈抒情为表征的"诗"。"汉赋"则不同，其在功能上和表现手法上均完成了转变，进而演化成以"铺采摛文"和"体物写志"(刘勰《文心雕龙·诠赋》)为主要特色的"文"。诚然，"赋"这种文体在一定程度上仍保留着诗歌抒情和押韵的特点，是一种较为特殊的"文"。

就文学传承而言，汉赋之形成不单与楚辞相关，也有对《诗经》中赋颂传统的继承与发扬，并且广泛吸收了先秦诸子散文的诸多特点，尤其是纵横家铺张恣肆的文风。

汉赋又可细分为"骚体赋""大赋"和"抒情小赋"，它们依次登场并相继成为主流，既是汉赋文体的典型代表，也是汉赋发展趋势的直观呈现。

汉代初期，最先主导文坛的是"骚体赋"。之所以有此名称，是因为其不仅在形式上保留了"兮"字语句等楚辞特征，并且在内容上亦侧重于抒发怀才不遇的哀怨之情，近于《离骚》之情调。"骚体赋"创作以西汉初年的贾谊最具代表性。

贾谊(公元前200—前168)，洛阳(今属河南)人。由于贾谊敬慕屈原，与屈原有着近似的贬谪遭遇，并且行文上与屈子文风一脉相承，故而司马迁在《史记》中将其事迹与屈原合写为一篇《屈原贾生列传》。其中记载：贾谊少有才名，年方二十即为博士。因在朝堂能言善对，很快即被孝文帝破格提拔为太中大夫，参与管理国家重要事务，后来甚至还被天子议为公卿之人选。他尖锐直言的性格和平步青云的仕途招来了诸多元老的不满，在小人诋毁下，贾谊渐为君王疏远，后被贬谪为长沙王太傅。

在此期间贾谊写下了《吊屈原赋》。此赋有序曰：

谊为长沙王太傅，既以谪去，意不自得；及度湘水，为赋以吊屈原。屈原，楚贤臣也。被谗放逐，作《离骚》赋，其终篇曰："已矣哉！国无人兮，莫我知也。"遂自投汨罗而死。谊追伤之，因自喻。

如其序中所言，其赋文主要表达了对屈原人生遭际的深切悼惜，对世人颠倒黑白以致

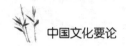

贤人失意而小人得志的极大不满。不过，与屈原有所不同的是，贾谊并不赞同以身殉国的行为，他认为即便是在昏暗恶劣的环境中，仍应该坚强地生活，体现出比屈原更为豁达的生死观。这与贾谊不仅具有儒家修身济世之思想，而且兼具汉初道家旷达精神有关。

贾谊的另一篇名作《鵩鸟赋》即反映了他对于生命的思考。其创作缘起是某日有一只猫头鹰飞入了贾谊的屋舍。依照当时迷信的说法，这意味着"主人将去"，大不吉祥。正处于失意中的贾谊因感世事无常、人生短促，便作此赋自我宽慰。赋中先是交代了奇异事情的发生以及自己惶恐不安的情绪，然后以宇宙万物变化不息、吉凶祸福相倚相生的道家辩证哲学自我劝说，接着体悟出"忽然为人兮，何足控抟；化为异物兮，又何足患"的通达道理，完成了思想上的解脱。

从《吊屈原赋》到《鵩鸟赋》，我们可以看到辞体与赋体之间的一种过渡。一则是直接抒情的成分趋于减少，一则是"兮"字的意义更趋淡化；并且，《鵩鸟赋》开篇的新颖笔法还开启了汉代大赋"问答体"之先河。

汉代大赋的开创之人当属枚乘。据《汉书·枚乘传》记载：枚乘，字叔，淮阴(今属江苏)人，先为吴王刘濞之郎中，后从梁孝王游，并成为其文学集团中之翘楚。汉武帝即位后，慕名召枚乘入宫，然而因年事已高，虽有"安车蒲轮"之厚待，仍不胜车马劳顿，终半道而死。

枚乘《七发》虽是其仅存之作，却影响深远，为汉代大赋奠基之篇。此文以虚构的笔法和问答体的形式展开，假设楚太子因纵欲享乐而有疾，吴客前往探问，并以七件事情来启发太子。这也是"七发"之名的由来。吴客依次讲述了弦乐、佳肴、车马、游宴之乐，试图引发太子的兴趣却并未奏效；接着加大笔墨叙述田猎之趣，见太子略有起色后则以更为铺张夸饰的笔墨渲染广陵曲江之涛的盛大气象。太子对此惊心动魄的奇观饶有兴致，然仍未能"强起而观之"。最后，吴客欲向太子推荐能言"要言妙道"的方术之士。此部分只寥寥数语，却使太子听后竟"据几而起……涊然汗出，霍然病已"，获得了神奇的治疗效果。

这种突兀结笔的写法，正是后来扬雄在《法言》中所总结的"劝百讽一"的大赋文体特征。大赋行文，经常鼓励的成分过多，以致淹没了篇末的讽谏主旨，比如此篇，枚乘的主旨是要阐明纵欲享乐是致病的根源，而充实思想方是治疗其病症的最好药石。然而由于对前面六件事大肆铺陈，结果欲讽反劝，助长了帝王的骄奢心理。

《七发》句式齐整，善用排比而少用虚词，语言风格由抒情转向状物，基本从楚辞体中脱离出来。其七段成篇的虚拟问答式行文结构，为后人反复模拟，称为"七体"，如东汉傅毅的《七激》、张衡的《七辩》、魏时曹植的《七启》等。《七发》还为后人的文赋创作开辟了诸多题材，如司马相如的《子虚赋》和《上林赋》中就有许多描写游猎及宴饮的场面，西汉后期王褒的《洞箫赋》、东汉马融的《长笛赋》、西晋木华的《海赋》、东晋郭璞的《江赋》等亦是从其音乐、观涛诸段落扩展而来。

汉武帝统治时期国力强盛，加之刘彻本人酷爱文赋，大批作家聚于宫廷，文赋创作一度鼎沸，配合时代激发出了盛世之强音。司马相如即是最高成就之代表。

据司马迁《史记》记载，"司马相如者，蜀郡成都(今属四川)人也，字长卿"，汉景帝时任武骑常侍，"会景帝不好辞赋，是时梁孝王来朝，从游之士邹阳、枚乘、庄忌之徒，相如见而说之，因病免，客游梁，乃著子虚之赋"。梁孝王死后相如回到家乡蜀地，武帝偶然读到他的《子虚赋》，大为惊叹，遂召入朝廷。相如自称《子虚赋》"乃诸侯之事，未足观也。请为《天子游猎赋》，赋成奏之"。

《天子游猎赋》当为《子虚赋》和《上林赋》之合称。与《七发》相承，司马相如亦采用了虚构问答体的笔法，并在人物命名上刻意为之，以"子虚""乌有先生"和"亡是公"来凸显其虚拟之性质。赋中讲述楚国使者子虚出使齐国，应齐王邀请一同出猎，心知齐王有意夸耀齐国实力；当齐王问及楚王田猎之况时，子虚抓住机会，极力铺陈云梦泽之浩瀚气象，遍数奇石名草、珍禽异兽，以彰显楚国之广大丰饶；进而还极言楚王出猎时的豪华阵营、楚王"弓不虚发，中必决眦，洞胸达掖，绝乎心系。获若雨兽，掩草蔽地"的高超箭艺，以及美食养生之道，致使齐王一时无以应答(见图12-6)。

与《七发》层层推进的战国纵横家式行文结构不同，《天子游猎赋》采用的是各自陈述、在比较中逐个压倒的模式。比如在子虚讲述完后，乌有先生表示不服，并极力反驳以期压倒楚国；而最后出场的亡是公则代表天子将上林苑的壮丽和帝王游猎时的盛况铺衍一番，表明天子皇权不容与诸侯相提并论。这一结构是高度契合汉代大一统的时代特点的。

文章到此并未结束，最后"曲终奏雅"，提倡节俭。同样是"劝百讽一"的写法，相如赋的这一主旨反映的是汉代"独尊儒术"的时代，而枚乘《七发》最后归于各家"要言妙道"，则仍是战国百家争鸣之遗风。

司马相如的大赋词汇非常丰富，语言呈现出高超的修辞技巧，句式具有整齐而复杂的美感。但必须留意的是，这些特点也会带来文字艰涩难懂、笔法呆板滞重、内容夸张失实等诸多弊病。客观而论，其优点和缺点是辩证的存在，没有了缺点，汉赋也就不再具备其作为"一代之文学"的崇高价值了。

汉武帝宫廷文人中，知名的还有枚乘之子枚皋和东方朔等。他们依附于君王，身份近于宫廷弄臣，往往"自悔类倡"，因缺乏独立之人格而倍感痛苦。他们的创作亦多为应制，数量虽多，但大多是些"诙笑曼戏"之作。在部分作品如东方朔的《答客难》、司马迁的《悲士不遇赋》、董仲舒的《士不遇赋》中，我们能够读到此期文人的共同处境和心态。

汉宣帝时期的王褒和汉成帝时期的扬雄均是当时一流的大赋作家。他们和司马相如一样，都是蜀地人。王褒的代表作《洞箫赋》开了后世咏物赋和音乐赋之先河。扬雄的代表作《甘泉》《河东》《长杨》和《羽猎》四赋，虽是模拟相如之作，却也有其自己瑰丽奇谲的风格。

西汉后期还出现了一位女性辞赋家，即班婕妤(见图12-7)。她才貌兼备，且品行高洁，最初受到汉成帝专宠，后遭赵氏姐妹嫉妒谗毁。为远离内廷之斗，班婕妤自请前往长信宫侍奉王太后，从此与青灯为伴。班婕妤以自己真实的人生体验写就了《自悼赋》，情思细切、意象清冷。作为首篇由女性创作的宫怨赋，对后世"宫怨"文学有很大影响。

同时期的赋作家刘向、刘歆父子既是宗室又是著名学者，刘向仅存仿照骚体而作的《九叹》一篇以及若干残文。刘歆存有《遂初赋》，是现存最早之纪行赋。所谓"纪行"，即记述行旅中的见闻及所思，这是西汉末开始出现的新题材。刘歆在赋中记录了自己徙官途中的经历，时值国事衰微、本人亦不得志，故借所经之地的历史典故来抒发怀古伤今之情。

图 12-6　明　仇英　上林图(局部) 卷(绢本设色，全卷纵 53.3cm，横 1183.9cm，台北故宫博物院藏)

图 12-7　明　唐寅　班姬团扇图(局部) 轴(绢本设色，全图纵 150.4cm，横 63.6cm，台北故宫博物院藏)

　　东汉前期班彪的《北征赋》亦是纪行题材的名作。此赋结构虽承袭刘歆，内容却并不相同，写的是因时局动乱而从长安至天水(今属甘肃)避乱途中之所历。相应地，情绪上也更显哀伤，甚至有屈子离骚之叹："游子悲其故乡，心怆恨以伤怀。抚长剑而慨息，泣涟落而沾衣。揽余涕以于邑兮，哀生民之多故。"东汉后期的纪行赋则以蔡邕《述行赋》为代表，此赋作于汉桓帝延熹二年秋。蔡邕在自序中称：那时外戚和宦官把持朝政且互相倾轧，忠良相继遭到残害，百姓徭役繁重，社会矛盾日趋尖锐。宦官徐璜却将他擅于鼓琴之事禀告朝廷，于是帝王下诏让陈留太守召他前往京城。蔡邕因"心愤此事"，半道上称病不前，"遂托所过，述而成赋"。赋文以沿途所见借古刺今，对黑暗的社会现状进行了尖锐而无情的批判：

　　贵宠扇以弥炽兮，佥守利而不戢。前车覆而未远兮，后乘驱而竞及。穷变巧于台榭兮，民露处而寝湿。消嘉谷于禽兽兮，下糠秕而无粒。弘宽裕以便辟兮，纠忠谏其駸急。

　　纪行赋的大量出现也与政治时局之转变导致作家跳脱出了过去"文学弄臣"之身份，越来越关注自身生活，并借文赋创作来抒发人生情怀有关。纪行赋频频引用历史典故的风气则可回溯至西汉扬雄、刘向父子等一批学者型作家的出现，他们泛览群书、学识渊博，使之后的汉赋创作逐渐呈现出学术化的新特点。此期还涌现了诸多表述人生志向之赋作，如崔篆的《慰志赋》、冯衍的《显志赋》、班固的《幽通赋》等。这些都显示出汉赋逐渐从以叙事体物为主向强化抒情性转变的写作趋势。

东汉时期的大赋创作还具有宣扬儒家统治思想和歌功颂德的倾向。如班固作有吹捧大将军窦宪的《窦将军北征颂》，还作有歌颂王朝京都的《两都赋》。所谓"两都"，是指西都长安和东都洛阳。班固此篇的创作是基于实际的政治目的，即当时朝堂上的定都之争。此赋仿照司马相如《天子游猎赋》的论辩结构，假设了"西都宾"与"东都主人"两大人物，从人物命名上即可看出班固支持定都洛阳的立场。赋的写法也很有特点，他并非是从规模和繁华程度上去贬低西都而褒扬东都，而是针对支持定都长安之人最引以为豪的西都壮丽繁华之说法，从礼法和制度上予以批评，指出奢淫过度终无益于天下。正因如此，赋中在铺陈西都长安之繁华气派上丝毫不吝笔墨：

建金城而万雉，呀周池而成渊。披三条之广路，立十二之通门。内则街衢洞达，闾阎且千。九市开场，货别隧分。人不得顾，车不得旋。阛城溢郭，旁流百廛。红尘四合，烟云相连。于是既庶且富，娱乐无疆。都人士女，殊异乎五方。游士拟于公侯，列肆侈于姬姜……

从固若金汤的城池、便利畅达的交通和宏大严谨的规划，写到鳞次栉比的商铺以及时尚富庶的民众，极尽铺排之能事，凸显长安昔日的辉煌。与司马相如近乎虚诞的夸饰不同，班固的夸张是基于京都繁盛的现实基础，因此具有典雅和丽的风采。

京都赋的另一力作是东汉中期张衡的《二京赋》。据《后汉书·张衡传》载："时天下承平日久，自王侯以下，莫不逾侈。衡乃拟班固《两都》作《二京赋》，因以讽谏。精思傅会，十年乃成。"其篇幅较之《两都赋》更为宏大，洋洋洒洒九千余字，将世俗生活的各种场景描摹得极为详尽，亦更显生动。内容风格上，则既有"濯龙芳林，九谷八溪，芙蓉覆水，秋兰被涯"之类清新流丽的自然描写，又有"夫水所以载舟，亦所以覆舟"的直白严肃的批判之辞。

东汉中后期，抒情小赋兴起，以张衡的《归田赋》为标志。

《归田赋》全文仅二百一十一个字，与动辄数千字的大赋相比，充其量不过"劝百讽一"之结尾，然而，赋文却凝聚了张衡仕宦人生的感慨与情志。

文赋开篇张衡即以自嘲的口吻陈述怀才不遇之感伤，并表达了想要"追渔父以同嬉"的归隐愿望。接着写到其所设想的归还田园后的情景：

于是仲春令月，时和气清；原隰郁茂，百草滋荣。王雎鼓翼，鸧鹒哀鸣；交颈颉颃，关关嘤嘤。于焉逍遥，聊以娱情。

春光明媚，万物生发，与大自然亲近为伴的喜悦似乎可以让张衡完全忘却先前仕途失意之烦恼。其实不然，在接下来对于"龙吟方泽、虎啸山丘、仰飞纤缴、俯钓长流"的渔猎休闲之趣的描述中，我们依然可以通过云中逸禽"触矢而毙"、渊沉鲂鲡"贪饵吞钩"之类的话语隐约感受到其对于仕途遭际的心酸以及对于宦海浮沉的超然反思。

文赋末段是张衡归隐思想的再度升华。

于时曜灵俄景，继以望舒。极般游之至乐，虽日夕而忘劬。感老氏之遗诫，将回驾乎蓬庐。弹五弦之妙指，咏周、孔之图书。挥翰墨以奋藻，陈三皇之轨模。苟纵心于物外，安知荣辱之所如。

老子《道德经》有言："驰骋畋猎令人心发狂。"张衡深知郊游之事固然令人愉悦，却不宜纵情任性，乱了心智。唯有弹奏高雅之乐、阅览圣贤之书，并且奋发著述以阐明圣道方能不断提升自我之修养。最终他以老庄"游于物外"的哲学来勉励自己，以期达到"等齐荣辱、忘怀得失"的旷达之境。

《归田赋》不仅开拓了赋文学的表现题材，成为文学史上第一篇反映田园隐居乐趣的作品，其文辞也清新自然，且以骈偶抒情，是赋文学发展史上的一大转变。自张衡以后，抒情小赋不断出现，虽然从整体上而言，其数量和品质尚无法取代传统大赋之地位，但却为魏晋南北朝抒情小赋的继续发展打下了良好的基础。

从楚辞的兴起到汉赋的**繁盛**，这一过程不仅对后世文学创作影响深远，对于中国文学观念之形成，也起到了积极的促进作用。在汉代以前，人们对于"文学"并没有太多的认知，然而随着个体诗人的日趋增多、文学群体的日趋活跃以及优秀辞赋作品的大量涌现，"文学"的概念开始在时人心中萌生。比如在《史记》中，司马迁已开始有意识地将文学从儒学和一般学术中区分出来。他以"文辞"和"文章"表示今义之"文学"，而以"文学"表示今义之学术思想，虽然不甚清晰，却是极为重要之转变，为魏晋之时开启"文学的自觉时代"(鲁迅《魏晋风度及文章与药及酒之关系》)点亮了光芒。

第十三章 乐府民歌

尽管说汉赋以其独特的艺术性和较大的影响力被后人提升到了"一代之文学"的高度,但事实上却并非真能如唐诗和宋词那般以绝对的气势占据当时的文坛。因为一提起两汉,在我们的眼前还会掠过另一道耀眼的光芒,那就是"乐府民歌"。作为源自民间的歌唱,她是普通百姓的心声,流露着真情与实感;她是质朴真纯的文字,宛如"清水出芙蓉"一般的天然。她颇受建安文人的青睐,化作那"对酒当歌,人生几何"的慷慨;她见证了南朝与北朝,唱和着江南吴歌和西曲的缱绻情思,亦讴歌出北地民众的豪爽与奔放。她继承《诗经》,并与其一道,成为中国古典诗歌的风骨,以"清新自然""缘事而发"的姿态引领着诗风发展的方向。本章即让我们一同来了解乐府那丰富的含义、那经典的篇章,并在民众一唱三叹的乐府歌声中去感受那个遥远而陌生的时代,去领略江南与北地风光和文化的异彩。

(本章执笔:黄毅)

第十三章 乐府民歌

"乐府"一词,最初并非是一种文学体裁名,而是指秦汉时期所设立的主管音乐的宫廷官署。该机构的主要职能包括搜集或创作诗歌、制作乐谱以及训练乐工等,其所掌管的歌诗在魏晋以后也被人们称为"乐府",于是这一词汇便由音乐官署的名称演变成了诗歌体裁的名称。这些歌诗大致可分为两类:一类是与《诗经》中"颂"性质相当的供执政者祭祀祖先和神明时所使用的郊庙歌辞,主要由文人创作;另一类则是采集于民间巷陌的歌谣俚曲,这类作品大多由集体创作而成,为区别于文人乐府歌辞,我们习惯上称其为"乐府民歌"。后来,"乐府"的概念进一步扩大,魏晋六朝文人袭用乐府旧题或模拟乐府体裁创作的那些合乐,甚至并不合乐的作品也囊括了进来。继而在唐代出现了不用乐府旧题而只是仿照乐府诗的某种特点写作的诗,被称为"新乐府"。宋元以后,"乐府"更用作了词和曲的别称。

现存的典籍中,收录我国古代乐府歌辞最为完备的当数宋人郭茂倩所编的《乐府诗集》(见图13-1)。全书一百卷,辑录了汉魏至唐、五代的乐府歌辞等共计五千余首,并依其曲调之不同将诗歌分归于郊庙歌辞、燕射歌辞、鼓吹曲辞、横吹曲辞、相和歌辞、清商曲辞、舞曲歌辞、琴曲歌辞、杂曲歌辞、近代曲辞、杂歌谣辞、新乐府辞等十二大类,是继《诗经》之后,我国古代民歌的又一次大汇总。

图 13-1 宋 郭茂倩 乐府诗集

一、两汉清音

两汉乐府民歌虽多,保存至今的却只有四十余首,主要保存在《乐府诗集》的"鼓吹""相和"及"杂谣"这三类中,尤以相和歌辞数量最多。所谓"相和",是一种"丝竹更相和，执节者歌"(《宋书·乐志》)的管弦乐歌。我们所熟悉的《陌上桑》就是一首相和歌辞，又比如《江南》诗：

江南可采莲，莲叶何田田。鱼戏莲叶间，鱼戏莲叶东，鱼戏莲叶西，鱼戏莲叶南，鱼戏莲叶北(见图 13-2)。

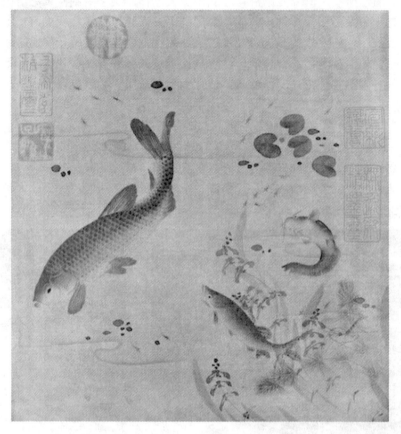

图 13-2　南宋 无款 春溪水族图 页(绢本淡设色，纵 24.3cm，横 25.5cm，北京故宫博物院藏)

这首采莲歌曲风格清新、意境可人、质朴简单，文字间氤氲着灵动的水乡气息。诗中虽然没有对人物的直接描写，但江南女子划着小船穿行于碧叶红花之间，一边采莲、一边欢唱那动人的劳动图景却鲜活地映现于我们眼前。

从《江南》一诗不难发现乐府民歌的最大特点，即语言通俗自然，内容贴近普通百姓，具有浓郁的生活气息。

这种现实主义倾向性使两汉乐府在创作上多采用"缘事而发"(《汉书·艺文志》)的叙事纪实笔法，如实地反映出劳动人民的贫苦生活，并真切地表达着他们的喜怒哀乐。

我们来看几首诗歌。

其一是《东门行》：

出东门，不顾归。来入门，怅欲悲。盎中无斗米储，还视架上无悬衣。拔剑东门去，舍中儿母牵衣啼："他家但愿富贵，贱妾与君共餔糜。上用仓浪天故，下当用此黄口儿。今非！""咄！行！吾去为迟！白发时下难久居。"

这首诗歌通过贫贱夫妻的一段对话讲述出一个原本安分守法的底层百姓为贫困所迫而走上绝路的悲惨历程。时局黯淡，民不聊生，面对娇儿嗷嗷待哺，家中粒米无存的惨况，男主人公拔剑欲起，加入义军。出门之时，妻子死死牵住他的衣角，放声哀啼，央求丈夫莫要铤而走险，宁可忍冻挨饿，唯愿一家平安！妻子纵然以苍天和亲情苦苦劝说，却未能阻止丈夫的东门之行。男子横下心肠，坚持拼却一腔热血，与命运作最后的抗争！如此真实，如此凄凉！这样的诗歌怎能不教人读之声泪俱下！

其二是《妇病行》：

妇病连年累岁，传呼丈人前一言。当言未及得言，不知泪下一何翩翩。"属累君两三孤子，莫我儿饥且寒，有过慎莫笞答，行当折摇，思复念之！"乱曰：抱时无衣，襦复无里。闭门塞牖，舍孤儿到市。道逢亲交，泣坐不能起。从乞求与孤买饵。对交啼泣，泪不可止："我欲不伤悲不能已。"探怀中钱持授交。入门见孤儿，啼索其母抱。徘徊空舍中，"行复尔耳，弃置勿复道！"

如果说《东门行》表现的还只是一种亲人之间的"生离"之悲，那么这首《妇病行》带给我们的则是更为深重的"死别"之痛了。一个贫苦之家的妇人，重病缠身，在临近生命终点的时刻，仍心怀歉疚地再三嘱咐自己的丈夫要善待年幼的孩子，让他们免受饥寒。然而，陷入极端贫困境地的丈夫自己尚不能保，又如何能庇护幼子，实现亡妻的遗愿呢？他多想给孩子们买些饼饵，却奈何身无分文！路遇亲友，说及家中之事，又不禁相对而泣。推开家门，所见场景更是让人寸断肝肠——年幼无知的孩子尚不知母亲已经亡故，仍在啼哭着要娘亲抱啊！我们感动，因为在诗中我们看到了幼子的孤苦、母性的伟大与父爱的光辉；我们伤怀，因为从诗歌里我们感受到的绝不仅仅是某一个贫苦家庭的悲剧，更是整个下层人民的生活实况，整个社会的莫大悲哀。

这样的诗歌还有很多，几乎每一首诗篇里都能走出一两个挣扎在社会最底层的凄苦无助的人物，比如《孤儿行》里那个双亲亡故后沦落为兄嫂奴隶的孤儿，《艳歌行》中那两个背井离乡、衣衫褴褛的流浪兄弟。再比如《十五从军征》中那位少小离家老大回、不见亲人悲落泪的从军老人：

十五从军征，八十始得归。道逢乡里人：家中有阿谁？遥看是君家，松柏冢累累。兔从狗窦入，雉从梁上飞。中庭生旅谷，井上生旅葵。春谷持作饭，采葵持作羹。羹饭一时熟，不知贻阿谁！出门东向看，泪落沾我衣。

诗歌是围绕着一个老兵的返乡经历及其情感上的变化展开叙述的。人生七十古来稀，六十五年的漫长军旅生活几乎占据了老兵整整一生的时光。与家人团聚，从来只是老兵一个美好的梦，当他拖着孱弱的身子、满怀圆梦的期待回到家乡时，迎接他的却是梦碎的凄凉。家中还有谁呢？顺着乡邻遥指的方向，唯见松柏之下那累累的荒冢！亲人都已经故去了！且不论在那样一个战乱频仍的年代里百姓的生命是多么的脆弱，就算是过着安稳太平的生活，每个人短短的一生又怎么经得起六十多个春秋苦苦的巴望？如果说邻人的相告已让老兵的希望落空，那么当他回到家中时亲眼所见的一切则让他陷入深深的绝望——杂草丛生，兔蹿禽飞，冷落荒芜！"物是人非"已是人间大悲之处，更何况"物"亦不在，家不成家！其实，最让我们悲悯的是全诗的最后部分：老兵强打起麻木的精神采摘野谷和旅葵做饭，可饭做好时才猛然发现没有可以分享之亲人！梦醒了，醒得那样无辜，醒得那样残酷！无家可归的老兵唯有孤立在萧瑟的寒风中，老泪纵横……

可能有人要说这个老兵是幸运的，毕竟他没有像《战城南》中那些战死的士卒横尸沙场、任由乌鸦啄食，但我们是否体会到当他幸存返乡后却发现无家可归时那种生不如死的痛楚？诗中的老兵只不过是社会生活的一个缩影，在那样一个苦难的时代里，究竟有多少这样的老兵，究竟有多少等不到老兵归来就已经离世的亲人、就已经破败的家庭，我们不得而知。但读到这样的小诗，我们就能体会到当时社会的黑暗以及生活在社会底层的人们的苦难，就会心中一颤，这正是乐府民歌的现实意义之所在了。

或许正是由于社会的昏黑、时局的动荡，当时的人们普遍认为人生短暂、生命脆弱。这种悲伤情绪也时常流露在乐府民歌之中，如汉代人送葬时所唱的挽歌《薤露》：

薤上露，何易晞。露晞明朝更复落，人死一去何时归。

叶子上的露水多么容易晒干啊！这不正如我们短暂的生命吗？然而，露水干了还有再降的时候，可我们的生命呢？一旦耗尽了就再也回不来了！诗歌先以露水设喻，暗示出人生的无常；接着将露水的可复得与生命的不可逆相对比，将人们的无奈与感伤表达得淋漓尽致！另一首挽歌《蒿里》云："蒿里谁家地？聚敛魂魄无贤愚。鬼伯一何相催促？人命不得少踟蹰！"它将天命不可抗拒，无论贤者或是愚人，终将魂归蒿里的哀伤表现出来。两首民歌调如古埙，游于野间，甚是凄厉。

既然生命的长短是无法改变的，那么当时的人们选择以怎样的态度和方式去面对极为有限的生命呢？这不禁让我们想起了曹操《短歌行》中"对酒当歌，人生几何"那句狂放洒脱的豪言！的确，曹操有很多诗歌都受到两汉乐府民歌的影响，因此，我们可以从他的语言中反观出汉代人"及时行乐"的人生观。比如《怨歌行》中直呼要"当须荡中情，游心恣所欲"，《西门行》中更用"昼短苦夜长，何不秉烛游？"的反问表达出想要不分昼夜，抓住分分秒秒来享受人生的强烈愿望。诚然，"及时行乐"的思想有一定的消极因素，但其中所包含的珍惜时光的生命意识却是值得肯定的。这种惜时如金的意识更为积极地体现在《长歌行》一诗中：

青青园中葵，朝露待日晞。阳春布德泽，万物生光辉。常恐秋节至，焜黄华叶衰。百川东到海，何时复西归？少壮不努力，老大徒伤悲。

这是一首借物言理的诗歌。诗的前四句为我们描绘出一幅生机勃勃的春光图——园中青青的葵菜正沐浴着明媚的阳光、充沛的雨露，与万物争相努力地生长。接着将葵菜拟人化，揭示出它们蓬勃生长的缘由：因为它们深知秋风一至则百草凋零的道理，故而格外珍惜美好的春光。世间万物都有盛衰的变化，而我们每个人也都会经历从年少到年老的过程。时间就像那东流注海的江水一样，什么时候能再回来？这个以流水作喻的诘问让我们心中一震，使我们不由得反思起自己短暂的一生来。全诗的主旨，在于劝导人们要珍惜青春年华，努力上进，不要等老了才追悔。"少壮不努力，老大徒伤悲"，这两句警策之言至今仍激励着我们每一位青年学子把握光阴，发愤图强。

一个人的生命虽然极为有限，但在汉代百姓们的心里，两个人的爱情却是可以突破生命的限制，如天地般永恒长久。他们的乐府情歌质朴真率，那海枯石烂的誓言寄托的是他们对于爱情的美好希冀。如最有名的那篇《上邪》：

上邪！我欲与君相知，长命无绝衰。山无陵，江水为竭，冬雷震震，夏雨雪，天地合，乃敢与君绝！

这是一首以誓言形式出现的情歌。处在热恋中的男女，许下海誓山盟固然正常，但这篇歌辞所流露出的对于彼此的忠贞不渝，却大大不同于一般儿女的卿卿我我、怩怩怩怩，而是斩钉截铁、果断刚烈，让人产生一种来自灵魂深处的震撼。诗中的女子先是对天发誓，要永远与情郎相爱，绝不使爱情有任何衰减。接着一连排列出五件现实中根本不可能发生的事情来表明自己对爱情的坚贞。她说：只有高山变成了平地，江水枯竭，冬天响雷，夏季下雪，天地合并，那时才敢与你断绝爱情。从反面设誓，正话反说，不仅大大加强了誓词的分量，而且把人物的内心世界揭示得更为深刻。这种由相反相成所造成的强烈的艺术效果，使诗中女子的形象更显真挚和可爱。

后来，在历代古典诗词中又出现了许多用类似手法来表达专情守贞的作品，比如敦煌曲子词中的一首《菩萨蛮·枕前发尽千般愿》：

枕前发尽千般愿，要休且待青山烂，水面上秤锤浮，直待黄河彻底枯。
白日参辰现，北斗回南面，休即未能休，且待三更见日头。

不难看出，它是受到《上邪》的影响，仿作而成。

对于情人的背叛，汉乐府民歌中的女子也不再像《诗经·国风》中的那些女子一样幽怨哀伤，而是表现出果断决绝的态度，如《有所思》：

有所思，乃在大海南。何用问遗君？双珠玳瑁簪，用玉绍缭之。闻君有他心，拉杂摧烧之。摧烧之，当风扬其灰。从今以往，勿复相思，相思与君绝！

痴情的女子先是精心挑选爱情信物"双珠玳瑁簪"寄予远方的情郎，以慰相思。然而在得知情郎移情别恋的消息后，骤然间爱的柔情化作了恨的力量，悲痛的心窝燃起了愤怒的烈火。她将那凝聚着一腔痴情的精美信物，愤然地折断，继而砸碎，三而烧毁，如此这般仍不能泄其心头之愤，复又迎风扬掉其灰烬。拉、摧、烧、扬，这一连串的动作，宛如快刀斩乱麻，干脆利落！"从今以往，勿复相思！"一刀两断，又何等之决绝！

在中国古典文学不可计数的爱情故事里，虽然并不乏在表达爱情时热烈、大胆的女性形象，但是，如《上邪》和《有所思》等乐府诗中的这些为了维护爱情而果敢坚决、毫不妥协的汉朝女子，毕竟还是不多见的。

二、叙事名篇

汉乐府民歌中最优秀的作品当数《陌上桑》与《孔雀东南飞》，它们也是叙事诗的代表作。

《陌上桑》最早著录于《宋书·乐志》，题为《艳歌罗敷行》，在南朝徐陵编辑的《玉台新咏》中则题作《日出东南隅行》。不过，在比《宋书》更早的晋人崔豹的《古今注》

一书中，这首诗歌已被提及，名曰《陌上桑》。宋人郭茂倩《乐府诗集》沿用了《古今注》中的题名，以后便成为习惯。

"陌上桑"一词意指道路边的桑树林。以此为题，不仅交代了诗中故事发生的地点，并且暗示出女主人公秦罗敷的采桑女身份(见图 13-3)。诗歌通过叙述路边采桑的秦罗敷用机智的话语拒绝地方官员对她的调戏，从而维护了个人尊严这一戏剧性情节，歌颂了以秦罗敷为代表的民间劳动女子所具有的美丽容貌和坚贞节操。

图 13-3　清　潘振镛　陌上采桑(纸本设色，纵 112cm，横 52cm，藏处不详)

第十三章　乐府民歌

《陌上桑》原文如下：

　　日出东南隅，照我秦氏楼。秦氏有好女，自名为罗敷。罗敷喜蚕桑，采桑城南隅。青丝为笼系，桂枝为笼钩。头上倭堕髻，耳中明月珠。缃绮为下裙，紫绮为上襦。行者见罗敷，下担捋髭须。少年见罗敷，脱帽著帩头。耕者忘其犁，锄者忘其锄。来归相怨怒，但坐观罗敷。

　　使君从南来，五马立踟蹰。使君遣吏往，问是谁家姝？"秦氏有好女，自名为罗敷。""罗敷年几何？""二十尚不足，十五颇有余。"使君谢罗敷："宁可共载不？"罗敷前置辞："使君一何愚！使君自有妇，罗敷自有夫。"

　　东方千余骑，夫婿居上头。何用识夫婿？白马从骊驹；青丝系马尾，黄金络马头；腰中鹿卢剑，可直千万余。十五府小史，二十朝大夫，三十侍中郎，四十专城居。为人洁白皙，鬑鬑颇有须。盈盈公府步，冉冉府中趋。坐中数千人，皆言夫婿殊。

　　全诗共分三段。第一段从开始至"但坐观罗敷"，主要描述了秦罗敷的惊人美貌。从前四句不难看出，该诗是以说书人的口吻来展开叙述的。罗敷刚出现，还只是笼统地给人一个"好女"的印象，接着我们了解到她并非大家闺秀，而是一个普普通通的劳动女子。秦罗敷为什么会引出后文的故事呢？原因在于她长得十分美丽。为了展现出她绝非等闲的姿容之美，诗歌运用了正面描写与侧面烘托相结合的表现手法。先是用生动形象的语言对其容貌、姿态、神情、服装以及饰物的特点加以具体的描摹，给人以直观具体的感受：她提着一只精美的采桑篮，篮子的绳络用青丝编成，提把是用有香味的桂树枝做就；她头上梳的是斜倚一侧、似堕非堕的"倭堕髻"(东汉后期妇女流行的一种时髦发式)，耳朵上挂着晶莹闪亮的明月珠；下身围一条杏黄色绮罗裙，上身穿一件紫红绫子短袄。这里大家不禁要问，既然秦罗敷只是民间的采桑女子，她的打扮却为何这般华美呢？其实，这些华彩洋溢的词汇并非在于表现她的富有，而在于给我们一种美的联想。这是古代诗歌的一种常用写法。更为巧妙的是，诗歌避实就虚，转而从路人态度着笔来侧面烘托她的美丽：行人看到罗敷，放下担子抚摩髭须；少年看到罗敷，脱下帽子整理发巾。他们都不舍得离去！而正在田地里耕作的人们？也都看得入迷，竟忘了犁锄，误了农活！这种写法堪称绝妙，不仅可以激发读者的想象，还能让罗敷之美符合不同年龄、不同阶层、不同文化素养的读者的审美观，突破时空限制，获得永恒的审美价值。

　　第二段从"使君从南来"起笔，到"罗敷自有夫"为止，以对话的形式，由对罗敷外在美的描写深入到对其高洁心灵的表达。从南边过来的使君(太守)也和其他人一样被罗敷的美貌深深吸引，但与劳动人民对罗敷的纯洁感情所不同的是，使君不怀好意、以调戏之辞欲将罗敷占为己有。面对使君的无礼，罗敷表现得很有涵养，先是不动声色地一一作答，待到无法忍让之时，才严词相拒："使君一何愚！"理由很简单：你有你的妻，我有我的夫。各安其家室，乃是礼教之大义，岂可逾越？这一节是从秋胡戏妻故事中继承来的，表现了诗歌的道德主题。而道德主题，总是在善与恶的冲突中才能表现得鲜明强烈。

　　如果说第一段着重表现罗敷的美貌，第二段着重表现她的忠贞不可欺，那么第三段则重在表达她的冰雪聪明。"东方千余骑，夫婿居上头"，罗敷究竟有没有这样一位很有威势的丈夫？有的读者说实有其人，有的读者说是罗敷的虚设，其实这些并不重要，重要的是应该弄清楚罗敷当时讲这番话的意图。罗敷夸婿，完全是有针对性的。因为调戏她的是一位怀有特殊优越感的太守，罗敷说自己丈夫尊贵，则使其优越感变得可笑；罗敷赞自己夫婿美好，则暗示出与自己十分般配。因此，与其说罗敷句句是在称赞丈夫，倒不如说句句都在奚落太守！这正是侧面写法的又一次运用，也是诗歌喜剧效果的再一次体现。

《陌上桑》在叙事描写上有着较高的造诣，富于戏剧性，并且具有民间特有的乐观与幽默因子，在创作上也十分大胆，不拘泥于写实，颇具浪漫色彩，故而称得上是汉乐府中的一枝奇葩，千百年来传诵不绝。在《陌上桑》出现以后，产生了大量的模拟之作，以及在此基础上发展而来的诗篇，如建安时期的曹植、唐代的李白和杜甫等都有过类似的创作。它独特的表现手法，还被运用于元明清的戏曲小说中，如《西厢记》写崔莺莺出场时，先以周围人看得失魂落魄的神态来表现，正是效仿此诗。

再来看汉乐府的另一名篇《孔雀东南飞》。这首诗最早见于《玉台新咏》，题为《古诗为焦仲卿妻作》。宋代郭茂倩编辑《乐府诗集》，将本诗收入《相和歌辞》，题目也被简化为《焦仲卿妻》。后人常取本诗首句为题，称作《孔雀东南飞》。

此诗歌长达三百五十余句，共计一千七百余字，无愧于"古今第一长诗"(清代沈德潜《古诗源》)之称号。这么长的篇幅，究竟写了些什么呢？我们先看诗歌前面的一段序言：

　　汉末建安中，庐江府小吏焦仲卿妻刘氏，为仲卿母所遣，自誓不嫁。其家逼之，乃投水而死。仲卿闻之，亦自缢于庭树。时人伤之，为诗云尔。

序言中交代了故事发生的时间、地点和人物，以及成诗的经过，同时还概括地介绍了故事的发生、发展和结局。原来，它讲述的是一对恩爱夫妻焦仲卿与刘兰芝在封建制度下劳燕分飞最后双双殉情的爱情悲剧。

全诗可分为六部分。

第一部分即第一句，借孔雀失偶起兴，引出所要叙述的恩爱夫妻被迫分离的故事，为全诗定下悲凄的感情基调。

第二部分，从"十三能织素"起到"及时相遣归"止，通过刘兰芝向丈夫焦仲卿倾诉的口吻，叙述出婆媳之间的尖锐矛盾，也体现出夫妻之间的恩爱浓情。

第三部分，从"府吏得闻之"起到"二情同依依"止，写刘兰芝被遣回家，临别之际，仲卿发誓要再接她回来。这一部分又可细分为三层。

第一层从"府吏得闻之"起到"慎勿违我语"止，写焦仲卿向母亲苦苦求情，不仅没能挽回，反倒遭到训斥，无奈之下只好说服刘兰芝回娘家，还抱有能接她回来重聚的幻想；第二层从"新妇谓府吏"起到"涕落百余行"止，写刘兰芝倔强的个性，突出描写她临行之时对镜梳妆及与婆婆、小姑告别时的神态、动作和语言，表现了她的坚决、镇静与忍耐，读时令人生出凄楚怜惜之情；第三层从"府吏马在前"起到"二情同依依"止，写刘兰芝与焦仲卿分手之际不舍别离的情形，突出表现二人分离之痛苦。

第四部分，从"入门上家堂"起到"郁郁登郡门"止，写刘兰芝回到娘家后的悲惨遭遇。主要有三个方面内容：其一，母亲初见女儿被婆家遣回，非常愤怒，后来听了女儿的诉说终于体谅了她的处境；其二，哥哥亦完全不能接纳兰芝，并且完全以势利眼光看问题，丝毫不念兄妹间的手足深情，坚持逼迫妹妹再嫁富贵之家；其三，府君遣媒人上门提亲，并铺张操办婚事。

第五部分，从"阿母谓阿女"起到"自挂东南枝"止，写刘兰芝以"举身赴清池"和焦仲卿以"自挂东南枝"来做最后的反抗,最终双双为爱殉情,死得凄婉但也悲壮。

第六部分,从"两家求合葬"到结尾,写兰芝、仲卿二人死而犹生的动人情景,并表达出诗人及善良人的美好愿望,诗人也以此告诉后来人,"戒之慎勿忘"。

整首诗歌通过对兰芝、仲卿婚姻悲剧始末的悲慨叙述,深刻揭示出这一婚姻悲剧的根本原因在于封建宗法势力完全无视仲卿、兰芝的意志,而以自己的意志强加于他们。"我自不驱卿,逼迫有阿母",仲卿的无奈之语道出了焦母的蛮横暴虐;兰芝的被迫改嫁反映出兰兄的贪财慕势。在这些宗法势力面前,仲卿和兰芝的力量是微小的,他们只能在分手时结下"不别离"的约定,只有在密会时立下"黄泉下相见"的誓言;但他们也是勇敢的,最后,兰芝在新婚之夜投水而死,仲卿闻讯也自缢而亡,他们选择以生命为代价做出最后的反抗,选择在另一个世界里永远相守。诗歌对仲卿、兰芝忠于爱情的美好心灵和他们宁死不屈地维护婚姻幸福的坚强意志给予了热情的歌颂,并在结尾处以幻想的形式展示出胜利与光明,寄托了广大人民追求自由幸福婚姻的美好愿望和乐观信念,对人们为争取美好生活而斗争起到巨大的鼓舞作用。

这首诗歌不仅具有较高的思想价值,还具有显著的艺术成就。

其一,成功地塑造了兰芝、仲卿以及焦母、兰兄等性格极为鲜明的人物形象。正如清人沈德潜在《古诗源》中赞曰:"淋淋漓漓,反反复复,杂述十数人口中语,而各肖其声音面目,岂非化工之笔。"这些人物中,以主人公兰芝和仲卿最为突出。兰芝是一个知书明理、勤劳能干的女子,长相也十分出众,无与伦比。作者赋予其美好的外貌、高尚的灵魂,正是想通过一个"精妙世无双"的完美女性被毁灭的故事来激起读者对其婚姻遭遇的愤慨与同情。她性格坚强,在凶暴的家长焦母和刘兄面前,她一点也没流露出俯首帖耳、任凭摆布的可怜相,反倒表现出人格的独立,维护着自己的尊严。因此,她成为中国古典文学作品中光辉夺目的女性形象。诗中的另一位主人公焦仲卿是个府吏,受封建礼教影响较深,因此性格上不如刘兰芝坚强,但他也跟刘兰芝一样是非分明、忠于爱情,不为母亲的威迫利诱所动摇,始终站在兰芝一边,以死殉情。

其二,诗歌主题钩深致远,蕴意宽广,在叙事上采取了两条线索:第一条线索围绕刘焦两家的家庭矛盾冲突展开;第二条线索是围绕兰芝与仲卿矢志不渝的爱情铺展的。双线交替延伸,结构缜密紧凑。

其三,诗歌语言朴素生动、饶有个性;情节波澜曲折,跌宕起伏。

总之,《孔雀东南飞》以其深刻的思想内容和完美的艺术形式,代表着汉魏之际民间叙事诗的最高成就,与北朝的《木兰诗》并称为"乐府双璧"。

西汉末年,乐府诗逐渐从民间走向文人,以曹操为代表的建安文人不仅喜欢民歌,还继承汉乐府民歌的传统,并沿用乐府旧题,或是常见题材积极地进行创作,有所发展和改造。汉乐府五言诗的形式,被建安文人普遍使用,成为后世诗歌的基本形式。乐府民歌清新自然的语言风格,也对文人诗产生了明显的影响。

在建安文人的笔下,留下了许多经典的作品。如《短歌行》《蒿里行》《步出夏门行》《薤露行》《美妇篇》等。

南北朝时期是我国乐府民歌再度辉煌的时期。此期乐府民歌不仅上承《诗经·国风》和汉乐府民歌贴近现实生活之精神,而且下启唐代及以后文人的新乐府创作,在文学史上占有重要地位,更为可贵的是,它以其"口出天然,刚健清新"之特点为形式主义文风泛滥的南北朝时期注入了新鲜活泼的气息。

南北朝民歌现存五百余首，主要由南方的乐府机构收集并保存。由于南朝与北朝长期处于对峙的局面，加之在政治、经济、文化以及民族风尚、自然环境等方面都存在着明显的差异，南朝民歌与北朝民歌故也呈现出截然不同的情调与风格。简单说来，南朝民歌清丽缠绵，多以人民真挚而纯洁的爱情生活为题材；北朝民歌则粗犷豪放，多反映北方动乱不安的社会现实和普通百姓的生活习俗。下文分别探讨。

三、吴声西曲

南朝乐府民歌大部分保存在郭茂倩《乐府诗集》中，属"清商曲辞"。这类歌曲声调清越凄凉，故而名之"清商"。依《乐府诗集》一书，南朝的清商曲可分为"吴声歌""西曲歌""神弦歌""江南弄""上云乐"和"雅歌"六类，南朝乐府民歌见于前三类中。

"吴声歌"今存三百二十六首，产生于长江下游以建业(今江苏南京)为中心的江南吴地；"西曲歌"今存一百四十二首，产生于长江中游和汉水两岸以江陵(今湖北荆州)为中心的荆楚地区。这些地区都是当时的经济文化重镇，商业发达，市景繁荣。因此，这些民歌所反映的多为城市生活，具有市民文学特色，与两汉乐府主要反映乡村生活有所不同。"神弦歌"则是民间祭神的巫歌，也产生于建业附近，数量不多，今仅存十八首。

南朝乐府民歌之所以兴盛，其首要原因在于这一时期长江流域的经济得到了迅速的发展，特别是"吴歌"和"西曲"的中心荆、扬二州，沈约曾赞誉其云"荆城跨南楚之富，扬部有全吴之沃。鱼盐杞梓之利，充仞八方；丝绵布帛之饶，覆衣天下"(《宋书·孔靖传论》)，可见当时之盛况。其次要原因则在于当时社会耽于声色享乐的时代风尚。李延寿在《南史·循吏列传》中对南朝初期有过这样的描写："凡百户之乡、有市之邑，歌谣舞蹈，触处成群，盖宋之极盛也。"诚然，之后的齐、梁、陈各朝也是无不极尽歌舞之能事。"王侯将相，歌伎填室，鸿商富贾，舞女成群，竞相夸大，互有争夺"(裴子野《宋书·乐志》)，就连皇帝的朝堂之上，也常常是莺啼燕舞，一派升平气象。据《南史·徐勉传》记载，梁武帝的后宫即专门蓄养了吴声、西曲两支女乐，并曾各择以赏赐宠臣。这种上至朝廷大臣，下至民间百姓，无不钟情女乐和风情小调的社会风尚，极大地刺激了南朝乐府民歌的发展。此外，长江流域秀美明艳的自然风光对于当地居民浪漫情思的熏养以及南朝乐府民歌婉丽风格的形成都产生了重要的影响。

南朝乐府民歌在内容上有一个显著的特点，即十之八九为爱情题材。这些情歌又多以女子口吻来表达爱慕相思之情，具有真挚细腻的情感和柔艳缠绵的风格，让人读之而心动。

先来看几类吴声歌曲。

其一，《子夜歌》。

"《子夜歌》者，晋曲也。晋有女子名子夜，造此声，声过哀苦"，从《唐书·乐志》中我们得知，这类歌曲据传为晋代一位叫子夜的女子所创，其歌声悲苦，近于哀凉。现存的四十二首《子夜歌》均写男女恋情，如表达单恋之苦的"夜觉百思缠，忧叹涕流襟。徒怀倾筐情，郎谁明侬心"，诗中女子因想念心上人而夜不成眠、潸然落泪，恨不能将一腔相思诉与郎知。又如表达离别之苦的：

> 今夕已欢别，合会在何时？明灯照空局，悠然未有期。
> 自从别郎来，何日不咨嗟。黄檗郁成林，当奈苦心多。
> 别后涕流连，相思情悲满。忆子腹糜烂，肝肠尺寸断。

刚刚与郎君分别，女子就陷入对重聚之日的无限期盼之中，终日以泪洗面，哀叹连连，相思之痛有如肝肠寸断。

在分隔两地的时日里，女子最担忧的莫过于对方的移情别恋。于是，她们借一首首诗歌来表达自己对于爱情的忠贞以及对情郎朝三暮四的责备："侬作北辰星，千年无转移。欢行白日心，朝东暮还西。"可是，面对男子的负心，她们除了责备又能如何呢？唯有深深的无奈罢了：

> 始欲识郎时，两心望如一。理丝入残机，何悟不成匹。

这首诗巧妙设喻，以棉丝织成布匹来比喻有情人结为配偶。诗中的女子原本指望能和郎君两情相悦、长久如一，却没料到男子负心而去，徒留给她一缕织不成匹的乱丝和一个残缺不全的幻梦。

其二，《子夜四时歌》。

《子夜四时歌》是《子夜歌》的变曲，是后人以四时之景写行乐之民歌。现存七十五首，其中春歌二十首，夏歌二十首，秋歌十八首，冬歌十七首，又称《吴声四时歌》。

这些诗歌和《子夜歌》一样，具有辞藻华丽的特点，个别诗作中还引用了典故，可看到文人参与创作或修饰的痕迹：

> 朱光照绿苑，丹华粲罗星。那能闺中绣，独无怀春情。（春歌）
> 青荷盖渌水，芙蓉葩红鲜。郎见欲采我，我心欲怀莲。（夏歌）
> 开窗秋月光，灭烛解罗裳。含笑帷幌里，举体兰蕙香。（秋歌）
> 渊冰厚三尺，素雪覆千里。我心如松柏，君情复何似？（冬歌）

所选四首诗歌皆紧扣一年四季的时令特征而行文，融入了作者的爱情理想，如春歌中所表现出的少女怀春之思，夏歌中所呈现出的少女娇羞之态，以及秋歌中的热烈奔放、冬歌中的坚定执着。字里行间洋溢着生命的热情和力量，展示出人民群众在爱情生活方面的美好愿望和积极行动。

其三，《读曲歌》。

《读曲歌》，"读"当为"独"之意，这类歌曲意指不配乐的徒歌。今存八十九首，其中最有名的一首是《打杀长鸣鸡》：

> 打杀长鸣鸡，弹去乌臼鸟。愿得连暝不复曙，一年都一晓。

这首诗歌非常可爱，诗中女子的想象力可谓出奇，为了能跟自己的爱人待在一起，居然要将报晓的禽鸟都给打杀，以为这样天就永远不会亮，两个人就可以永远缠绵在一起了。这种蛮不讲理的天真想象、这种不顾一切的大胆欢爱，能不打动后世万千读者的心？唐代诗人金昌绪就仿作了一首《春怨》："打起黄莺儿，莫教枝上啼。啼时惊妾梦，不得到辽西(见图13-4)。"

图 13-4 陈少梅 晓妆图(局部)(绢本设色,纵 48.5cm,横 26cm,藏处不详)

其四,《懊侬歌》。

"懊侬"是吴地方言,意为懊恼。据名思义,《懊侬歌》多是表达烦闷苦愁情绪的情歌,曲调低沉婉转。《乐府诗集》中存有十四首,举二例如下:

寡妇哭城颓,此情非虚假。相乐不相得,抱恨黄泉下。

我与欢相怜,约誓底言者。常叹负情人,郎今果成诈。

前一首表达丧夫守寡之痛,后一首表达负心遭弃之悲。

其五,《华山畿》。

《华山畿》存二十五首,是《懊侬歌》之变曲,其中第一首为:

华山畿!君既为侬死,独生为谁施?欢若见怜时,棺木为侬开!

关于这首诗歌,《古今乐录》中记有一则动人的爱情传说:

(宋)少帝时,南徐一士子,从华山畿往云阳。见客舍有女子年十八九,悦之无因,遂感心疾。母问其故,具以启母。母为至华山寻访,见女具说闻感之因。脱蔽膝令母密置其席下卧之,当已。少日果差。忽举席见蔽膝而抱持,遂吞食而死。气欲绝,谓母曰:"葬时车载,从华山度。"母从其意。比至女门,牛不肯前,打拍不动。女曰:"且待须臾。"妆点沐浴,既而出。歌曰:"华山畿,君既为侬死,独活为谁施?欢若见怜时,棺木为侬开。"棺应声开,女透入棺,家人叩打,无如之何,乃合葬,呼曰神女冢。自此有《华山畿》之曲。

男子一片痴情，相思而亡；女子亦感念男子厚爱，殉情而终。这样的传奇爱情自然让我们感到惋惜和悲痛，但却展现了"情贞"这一当时百姓朴素而美好的信念。诗中"棺木为侬开"的悲情一幕则正是后世《梁祝》"化蝶"情节的原型。

相对于吴歌而言，西曲则在风格上要显得开朗明快一些，内容上也与普通民众的关系更为紧密，多表现水边船头商旅商妇的别离之情。如以下几首：

闻欢下扬州，相送楚山头。探手抱腰看，江水断不流。《莫愁乐》

朝发襄阳城，暮至大堤宿。大堤诸女儿，花艳惊郎目。《襄阳乐》

送欢板桥弯，相待三山头。遥见千幅帆，知是逐风流。《三洲歌》

这几首诗通俗易懂，感情真挚。虽然也表达出离别时的依依不舍、分别后对郎君移情别恋的担忧，但没有出现吴歌中女子们那种悲悲戚戚的情绪和哭哭啼啼的场面。这大抵是与不同地区的人们的性格不同相关。

西曲歌中艺术性最高的一首是《西洲曲》：

忆梅下西洲，折梅寄江北。单衫杏子红，双鬓鸦雏色。
西洲在何处？两桨桥头渡。日暮伯劳飞，风吹乌臼树。
树下即门前，门中露翠钿。开门郎不至，出门采红莲。
采莲南塘秋，莲花过人头。低头弄莲子，莲子清如水。
置莲怀袖中，莲心彻底红。忆郎郎不至，仰首望飞鸿。
鸿飞满西洲，望郎上青楼。楼高望不见，尽日栏杆头。
栏杆十二曲，垂手明如玉。卷帘天自高，海水摇空绿。
海水梦悠悠，君愁我亦愁。南风知我意，吹梦到西洲。

这首抒情长诗文辞清新优美，内容却朦胧难解，大致描写的是一位少女从初春到深秋，从现实到梦境，对钟爱之人的苦苦思念，诗中洋溢着浓厚的生活气息和鲜明的感情色彩。若论此诗写作技巧之纯熟，也常为后人所称道。比如作者善于通过极其平常的动作巧妙刻画出女子急切、害羞的微妙心理；通过"莲花""莲子""莲心"由外而内"彻底红"的一语双关来婉转倾吐爱慕之情；巧用"折梅""伯劳飞""采红莲""望飞鸿"等丰富的民间词汇来娓娓道出四季时节的变迁；用蝉联而下的接字法使全诗读来声情摇曳、情思隽永等，这些技法上的新巧，真令人拍案叫绝。此诗在郭茂倩《乐府诗集》里归为"古辞"，但另有说法是文人江淹所作，或说是梁武帝萧衍所作。虽然至今难以定论，但从整首诗歌精致流利的艺术特点看来，说这首民间歌曲曾经历过文人的润色和改定则是有可能的。总体说来，《西洲曲》无愧于南朝民歌最高成就之代表，被后人盛赞为"言情之绝唱"(陈祚明《采菽堂古诗选》)。

四、北地风情

北朝乐府民歌今存七十首左右，大部分保存在郭茂倩《乐府诗集·横吹曲辞》的"梁鼓角横吹曲"中。横吹曲是军队中应用的音乐，要求雄伟悲壮。又因为这些曲子陆续由北方传入南方，被梁代乐府机关保存下来，故而在"鼓角横吹"前加上了一个"梁"字。此外，还有一小部分收录在《杂曲歌辞》和《杂歌谣辞》里。

北朝的乐府民歌，虽然数量上远不及南朝之多，但内容却十分广泛，不似吴歌、西曲那样几乎全是情歌，而是真实地记录了游牧民族社会生活的方方面面，不仅表现出北方少数民族刚强爽直的性格，还充盈着北地特有的风土人情。具体而言，可分为以下六种题材。

其一，反映北地壮美河山以及北方民族的游牧生活，如《敕勒歌》：

敕勒川，阴山下。天似穹庐，笼盖四野。天苍苍，野茫茫，风吹草低见牛羊。

敕勒是古代中国北部的一个少数民族部落，这首民歌原本是用鲜卑语歌唱的，后来才用汉字写定，因此可以说是一首早期的翻译诗。"敕勒川，阴山下"，点明了敕勒族人生活的地区。穹庐就是毡帐，今俗称蒙古包。"天似穹庐"这一设喻非常巧妙，因为敕勒族人夜夜睡在毡帐里，仰脸而望，圆圆的帐顶中间高起，四周斜垂。看惯了这种样子，一旦在草原上仰天而卧，发现天也是中央至高，四周如弧，极低处与大地连成一线，于是灵机一动，"天似穹庐，笼盖四野"的妙喻就产生了。诗的最后三句流传最广。苍苍，即深青色。以"苍苍"描写天空，带给我们天高而不可测的感受；以"茫茫"修饰原野，则显现出大草原那旷远无际的视觉效果。"风吹草低见牛羊"一句为全诗的点睛之笔，苍茫的天地之间，和风吹拂着丰茂的草原。原本被深草掩盖的遍野的牛群和羊群，在风儿拂过之处不时显露出来。这是多么开阔的画面，充满着动感与活力！诗中虽没有写人，但读者自然而然地会联想到草原上那些牛羊的主人——勇敢豪爽的敕勒族人民。他们是大地的主人，是自然的征服者。只有他们，才能给苍茫大地带来蓬勃生机，带来美的意蕴。因而，我们在诗中所感受到的不仅是大自然的壮阔，还有牧人们那宽广的胸怀和豪迈的性格，那未被农业社会文明所驯服、所软化的充满原始活力的人性。

其二，表现北方民族粗犷豪迈的个性以及豪侠尚武的精神，如：

男儿欲作健，结伴不须多。鹞子经天飞，群雀两向波。（《企喻歌辞四曲》其一）

这首诗赞扬了一个以一敌众、所向披靡的孤胆英雄，传达了一种浪漫的英雄主义情感，读来振奋人心。

其三，反映北方频繁的战争及其带给人民的深深苦痛，如：

男儿可怜虫，出门怀死忧。尸丧狭谷中，白骨无人收。（《企喻歌辞四曲》其四）

这首诗以解嘲的口气，写出多年战乱带给人民的徭役从征之苦，将复杂、凄哀的情感隐藏于明快豪爽的歌辞之中，即便命运多舛，经历生离死别，却也不失男儿本色。又如《陇头歌》三首：

陇头流水，流离山下。念吾一身，飘然旷野。
朝发欣城，暮宿陇头。寒不能语，舌卷入喉。
陇头流水，鸣声幽咽。遥望秦川，心肝断绝。

流离失所，思土怀乡，诗中流露出的是一种无以名状的苍凉和悲壮。

其四，反映下层民众的贫苦生活，如《幽州马客吟歌辞》：

快马常苦瘦,剿儿常苦贫。黄禾起羸马,有钱始作人。

"没有钱就不是像样的人!"如此直白大胆的话语,既表现出下层人民对财富的渴望,又表达出他们对富贵者的反击。

其五,反映北朝人民的爱情与婚姻。

这类诗歌在北朝乐府中数量最多。北方男女对待爱情和婚姻时所表现出的那种直率、大胆和开放的态度,是在情调缠绵婉转的南朝民歌中绝难见到的。如:

门前一株枣,岁岁不知老。阿婆不嫁女,那得孙儿抱?(《折杨柳枝歌》)

驱羊入谷,白羊在前。老女不嫁,蹋地呼天!(《地驱歌乐辞》)

这是北方少女对家中长辈不让她们及早出嫁的埋怨之辞。她们不像南方的姑娘那般矜持害羞,而是口无遮拦地告诉阿婆:"你不把我嫁出去,就别想抱孙子!"甚至还会哭天喊地地闹着要嫁人,有着北方人民特有的幽默和豪爽的性格。

又如《地驱乐歌》:

月明光光星欲堕,欲来不来早语我!

女子在幽会地点等待情人赴约,男子却迟迟不至,女子并没有表现出忧伤怅惘的情绪,而是直接指斥对方:"你爱来不来无所谓,但是要早点跟我说一声才对!"这样的泼辣简直是南方人想都不敢想的。

总之,北方民族保存着较多的原始风俗,在两性关系上也远没有汉族那样复杂的礼数。在他们看来,男欢女爱,男婚女嫁,原是很简单的事情,没有什么需要羞羞答答、扭扭捏捏的地方。"天生男女共一处,愿得两个成翁妪",正是对婚姻之事最简单直接的看法。因此,北朝的乐府情歌大多直接表现出人们热烈奔放的生命冲动,形成与南方乐府情歌截然不同的风格特点。

最后,我们还得说说北朝乐府民歌中成就最高的叙事长诗《木兰诗》:

唧唧复唧唧,木兰当户织。不闻机杼声,惟闻女叹息。
问女何所思,问女何所忆。女亦无所思,女亦无所忆。
昨夜见军帖,可汗大点兵,军书十二卷,卷卷有爷名。
阿爷无大儿,木兰无长兄,愿为市鞍马,从此替爷征。
东市买骏马,西市买鞍鞯,南市买辔头,北市买长鞭。
旦辞爷娘去,暮宿黄河边,不闻爷娘唤女声,但闻黄河流水鸣溅溅。
旦辞黄河去,暮至黑山头,不闻爷娘唤女声,但闻燕山胡骑鸣啾啾。
万里赴戎机,关山度若飞。朔气传金柝,寒光照铁衣。
将军百战死,壮士十年归。归来见天子,天子坐明堂。
策勋十二转,赏赐百千强。可汗问所欲,木兰不用尚书郎;
愿驰千里足,送儿还故乡。爷娘闻女来,出郭相扶将;
阿姊闻妹来,当户理红妆;小弟闻姊来,磨刀霍霍向猪羊。
开我东阁门,坐我西阁床,脱我战时袍,著我旧时裳。

当窗理云鬓，对镜贴花黄。出门看伙伴，伙伴皆惊惶：

同行十二年，不知木兰是女郎。

雄兔脚扑朔，雌兔眼迷离；双兔傍地走，安能辨我是雄雌？

千年来，木兰代父从军的故事(见图 13-5)在我国家喻户晓，木兰的形象一直深受人们喜爱，几年前甚至还被搬上了美国的动画银屏。大家认识花木兰，喜爱花木兰，正是从这首《木兰诗》开始的。

图 13-5　清　汪浦　木兰从军(纸本设色，直径 25cm)

诗中讲述了一个具有传奇色彩的故事：一个名叫木兰的民间女孩，出于对年迈父亲的关心和保家卫国的决心，毅然女扮男装，替父从军，在沙场上驰骋十年，立下汗马功劳。回朝后幸得天子封赏，但她不慕荣利，不求封赏，坚持回到家乡与亲人团聚。直到她换下戎装，重着旧裳，人们才发现这个天大的秘密——原来木兰是女郎！

在以男权为中心的封建社会里，花木兰的形象的确让人眼前一亮。在她身上，集中体现了中华民族的诸多美德，比如孝敬父母双亲，忠于国家人民；比如巾帼不让须眉，有着过人胆识与才华；比如不贪慕荣华富贵，有着高尚的情操等，这些都使花木兰成为我国古代人民理想和正义的化身。而人物形象的成功塑造，也正是《木兰诗》这首乐府民歌艺术成就的一大体现。

从写作技巧上来看，《木兰诗》也达到了较高的艺术水平。其一，在叙事上能做到有详有略，详略得当；其二，善于通过细节来刻画人物的心理；其三，能出色地运用复叠、铺陈和排比等多种修辞手法来增强表现力；其四，笔墨凝练，句式错落有致，声韵铿锵，富有音乐之美。

《木兰诗》不愧是我国古代诗歌史上辉映千古的叙事诗名篇，与《孔雀东南飞》一并代表着我国诗歌史上长篇叙事诗的最高成就。

　　两汉乐府民歌和南北朝乐府民歌虽然在内容和风格上各有特点，但都是我国诗歌宝库中的优秀遗产。它们来自民间，却走入了文人的世界。一大批杰出的诗人都主动地向乐府民歌汲取营养，李白就是其中的代表。尤其是当某一时期的诗歌创作普遍陷于绮靡软媚的不良风气中时，则更需要借助乐府民歌那股清新自然的气息和活泼向上的生命力来加以纠正，初唐四杰对宫体诗风的突破即是明证。还有乐府民歌"感于哀乐，缘事而发"的现实主义精神，代代相传，建安曹操诸人"借古题写时事"的古题乐府如是，盛唐杜甫的"即事名篇，无复依傍"的新题乐府如是，中唐以通俗浅近的文字、"歌诗合为事而作"的宗旨实践"新乐府运动"的元白诗派亦如是。

　　乐府民歌的影响是深远的，除了现实主义精神的传承与发扬，还体现在题材的因袭、体裁的模仿及艺术手法的借鉴等诸多方面。我们在赏析后世诗文时不妨多加体味。

第十四章　唐宋诗词

每个中国人或许都是在唐宋诗词的陪伴下逐渐长大的。小时候，从"床前明月光，疑是地上霜"开始牙牙学语；长大一些后，从"春眠不觉晓，处处闻啼鸟"中懂得了冬去春来；再往后，从"此去经年，应是良辰好景虚设，便纵有千种风情，更与何人说"中明白了离别的苦涩，从"衣带渐宽终不悔，为伊消得人憔悴"中品尝了爱情的滋味；人到中年，体会了"流光容易把人抛，红了樱桃，绿了芭蕉"，我们才会突然读懂李后主"问君能有几多愁，恰似一江春水向东流"那难以言说的况味；当我们年华老去，经历了杜甫的"亲朋无一字，老病有孤舟"后，才能明白李商隐的"此情可待成追忆，只是当时已惘然"该是多么痛的领悟。唐宋诗词于我们，从来不是纸上冷冰冰的文字，而是我们每个人的生活和情感；是我们每个人从心里、从岁月里长出来的句子。同时，作为中国古典诗歌巅峰的唐宋诗词，在唐宋人的精神生活中也扮演了不可或缺的重要角色。本章就让我们从那些春花秋月、侠气豪情的诗句出发，一起去探寻唐宋人的精神家园。

（本章执笔：梁洁）

唐代与宋代是华夏文明两个登峰造极的朝代，前者政治军事力量强大、经济发达、思想文化开放，开创了"大唐盛世"的繁荣景象；后者承前而来，在文学、艺术、科技、思想等方面都取得了辉煌的成就，用陈寅恪先生的话说，实乃"华夏文明造极"之世。唐之诗、宋之词，既是两个朝代成就最高的"一代之文学"，更是两个朝代各自社会历史的缩影，唐宋两代涌现出的杰出文人、优秀作品的数量之多，为中国文学史上所仅见，唐宋诗词里蕴积的思想情感的深度和厚度，也让千载之下的读者含英咀华、回味无穷。这既是唐宋诗词的魅力，亦是唐宋两代文明的魅力。

一、山水寄情

说到对中国人影响最大的思想流派，莫过于儒、释、道三家。为儒，济世救民，兼济天下，建立千秋功业，这是一种主流的成功途径；修道，逍遥快乐，独善其身，告别俗世纷扰，这是一种潇洒的生存之道；皈释，明净和平、超然安乐，追求解脱放下，这是一种深沉的人生智慧。儒、释、道，有进，有退，三家从不同的向度共同撑起了中国人的人生观——"进则天下，退则田园"，这就是中国人心中完整而完美的人生架构。士人入仕，建功立业，致君尧舜，支撑他们的是儒家入世的进取精神；而在人生信仰、社会思潮、审美情趣与生活方式方面起作用的，则更多的是释和道。具体到唐代，儒、释、道的影响，化作了士人恢宏的气度、昂扬的精神以及开阔的胸怀、潇洒的态度。唐人喜欢游历，或者读书入幕、科举干谒；或者流连山水、游仙修禅。老死家乡绝不是唐人所好，千里赴举、万里出塞、遍访名山、交游天下，这才是唐人所为。再具体到诗歌，于是就形成了唐代最令人瞩目的两个诗歌类别：山水田园诗与边塞诗。唐代的山水田园诗，不论诗人有着怎样不同的风格，但都亲切传神地表现自然之美却是相同的；而唐代的边塞诗，则为唐诗带来了慷慨雄大的情调与壮美的境界，具有独特的艺术性。

唐代山水田园诗以描写自然风光、农村景物以及安逸恬淡的隐居生活见长，诗境隽永优美，风格恬静淡雅，语言清丽洗练。唐代的山水田园诗上接魏晋南北朝，在谢灵运、陶渊明开创的抒写自然之美、田园之乐的道路上继续向纵深开掘。初唐王绩一扫宫廷诗歌的浮艳雕琢，以宁静淡泊的诗风开了王、孟之先河。张若虚、刘希夷则将诗情与画意紧密结合，在诗歌意境的创造上达到了新的高度，尤其是张若虚的《春江花月夜》里空明纯美、情景交融的诗意境界，给了后来的诗人很大的启发。经过了初唐的艺术准备之后，诗坛终于迎来了盛唐以王维、孟浩然为代表的山水田园诗的鼎盛时期。

王维(701—761)，字摩诘，号摩诘居士。河东蒲州(今山西运城)人，十五岁起游学长安，开元九年(721)中进士，出任太乐丞，因伶人舞黄狮子受累，贬为济州司仓参军，从此开始了亦官亦隐的生活，在终南山筑辋川别业。安史之乱中，王维被迫接任伪职，故长安收复后，他因此被责，后幸得免。唐肃宗乾元年间任尚书右丞，故世称"王右丞"。不过王维晚年已无意于仕途，属意参禅，上元二年(761)，卒于辋川别业，年六十一。

纵观王维的一生，早年他曾积极入仕，对功名充满热情和向往，因此这一时期他的诗歌亦是声调高朗、气魄宏大的。比如他的《少年行四首》，为我们描绘了一个意气风发、满腔热血的少年游侠形象，他武艺超群，勇于杀敌，最后立下了赫赫战功。王维通过对这个英雄少年的刻画，其实也抒写了自己向往建功立业的英雄主义理想。

后来王维又曾调任监察御史，奉命出塞，担任凉州河西节度使幕府判官，在塞外，他写过一些如《从军行》《观猎》《出塞作》、《送元二使安西》等的边塞诗，洋溢着壮大明朗的情思和气势，尤其是《使至塞上》：

单车欲问边，属国过居延。征蓬出汉塞，归雁入胡天。
大漠孤烟直，长河落日圆。萧关逢候骑，都护在燕然。

这首诗记述了王维出使塞上的旅程以及旅程中所见的塞外风光。尤其"大漠孤烟直，长河落日圆"两句描绘了边陲大漠中壮阔雄奇的景象，境界阔大，气象雄浑。

青年时期的王维在儒家"兼济天下"思想的影响下，充满壮志豪情，渴望建功立业。但随着仕途的不如意，他的思想情感逐渐向佛教靠拢，诗歌内容也从边塞转向了田园，树立了自己空明宁静的诗风，并最终奠定了他在唐诗史上的大师地位。

《山居秋暝》(见图14-1)是王维山水田园诗的代表作：

空山新雨后，天气晚来秋。明月松间照，清泉石上流。
竹喧归浣女，莲动下渔舟。随意春芳歇，王孙自可留。

图14-1　明　项圣谟　王维诗意图册(纸本墨笔，每开纵28.1cm，横29.4cm)

在王维笔下，大自然清新宁静而又生机盎然，人受到大自然的感召，抛开一切烦恼，精神升华到空明无碍的境界，让自然之美与心境之美实现和谐统一，因此笔下的诗歌也便有了空灵静谧、不可凑泊的纯粹之美。

王维在其母的影响下，从小就醉心佛法，早年受禅宗北宗影响较大，晚年的思想则接近南宗。公退之余，王维喜欢在家中焚香默坐，感悟佛法，即坐禅。坐禅能最大限度地平静思想和情绪，让身心处于一种"无生无灭"的虚空状态，产生万物一体的洞见慧识，进入物我两忘的"无我"境界。由禅入定，由定生慧，王维以慧眼禅心观照自然世界，因此他下笔往往"搜求于象,心入于境,神会于物,因心而得"(唐·王昌龄《诗格》)。他常以"空""寂""灭"的禅趣、禅境来构筑诗美、诗境,他的诗因此有了与众不同的审美旨趣。王维的山水田园诗,无论是在题材的选择、诗境的构成上,还是在审美的体验、情感的抒发上都能看到佛教的影子。

《辋川集二十首》是王维晚年隐居辋川别业时写的,也是他将禅宗的静默观世与山水的审美体验合二为一的巅峰诗集。在辋川明秀的山水中,他与松风为伴,与山月相邀,弹琴独坐,静待花开。他已经完全摆脱了尘世之累,连情绪的波动与世俗的思虑都被过滤了,只剩下一片空灵的自然之美。这种美是纯粹的,是永恒的,是可以摆脱具体时空的超然体验,这是王维诗歌所营造的独特的艺术世界,也是至今仍能给我们的灵魂带来震撼的极致之美。

空山不见人,但闻人语响。返景入深林,复照青苔上。(《鹿柴》)

木末芙蓉花,山中发红萼。涧户寂无人,纷纷开且落。(《辛夷坞》)

秋山敛余照,飞鸟逐前侣。彩翠时分明,夕岚无处所。(《木兰柴》)

独坐幽篁里,弹琴复长啸。深林人不知,明月来相照。(《竹里馆》)

佛教思想对王维的影响可谓深远,而王维的诗歌也超出一般平淡自然的美学,进入一种宗教的境界:物我两忘、随缘任运。王维的山水田园诗实现了禅与诗的融通,他也因此被后世称作"诗佛"。王维还多才多艺,尤其精通音乐和绘画,他把绘画的精髓带到山水诗的写作中,让其诗形神兼备又富含诗情画意(见图14-2),所以苏轼曾赞他:"味摩诘之诗,诗中有画,观摩诘之画,画中有诗。"(《东坡志林》)

图14-2 唐 王维 江干雪霁图卷(局部)

与王维齐名的同时代山水田园诗人还有孟浩然。孟浩然(689—740)，襄州襄阳(今湖北襄阳)人，因他未曾入仕，世人又称之为"孟山人"。孟浩然四十岁以前，隐居于鹿门山，曾南游江、湘，北去幽州，寓寄洛阳，往游越中。不惑之年，游长安，曾在太学赋诗，名动公卿，与王维等士子结交。后因应举不第，南下吴越，寄情山水。开元二十五年(737)被张九龄招致幕府，三年后不达而卒。

李白非常欣赏孟浩然，曾说："吾爱孟夫子，风流天下闻。红颜弃轩冕，白首卧松云。"(《赠孟浩然》)当时的人们都认为孟浩然是个真正的隐士，但其实孟浩然与其他深受儒家思想影响的传统文人一样，也有着济世建功的情怀，否则他也不会在与张说(一说张九龄)的《临洞庭湖赠张丞相》的诗中表达出"欲济无舟楫，端居耻圣明。坐观垂钓者，徒有羡鱼情"的求仕心态了。但不管是因为他时运不济，还是因为他不愿折腰屈从，孟浩然终身不仕都是不争的事实，他因此而远离官场投身山水，"红颜弃轩冕，白首卧松云"，最终成就了他恬淡自然、怡然自得的诗风，成为盛唐山水田园诗的一代宗师。

《宿建德江》是孟浩然的代表作之一，诗曰：

移舟泊烟渚，日暮客愁新。野旷天低树，江清月近人。

孟浩然与王维的不同在于：王维喜欢刻画自然的"无人"之境，而孟浩然则喜欢从自己出发，情景交融。在《宿建德江》中，江边的小洲、天边的矮树、江上的烟雾、天上的明月，皆贯穿于自己的羁旅行愁中，于是，景物之"实"、情感之"虚"，一现一隐，两相融汇，构成一个特殊的意境。孟浩然的诗常是如此，从景致高远处落笔，从自身寂寞处低徊，随意点染的景物与清淡的情思相融，形成平淡清远而意兴无穷的明秀诗境。

又如《秋登兰山寄张五》：

北山白云里，隐者自怡悦。相望试登高，心随雁飞灭。
愁因薄暮起，兴是清秋发。时见归村人，沙行渡头歇。
天边树若荠，江畔洲如月。何当载酒来，共醉重阳节。

在孟浩然这里，山水诗已不再是山水本身的刻画，而是采用了表现的手法，将山水形象与自己的思想感情以及性格气质合二为一，诗人不再是山水的旁观者，而成了山水的代言人，山水也不再是诗人身外的存在，而是诗人内心的投射。孟浩然在山水诗中打上自己本人的气质与情感印记，使山水诗中的形象刻画达到了前所未有的高度。

以王、孟为中心，当时还有裴迪、储光羲、常建等诗人环聚，后世亦有韦应物、柳宗元、刘禹锡等大家继起，山水田园诗一脉在唐代始终薪火相继、名家辈出，涌现了很多优秀的作品。山水田园诗以山水田园为审美对象，把细腻的笔触投向静谧的山林、悠闲的田野，创造出一种田园牧歌式的生活场景，在抒写自然之美方面达到了极致。

二、边塞壮志

前文分析过，受儒家入仕建功思想的影响，唐人多有积极从军、投身幕府之举，因此，边塞主题也便成了唐代绘画(见图14-3)和诗歌中除山水田园之外的另一类常见题材。

图 14-3　北宋 李公麟 免胄图(局部) (纸本墨笔，全卷纵 32.3cm，横 223.8cm)

　　边塞诗以边疆地区战争、军民生活和自然风光为抒写对象，思想深刻，想象丰富，且由于边塞有不同于内地的奇异风景和民俗习惯，因此边塞诗往往呈现出异彩纷呈、雄奇壮美的艺术感染力。唐代边塞诗的代表人物有高适、岑参。

　　高适(704—765)，字达夫，渤海蓨县(今河北景县)人，早年生活困顿，三十岁时曾北上蓟门，漫游燕赵，希望能从军边塞，但无功而返。五十二岁时，高适迎来人生的转机，入河西节度使哥舒翰幕府，任掌书记，后飞黄腾达，做过淮南节度使和蜀、彭二州刺史，代宗即位后，又历任刑部侍郎、左散骑常侍，封渤海县侯，是盛唐唯一官至封侯的诗人。《旧唐书》本传中说："有唐以来，诗人之达者，唯适而已。"

　　高适的诗歌多作于安史之乱前，虽然其时穷困落拓，但作品颇有奇气，笔力雄健，气势奔放；虽然难免有怀才不遇的悲慨，但总体而言，显示出高适不甘寂寞、急于用世的雄心。这种雄心促使他不畏艰险，两次北上蓟门，而这种建功立业、兼济天下的理想和热情，正是盛唐人所特有的蓬勃向上的精神。

　　高适《淇上酬薛三据兼寄郭少府微》诗云：

　　自从别京华，我心乃萧索。十年守章句，万事空寥落！北上登蓟门，茫茫见沙漠，倚剑对风尘，慨然思卫霍。拂衣去燕赵，驱马怅不乐。天长沧州路，日暮邯郸郭，酒肆或淹留，渔潭屡栖泊。独行备艰险，所见穷善恶。永愿拯刍荛，孰云干鼎镬！皇情念淳古，时俗何浮薄。理道资任贤，安人在求瘼。故交负灵奇，逸气抱謇谔，隐轸经济具，纵横建安作，才望忽先鸣，风期无宿诺。飘摇劳州县，迢递限言谑。东驰眇贝丘，西顾弥虢略。淇水徒自流，浮云不堪托。吾谋适可用，天路岂寥廓！不然买山田，一身与耕凿，且欲同鹪鹩，焉能志鸿鹤！

　　这是高适早年所作的一首五言古诗。诗中叙述了他早年在长安求仕不遇的坎坷经历，以及他因此弃文从武，渴望从军边疆，建功沙场的志向。但不料他请缨无路，报国无门，只能怀着一腔愤懑离开燕赵，在沧州、在邯郸、在酒肆、在渔潭，他孤独困顿，饱尝艰辛。

但越是艰难，越是激发了他昂扬的斗志，同时让他对底层百姓的苦难有了切身之感，滋生了他"永愿拯刍荛，孰云干鼎镬"的宏伟抱负。接下来，他赞扬了友人的卓越才华和高贵品质，但叹息友人的才华被州府小官的琐事所累，并没能最大限度地发挥出来。最后他的感情再度强烈地喷发出来，不禁发出"吾谋适可用，天路岂寥廓"的呼喊。整首诗充斥着一种时不我待的焦虑以及为国为民、封侯拜相的热望，这种慷慨高歌，让高适的诗显得气宇轩昂、豪迈雄浑。

《燕歌行》是高适的代表之作，前有序言："开元二十六年，客有从御史大夫张公出塞而还者；作《燕歌行》以示适，感征戍之事，因而和焉。"诗文如下：

汉家烟尘在东北，汉将辞家破残贼。男儿本自重横行，天子非常赐颜色。
摐金伐鼓下榆关，旌旆逶迤碣石间。校尉羽书飞瀚海，单于猎火照狼山。
山川萧条极边土，胡骑凭陵杂风雨。战士军前半死生，美人帐下犹歌舞。
大漠穷秋塞草腓，孤城落日斗兵稀。身当恩遇常轻敌，力尽关山未解围。
铁衣远戍辛勤久，玉箸应啼别离后。少妇城南欲断肠，征人蓟北空回首。
边庭飘飖那可度，绝域苍茫更何有。杀气三时作阵云，寒声一夜传刁斗。
相看白刃血纷纷，死节从来岂顾勋。君不见沙场征战苦，至今犹忆李将军。

这首诗思想感情极其丰富，既有对"男儿本自重横行"的英雄气概的肯定，也有对"少妇城南欲断肠"的深切同情；既有对战士"力尽关山"浴血奋战的颂扬，也有对将帅"美人帐下犹歌舞"的不满。全诗气氛悲壮，主题含蓄深刻，基调激昂高亢，诗风纵横跌宕，有着动人心魄的力量。总体而言，高适的诗"多胸臆语，兼有气骨"(唐·殷璠《河岳英灵集》)，气质沉雄，境界壮阔，这与他自身的边塞生活体验是分不开的。

与高适同时著称，也有边塞入幕经历的诗人是岑参。岑参(约715—770)，出生于江陵(今湖北荆州)。岑参幼年丧父，家道中落，坚持苦学，于天宝三载进士及第，初为右内率府兵曹参军。天宝八载，弃官从戎，两次深入边塞，先任安西节度使高仙芝幕府掌书记，后任北庭都护府封常清幕府判官。唐代宗时，出为嘉州(今四川乐山)刺史，故世又称"岑嘉州"，约大历五年卒于成都，享年约五十六岁。

两次出塞深入漠北，岑参和高适一样，有着强烈的用世之心，虽然通过科举考试，他已经获得了功名，但他并不满足于做一个普通小官。他在诗中说："丈夫三十未富贵，安能终日守笔砚？"(《银山碛西馆》)而在当时，封侯拜相的一条捷径就是边功封赏，所以岑参毅然慷慨从军。因为始终抱着大展宏图的念头，所以即使边塞生活艰苦，他却依然能乐观开朗地去面对。因此岑参的诗没有高适诗中时常流露出的怀才不遇的悲愤，而是更加昂扬向上，总能用新奇的视角去发现边塞奇异的风光，并将它们刻画得奇伟壮丽，也更能衬托将士的英雄气概，比如他那首著名的《白雪歌送武判官归京》：

北风卷地白草折，胡天八月即飞雪。忽如一夜春风来，千树万树梨花开。散入珠帘湿罗幕，狐裘不暖锦衾薄。将军角弓不得控，都护铁衣冷难着。瀚海阑干百丈冰，愁云惨淡万里凝。中军置酒饮归客，胡琴琵琶与羌笛。纷纷暮雪下辕门，风掣红旗冻不翻。轮台东门送君去，去时雪满天山路。山回路转不见君，雪上空留马行处。

这首诗刻画了西域八月飞雪的壮丽景色，虽然抒写塞外送别，却并不令人感到伤感，反而是"千树万树梨花开"的神奇雪景给人留下了深刻印象。整首诗气势磅礴,意境鲜明独特,充满乐观精神与壮逸情怀,具有极强的浪漫主义艺术感染力,堪称盛唐边塞诗的压卷之作。

另外,还有他的《走马川行奉送出师西征》:

君不见,走马川行雪海边,平沙莽莽黄入天。
轮台九月风夜吼,一川碎石大如斗,随风满地石乱走。
匈奴草黄马正肥,金山西见烟尘飞,汉家大将西出师。
将军金甲夜不脱,半夜军行戈相拨,风头如刀面如割。
马毛带雪汗气蒸,五花连钱旋作冰,幕中草檄砚水凝。
虏骑闻之应胆慑,料知短兵不敢接,车师西门伫献捷。

此诗抓住"轮台九月风夜吼,一川碎石大如斗,随风满地石乱走"这种只有边地才能看到的奇异景色来凸显环境的艰险,而气候环境越是恶劣越能衬托士兵们大无畏的英雄气概,有了这样的壮士,战争胜利指日可待。整首诗诗情豪爽,写景神奇瑰丽,三句一转韵且句句入韵,用韵脚营造出急如战鼓一般的诗歌节奏,让全诗更加激越豪壮,别具一格。

除了上述两首脍炙人口的诗以外,岑参还有《火山云歌送别》《热海行送崔侍御还京》等一系列优秀作品。在岑参笔下,军旅生活(见图14-4)、边塞风光、异域风情,全都加上了奇伟瑰丽的滤镜,受到诗人热情的歌颂赞美,其纵横跌宕、舒卷自如又富含理想主义光辉的笔法,得到了当时及后世的一致赞誉。

图14-4　唐 佚名 张议潮统军出行图(局部)(莫高窟第156窟壁画)

除了高、岑,唐代还有如王昌龄、李颀、崔颢、王之涣等著名的边塞诗人。总之,边塞诗是边塞生活的艺术反映,其思想内容极其丰富:可以抒发建功立业、报效国家的渴望与豪情;可以状写戍边将士的乡愁,家中思妇的别情;可以表现戍边生活的单调苦闷,连年征战的残酷艰辛;可以宣泄对朝廷穷兵黩武的不满,对将帅贪功冒进的怨念;还可以描摹边地奇异的风光,不一样的民风民俗。总之,每个诗人的经历不同,前往边塞的原因不同，所抒发的感情也千差万别，因此边塞诗的内容之丰富、思想之深刻、艺术表现之异彩纷呈，使其成为唐诗中一颗璀璨夺目的明珠。

三、李杜光焰

李白与杜甫，无疑是站在盛世之巅的诗人，他们代表了唐诗的最高成就。李白是盛唐文化孕育出的天才诗人，他的魅力就是盛唐的魅力，他的自信与自负，浪漫与狂傲，激情与浮躁，都展现了盛唐的时代性格和精神风貌。他豪放洒脱的气度、天马行空的想象力、自由创造的浪漫情怀，让他的诗歌达到了后人难以企及的高度。而杜甫则代表了另一种盛唐，他生活在唐代由盛转衰的历史转折点，他是时代的镜子，照映出安史之乱前后的社会变化，他根在盛唐，又力开中唐，从此之后，盛唐诗那种高高飘扬的热闹浓烈的理想主义光辉慢慢消退，开始逐渐在现实主义大旗的指引下直面淋漓的鲜血和惨淡的人生，中年的思虑送走了少年的情怀，唐诗开始呈现出一种全新的面貌，而这一切的转变，从杜甫开始。李白和杜甫是两种不同类型的诗人，他们双星辉映，照亮了唐诗的天空。

李白(701—762)，字太白，号青莲居士(见图 14-5)，祖籍陇西成纪(今甘肃秦安)，他的家世和出生地至今还是个谜，只知道大约在他五岁时，随家迁居绵州昌隆县(今四川江油)。李白自称"五岁诵六甲，十岁观百家"(《上安州裴长史书》)，"十五观奇书，作赋凌相如"(《赠张相镐二首》)，接受过良好的教育。李白的青年时期，是在隐居与漫游、习剑并任侠、神仙道教信仰与纵横家学说中度过的。

图 14-5　清　苏六朋　太白醉酒图(纸本设色，纵 204.8cm，横 93.9cm)

开元十三年(公元725年)李白出蜀,"仗剑去国,辞亲远游"(《上安州裴长史书》),足迹遍布半个中国。天宝元年(公元742年)时,李白奉召入京,供奉翰林,但由于他狷介的性格,最终被朝中权贵排挤,于天宝三载(公元744年),被"赐金放还"。安史之乱爆发后,李白入永王李璘幕府,后因永王叛乱被牵连,流放夜郎。乾元二年(公元759年),李白在流放途中遇赦,上元三年(公元762年),在安徽当涂病逝,年六十二岁。

从李白的传奇一生中我们可以看到,盛唐士人主动入世、积极进取的人生理想,在李白身上达到了极致。他终年交游天下,一朝辅佐君王,他也曾慷慨从军,入幕为僚,他的诗歌天下传扬,他的足迹遍及半个中国,他看不起白首死章句的儒生,他以"济苍生""安社稷"的英雄自诩,有着强烈的功名心,他始终幻想能"平交王侯""一匡天下",虽然现实并不如他所愿,但他始终保持着自信、自负的心态与豁达、昂扬的风貌,李白身上这种盛唐人乐观向上的精神成为他最具魅力的人格徽章,在后人眼中,李白就是盛唐精神的化身。所以余光中先生在《寻李白》中写道:"酒入豪肠,七分酿成了月光,余下的三分啸成剑气,绣口一吐就半个盛唐。"

李白继承了汉乐府"感于哀乐、缘事而发"的优良传统,大力创作乐府古题和歌行体诗。李白的诗,往往情感充沛,气势磅礴,"言出天地外,思出鬼神表,读之则神驰八极,测之则心怀四溟"(皮日休《刘枣强碑文》)。如那首著名的《蜀道难》:

噫吁嚱,危乎高哉! 蜀道之难,难于上青天! 蚕丛及鱼凫,开国何茫然! 尔来四万八千岁,不与秦塞通人烟。西当太白有鸟道,可以横绝峨眉巅。地崩山摧壮士死,然后天梯石栈相钩连。上有六龙回日之高标,下有冲波逆折之回川。黄鹤之飞尚不得过,猿猱欲度愁攀援。青泥何盘盘,百步九折萦岩峦。扪参历井仰胁息,以手抚膺坐长叹。问君西游何时还? 畏途巉岩不可攀。但见悲鸟号古木,雄飞雌从绕林间。又闻子规啼夜月,愁空山。蜀道之难,难于上青天,使人听此凋朱颜! 连峰去天不盈尺,枯松倒挂倚绝壁。飞湍瀑流争喧豗,砯崖转石万壑雷。其险也如此,嗟尔远道之人胡为乎来哉!

剑阁峥嵘而崔嵬,一夫当关,万夫莫开。所守或匪亲,化为狼与豺。朝避猛虎,夕避长蛇;磨牙吮血,杀人如麻。锦城虽云乐,不如早还家。蜀道之难,难于上青天,侧身西望长咨嗟!

这首诗凭借丰富的想象、历史故事和神话传说等浪漫手法,辅以比喻、夸张等修辞运用,艺术地再现了蜀道的雄奇峥嵘、崎岖强劲,进而歌咏自然山川的雄伟壮丽。整首诗笔意纵横,神奇瑰丽,诗风宏伟壮阔,感情抒发强烈磅礴,读来令人心潮激荡,难怪贺知章对其大加赞赏,称李白为"谪仙人"。

再如他的《将进酒》:

君不见黄河之水天上来,奔流到海不复回。君不见高堂明镜悲白发,朝如青丝暮成雪。人生得意须尽欢,莫使金樽空对月。天生我材必有用,千金散尽还复来。烹羊宰牛且为乐,会须一饮三百杯。岑夫子,丹丘生,将进酒,杯莫停。与君歌一曲,请君为我侧耳听。钟鼓馔玉不足贵,但愿长醉不复醒。古来圣贤皆寂寞,惟有饮者留其名。陈王昔时宴平乐,斗酒十千恣欢谑。主人何为言少钱,径须沽取对君酌。五花马,千金裘,呼儿将出换美酒,与尔同销万古愁。

这首诗时而奔放，时而深沉，豪壮的酒话背后是波涛汹涌的情感，全诗大起大落，诗情由悲入乐再转狂，气势如大江奔流，不可羁勒，充分展示了李白的傲岸和狂放的才子情怀，篇中名句"天生我材必有用，千金散尽还复来"，更是豪情万丈，千古流传。李白诗中这样的名句还有不少，如"长风破浪会有时，直挂云帆济沧海""人生飘忽百年内，且须酣畅万古情""仰天大笑出门去，我辈岂是蓬蒿人""俱怀逸兴壮思飞，欲上青天揽明月"等，或表现他不同凡俗的性格和远大的人生抱负，或嘲笑现实社会的不公，蔑视权贵秩序，或展示对人生放荡洒脱的态度，对自然真挚热烈的讴歌，语多率然，气格雄放，才力标举，驰骋无极。李白把自己的个性气质融入诗歌创作之中，形成了行云流水的抒情方式，既展示了他昂扬的生命激情，又带来了奔腾恣肆的气势，让人读之气畅意酣，快意淋漓。

杜甫(712—770)，字子美，自号少陵野老，生于河南巩县(今巩义市)，是晋朝名将杜预之后，祖父杜审言是初唐著名诗人。杜甫从小受家庭的熏陶，忠君爱国、仁民爱物的儒家思想对他影响很大。杜甫年轻时曾先后游历吴越和齐赵，几次应试却都落第，他官场不得志，亲眼看见了唐朝上层社会的奢靡与社会危机。安史之乱爆发后，杜甫先后辗转多地，亲历了战争给百姓带来的伤痛。乾元二年(公元759年)杜甫弃官入川，开始了他旅居西南的生活。晚年的杜甫穷困潦倒、疾病缠身，十分凄凉。最终于大历五年冬，死于长江上的孤舟里，年五十九岁。

杜甫一生尚儒，关注劳动者和弱势人群，他用诗歌记录了大唐由盛转衰的过程，以及老百姓所承受的苦难，他也因此被后世称作"诗圣"，他的诗被称为"诗史"。如他在安史之乱中写下著名的"三吏""三别"，就向我们真实地展现了战火中整个社会生活的广阔画面。

如《无家别》诗云：

寂寞天宝后，园庐但蒿藜。我里百余家，世乱各东西。
存者无消息，死者为尘泥。贱子因阵败，归来寻旧蹊。
人行见空巷，日瘦气惨凄。但对狐与狸，竖毛怒我啼。
四邻何所有，一二老寡妻。宿鸟恋本枝，安辞且穷栖。
方春独荷锄，日暮还灌畦。县吏知我至，召令习鼓鞞。
虽从本州役，内顾无所携。近行止一身，远去终转迷。
家乡既荡尽，远近理亦齐。永痛长病母，五年委沟溪，
生我不得力，终身两酸嘶。人生无家别，何以为烝黎。

乾元二年三月，唐朝六十万大军败于邺城，为了快速补充兵力，统治者实行了惨无人道的抓丁政策。杜甫亲眼看见了这些现象，怀着矛盾、痛苦的心情，写成"三吏""三别"六首诗作。其中《无家别》叙述了一个战败后还乡无家可归、重又被征的军人，通过他的遭遇描写出战争带来的凋敝荒芜以及百姓的流离失所，全诗情感沉痛凄婉、感人至深。

与李白的逍遥洒脱不同，杜甫的情感和思想都很专注，他的诗也多一往情深。杜诗内容深广，意境雄浑，感情深沉，但他又有意识地在表达情感时采取了节制的表现手法，所以他的诗有种厚重曲折的韵致。再加上杜甫写诗很注重用韵律的变化来配合表情达意的抑扬跌宕，让音调声情起伏迭变，因此他的诗歌更显得曲折、有力。杜诗这种特殊的风格，

被后人称作"沉郁顿挫"。比如这首《旅夜书怀》:

细草微风岸,危樯独夜舟。星垂平野阔,月涌大江流。
名岂文章著,官应老病休。飘飘何所似?天地一沙鸥。

这首诗首联写景,却将他像江草一样渺小、像孤舟一般寂寞的境况暗寄在其中。颔联写辽阔的平野、浩荡的大江、灿烂的星月,看起来景色壮阔无比,却正好与上下联的老病孤苦形成了反差,这种以乐景写哀情的手法,正是一种有意识的情感节制。颈联写自己虽因文章而声名显赫,但因老病而只能休官的无奈,虽然他把休官的原因归结到自身,但我们仍能从字里行间体会到他抱负难施的忧愤。尾联以沙鸥自比,转徙江湖,声声哀叹,用一个孤独的画面结束全诗,含蓄幽远,回味无穷。这首诗既写旅途风景,又伤老年多病、漂泊无依,景中有情,融情于景,内容深刻,情感深邃,却又引而不发,并未喷泻而出,同时全诗格调清丽,正是"沉郁顿挫"的写法。

李白喜欢写自由的古体诗,而杜甫更倾向于写结构严谨的律诗,他非常注重诗歌的表现形式,对仗考究,用语准确精练,注意音韵平仄,极大地扩展了律诗的表现力。杜甫的律诗成就辉煌,对后世影响很大,标志着中国诗的格律走向了成熟。

《登高》(见图 14-6)历来被誉为唐诗的"七律之冠":

风急天高猿啸哀,渚清沙白鸟飞回。
无边落木萧萧下,不尽长江滚滚来。
万里悲秋常作客,百年多病独登台。
艰难苦恨繁霜鬓,潦倒新停浊酒杯。

图 14-6　清　王时敏　杜甫诗意图册(纸本设色,每开纵 39cm,横 25.5cm)

这首诗前四句写景，述登高见闻，紧扣秋天的季节特色；后四句抒情，写登高所感，抒发了诗人穷困潦倒、年老多病、流落他乡的悲哀之情。此诗写景有近景有远景，近景的"天"与"风"，"沙"与"渚"，"猿啸"与"鸟飞"，自然成对，画面精美；远景的"落木"与"长江"，"无边"对"不尽"，苍凉萧索而又意境阔大，有着出神入化之笔力。写情则围绕自己的身世遭遇展开，"悲秋"人偏是"多病"身，愁"常"有却"独"无伴，艰难苦恨中白发日增，潦倒不堪中多病缠身，孤独悲凉已至极境。除了内容深邃外，这首诗的语言精练，对偶绝佳，起承转合，丝丝入扣，充分显示了杜甫晚年对律诗的语言、声律、对偶等表现形式的把握已达圆通之境。

杜甫是唐诗发展过程中一个里程碑式的人物，众体兼备又善于创造，为后世积累了丰富的艺术经验，成为后世写诗，尤其是写律诗时的范本标杆。更为重要的是，他的思想情操、仁爱之心与家国情怀，被历代士人视作人格范本。杜甫是一个承前启后的诗人，中唐以后，白居易、元稹等人继承并发展了杜诗的现实主义传统，强调诗歌要关心社会民生，重视讽喻、教化功能，在文学理论和创作上掀起了一个现实主义诗歌的高潮；韩愈、孟郊、贾岛等人则受杜诗奇崛、炼字、散文化等倾向的启发转而追求生新瘦硬、清寒苦吟的诗歌风格；到了晚唐，杜牧的声情高华、李商隐的七律章法，"小李杜"的诗也莫不带着杜甫诗的影子；宋以后，杜甫在诗史上的地位更是不断被推高，到了无人匹敌的地步，他在诗史上的影响，虽历千年而不衰。

四、柔词婉转

在南宋俞文豹的《吹剑续录》中曾记载过一个有趣的故事：

东坡在玉堂，有幕士善讴，因问："我词比柳词如何？"对曰："柳郎中词，只好十七八女孩儿执红牙拍板，唱'杨柳岸晓风残月'，学士词须关西大汉执铁板，唱'大江东去'。"公为之绝倒。

这个故事十分形象地说明了苏轼与柳永词的不同风格，可以想见十七八岁的女孩子举纤手，叩牙板，轻启朱唇，唱出的词必定是柔肠百转、缠绵悱恻的；而关西大汉，须眉皆张，铁板铮铮，唱出的词必定豪气干云，慷慨激昂。苏轼与柳永的不同词风，恰好也代表了宋词的两种审美标准：豪放与婉约。

词是一种诗的别体，是隋唐时兴起的一种新的文学样式，词最初是为了配合宴乐乐曲而填写的歌词，最早的演唱场所多为秦楼楚馆、酒店瓦肆(见图14-7)。虽然经李后主"变伶工之词而为士大夫之词"(王国维《人间词话》)的改造，词已经摆脱了宴乐性质而逐渐成为文人士大夫抒情达意的一种载体。但就词的源流来看，词比之诗担负了更多的吟风弄月、儿女情长的职能，这是无法回避的事实。宋人将诗与词的功能进行了严格的划分，所谓"诗言志，词言情"，文人往往选择用词来表达诗歌难以表达的、相较于家国大事而言不太正经的私情私念，因此多数词人都恪守"词为艳科"的规律，用词来抒发情感。因为有着精致的语言、委婉的意境、细腻的风格、优美的音律，所以婉约词天生就比豪放词更适合言情，尽管词人们的具体风格可能不尽相同，但以抒情为要务的婉约词始终被视作词之正宗，鲜有人打破这个传统。

图 14-7　宋　佚名　歌乐图　卷(局部)(绢本设色，全卷纵 25.5cm，横 158.7cm)

在婉约词方面，前文提到的柳永就是一个典型的代表。柳永的婉约词情感轻柔，善于将离别之痛、思念之苦写得细致入微、缠绵低徊。比如他那首著名的《雨霖铃》：

寒蝉凄切，对长亭晚，骤雨初歇。都门帐饮无绪，留恋处，兰舟催发。执手相看泪眼，竟无语凝噎。念去去，千里烟波，暮霭沉沉楚天阔。

多情自古伤离别，更那堪冷落清秋节。今宵酒醒何处，杨柳岸，晓风残月。此去经年，应是良辰好景虚设。便纵有千种风情，更与何人说。

这首词上阕写依依惜别，写得缠绵悱恻、凄婉动人；下阕写离别后的痛苦愁思，写得黯然销魂、寂寞蚀骨。柳永将离愁别恨的感伤，细腻真实地展现在读者面前，让人动容。同样的例子还有他的《满江红·万恨千愁》：

万恨千愁，将年少、衷肠牵系。残梦断、酒醒孤馆，夜长无味。可惜许枕前多少意，到如今两总无终始。独自个、赢得不成眠，成憔悴。

添伤感，将何计。空只恁，厌厌地。无人处思量，几度垂泪。不会得都来些子事，甚恁底死难拚弃。待到头、终久问伊看，如何是。

这首词将女子因难以割舍的思念而心中愁苦的样子刻画得极其细腻与传神。"衷肠牵系""不成眠""憔悴""垂泪""死难拚弃"是如此的真实生动又令人伤怀，可谓写尽了相思的刻骨铭心。"衣带渐宽终不悔，为伊消得人憔悴"(宋·柳永《蝶恋花》)，或许我们每个人都曾有"情不知所起，一往而深"(明·汤显祖《牡丹亭序》)的经历，因此柳永的婉约词总能写进我们心里，他的词也因此流传甚广，"凡有井水处，皆能歌柳词"。

晏几道也是北宋一位以婉约词见长的词人，一部《小山词》，把他的痴绝深情演绎得淋漓尽致。晏几道细腻、真挚、深婉、执着的情感表达，成为《小山词》最突出的特征。其《临江仙》词云：

梦后楼台高锁，酒醒帘幕低垂。去年春恨却来时。落花人独立，微雨燕双飞。
记得小蘋初见，两重心字罗衣。琵琶弦上说相思。当时明月在，曾照彩云归。

据说莲、鸿、蘋、云是晏几道好友家中的四个歌女，她们天生丽质，颇令晏几道倾心，尤其是小蘋，可惜好友故去，众女流落民间，不知所终。这也成了晏几道一生的牵挂与伤痛，他为情所困，对女子魂牵梦萦，为她们写下了一首又一首缠绵悱恻的词。这首《临江仙》上阕写繁华过后、人去楼空的寂寞景象，以及年年伤春的凄凉心境；下阕追忆初见小蘋时的惊鸿一瞥，以及分别后的刻骨相思。鲁迅先生曾说："有至情之人，才能有至情之文。"（鲁迅《守常全集题记》）晏几道的痴绝与至真至纯，将婉约词长于表达委婉曲折、起伏跌宕的幽微之情的特点发挥到了极致。

秦观是北宋后期婉约词的一代宗师，他擅长通过意境的创造，将情感和情思蕴含其中。不像柳永之俗，秦观笔下的意象总是精致幽美、柔婉秀丽的，如斜阳、残月、远村、烟渚、驿亭、孤馆等，再加上精美细腻的辞藻，总能营造出凄迷朦胧而又清新雅致的意境来。比如他的《踏莎行》：

雾失楼台，月迷津渡，桃源望断无寻处。可堪孤馆闭春寒，杜鹃声里斜阳暮。
驿寄梅花，鱼传尺素，砌成此恨无重数。郴江幸自绕郴山，为谁流下潇湘去。

这首词上阕写谪居中寂寞凄冷的环境，用以刻画自己凄楚迷茫的心境；下阕写因远方友人的殷勤致意，触动自己对往昔生活的追忆和对今日困境的痛省，结句的"郴江幸自绕郴山，为谁流下潇湘去"，更是充满无奈与伤痛，颇具哲思。据说，与秦观有着相同境遇的苏轼绝爱这两句词，秦观死后，苏轼感叹："少游已矣，虽万人何赎！"自书此二句于扇面以志不忘。

秦观还有一首脍炙人口的《鹊桥仙》：

纤云弄巧，飞星传恨，银汉迢迢暗度。金风玉露一相逢，便胜却人间无数。
柔情似水，佳期如梦，忍顾鹊桥归路。两情若是久长时，又岂在朝朝暮暮。

这首词借牛郎织女的爱情故事，来表现作者对悲欢离合的看法，与传统对此主题的扼腕悲叹不同，秦观的主题独出机杼，立意高远，把牛郎织女一年一会但长久坚守的爱情，写得高尚纯洁和超凡脱俗，成为千古绝唱。虽然看起来秦观的词在内容上并没有摆脱儿女情长、离愁别恨的藩篱，但妙在情韵兼胜、意境深婉、语言优美、音律谐畅，婉约中自带雅致，很符合词体的本色和当时文人士大夫的审美趣味（见图14-8）。

生活在南北宋之交的李清照，是我国历史上著名的女词人，亦是婉约词在南宋的代表人物之一。李清照的词具有女性词人特有的细腻委婉的风格，她兰心蕙质，常有妙笔，描写细腻特别，善捕捉生活中的细节和生活场景，并用白描手法铺叙出来。比如她那首著名的《如梦令》：

昨夜雨疏风骤，浓睡不消残酒。试问卷帘人，却道海棠依旧。知否，知否？应是绿肥红瘦。

夜晚一场骤雨过后，天明院子里一定一片狼藉，"肥"和"瘦"本是俗字，使用到这里却别样雅致，且十分生动形象，绿叶因为雨水的滋润显得更加丰腴，而只剩下点点残红的海棠花则显得十分孱弱。

图 14-8　宋 刘宗古 瑶台步月图(局部) (绢本设色，全图纵 25.6cm，横 26.7cm)

李清照早年生活优裕，工书能文，通晓音律，她与赵明诚的婚姻也美满和谐。但后来金兵入据中原，李清照举家南逃，在丈夫病故之后各地漂泊，晚年境遇极其悲苦。所以李清照的创作以北宋、南宋之变而呈现出前后不同的特点：前期的词主要记录她的闺中生活和思想感情，多写自然风光和别思离愁；后期的词则风格迥异，变清丽明快为凄凉沉痛，抒发了伤时念旧、怀乡悼亡的情感，寄托了强烈的故国之思。

《醉花阴》是李清照前期的怀人之作：

薄雾浓云愁永昼，瑞脑消金兽。佳节又重阳，玉枕纱厨，半夜凉初透。东篱把酒黄昏后，有暗香盈袖。莫道不销魂，帘卷西风，人比黄花瘦。

因为赵明诚"负笈远游"，深闺寂寞，她深深思念着远行的丈夫，于是在重阳节这天，写了这首词寄给赵明诚。这首词上阕写一天之中从早到晚，因思念而"薄雾浓云"的愁闷心绪，下阕写为了排解愁绪，在重阳节这天赏菊饮酒，却依然无法消除对丈夫的思念。此词最让人赞叹的是结尾三句："莫道不销魂，帘卷西风，人比黄花瘦。"这三句共同创造出了一个凄清寂寥的深秋怀人的意境。凄冷、萧瑟的"西风"加强了情调气氛，"帘卷"建立了室内和室外的联系，有了前两句的烘托，于是帘内人瘦过帘外黄花，"为伊消得人憔悴"的人物形象跃然纸上，真是令人印象深刻，拍案叫绝。

《声声慢》是李清照后期的代表作品：

寻寻觅觅，冷冷清清，凄凄惨惨戚戚。乍暖还寒时候，最难将息。三杯两盏淡酒，怎敌他、晚来风急？雁过也，正伤心，却是旧时相识。

满地黄花堆积。憔悴损，如今有谁堪摘？守着窗儿，独自怎生得黑？梧桐更兼细雨，到黄昏、点点滴滴。这次第，怎一个愁字了得！

靖康之变后,李清照国破、家亡、夫死,伤于人事,感于悲秋,这首作品主要写了她对亡夫的怀念和自己孤单凄凉的生活。这首词上阕从她孤苦生活、寻觅无着,写到风送雁声、酒难浇愁,引发了思乡的惆怅;下阕写自家庭院开满菊花,秋意正浓,却无心采摘,黄昏时梧桐细雨,更增加了她的哀愁。全词以"怎一个愁字了得"戛然而止,有一种"欲说还休"的况味。李清照后期的词,将亡国之痛与个人的悲苦融为一体,这是时代的苦难与个人不幸的统一,因此她的哀婉凄美超出了自怨自艾的范畴,有了更广泛的时代意义,产生了很强的艺术感染力,使婉约词具有了新的格调。

五、豪词盖世

与婉约词的百年传统不同,豪放词至苏轼始有。苏轼开拓了词的境界,从内容、风格、形式上都对婉约词做了改变,把诗歌抒写的内容引入词中,让词不再只是娱宾谴兴的工具,也可以抒发个人志向和见解。

豪放作为一种文学风格的概括,最早见于《二十四诗品》(传为司空图所作,今存疑),杨廷芝解释豪放为"豪迈放纵","豪则我有可盖乎世,放则物无可羁乎我",豪放的作品当气度超拔,不受羁束。豪放不是形式上的,语言的粗放、结构的粗疏,不一定就是豪放。豪放更多的是一种风度上的豪迈超绝,神气上的慷慨壮阔。豪放的词是豪语、豪气、豪情、豪境的结合,只有这样,豪放才具有一种震撼人心的艺术力量。当然,豪放只是一个笼统的概说,细细品来,可以归为豪放的词也各有各的特点,正所谓"苏词旷而辛词豪",但是不管这些具体的风格如何变化,豪放作为它们的整体气质赋予了词别样的力度和深度,让词以一种阳刚的姿态呈现在读者的眼前。

豪放词自苏轼(见图14-9)发轫,他有意地利用词不同于诗"长短句"的形式、明白直露的语言风格等特点,从各个方面尽量加以自由畅达的表现和发挥,将"诗言志"的内容乃至散文的句法都表现在词中,丰富了词的内容和形式技巧,将花间酒后的词引向金戈铁马的战场,让词脱离"艳科",而与诗文并驾齐驱,达到"无事不可言,无意不可入"的高度。

苏轼豪放词名作《江城子·密州出猎》云:

老夫聊发少年狂,左牵黄,右擎苍,锦帽貂裘,千骑卷平冈。为报倾城随太守,亲射虎,看孙郎。

酒酣胸胆尚开张。鬓微霜,又何妨!持节云中,何日遣冯唐?会挽雕弓如满月,西北望,射天狼。

这首词是苏轼早期抒发爱国情怀的一首豪放词,在题材和意境方面都具有开拓意义。词的上阕叙事,记密州壮士随自己出猎的盛况;下阕抒情,抒发自己杀敌报国的豪情壮志。这首词在"偎红倚翠""浅斟低唱"之风盛行的北宋词坛可谓别具一格,自成一体,对南宋爱国词也有直接影响。苏轼在《与鲜于子骏书》中,曾明确说此词"虽无柳七郎风味,亦自是一家",并且,"令东州壮士抵掌顿足而歌之,吹笛击鼓以为节,颇壮观也"。这首词融叙事、言志、用典为一体,表达了作者宝刀未老、志在千里的英雄豪气,为词的创作开辟了崭新的道路。

图 14-9　元　赵孟頫　苏轼画像(行书长卷《前后赤壁赋》卷首)

苏轼另一首豪放词代表作为《念奴娇·赤壁怀古》(见图 14-10)：

大江东去，浪淘尽，千古风流人物。故垒西边，人道是，三国周郎赤壁。乱石穿空，惊涛拍岸，卷起千堆雪。江山如画，一时多少豪杰。

遥想公瑾当年，小乔初嫁了，雄姿英发。羽扇纶巾，谈笑间，樯橹灰飞烟灭。故国神游，多情应笑我，早生华发。人生如梦，一尊还酹江月。

图 14-10　明　仇英　赤壁图　卷(局部) (绢本设色，全卷纵 26.5cm，横 570.1cm)

这是苏轼豪放词的另一代表作，是他因"乌台诗案"被贬黄州时所作。这首词上阕从滚滚东流的长江着笔，把千年不尽的大江与百年而逝的英雄人物联系起来，设置了一个极为广阔悠久又悲壮雄浑的空间时间背景，气魄极大，笔力非凡；下阕集中写三国时期的英雄人物周瑜，以他的丰姿潇洒、指挥若定，来刻画周瑜的英雄形象，最后归结到自己被贬黄州的坎坷处境与壮志难酬的感慨上，让词多了一份跌宕起伏的情感变化。总体而言，这首词气象磅礴，格调雄浑，高唱入云，境界宏大，尤其是对周瑜这个少年将军的形象塑造，显得特别英气勃发、踌躇满志，从而与自己的壮志难酬之间形成反差对比，具有了非同凡响的艺术感染力。苏轼用词来怀古、言志，表达重大的社会题材，为宋词开辟了新的道路。

辛弃疾是南宋豪放词的代表，他出生于金人占领的山东济南历城县，他从小以英雄自诩，把恢复中原作为自己毕生的追求，虽然命运多舛、仕途浮沉，但他始终没有动摇收复河山的热望，他把满腔激情和对国家命运的关切都寄托在了他的词作中。辛弃疾的词题材很广，继承了苏词的豪放风格，把花间酒后的词引向了风云变化的时代社会，用以表现抗金斗争生活，他在词中抒发了自己克复中原的热忱、壮志难酬的愁绪以及报国无门的悲愤，对当时执政者的屈辱求和也颇多谴责。其《贺新郎·同甫见和再用韵答之》云：

老大那堪说！似而今、元龙臭味，孟公瓜葛。我病君来高歌饮，惊散楼头飞雪。笑富贵、千钧如发。硬语盘空谁来听？记当时、只有西窗月。重进酒，换鸣瑟。

事无两样人心别。问渠侬：神州毕竟，几番离合？汗血盐车无人顾，千里空收骏骨。正目断、关河路绝。我最怜君中宵舞，道"男儿到死心如铁！"看试手，补天裂。

这首词是辛弃疾写给挚友陈亮的。淳熙十五年(1188)冬，辛弃疾被罢官住在江西上饶，陈亮到上饶拜访辛弃疾，二人于鹅湖寺相聚数日。期间，两位词人共商恢复大计，畅谈英雄理想，分别后两人共写了五首《贺新郎》词相互唱和，这是其中第三首，也是传唱最广的一首。这首词上阕写陈亮于自己病中来探望，两人志同道合、相谈甚欢，两人皆是壮志凌云、不可一世的人，他们慷慨激昂的话语与清冷孤寂的自然景物形成了强烈的反差，唯有西窗月可以见证他们奔放郁怒的感情；下阕直接抒发对统治者的强烈批判，面对山河破碎，爱国志士痛心疾首，而南宋统治者却偏安一隅，把家耻国难全都抛在了脑后。宝马无人赏识、英雄无用武之地，"空收骏骨"最是令人悲愤。即便如此，好男儿也绝不妥协放弃，结句"男儿到死心如铁"，硬语磐空、掷地有声、动人心魄。"虽千万人，吾往矣"，豪言壮语的背后是词人铮铮的铁骨，这样的英雄，让人为之心倾，这样的词句，让人为之气折。真正的豪放就应是一种精神，一种不畏艰难、不怕牺牲的精神，只有这样才能真正感染人。

辛弃疾在与陈亮往来唱和了五首《贺新郎》之后，意犹未尽，于是另写了一篇《破阵子·为陈同甫赋壮词以寄之》：

醉里挑灯看剑，梦回吹角连营。八百里分麾下炙，五十弦翻塞外声。沙场秋点兵。马作的卢飞快，弓如霹雳弦惊。了却君王天下事，赢得生前身后名。可怜白发生！

这首词从梦回军营写起，连营分炙、沙场点兵、杀敌建功，一步步如大鹏展翅，扶摇直上，将自己的爱国之心、豪情壮志及忠君之思推向极致，但紧接着结句却陡然下跌，发出了"可怜白发生"的感叹，壮和悲，理想和现实，反差强烈，触目惊心，在这样的对比中,将自己壮志难酬的一腔悲愤表现得淋漓尽致,让人不禁为他洒下惋惜之泪。

"东坡之词旷,稼轩之词豪"(王国维《人间词话》),与苏轼飘逸洒脱的词风不同,辛弃疾的词总是激烈饱满、情感浓郁的,英雄的豪情与悲愤兼具,展现了一种慷慨激烈、悲凉沉郁的血性之美,很有艺术感染力。

需要强调的是,词作可以有婉约豪放之分,但是词人则不可以一语概之。比如苏轼,他的一些作品就不是豪放的,像他悼念亡妻的《江城子》:

十年生死两茫茫,不思量,自难忘。千里孤坟,无处话凄凉,纵使相逢应不识,尘满面,鬓如霜。
夜来幽梦忽还乡,小轩窗,正梳妆,相顾无言,惟有泪千行。料得年年断肠处,明月夜,短松冈。

这首词写得情深意长、缠绵悱恻,在婉约词中亦是上佳之作。就连"男儿到死心如铁"的硬汉辛弃疾也有"众里寻他千百度,蓦然回首,那人却在,灯火阑珊处"(《青玉案·元夕》)的柔情切意。所以,我们在谈论作品的风格时,应该看作品本身,而不是根据作者来盲目贴标签。

林语堂先生在《吾国与吾民》中曾言:

更重要的是它教会了人们用泛神论的精神和自然融为一体,春则觉醒而欢悦,夏则小憩中聆听蝉的欢鸣,感怀时光的有形流逝,秋则悲悼落叶,冬则雪中寻诗。在这个意义上应该把诗歌称作中国人的宗教。我几乎认为如果没有诗歌——生活习惯的诗和可见于文字的诗——中国人就无法幸存至今。

这段话可谓道尽了诗词与中国人的关系,它们是有生命、有温度的,是几千年来中国人不可或缺的精神生活方式。虽然唐诗宋词的时代已经过去很久了,但是唐诗宋词并没有离我们远去,只要我们愿意并懂得去欣赏它们,我们的生活也将因此变得诗意盎然。

第十五章　明清小说

　　你可曾为《三国演义》里的权谋征战而五体投地？可曾为《水浒传》里的英雄豪气而心驰神往？可曾为《西游记》里的神魔故事而想落天外？可曾为《红楼梦》里的爱情悲剧而扼腕叹息？当诗词文学度过唐宋黄金时期而走向式微之际，小说、戏剧等俗文学却在明清两代大放异彩。明代经济的发展和印刷业的发达，为小说脱离民间口头创作进入文人书面创作提供了物质条件。同时，不断扩大的市民阶层对文化娱乐的需求又大大刺激了这种创作。因此，从明代开始，小说这种文学形式充分显示出了其社会作用和文学价值，打破了正统诗文的文坛垄断，在文学史上取得了与唐诗、宋词、元曲并驾齐驱的地位。明清是中国小说史上的繁荣时期，小说作品数量多、题材广、艺术手法各异，塑造了一系列生动、典型的人物形象，讲述了许多传奇、动人的故事。与此同时，这些作品还给我们再现了明清时代的社会风貌和百姓生活，它们多姿多彩、包罗万象，从而走进千家万户，成为大家至今都津津乐道的文学经典。本章我们将具体了解明清小说的发展概况以及不同类别的代表作品。

（本章执笔：梁洁）

第十五章 明清小说

今天我们对于小说的定义，是以刻画人物形象为中心，通过完整的故事情节和环境描写来反映社会生活的文学体裁。与其他文学样式相比，小说的容量大，可以详细地展现人物性格和人物命运，可以表现错综复杂的矛盾冲突，同时还可以描述人物所处的社会生活环境，展现整体的、广阔的社会图景。小说根据字数的多少可以分为微型小说(数百至几千字)、短篇小说(几千至三万字)、中篇小说(三万至六万字)、长篇小说(六万至十万字以上)，篇幅不同，小说的容量大小、人物多寡、情节繁简、线索数量等都不一样。另外，根据题材内容，中国的古代小说又可以分为讲史小说、神魔小说、世情小说、侠义公案小说等不同的类别。

一、英雄往事

讲史小说，顾名思义，就是以记叙历史故事、描写历史人物为主要内容的小说，以前代的正史、野史、民间故事、各类传说为素材进行艺术加工而成。宋元的时候，勾栏瓦肆中多有人讲历史故事，其方式类似于今天的说评书，听者甚多，这种民间流行的口头文学被称作"平话"。明清的讲史小说多由宋元讲史平话演变而来，代表作品有《三国演义》与《水浒传》。其中，《三国演义》是我国第一部章回体长篇小说，对其后的小说创作具有"示范"的意义。

《三国演义》(见图15-1)描写的是东汉末年到西晋初年之间近一百年的历史风云。全书反映了三国时代的政治军事斗争及各类社会矛盾的渗透与转化，概括了这一时代的历史巨变，塑造了一批叱咤风云的英雄人物。全书可大致分为黄巾起义、董卓之乱、群雄逐鹿、三国鼎立、三国归晋五大部分。在广阔的历史舞台上，上演了一幕幕气势磅礴的乱世纷争。

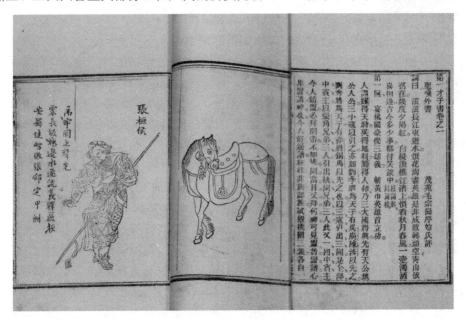

图 15-1 清代 善成堂朱墨套印刻板 三国演义

《三国演义》以陈寿的正史《三国志》为蓝本，却又不拘泥于史实，其"七分真实，三分虚构"的演义，正好迎合了读者的阅读趣味。需要特别指出的是：《三国演义》里虚构的传奇故事，并非成于一人一时，而是经历了漫长的发展过程。这一发展过程也是早期中国长篇小说独特的成书过程：世代累积型集体创作。

　　据鲁迅先生《中国小说史略》里分析："说《三国志》者，在宋已甚盛，盖当时多英雄，武勇智术，瑰伟动人，而事状无楚汉之简，又无春秋列国之繁，故尤宜于讲说。"其实，不只是宋朝人喜欢听三国故事，在宋朝以前，三国故事就已经在民间风靡已久了。中唐史学家刘知几在《史通》中说，当时民间百姓多有传诸葛亮未死的故事，"得之于行路，传之于众口"；晚唐李商隐的《骄儿诗》中也有"或谑张飞胡，或笑邓艾吃"的诗句，说明在中晚唐的时候三国故事便已妇孺皆知。宋代再经过瓦肆艺人的表演说唱，就更加流行了。到了元朝，三国故事被大量地搬上舞台，据《录鬼簿》和《太和正音谱》记载，元杂剧中有近三十种讲述三国故事的作品。元朝至治年间还出现过无名氏作的《全相三国志平话》的刊本，这是现存最早的，也是唯一一部以三国故事为题材的平话。这部平话今藏于日本内阁文库，有印本面世，这部平话从桃园结义开始，到诸葛亮病逝结束，有相对完整的故事框架，但是文笔疏漏，词不达意，故事情节多不符合正史记载，人名、地名也多谬误，似乎还是未经文人润色的民间艺人作品，只是粗具梗概而已。从上述种种资料和线索，我们可以看出，从唐到元，三国故事在民间流传中变得越来越丰富，这为《三国演义》的创作提供了充分的条件。

　　罗贯中，名本，字贯中，号湖海散人，浙江钱塘人(一说山西太原人)，他在陈寿《三国志》和裴松之注的基础上，广泛吸收民间传说和话本、戏曲故事，写成《三国志通俗演义》。其书最早可见的版本出现在明弘治甲寅(1494)年，全书二十四卷，分二百四十回，起于汉灵帝中平元年"祭天地桃园结义"，终于晋武帝太康元年"王濬计取石头城"，前后共九十七年。题曰"晋平阳侯陈寿史传，后学罗本贯中编次"。

　　《三国演义》是中国历史上第一部鸿篇巨制的小说，书中出场人物达一千多人，是我国古代文学中描写人物最多的一部作品。并且主要人物的性格都鲜明突出，如诸葛亮的料事如神、关羽的忠肝义胆、曹操的狡诈阴险，都给读者留下了深刻的印象。

　　《三国演义》还写到了大大小小上百次战争，对这些战争的描写也是不尽相同，既有情节，又有韬略，在写战争的同时，兼写其他活动，作为战争的前奏、余波或者辅助手段，尤其是战争中的运筹帷幄、智胜千里，写得更是精彩绝伦。如官渡之战、赤壁之战、彝陵之战等，都写得紧张激烈，惊心动魄，高潮迭起。战争中的一些特写片段，更是脍炙人口，比如关羽"温酒斩华雄""单刀赴会"，张飞"威震当阳桥"，赵云"单骑救主"，诸葛亮"草船借箭""七擒孟获""空城计"等便是流传极广的篇章。

　　要驾驭如此众多的人物及彼此间的联系、斗争，时间线又长达近百年，要把这些千头万绪的素材整合成一个有机整体，绝非易事，需要极强的谋篇构局能力。而《三国演义》的结构非常严整：以魏、蜀、吴三国兴亡为纵线，以战争发展和人物活动为横线，脉络清晰。《三国演义》大体遵循历史的发展走向，随着时间的推移把三国之间错综复杂的权谋斗争、各种大大小小的战争和文臣武将的智计逐一带出，有主有次，有分有合，最后形成一个完整的大故事。

　　除了上述的优点以外，《三国演义》之所以在民间深受欢迎，还有一个重要的原因，就是它里面所蕴含的基本精神,如仁、义、礼、智、信、勇等,这些都是中国传统文化价值体系中的核心要素。小说中的刘备是"仁"的代表(见图 15-2),关羽是"义"的代表,张飞是"勇"的代表,诸葛亮是"智"的代表,赵云是"忠"的代表,与之相对地,曹操就是"奸"的代表,他是乱臣、枭雄。作品自始至终贯穿着"拥刘反曹"的思想倾向,体现了人民群众拥护明君、向往和平和憎恶锄奸、反对篡乱的愿望。

图 15-2　明 金陵万卷楼刊本 三国志通俗演义 插图之玄德风雪请孔明

总体而言,《三国演义》故事完整,人物形象鲜明,开创了长篇章回体小说这一全新的文学体裁,不仅使当时的读者"争相誊录,以便观览"(明庸愚子《三国志通俗演义序》),而且也激发了文士和书商们继续编写和出版同类小说的热情。

二、豪杰江湖

讲史小说的另一个优秀代表是《水浒传》,其成书过程与《三国演义》相似。历史上宋江起义发生在北宋末年,《宋史》二十二《徽宗纪四》中记录:"淮南盗宋江等犯淮阳军,遣将讨捕,又犯京东、江北,入楚、海州界。命知州张叔夜招降之。"除了正史的寥寥数笔之外,当时其他一些史料对此事也有记录,有的还提及宋江招安后,参加了镇压方腊的行动,如徐梦莘《三朝北盟会编》卷五十二引《中兴姓氏奸邪录》中记载:"宣和二年,方腊反睦州……以(童)贯为江浙宣抚使,领刘延庆、刘光世、辛企宗、宋江等军二十余万往讨之。"从零星的史料中我们可以大概得出:北宋末年,宋江在山东起势,短时间内便纵横齐、魏(山东及河南北部)一带,以梁山泊为根据地,克朝廷的淮阳军,进犯京东、河北,入楚、海州界,后来在海州被张叔夜所败,被朝廷招安,参加了镇压方腊的战役,结局不详。起义军集结初期大约只有三十六人,然而战斗力颇强,战术也很灵活,冲州撞府、转略十郡,一时间"州县大震,吏多逃匿"(宋·张守《秘阁修撰蒋圆墓志铭》),数万官军也难以应付。义军曾在海州沭阳境内遭到县尉王师心的狙击,又曾与忻州知州蒋圆对峙,后因粮尽而北走龟蒙。忻州兵败之后,宋江等一路剽掠,在海州附近劫巨舰十余艘,准备装载所掠财物入海。张叔夜侦知此情,招募数千人组成敢死队设伏海边,并遣"轻兵",大张旗帜、诱敌深入。待宋江等进入埋伏圈,一时伏兵四起,巨舰火发。义军骤遭重创,兵无斗志,归路已断,只好投降。这些应该就是水浒故事的源头。但北宋时散见在史料笔记中的零星记载,并没有走向文学化,水浒故事尚未形成,并且宋江一伙虽有"三十六人"之众,但确切成员姓名,并没有详细记载。

  南宋以后,水浒英雄开始广泛被人们关注,宋江的故事成为百姓的口头传说流传开来,这些口头的传说已经不再局限于历史上真实的起义事件了,而有了更多的发挥和杜撰,虽说失实,但后来的水浒故事和水浒文学却是从这里开始。水浒英雄受到了大家的喜爱(见图15-3),于是开始有人为他们做赞画像,如龚开就曾为梁山好汉都画了像,并将每人绰号发挥成四句赞语,题为《宋江三十六人赞》,从赞语中,我们可以大概看出在当时的人们心中,水浒英雄各是些什么形象。

图 15-3 水浒传(1997 中国邮政)

  当民间的口头传说越传越广、越加神奇夸张、成了英雄传奇的时候,当时的"说话人"便也用这类资料做"说话"的题材了。据宋罗烨《新编醉翁谈录》中所述,其时说"公案"的有"石头孙立",说"朴刀"的有"青面兽",说"杆棒"的有"花和尚""武行者"等。到了元代则出现了大量水浒故事的杂剧和话本,我们今天还能看到的水浒杂剧有六部:高文秀的《黑旋风双献功》、李文蔚的《同乐院燕青博鱼》、康进之的《梁山泊李逵负荆》、李致远的《大妇小妻还牢末》、无名氏的《争报恩三虎下山》《鲁智深喜赏黄花峪》。另根据《录鬼簿》统计,存目但文亡佚的水浒杂剧还有二十二种,可以说是蔚为大观。

  有了这些历史记载、民间传说、宋元笔记为基础,再加上杂剧、话本等的艺术加工,

《水浒传》这部小说终于得以连缀成集,它用鸿篇巨制的形式展现了梁山泊起义的壮阔图景,对主要水浒英雄也有精细全面的塑造和刻画,有着很高的思想性和艺术性,一时间广为流传,正如胡应麟在《少室山房笔丛》卷四十一中所形容的:"今世传街谈巷语有所谓演义者,盖尤在传奇杂剧下。然元人武林施某所编《水浒传》特为盛行。"《水浒传》让梁山泊起义以及宋江等英雄豪杰的故事变得家喻户晓。

关于《水浒传》的编定者学界至今仍无定论,一说为罗贯中,一说为施耐庵,一说为施作罗编,一说为施作罗续。《水浒传》的版本情况也比较复杂,有一百回、一百一十五回、一百二十回,还有金圣叹"腰斩"后的版本,不一而足,除了"腰斩"本以外,其他的版本繁简有别,内容、结尾也不尽相同,当是早期版本在后世流传中被不断增改的结果(见图15-4)。

图15-4 明 金谷园刻本 李卓吾批评忠义水浒传

《水浒传》的主要内容其实就是讲述各个英雄好汉被"逼"上梁山,最终发展为大规模起义军的过程,表现了"官逼民反"这一社会矛盾,深刻反映出北宋末年的政治生态和社会状况。《水浒传》的艺术成就,最突出的地方就在于塑造了一系列生动鲜明的绿林好汉形象,如勇武有力的打虎好汉武松、足智多谋的智多星吴用、憨直爽朗的黑旋风李逵、路见不平的石秀等。并且《水浒传》的结构是纵横交错的复式结构。除了起义军的发生、发展和失败的全过程这根主线以外,主要人物的故事是如串珍珠般连缀着一个接一个出场的,既相对独立又自成一体。这些故事在结构上纵横开阖,各具特色,同时又是整个水浒故事的有机组成部分,其中有很多著名的桥段,情节生动曲折,深受读者喜爱,如鲁智深三拳打死镇关西、林冲风雪山神庙、智取生辰纲、武松打虎、时迁盗甲、众好汉江州劫法场等。另外,与《三国演义》半文半白的语言比起来,《水浒传》纯用白话文写成,语言更加口语化、俚俗化，更易于阅读，《水浒传》开了白话长篇章回体小说的先河。

《三国演义》与《水浒传》作为中国最早的两本讲史类长篇章回小说，奠定了有别于西方的中国古代长篇小说的特殊形式和风格，为广大人民所喜闻乐见，形成了中华民族特有的长篇小说阅读的审美心理和鉴赏习惯。受到这两部小说的激励，明朝嘉靖以后，各种历史演义如雨后春笋，不断问世，据不完全统计，今存明、清两代的历史演义约有一二百种之多，大家比较熟悉的有《东周列国志》《隋唐演义》《残唐五代史演义》《英烈传》等。

三、神魔世界

神魔小说或写神魔之争，或涉及妖魔鬼怪。其诞生是因为人们普遍对这类超自然的神奇故事充满好奇，再加上民间佛、道二教的影响，所以中国古代文言小说即有志怪传统，唐宋传奇文中亦多有神鬼之谈，再及至明清，神魔小说应运而生也就在情理之中了。神魔小说的代表作有吴承恩的《西游记》、许仲琳的《封神演义》等。

《西游记》全书主要描写了石猴孙悟空出世，学得本领后大闹天宫(图15-5)，被佛祖镇压在五行山下五百年，后遇唐僧解救，于是一路护送唐僧，与唐僧的另外两名弟子猪八戒、沙僧以及小白龙化身的白龙马一起，西行取经的故事。唐僧师徒一路降妖伏魔，经历了九九八十一难，终于到达西天见到如来佛祖取到了真经，并最终五圣成真。

图15-5　甘肃省天祝藏族自治县东大寺经堂壁画　西游记(局部)

《西游记》是中国文学史上最杰出的一部充满奇思异想的神魔小说。吴承恩运用浪漫主义的手法，以丰富的想象力，为我们描绘了一个神奇绚丽的神话世界，成功地塑造了孙悟空这个本领通天的理想化的英雄形象(见图15-6)，并且呈现了一系列妙趣横生、引人入胜的神魔斗法故事。此外，这个妖怪精灵的世界虽然千姿百态，却并没有让我们觉得遥不可及，这是因为作者在奇幻的世界中也巧妙地寄寓了世态人情和世俗人心。法力高强却又争强好胜的孙悟空，爱打小报告、好吃懒做的猪八戒，耳根软、斯文懦弱的师父唐僧，老实巴交、任劳任怨的沙和尚，怀有各种贪嗔痴念的妖怪，他们虽然都披着精怪的外衣，但却实实在在有着人的各种优点和缺点、欲望和执念，因此显得鲜活生动，具有丰满的现实血肉和浓郁的生活气息。这种"幻"与"真"相结合的艺术手法，是《西游记》最有特色、最为成功的地方。

图15-6　清 光绪十八年刊本 西游记 插图之孙悟空画像

《西游记》的艺术想象奇特、丰富、大胆，在古今小说作品中罕有匹敌，它在人物、情节、场面，包括神魔们的武器、法宝、神通上，都极尽幻化之能事，它所创造的神魔世界接近于童话幻境，千奇百怪，丰富多彩，十分有趣。在中国古典小说中，《西游记》可以说是趣味性和娱乐性最强的一部作品了，人物对话总是幽默诙谐、机趣横生，妖精们的言行也往往呆萌凑趣，虽然取经路上充满艰难险阻，妖精魔怪层出不穷，师徒四人屡陷险境，但读者的阅读体验始终是轻松愉悦的，并没有太多紧张感和沉重感。

《西游记》的出现，开辟了神魔长篇章回小说的新门类，自此之后，明代出现了写作神魔小说的高潮，并且还出现了《西游记》的续作、后传、仿作，可见影响之大。《西游记》也深受外国读者喜爱，不仅有多种语言的译本，还有很多西游题材的电影、动画片，它的影响已经走向了世界。

《封神演义》，俗称《封神榜》，全书一百回，以武王伐纣的故事为主线，写商、周两国的战争，以及阐教与截教(虚构的宗教)之间的宗教斗争。阐教帮助周，截教帮助商，各显神通，互有杀伤，结果截教失败，纣王自焚，武王得天下。故事的最后，武王分封列国，姜子牙神鞭封神，使有功于国的人和鬼都各有所归。

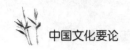

本来武王伐纣是历史大事件,但作者不是以讲史的方式构建小说,而是以奇特瑰丽的想象为我们描绘了一系列神仙妖魔、奇人奇事的神话故事,他们各具法宝、各展神通,上天遁地、腾挪变化,为武王伐纣这场史诗大战平添了神异奇幻的色彩。小说中一些长相奇特且身具异能的神仙,如三只眼的杨戬,金发蓝面背生双翅的雷震子,三头六臂的哪吒,千里眼、顺风耳的高明、高觉,遁地能行的土行孙,都给人留下了非常深刻的印象。此外,黄天化的暴躁,姜子牙的忠厚,崇侯虎的横暴,妲己的狡猾,纣王的残忍,《封神演义》里的人物性格形象刻画也都十分精彩。

总之,由于神魔小说充满幻想,情节离奇,能给读者巨大的想象空间,让读者获得精彩有趣的阅读体验,因此深受读者喜爱。

四、人生百态

世情小说叙写世态人情,故又称"人情小说"。所谓世态,指的是整个社会状况和各种社会矛盾冲突,也就是宏观层面上的社会氛围与社会风气;所谓人情,指的是影响人们处理各种矛盾、各种人际关系的微妙情感、心理和愿望,也就是微观层面上人的精神世界与内心活动。与神魔小说里的鬼神世界、讲史小说里的英雄豪杰不同,世情小说基本上属写实主义,内容既不传奇也不魔幻,"大概都叙述些风流放纵的事情,间于悲欢离合之中,写炎凉的世态"(鲁迅《中国小说史略》)。

明代最著名的世情小说是兰陵笑笑生的《金瓶梅》,这也是中国第一部文人独立创作的长篇章回体小说。《金瓶梅》书名是由小说中三位重要的女性角色,即潘金莲、李瓶儿、庞春梅,各取一字合成的。故事的开头借《水浒传》中"武松杀嫂"一节衍化而来,主要写了西门庆的敛财暴富、买官作恶以及与诸多女性纠葛纵欲而后暴亡的故事,并穿插了金、瓶为主的妻妾间的争宠妒恨。整部小说上至朝廷重臣,再到地方官僚富户,最后下至恶霸地痞、流氓帮闲以及俏婢宠妾、妓女老鸨,无人不恶,无人不贪,构成了一个鬼蜮世界,深刻地揭露了明代中叶以后社会的黑暗和腐败。

随着沿海资本主义工业的兴起,晚明经济有了极大的发展,但同时贪官污吏横行,社会风气败坏,整个社会被酒色财气充斥,仁义廉耻、忠孝节烈,统统为人性中丑恶的欲望让路,从宋明理学"存天理、灭人欲"走向了另一个极端。一边厢,城镇化在扩大,新市民阶层在形成和增加,大官人、大富豪在巧取豪夺地占有土地;另一边厢,旧的小农经济被破坏了,旧的道德、文化、伦理被摧毁,而新的道德观念没有形成。礼乐崩坏,人心不古,内外交困,各种社会矛盾尖锐,这就是《金瓶梅》成书时的社会历史大背景。所以《金瓶梅》是一部暴露文学。它极写世情之恶、生活之丑,它的出现颠覆了中国古典小说传统的审美观念,它用白描的手法,揭示了人性的扭曲变态,产生了强烈的讽刺效果,这种写法对后世的讽刺文学有极大的影响,如清代小说《儒林外史》就是一部以暴露与讽刺为主的杰出作品。

《金瓶梅》的描写对象从英雄豪杰转到市井人物,从伟岸的正面形象转到道德有亏的反面形象,"著此一家,骂尽诸色"(鲁迅《中国小说史略》),虽然其中大量的两性描写让古今评论家都感到很难堪,但文学史不能否认这本"奇书"的正面价值。从此以后,小说的旨趣由追求传奇故事的耳目之奇转到抒写日常生活中的平中寓奇,世情小说开始大量出现。

明清世情小说的巅峰之作,同时也是中国古典小说的巅峰之作,当属《红楼梦》。《红楼梦》又名《石头记》,乾隆中期时,以手抄本的形式在民间流传,但不知何种原因,只有前八十回内容,作者为曹雪芹。后有书商程伟元组织人续写了后四十回,将其凑成完整的故事,以一百二十回版本排印发行,续书之人存疑,后世多以为是高鹗。程伟元排印的一百二十回《红楼梦》被红学界称作"程本"。

"程本"的续写应该说是有功有过的。优点首先是使《红楼梦》成为一部结构完整、首尾齐全、浑然一体的文学作品,便于它的流传;其次,它写出了全书中心事件、主要人物的悲剧结局,如黛玉之死、贾家之败、宝玉出家等,基本符合曹雪芹的原有设定;最后,有的情节描写生动精彩,如潇湘惊梦、黛玉焚诗稿、魂归离恨天等。其缺点则主要是安排了贾府"兰桂齐芳,家道复初"的"大团圆"结局,削弱了全书的思想性和悲剧性;并且后四十回与前八十回相比,文字显得粗糙,逊色了许多。

前八十回手抄本的版本情况则相对复杂,常见的有脂本、戚本、苏藏本等(见图15-7)。其中脂本,指的是脂砚斋抄评的版本,脂本又根据抄评的时间,还分甲戌本、乙卯本和庚辰本。这些版本回目多少有别,有些内容也不太一样,除了抄录过程中的错漏以外,曹雪芹本人对这部心血之作"披阅十载,增删五次",前后改动不小,也是重要的原因。

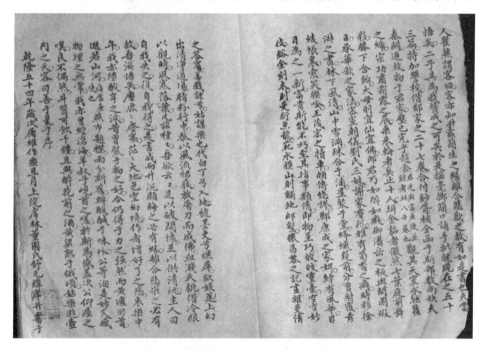

图15-7 清 乾隆五十四年 舒元炜作序 红楼梦(手抄本)

《红楼梦》的主线是贵族公子贾宝玉与林黛玉、薛宝钗之间的恋爱和婚姻悲剧,并以此为中心,写出了贾、王、史、薛四大家族的兴衰。虽然从内容上看,《红楼梦》也不外乎"才子佳人"类小说,但它的寓意深远,通过男女主人公的悲剧命运表达了对社会人生的认识与感慨,具有震撼人心的力量。尤其书中以"金陵十二钗"为代表的女性,她们的举止见识远胜于一般的男子,但无一例外都以悲剧结尾,她们的遭遇在激起读者强烈的同情之余,也促使读者去思考这个悲剧产生的根源,或许这正是这部悲剧的价值所在。

小说前半部分"鲜花着锦、烈火烹油",繁华盛极、温柔富贵的大观园,就是《红楼梦》所处的那个时代的缩影,最终一切的狂欢都会落幕,所有的繁华终成一场空,连同那看起来无比强盛的时代,最后的结果也不外乎是"落了个白茫茫大地真干净"。《红楼梦》比之中国其他古典小说,最了不起的地方就在于它的预见性和超越性,它超越了其所处的时代,它看到了那些虚假繁华背后不可克服的内在矛盾,它预见到了腐朽的制度必然要走向覆灭的命运。如鲁迅先生评价的:"悲凉之雾,遍被华林,然呼吸而领会之者,独宝玉而已。"(鲁迅《中国小说史略》)在中国文学史上,还没有一部作品能把爱情悲剧写得像《红楼梦》那样富有震撼人心的力量;也没有一部作品能像它那样把爱情悲剧的社会根源揭示得如此全面、深刻,从而对封建社会作出了最彻底有力的批判。

除了思想性深刻,《红楼梦》在艺术方面的创新与成就也是令人瞩目的。鲁迅先生在《中国小说的历史的变迁》中说:"自有《红楼梦》出来以后,传统的思想和写法都打破了。"《红楼梦》塑造了成群的有血有肉的个性化的人物形象,小说中有姓名的人物有几百人之多,很多都给人留下了深刻印象,而贾宝玉、林黛玉、薛宝钗(见图15-8)、王熙凤等更是成为千古不朽的典型形象。

图 15-8 清 改琦 红楼梦人物图册之薛宝钗

《红楼梦》刻画人物的技法既有对传统的继承和发扬,又有独创和开拓。前者如对比烘托法,作者既对人物的独特性格反复渲染,又善于将不同人物,特别是相近人物作性格对照,这样更能将人物性格的复杂面与独特性展示出来。后者如影子描写术,晴雯之于黛玉、袭人之于宝钗,由影及形,传影图真,通过性格和命运的联系映照,用影子之人把主要人物的形象烘托得更加生动鲜明，并产生朦胧蕴藉的描写效果。首先，作者对主要人物性格的刻画，不是通过惊险的故事作粗线条的勾勒，而是通过日常生活的细节来精细刻画，包括景物、居处、服饰、饮食等在内的所有细节，皆可为塑造人物形象服务。其次，作者对人物的内心刻画也十分到位，如黛玉葬花前后的心理活动等描写就非常细腻。最后，值得一提的是，《红楼梦》中一些次要甚至无关紧要的人物，作者也往往能通过几笔速写，就勾勒出人物鲜明的轮廓，给读者留下深刻印象。总之，《红楼梦》完全改变了过去古代小说众人物类型化、绝对化的描写，写出了人物性格的丰富性。

作为小说，《红楼梦》在叙事艺术上也较传统写法有了全面的突破与创新，它彻底地摆脱了说书体通俗小说的模式，极大地丰富了小说的叙事艺术，对中国小说的发展产生了深远影响。作者以他自己独特的视角去审视现实人生，又以独特的方式把自己的感知艺术地表达出来，形成了写实与诗化、理想与真实完美融合的独特的叙事风格。以大观园中的生活为例，姑娘们在其中嬉戏流连，诗书为伴，充分展示自己的才华和诗情，这样一个圣洁美好的所在，隔绝了一切的世俗污秽、腐朽黑暗，俨然现实中的"伊甸园"，它既有当时贵族之家生活的现实场景，又充满诗意朦胧的甜美感，既高度写实，又充满了理想的光辉。还有如太虚幻境的设定、甄宝玉的存在、神瑛侍者与绛珠仙草的前世因缘等，这些神奇、神秘的神话穿插其中，给小说蒙上了如梦似幻的面纱，既基于生活之"真"，又超越生活之"真"，具有"烟云模糊"的美学效果。"作者自觉地借神话的非理性形态，来传达自己的理性思考和浪漫诗情，表现作品某些特殊的审美旨趣和深层意蕴。"(李庆信《跨时代的超越·红楼梦叙事艺术新论》)《红楼梦》这种以虚涵实、以假寓真的叙事艺术，吸引着读者沉醉其间。

《红楼梦》还首次颇具现代意味地采用了作者与叙述者分离的双重叙事模式，主视角不是作者，而是作者创造的虚拟化的叙述人，作者则退居幕后，声称自己不过是此书的"披阅增删"者，只在作背景介绍及发表看法时站出来作补充说明，这种双层叙述构架及两个叙述人的设定，在中国小说史上是第一次，并且很具超前性。全书站在那块"无才补天""幻形入世"的石头(即贾宝玉的佩玉)的角度来叙述故事，石头具有亲历者、过来人、知情人、目击者、旁观者的多重身份，因此叙事可以在第一人称和第三人称中自由切换，这就取代了说书人单一的全知全能角度的叙述。

《红楼梦》还大量使用了象征手法，采用诗词、灯谜、谐音等方式引领读者去体会弦外之音，参透人物的命运，既让小说具有李商隐诗歌的含蓄、朦胧之美，又为读者留下了更多的想象空间，引起几百年来不断的猜想、思索。此外，在情节安排上，作者还采用了"草蛇灰线，伏脉千里""注此写彼，手挥目送"的方法，一块汗巾、一张手帕、一次争吵、一次无心之语……都可能为将来的情节做好铺垫，有些伏笔的结局在前八十回中未来得及展开，因此它们在八十回之后的最终走向，也成为读者津津乐道、长久探索的话题，这也让《红楼梦》具有了"蒙娜丽莎"般永恒神秘的魅力。

总之，明清两代的世情小说，或着重写情爱婚姻，或主要叙家庭纠纷，或广阔地描绘社会生活，或专注于讥刺儒林、官场、青楼，内容丰富，色彩斑斓。除了前述两部以外，另有如《醒世姻缘传》《镜花缘》《蜃楼志》《平山冷燕》《品花宝鉴》《海上花列传》《玉娇梨》等。

五、狐鬼传奇

明清两代,是白话小说异军突起、竞相争艳的时代,前文介绍的就是其中的一些佼佼者。不过,明清两代还有一些"另类"小说不得不提,它们或模拟六朝志怪,或仿制唐人传奇,以文言写就,篇幅皆短,与当时风靡的白话长篇小说迥然相异。这类小说被鲁迅先生概括为"拟古派"小说,产生原因大抵是唐人单本小说到明朝时已十亡其九,有人模拟仿写,读者便觉新奇有趣。元末明初时,先有钱塘人瞿佑模仿唐人传奇,作了一本《剪灯新话》,文笔虽一般,但"用些艳语来描画闺情"(鲁迅《中国小说的历史变迁》),因此也颇有市场,后来效仿者众多,这其中最著名、成就最高的当属清初蒲松龄的《聊斋志异》。

蒲松龄(1640—1715),字留仙,别号柳泉居士,山东淄川(今山东省淄博市淄川区洪山镇蒲家庄)人。未及弱冠便初试科场,接连考取县、府、道三个第一,得中秀才,名震一时。但此后的四十多年中他一共参加了十次乡试,但都屡试不第,直至七十一岁时才授例出贡,获得了一个安慰性质的贡生头衔,并得到一个"儒学训导"的虚衔。在科举不第的岁月里,蒲松龄为生计所迫,主要的生活来源便是在乡里做塾师,他舌耕四十余年,直至康熙四十八年(1709)方撤帐归家。在教书之余,蒲松龄把主要的精力放在了文学创作上,有一个广为流传的说法是,蒲松龄为了搜集鬼怪奇谈,曾在家乡路边备设烟茗,免费供人取用,但前提是请路人讲奇异的故事,以此作为素材来源。不过据鲁迅先生考证,蒲松龄的狐鬼故事多是从朋友处听来,又或者是从古书及唐人传奇里变化而来的。蒲松龄有一位东家毕际有乃是乡里富绅,对蒲松龄有知遇之恩,不仅给了他相对丰厚的酬金,让他可以从容养家,还准许他自由阅读自家藏书楼里的藏书,亲自为他搜罗素材,甚至撰写某些篇目,为蒲松龄修改完善《聊斋志异》提供了方便(见图15-9)。

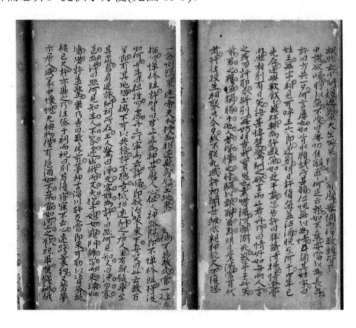

图 15-9 蒲松龄 聊斋志异 部分原稿

《聊斋志异》是文言短篇小说故事集,共四百九十一篇,四十余万字,内容丰富多彩,书中所叙,多是神仙、狐鬼、花妖、精魅的传奇故事,继承了六朝以来的志怪传统,但又写得曲折变幻、委婉精细、耐人寻味,尤其是书中的狐鬼妖精多具人情,通晓世故,与人无异,观之可亲。蒲松龄在书中借神狐世界充分表达了自己的爱憎情感和美好理想,所以这部书后来被誉为中国古代文言短篇小说集的巅峰之作。

《聊斋志异》中占比最多,同时也是写得最精彩的部分乃是爱情类故事,这一部分内容题材丰富,想象力奇诡,除了人与人的爱情婚姻故事,还有人与神、人与鬼、人与狐妖花精等的恋爱故事。在这些故事中,青年男女往往冲破礼教的束缚、世俗的偏见、人妖的界限,积极主动地争取爱情婚姻自由,并最终获得了幸福,著名的一些代表篇目有《婴宁》《小翠》《聂小倩》《葛巾》《竹青》《西湖主》(见图15-10)等。

图15-10 聊斋志异 西湖主(2003 中国邮政)

此类故事的主人公多是非人的精怪,蒲松龄在刻画她们时往往"多具人情,和易可亲,忘为异类,而又偶见鹘突,知复非人"(鲁迅《中国小说史略》)。这是非常高超的写作技巧,非人与人相比,既无异又有别,既食人间烟火又突起神通变幻,这种对立统一,让狐鬼花妖们具有了非比寻常的魅力。如《婴宁》中的婴宁本是一个狐母所生、鬼母所养的女孩,她天真无邪、纯真活泼。爱笑,是她最突出的特征,书中反复描绘她"大笑""狂笑""忍笑""微笑"等一系列笑的场景,意在刻画婴宁淳朴娇憨、未经礼教束缚的人物形象。但因邻人唐突,欲施奸淫,于是婴宁施展神通,将邻人置于死地,这便又显示出她"鹘突"非人的一面,婴宁狐妖的形象因此变得复杂生动起来。再如《黄英》一篇中,顺天府马子才与陶氏姐弟相交,在其妻故去后娶了姐姐黄英为妇。黄英姐弟都是菊精,平素与普通人并无二致,惟善种菊,高人一等,黄英靠着种花卖花让家中境况日渐富足,但有一次喝醉酒之后,黄英的弟弟倒地变为菊花,方才显示出了非人的面目,这就是鲁迅说的"变怪即骤现也"。在蒲松龄笔下,人鬼狐妖并没有界限,恋爱婚姻亦不存在不可逾越的鸿沟,尤其盖因狐鬼女子不受人间礼教拖累,举止言行洒脱活泼,对感情也更加大胆执着,故比之普通的人间女子反倒多了几分可敬可爱之处,让人印象深刻。总体而言,《聊斋志异》中这些奇幻动人的爱情故事,情节跌宕起伏、神秘莫测,给读者打开了一个广阔的艺术天地,让人在幻想的世界里充分感动于爱情的纯真与美好,从而达到理想主义的高度。

蒲松龄作为科举制度的受害者,终身徘徊在社会底层,让他对下层百姓尤其是底层文人的生活窘境有了切身的体会，这也是促使他开展底层写作的直接原因。在《聊斋志异》中有不少篇目述及了科举制度对读书人的摧残，他的生花妙笔把科场黑暗和举子心态刻画得入木三分、生动传神，可以说这类题材就是蒲松龄在写自己：绝望地挣扎在科举制度之下，饱尝失落和痛苦、贫穷与艰辛。《叶生》《司文郎》《贾奉雉》《王子安》等都是这类名篇。比如《贾奉雉》中的平凉才子贾奉雉，面对低劣的文章竟然可以做模板、庸才也能连中三元，而自己却始终"小试取第一则有余，闱场取榜尾则不足"的现实，心里涌起极大的困惑与激愤，这完全就是蒲松龄自己的内心写照。据学者统计，整部《聊斋志异》中涉及科举教育的超过六十篇，这些故事给我们展现了当时底层文人真实的生活图景，对他们的悲惨遭遇报以深刻的同情，同时抒发对黑暗的科举制度的强烈不满，因此具有很强的思想性。

《聊斋志异》中还有一类作品是揭露统治阶级的残暴和对人民的压迫的，极具社会意义，如《席方平》《促织》《梦狼》《梅女》等。在《席方平》一篇中，席方平的父亲席廉与乡里一个姓羊的富户结怨，羊姓富户先死，他的鬼魂收买了阴司鬼差，因此致席廉含冤早死。席方平决心为父申冤，于是魂魄离体，先至城隍庙，再入冥府，怀揣状纸，奔走喊冤。然而城隍、冥王都被姓羊的收买了，他们相互勾结，上下串通，对席方平威逼利诱，想使他屈服。但席方平在酷刑折磨之下也绝不退缩，几经波折之后，幸遇玉帝的九王殿下，在其帮助之下，终于沉冤得雪，与其父重返人间，城隍、冥王、鬼差以及羊姓富户都受到了应有的惩罚。在这个故事里我们可以看到，席方平面对的阴司地狱，分明就是伸手不见五指的封建社会的写照。鬼差、狱吏、城隍、冥王则是现实社会中大小剥削者的化身，他们相互勾结，为非作歹，坏事做尽，对弱者进行残酷的压榨。而在席方平身上，我们则能看到普通百姓生存的辛酸和艰难，他们受尽欺凌和迫害，并且控诉无门。所以席方平的行为，从某种意义上说已经超出了普通的申冤报仇，而象征着穷与富、正义与邪恶之间的较量，象征着被侮辱与被损害者的强烈反抗，他不屈服的斗争精神，是这篇故事最闪光、最动人的地方。蒲松龄一生坎坷，他对当时黑暗的政治与科举的弊端有着深刻的认识，贫困潦倒的生活又让他对下层老百姓的挣扎和遭遇有着切身的体会，因此他才能借这些鬼吏神差的故事写尽人间的不平之事，把对腐朽社会的控诉与愤懑诉诸笔端。

总体而言，《聊斋志异》的艺术成就很高，人物形象鲜明生动，故事情节曲折离奇，结构布局严谨巧妙，文笔简练，描写细腻，成功地塑造了众多的艺术典型，很多作品都具有深刻的思想性与广泛的社会性，不愧为中国古典短篇小说的巅峰。《聊斋志异》正如郭沫若所评价的那样："写鬼写妖高人一等，刺贪刺虐入骨三分。"受其启发，后来还有如袁枚所撰的《新齐谐》(初名《子不语》)、署名为长白浩歌子的《萤窗异草》、管世灏的《影谈》、冯起凤的《昔柳摭谈》、邹弢的《浇愁集》等，虽模仿者甚众，然皆无法超越。

中国古代小说是中国古代文学的重要组成部分，也是中国传统文化的重要载体，正如读《三国演义》可以看历史兴亡，读《水浒传》可以知忠义节烈。优秀的小说积聚了丰富的民族文化，蕴含了民族的智慧美德，彰显了民族精神与情操，它能开阔我们的视野，增益我们的见识，启迪我们的智慧，还能丰富我们的生命体验。正如钱理群先生说的："要读名著，就是因为每一个民族、每一个时代精神的精华都凝聚于其中，人类最美好的创造都汇集于其中，人类精神文明的成果就是通过各类学科的名作、经典的阅读，而代代相传的。"

人文艺术篇

第十六章　丹青墨韵

北宋的《清明上河图》居然"动"起来了，元代的《富春山居图》终于"合"起来了，拍卖会上名家书画竟然又刷新成交纪录了……我们时常会听闻关于传统书画艺术的各类新闻，每一次似乎总能引发社会民众热切之关注。究其原因，虽然与科技、政治、经济等不无关联，然而更为根本的则是源于中国书画其本身巨大之魅力。中国人作画多以绢纸为质地，鬃毫为锋颖，丹青翰墨为颜料，讲究笔法和气韵，泼墨即成山水，点染即为花草，抒心写意，唯求神似，这与西方绘画艺术注重思维、强调写实有着显著之区别。加之画成之后题款钤印，常以诗词衬意，以留白辅境，别具文学之美、哲学之慧。其所凝结的是中国人特有的生活情感和思维方式，所承载的是中华民族共同的文化性格和精神境界。本章我们将对中国绘画史进行简单勾勒，讲述从上古时期直至近现代中国绘画发展的脉络及趋势，并分别介绍各个时期杰出之画家及经典之作品，进而理解和感受中国绘画的流派风格及审美特征。

（本章执笔：黄毅）

丹青，原本是两种可作颜料的矿物。丹指丹砂，亦称朱砂；青指青雘。《汉书·苏武传》记曰"竹帛所载，丹青所画"，苏轼《减字木兰花·谁将妙笔》词亦有言"费尽丹青，只这些儿画不成"。因朱红色和青色两种颜色是我国古代绘画最常用到的色彩，故而"丹青"也就成为中国绘画艺术的代称。《晋书》中称顾恺之"尤善丹青"，宋代叶善夫《芹溪八咏》道"烟凝紫翠斜阳里，一幅丹青写不成"，皆指代绘画。古人还把画家称为丹青手，把优秀画家称为丹青妙手，民间则称画工为丹青师傅。如宋代王安石《明妃曲》云，"归来却怪丹青手，入眼平生几曾有；意态由来画不成，当时枉杀毛延寿"，倪偁《水调歌头·昨夜狂雷怒》云，"乞与丹青手，写入紫微宫"。

一、源起象形

中国绘画源于何时何地，至今仍无确切之说法。我国素有书画同源之说，唐代张彦远在其开创性著作《历代名画记》中指出传说时代的象形文字即是书写与绘画的统一。他将伏羲画卦、仓颉造字，视为书画之先河，但在他看来，图形与文字的脱离，才使得绘画成为一门专门的艺术，而对于绘画技巧的探讨则晚至秦汉才开始，魏晋时名家的出现标志着绘画臻于成熟。这是一个相当漫长的发展过程。

新石器时期的绘画主要集中在岩画和彩陶艺术方面。这些运用矿物质颜料进行的涂绘，或是用石器磨刻敲凿于山岩壁上的图纹为我们勾勒出了中国画的初步形态。岩画呈现了当时人们丰富的生活场景，诸如祭祀、狩猎、农作和歌舞等，富有神秘性与趣味性。彩陶则是在打磨光滑的红色陶坯上，以天然矿物颜料描绘华美图纹，然后烧制而成。仰韶文化时期的纹样较为具象，如以互相追逐的鱼、跳跃的鹿之类为内容；而稍晚一些的马家窑文化时期的纹样则较为抽象，以旋涡、波浪为主要内容。这些或具象或抽象的纹饰，都是对不同氏族部落巫术仪式和图腾崇拜等信息的生动反映，传达着远古先民们最初的精神信仰和审美追求。

《三鱼纹盆》(见图 16-1)即仰韶时期的彩陶作品。盆壁绘制的三条鱼儿张嘴露齿，头尾相接，虽未画出水纹，却给人一种鱼在水中吸水吐气、向前游动的感觉，简洁生动，具有淳朴而稚拙的趣味。此盆的文饰形象生动，是当时渔猎生活的生动反映。

图 16-1　三鱼纹盆 仰韶文化 新石器时代(高 17cm，口径 31.5cm，中国历史博物馆藏)

先秦时期的绘画主要体现在青铜器上，常见的饰纹有晏吞纹、云雷纹、夔纹、龙纹、虎纹等，也有用人体作为装饰花纹的。青铜器物上的装饰画，主题大概可分为两类，一是描写贵族生活中的礼仪活动，如宴乐、射礼、表祭等，如赵固出土的《刻纹铜鉴》就集中表现了贵族生活的仪礼活动；另一类是描绘水陆攻战的景象，以山彪镇出土的《水陆攻战纹鉴》为代表。

秦汉时期由于厚葬风气盛行，出现了较多表现墓主生前享乐和死后升天题材的墓室壁画、画像石砖和帛画，前二者为浮雕，帛画则以毛笔作画，无论从画技，还是从着色和布局方面分析，都已达到高超的水平。比如马王堆一号汉墓出土的T形帛画(见图16-2)。

图16-2 西汉 马王堆一号汉墓T形帛画(绢本设色，纵205cm，顶宽92cm，底宽47.7cm，湖南省博物馆藏)

据记载，此帛画名为"非衣"，即"飞衣"，是墓主灵魂升天的媒介。帛画上段之正上方绘有一人首蛇身之神，即传说中的烛龙神。在其左边有九个太阳栖于高大的扶桑树上，其中一日中有金乌；在其右边有一弯新月，月中有蟾蜍和玉兔，下有奔月的嫦娥；在烛龙神下方还绘有升龙和骑于神马之上的兽首人身之怪物，以及由神豹和门神把守的上天之门。诸多形象共同呈现天界的威严和神圣。帛画中段则展现人间世界：墓主拄杖立于华盖之下，面向西方，前有小吏迎接，后有侍从护送，很有气魄。帛画下段，玉璧垂磬，帐幔分飘，所绘人物面色青蓝，神色悲哀，似为墓主家人哀其逝去。底端则绘有神怪、大鱼、龙蛇等下界形象，当为安魂之用，使人颇感阴暗昏沉。整幅帛画主题突出、布局巧妙，用笔自如，造像生动，色彩鲜艳和谐，完美地营造出神秘而浪漫的气息，将多重古代神话与人们永生的愿望浑然融合，体现了汉朝时人们的宇宙观和生命观。这些早期在丝帛上的绘画还奠定了后世中国画以线为主要造型手段的基础。

汉代的绘画题材大致可分为三类。其一是源于神话和仙话，祈求益寿延年，飞升仙界，如描绘西王母等神仙形象以及青龙白虎、朱雀玄武等神兽形象，体现出浪漫奇幻的特征；其二是顺应"独尊儒术"的思想，服务于政治和道德教化，出现了许多歌颂王公显贵和忠杰义士、赞美龙凤呈祥以及抨击乱臣淫妃等具有礼教色彩的题材；其三则是描绘现实生活，诸如宴饮、乐舞、车骑、狩猎、战争、生产等场景，以体现西汉后期，特别是东汉时期纵情享乐的社会风尚。

魏晋南北朝时期的绘画依然承担汉代绘画"成教化，助人伦"的社会功能，但相较之前更加关注其本身的艺术美感。此期纷繁复杂的历史环境导致了社会思潮的自由和活跃，个体价值得到重视，这对绘画艺术也产生了重大的影响。

此期的绘画仍以人物题材为主流，涌现出了陆探微、张僧繇和曹仲达等众多名家，画风各异，传世佳作增多，出现了不少专门的绘画理论著作。诸大家中尤以顾恺之成就最为显著。

顾恺之(348—409)，字长康，小字虎头，晋陵无锡(今江苏无锡)人。其博学多才，擅诗赋、书法，尤工绘画，时人将其文、其画、其痴并称为"三绝"。谢安深重之，以为苍生以来未之有。顾恺之作画意在传神，他在《魏晋胜流画赞》中提出："凡画，人最难，次山水，次狗马，台榭一定器耳，难成而易好，不待迁想妙得也。"这些观点为中国传统绘画的发展奠定了基础。

《女史箴图》(见图16-3)是顾恺之根据西晋张华《女史箴》所绘的长卷，原文十二节，所画亦为十二段，然原作已佚，现有唐代摹本，存"冯媛挡熊"至"女史司箴敢告庶姬"共九段。画作描绘古代女子的闺范事迹，蕴含女子应当遵守的道德信条，虽具有一定的说教性质，但其以贵族女子的日常生活为题材，采用如春蚕吐丝一般细腻轻柔的"高古游丝描"手法来塑造人物，使得画中女史皆仪态宛然、衣裙飘逸，生动再现了她们的雍容华贵与娇柔矜持，画面典雅宁静又不失明丽活泼，有着极高的艺术审美价值。顾恺之另绘有《洛神赋图》，乃依曹植《洛神赋》而创作，亦堪称经典。

陆探微与顾恺之并称"顾陆"，因"笔迹周密"而被称为"密体"，以别于张僧繇、吴道子之"疏体"。陆探微将东汉张芝的草书体运用于绘画，从圣贤图绘、佛像人物至飞禽走兽，无一不精。其创作的"秀骨清像"的人物形象，是对崇尚玄学和清谈的六朝名士形象的生动概括。《历代名画记》盛赞其"丹青之妙，最推工者"。可惜今时已难觅其画迹。

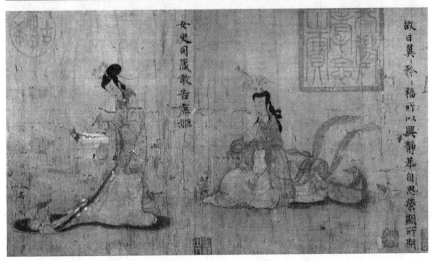

图 16-3　东晋 顾恺之 女史箴图(局部) 卷(唐摹本，绢本设色，全卷纵 24.8cm，横 348.2cm，英国伦敦不列颠博物馆藏)

北齐曹仲达善绘佛画，所绘人物衣褶多用细笔紧束，似衣披薄纱，又如刚从水中捞出，后人将此画法名曰"曹衣出水"，与唐代吴道子的"吴带当风"并称。魏晋南北朝时期佛教题材绘画作品的增多，是域外文化的输入与本土文化的撞击与融合的反映。此期的墓室壁画有着鲜明的时代特征，花鸟画和山水画虽然依附于人物画而存在，但已为隋唐时期独立成科打下了基础。

二、臻微入妙

进入隋朝以后，绘画渐已摆脱汉代以来的稚拙之气。隋朝绘画仍以人物或神仙故事为主，展子虔、郑法士、董伯仁等名家云集京洛，得以相互借鉴和交流。展子虔绘有佛教画《法华经变》、风俗画《长安车马人物图》，惜均未传世。其山水画《游春图》，空间透视安排合理，注重远近关系和山树人物的比例，摆脱了早期山水画"人大于山，水不容泛"的稚气，形成了"远近山川，咫尺千里"的效果，使山水画迈入青绿重彩、工整细巧的新阶段。

有唐一代，国力强盛、经济繁荣、中外文化交流频繁，相应地促进了绘画艺术的全面发展。此期绘画技法上更为完善，画科分类也更加完备：人物、山水、花鸟相继独立成科，异彩纷呈。

唐代人物画名家众多，阎立德、阎立本兄弟和尉迟乙僧的绘画活动，加之以敦煌翟家窟为代表的壁画体现着初唐绘画艺术的最高成就。高宗和玄宗朝则活跃着一位被后人尊之为"画圣"的杰出画家吴道子。他曾随张旭、贺知章学习书法，通过观赏公孙大娘舞剑，体会用笔之道。其所画人物衣褶飘举，线条遒劲，具有"天衣飞扬、满壁风动"的效果，被誉为"吴带当风"。吴道子精通人物、山水等各类题材，长于壁画创作，在宗教画上成就尤为突出。同时代的张萱则以善绘贵族仕女、宫苑鞍马而著称，在画史上通常与稍后于他的仕女画家周昉相并提。据史料记载张萱的作品有数十幅，不少作品被后世画家摹写，遗憾的是当今出于张萱本人手笔的原作已无一遗存。历史上留下两件重要的摹本，即传说是宋徽宗临摹的《虢国夫人游春图》卷和《捣练图》卷。

周昉，生卒年不详，字景玄，京兆(今陕西西安)人。出身显贵，官至宣州长史。"初效张萱画，后则小异，颇极风姿"。其擅长刻画贵族仕女，所绘仕女"衣裳劲简，采色柔丽，丰满秾丽"(张彦远《历代名画记》)；兼擅佛像，所绘佛像丰腴端庄，始创"水月观音"，颇有世俗化之风格，在当时被奉为"周家样"。

《簪花仕女图》(见图16-4)描绘的是贵族妇女春夏之交赏花游园的情境，她们雍容华贵，或拈花拍蝴，或赏鹤戏犬，意甚闲暇。侍女们则持扇相从。作者采取平铺列绘的方式，卷首与卷尾的女子均作回首顾盼姿态，使全卷人物活动得以收拢，亦产生对称之美。图中人物刻绘以游丝描为主，形象自然传神，设色浓艳富贵而不俗，层次明晰，面部晕色和衣着装饰皆极尽工巧之能事，画面则富有生活情味。北宋苏轼《周昉画美人歌》云"深宫美人百不知，饮酒食肉事游戏"，正是《簪花仕女图》卷的绝妙写照。贵妇们虽装扮得花团锦簇，有丰腴婀娜之姿，柔和恬静之态，却仍无法尽掩其精神世界的空虚。画家高妙之技法，千年而下，依旧让人叹服。周昉的传世作品还有《挥扇仕女图》卷、《调琴啜茗图》卷等。

图 16-4　唐　周昉　簪花仕女图　卷(绢本设色，纵 46.2cm，横 180cm，辽宁省博物馆藏)

唐初山水画则沿袭隋代展子虔的细密作风，技法上依然是青绿为之，层层渲染。盛唐山水画家则以王维、郑虔、项容等为代表。王维在技法上突破青绿画法，创造了"破墨法"。他同时是山水田园诗派的代表诗人，因此能将诗画意境贯通，宋代苏轼在《东坡志林》中评曰："观摩诘之诗，诗中有画；观摩诘之画，画中有诗。"明代董其昌更将王维誉为"南宗之祖"。

唐代是花鸟画的开创时期。盛唐薛稷擅画鹤，冯绍正擅画鹰，而花鸟画独立成科的标志则是中唐以后边鸾、于锡、梁广等一大批花鸟画家的出现。边鸾善画折枝花鸟，蜂蝶蝉雀都很精巧。晚唐刁光胤善画湖石、花汀猫兔和鸟雀之类，是五代黄筌、孔嵩之师。

唐朝时，畜兽画也属于花鸟画之范畴。画马名家有曹霸、韩干、韦偃等；画牛名家则有韩滉(见图 16-5)、戴嵩等，风格不同，各尽其妙。

图 16-5　唐　韩滉　五牛图　卷(纸本设色，纵 20.8cm，横 139.8cm，北京故宫博物院藏)

五代十国时期政局动荡、战争频繁，所幸此期的绘画创作并未停滞，而是在前代的基础上有了新的变化和面貌。尤其是山水画和花鸟画迅速发展，打破了之前诸朝人物画一统天下的局面。

此期出现了众多的山水画家，如荆浩、关仝、董源、巨然、李成、范宽等，皆名噪一时。他们风格各异，创作繁荣，形成了北方和江南两大山水画派。

董源，江南山水画派之开山鼻祖，代表作有《潇湘图》(见图 16-6)等。北宋米芾在《画史》中概括其艺术特点为："峰峦出没，云雾显晦，不装巧趣，皆得天真；岚色郁苍，枝干劲挺，咸有生意；溪桥渔浦，洲渚掩映，一片江南也。"他始创"披麻皴"和"点子皴"画法，描绘出南方山水画平远幽深的新风貌，对元四家和明清山水画家的影响尤大，被董其昌列为南宗画家之领袖人物。

花鸟画则因宫廷贵族之喜好而逐渐发展起来，以黄筌、徐熙为代表。黄筌为宫廷画家，徐熙为江南处士，二人身份有别，故所绘物象不同，画风亦迥异。黄筌多绘珍禽异草，妙在赋彩(见图 16-7)；徐熙多描野花草虫，落寞为格。宋人有"黄家富贵，徐熙野逸"之评，为五代、宋初花鸟画的两大流派之代表。惜徐熙画作今不存也。

图 16-6　五代　董源　潇湘图　卷(绢本设色，纵 50cm，横 141cm，北京故宫博物院藏)

图 16-7　五代　黄筌　雪竹文禽图　页(绢本设色，纵 26.3cm，横 36.4cm，台北故宫博物院藏)

　　五代十国人物画之发展虽远不如唐代，但也不乏贯休、石恪、顾闳中、周文矩等名家，多从唐代吴道子和周昉等处脱胎。顾闳中所绘《韩熙载夜宴图》是传世之经典(见图 16-8)。

　　顾闳中(约 910—980)，江南人。南唐后主时画院待诏，擅画人物，其用笔圆劲，间以方笔转折，设色秾丽，刻画人物形神兼备，与周文矩齐名。据载，周文矩也曾作《韩熙载夜宴图》，元代时两者尚在，今仅存顾本宋代摹本。该长卷如实描绘了南唐中书侍郎韩熙载夜宴宾客的行乐场景，共分为听乐、观舞、暂歇、清吹和散宴五个段落。全卷如同连环画一般，每段以屏风隔扇加以分隔，却又巧妙地相互联结，布局起伏错落，情节张弛自如，人物神态之刻画尤为生动。

　　宋王朝建立之后，朝廷重文抑武，文人士大夫地位空前提升，亦极大促进了文学艺术的繁荣。历史学家陈寅恪先生曾评价曰："华夏民族之文化，历数千载之演进，造极于赵宋之世。"(《邓广铭〈宋史·职官志〉考证序》)其兄长、著名美术家陈师曾则言："宋朝画艺之盛况过于唐朝；而帝室奖励画艺，优遇画家，亦无有及宋朝者。"(《中国绘画史》)可见，两宋时期是中国古代绘画发展的黄金时代。

　　北宋初期的绘画基本延续了五代时期的画风，直到半个世纪后，宋代绘画才迎来全面的繁荣，形成了院体画和文人画两大画系，各具风采。

　　所谓院体画，一般指宋代翰林图画院及其后宫廷画家的工致风格的绘画，亦有专指南宋画院作品，或泛指非宫廷画家效法南宋画院风格之作。五代时已出现画院，北宋扩张其规模，汇集了包括五代后的顶尖绘画高手，专门为皇室贵族服务。宋仁宗自善丹青，益加奖励，到宋徽宗朝，帝王赵佶亲自主持画院，使其发展达到极致。院体画为迎合帝王和宫廷的需要，多以花鸟、山水、宫廷生活和宗教内容为题材，作画讲究法度，重视形神兼备，风格华丽细腻。作为当时的主流艺术，院体画从上至下影响着宋朝的艺术氛围。

图 16-8　五代 顾闳中 韩熙载夜宴图 卷(宋摹本，绢本设色，纵 28.7cm，横 335.5cm，北京故宫博物院藏)

　　文人画在北宋开始盛行，文人士大夫常以"墨戏"相标榜，贬抑"形似"，崇尚"写意"，形成有别于院体的绘画风格。苏轼、米芾等人较早地通过理论和创作相结合的方式推动着文人画的发展。苏轼提出"绘画以形似，见于儿童临"，反对作画停留在"形似"的层面，强调"形神兼备"方为上乘之佳作。米芾则在苏轼基础上身体力行，与长子米友仁一同开创了"米氏云山"画派。南宋文人画名家还有擅画"墨梅"的杨补之、以"岁寒三友"称道的赵孟坚等人。

　　院体画和文人画并非是决然对立的，艺术上亦难以简单地区分高下。其根本区别还在于精神的自由度。院体画家创作严谨，画艺水平亦登峰造极；文人画家则更多的是率性而为，讲究生命体验，画作抽象写意，不及院体画富态细腻、易于观赏，却含蓄蕴藉，自有其高雅之格调。总之，院体画和文人画相互影响，相互渗透，诗文书画活动频繁，不仅形成了良好的艺术氛围，期间形成的画论等亦对明清绘画产生了很大的影响。

从题材上而言，宋人花鸟画大有突破，山水画稳步发展，人物画基本停滞，风俗画则占据一席之地。

北宋花鸟画名家辈出，如赵昌、吴元瑜、赵佶等，尤以崔白最为突出。他将写实与抒情相融合，追求自我性灵的抒发，继承黄筌的精细勾勒，但纠正了黄派过于富艳拘谨的格法，赋予花鸟画新的生机(见图16-9)。

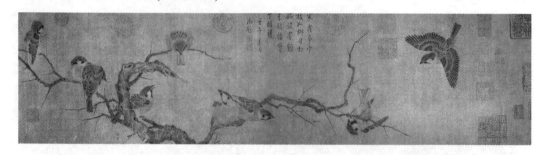

图16-9　北宋　崔白　寒雀图　卷(绢本设色，纵25.5cm，横101.4cm，北京故宫博物院藏)

宋徽宗赵佶艺术造诣极高，他酷爱书画创作，曾自创书法字体"瘦金体"，在绘画上则继承黄筌之"富贵"和崔白之"写生"，形成了刻画精工、用笔遒美、设色艳丽、神态生动的"宣和体"画风，《瑞鹤图》(见图16-10)即是其代表作之一。作为帝王，他利用皇权推动了绘画艺术的发展，功不可没。

图16-10　北宋　赵佶　瑞鹤图　卷(绢本设色，纵51cm，横138.2cm，辽宁省博物馆藏)

南宋花鸟画在北宋宣和画院的基础上继续发展，写实技巧与形式更加趋于完善，代表画家有李迪、李安忠、林椿(见图16-11)、吴炳、马麟等。南宋花鸟画整体艺术特色为较小的画幅、极度的写实，并且艳美传神。

需要一提的是，宋代绘画"隐款"和"无款"(见图16-12)的现象十分普遍，这是因为很多宋代画家没有给画作题款盖印的习惯，因此今存诸多画作之作者不易察觉，甚至无法辨识，山水、人物、花鸟各画科都存在这一现象。

宋代初期的山水画名家许道宁、翟院深、宋迪等人多传自李成。李成经五代入宋，师从荆浩和关仝，却有着独特的创造才能，其"寒林平远"的画风对宋代山水画影响很大。郭熙虽亦宗李成之法，却能兼收并览，终于自成一家，有"出蓝"之誉。其子郭思还将其创作理论整理成《林泉高致》，成为北宋时期山水画论的重要专著。稍后的王诜和王希孟则以青绿着色山水见长。王希孟乃徽宗朝天才少年，曾经赵佶亲授指点，绘成《千里江山图》(见图 16-13)，以一画而名垂千古。

图 16-11　南宋　林椿　果熟来禽图　页(绢本设色，纵 23.8cm，横 25.3cm，北京故宫博物院藏)

图 16-12　南宋　无款(传吴炳作)出水芙蓉图　页(绢本设色，纵 26.5cm，横 27cm，北京故宫博物院藏)

图 16-13　北宋　王希孟　千里江山图(局部)　卷(绢本设色，全卷纵 51.5cm，横 1191.5cm，北京故宫博物院藏)

南宋山水画出现新的高度，有李唐、刘松年、马远和夏圭四大家。此外，赵伯驹、赵伯骕擅画青绿山水，连同此前王诜和王希孟的画作，可与米芾、米友仁父子描绘江南秀色的"米氏云山"作品南北竞辉(见图16-14)。

图16-14　南宋 米友仁 云山墨戏图(局部) 卷(纸本墨笔，全卷纵21.4cm，横195.8cm，北京故宫博物院藏)

北宋初期人物画的发展一度停滞，只有高益、武宗元、王拙等人见于画史，传世作品亦只有武宗元的宗教人物群像《朝元仙杖图》和《八十七神仙图》。后有李公麟，深得吴道子旨趣，运笔如行云流水，造型正确，神态飞动。据说李公麟所画人物能够从外貌上辨别出"廊庙馆阁、山林草野、闾阎臧获、台舆皂隶"等社会各阶层人之特点，以及地域、种族和动作表情的各种具体状态。他还兼擅鞍马、山水、花鸟等题材，时推为"宋画中第一人"。南宋人物画因时局背景而呈现出明显的政治色彩，常表现画家的爱国热情，隐含政治寓意，如李唐《采薇图》、刘松年《中兴四将图》等。此外，马和之、梁楷等人亦善绘人物。

风俗画亦占据宋代画坛的一席之地。苏汉臣的货郎题材，精工细致，极富生活色彩；张择端的《清明上河图》(见图16-15)长卷更是千古经典之作。

图16-15　北宋 张择端 清明上河图 卷(绢本设色，纵24.8cm，横528.7cm，北京故宫博物院藏)

此长卷描绘的是清明时节北宋都城汴京(今河南开封)东角子门内外和汴河两岸的繁华热闹景象。画家采用散点透视的构图法，将繁杂的景物纳入统一且富于变化的画卷，共计五百余人物、五十余牲畜、三十余栋楼宇，以及众多的船只、车骑、桥梁、树木散布其间，画面宏阔且落笔细致，小到摊贩陈设的货物、市招上的文字图案都丝毫不失，堪称精妙。全画可分为三段：首段为汴京市郊的农村风光，茅檐低伏，阡陌纵横，人物往来其间；中段以"虹桥"为中心，尽绘汴河的手工业和商业贸易以及两岸车船运输交通的繁忙景象，是全卷之主体；后段则描绘了纵横交错的街道、鳞次栉比的商铺、熙熙攘攘的行人和络绎不绝的车马轿乘，再现了北宋全盛时期都城人的生活面貌。全卷谋篇布局起伏有序，具有很强的情节性。画面虽长而不冗，虽繁而不乱，严密紧凑，如一气呵成，有别于一般的界画。加之笔墨老练、线条遒劲、设色雅淡，此卷非只是具有卓越的艺术成就，亦是研究北宋都城城市经济及社会生活的宝贵历史资料。

三、滞墨抒怀

　　辽金均为少数民族政权，艺术积淀不深，但入主中原后，能主动学习先进的汉文化，绘画上多摹习宋人画风，也保留了一定的民族特色。辽时的绘画成就总体一般，人物画较花鸟和山水题材相对发达。金时则比较繁荣，一来是灭宋之后囊收了宋朝的绘画家底；二来则是仿效宋代设立"书画局"作为皇家画院，刺激了绘画的发展。此期的人物画家有王逵、张瑀、赵霖等，《文姬归汉图》《昭陵六骏图》皆为当时名作。

　　元朝统一之初，汉族文士遭遇精神打压，或悠游，或隐居，寄心于书画创作。加之朝廷取消画院，致使画家群体结构发生巨变，文人画家跃居多数。远离了朝廷和尘世后的画家纷纷将绘画作为个人述怀明志的方式，在艺术的"世外桃源"里自我娱乐。他们将诗、书、画、印完美地结合起来，追求着中国文人画的至高艺境。

　　元代人物画相对于辽金时期大为减少，虽有钱选、赵孟頫、任仁发、何澄、刘贯道等人参与创作，但总体影响力远不及当朝的山水和花鸟画题材。

　　赵孟頫(1254—1322)，字子昂，号松雪道人、水晶宫道人，吴兴(今浙江湖州)人，元代最具影响力的艺术家。作为宋王室后裔却又在元代官至一品，赵孟頫曾引起较大之争议，但其因学识渊博，精通书法、绘画、篆刻、鉴定、诗词、音律，有着不争的艺术成就，依然具有一代巨擘之风范，无愧与二王、颜、苏等大家比肩。赵孟頫之书法工真草隶篆，世称"赵体"；绘画则山水、花鸟、人物无所不能，倡导"古意"，注重气韵，追求自然神妙、典雅蕴藉的艺术效果。

　　元代山水画之代表除了赵孟頫，还有被并称为"元四家"的黄公望、王蒙、倪瓒和吴镇。黄公望笔下的富春山、王蒙笔下的卞山和黄鹤山、倪瓒笔下的太湖以及吴镇笔下的渔隐风光，行笔或苍润浑厚，或繁复缜密，或幽简超逸，或沉郁淋漓，可谓各有意趣，共同构成了元代绘画之典范。

　　《富春山居图》乃黄公望之代表作，是其为师弟郑樗(无用师)所绘，始于元至正七年(1347)，及元至正十年(1350)题跋之时尚未最后完工。此卷在之后数百年历经沧桑，几经易手，题跋盖印者多达二十余人。后转至清人吴洪裕之手，奈何其至爱如命，竟嘱下人"焚画殉葬"。幸得其侄救出，然此画已身首两段，前半卷为"剩山图"，虽然只是一小段，却被浙江省博物馆视为"镇馆之宝"；后半卷为"无用师卷"，现藏于台北故宫博物院。《富春山居图》(见图16-16)素有"画中之兰亭"的美誉，属国宝级文物。2011年6月，前后两段在台北故宫首度合璧展出，轰动海峡两岸。

图 16-16　元　黄公望　富春山居图(局部) 卷(纸本笔墨，全卷纵 34.1cm，横 1088.5cm，台北故宫博物院藏)

　　该长卷以浙江富春江为背景，以淡雅之用墨和疏密得当之布局描绘了江水两岸由夏入秋时节的秀丽景色。全卷构图富于变化：陂陀沙渚，峰峦叠嶂；林木葱郁，疏密有致；云烟掩映村舍，水波出没渔舟；人物飞禽，生动适度，可谓是"景随人迁，人随景移"，达到步步可观的艺术效果。黄公望远宗董源、巨然，笔墨苍润，画山石多用披麻皴，干笔皴擦，渲染较少；绘远方丛树喜用浓淡迷离的横点，把江南山水表现得清秀而富有灵气。江水如练，蜿蜒轻淌；夏过秋来，繁华落尽。此幅长卷不只是山水的写真，也是画家精神诉求和人生态度的表达，充满了隐者悠游林泉、萧散淡泊的诗意。

　　元代的花鸟画创作成就可观，大体可分为两类：一类是延续宋代重规矩、尚法度、妍丽精工的院体画风；另一类则是追求自然天趣、讲究寓意寄托、笔法清新雅致的文人画风。与文人画的兴盛相应，后者是对院体画风的有效突破，开启了明代以陈淳、徐渭为代表的大写意花鸟画之先声。

　　元代前期花鸟画以钱选(见图 16-17)、郑思肖为代表，二人均为宋代遗民，画风虽异，然亡宋易代的悲抑心理相通。钱选入元后曾在《题金碧山水卷》诗中自称"不管六朝兴废事，一樽且向画图开"，坚决不仕，流连诗画以终其身。郑思肖则通过"画兰不画土"来寄寓土地为蕃人所夺，表达内心的亡国之痛。

图 16-17　元　钱选　花鸟图(局部) 卷(绢本设色，全卷纵 38cm，横 316.7cm，天津博物馆藏)

　　此外，龚开、任仁发、柯九思等人亦善绘花鸟畜兽。任仁发的《二马图》(见图 16-18)很有特点，其画面虽然简单，只并排画有二马，没有任何背景陪衬，但两匹马一瘦一肥，一弱一强，形成强烈的视觉反差。画家又以大段题记点明此画用意："世之士大夫，廉滥不同，而肥瘠系焉。能瘠一身而肥一国，不失其为廉；苟肥一己而瘠万民，岂不贻污滥之耻欤。按图索骥，得不愧于心乎？"其将肥马比作为官不正的贪官，言其吸食民脂民膏，故而肥壮；又将瘦马比为廉洁奉公的清官，因为忙于政务而累得皮毛剥落，骨瘦如柴。其讽刺寓意不可谓之不深刻。

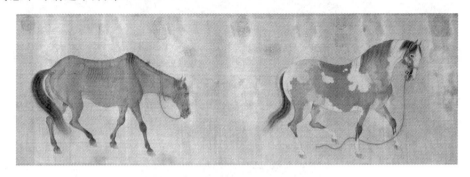

图 16-18　元　任仁发　二马图　卷(绢本设色，纵 28.8cm，横 142.7cm，北京故宫博物院藏)

元代后期的花鸟画代表有王渊、张中等人，他们在继承宋代院体画的基础上各变其法，舍色彩而转取水墨，去妍丽而转求雅致，再度拓宽花鸟画的审美领域。此期还有王冕擅画墨梅，柯九思擅绘墨竹，皆深得梅竹清幽之致。

四、涉笔成趣

朱元璋建立明朝，开启近三百年的统治。此期的绘画随着政治时局和经济发展的变化而风格迭变，画派繁兴。

为巩固政权，明王朝初期推行极端专政，钦定《大诰》规定"寰中士夫不为君用"者，"罪至抄札"，从而彻底取消了士大夫与政治游离的选择。思想上则尊奉程朱理学为官方学说，以"存天理，灭人欲"来强化对文人和民众思想的禁锢。在此高压氛围下，文人画家不敢抒情弄性，提笔落墨如履薄冰，致使绘画作品缺乏个性和情感，文人书画创作一度停滞。相反，迎合统治阶级审美趣味的院体画再度兴起，出现了诸多的宫廷绘画作品。

宫廷人物画如刘俊的《雪夜访普图》和倪端的《聘庞图》，分别描绘宋太祖赵匡胤雪夜访赵普和三国时荆州刺史刘表聘请隐士庞德公的历史故事，其主旨皆为赞美明主忠臣之间的融洽关系，歌颂贤君礼贤下士，勤于政事的美德。佚名的《明成祖坐像》、商喜的《朱瞻基行乐图》和谢环的《杏园雅集图》则是记录宫廷生活，反映帝王和臣僚活动的纪实性人物画。诚然，传统题材仍有一定的表现，如李在的《琴高乘鲤图》、计盛的《货郎图》即为此类。

院体花鸟画以边景昭、孙隆、林良、吕纪成就极高，他们学习南宋院体刚劲强势的画风，擅画老鹰之类的猛禽，以凸显皇家的刚勇威仪。四人各具风格，构建了明代早期宫廷花鸟画的格局。

明代初期山水画创作较为活跃，尤其是以戴进和吴伟为领袖的浙派，继承南宋院体山水画技法，构图和用笔皆效仿马远、夏圭，但能扩大画幅，笔墨劲健，风格清隽，故而学者甚多，影响颇大。戴进为浙派创始人，其《春山积翠图》(见图 16-19)呈现出一种高古清远、舒适悠闲的士大夫生活情趣。

图 16-19　明　戴进　春山积翠图　轴(绢本笔墨，纵 141.3cm，横 53.4cm，上海博物馆藏)

随着工商业的兴起，城市经济日趋发达，市民阶层崛起，封建统治的危机出现了。到明朝中期，朝廷贪欲滋长、奢靡风行，内政的腐败加之北方外族的侵扰和东南沿海的"倭寇"之乱，更是让明王朝统治呈现出千疮百孔之态。旧有的道德价值体系相应面临瓦解，思想领域开始涌现出以个性解放为中心的思潮。如王守仁反对程朱理学将"理"视为外在权威的观点，提出"心即理"和"致良知"，承认个性尊严、强调道德内化和知行合一。其弟子王艮亦提倡"百姓日用是道"，具有鲜明的人民性。这些思潮促进了艺术的自由，使绘画创作回归个性与人性。

此期以"明四家"沈周、文徵明、唐寅和仇英为代表的"吴门画派"继承文人画之传统，并拓展题材、抒写情性、追求笔墨，推动了文人画繁荣发展，取代院体画而成为主流。

沈周(1427—1509)，长洲(今江苏苏州)人，字启南，号石田、玉田、白石翁、有竹居主人等，"吴门画派"的奠基人。其擅绘山水，曾取法董源、巨然，后宗黄公望、吴镇。兼工花卉鸟兽，自有韵致，对陈淳、徐渭的花鸟亦有不小的影响。《庐山高图》(见图 16-20)是沈周为恩师陈觉七十寿诞而作。因陈觉为江西人，故沈周以庐山五老峰来贺其长寿，以庐山之高来喻其学问道德。此画融汇多家技法，先以淡墨层层皴染，再施以浓墨逐层醒破。整幅画凭借想象力而绘制，布局疏朗，厚重凝练；笔法缜密细秀，墨色浓淡相间，清新空灵，温润柔雅，却不乏沉雄苍郁之气势。

图 16-20　明　沈周　庐山高图　轴(纸本淡设色，纵 193.8cm，横 98.1cm，台北故宫博物院藏)

文徵明(1470—1559)，长州(今江苏苏州)人，原名壁(或作璧)，字徵明，号衡山居士，世称文衡山。其诗、文、书、画无一不精，乃"四绝"之全才。《真赏斋图》(见图 16-21)是其为好友华夏所绘的一幅园林小景。图中堂庑平列，堂中斋室有瓶盂、书函和卷轴置于桌上；主客相对而坐，正展卷评赏，一童侧立捧卷侍候。四周景致幽美，远山逶迤凌空，近山点簇柔密，翠竹依傍清流，湖石掩映林木。画家八十高龄尚能作如此质朴工细之笔墨，实属罕见。

图 16-21　明 文徵明 真赏斋图 卷(纸本设色，纵 36cm，横 107.8cm，上海博物馆藏)

唐寅(1470—1523)，吴县(今江苏苏州)人，字子畏，又字伯虎，号六如居士、桃花庵主。其狂傲嫉俗而又才气横溢，诗文、书法擅名，画名更著。其画作题材广泛，挥笔自然，风格别具，雅俗共赏。《秋风纨扇图》(见图 16-22)为其水墨写意人物画的代表作，其笔墨简练、线条流畅，生动呈现了萧瑟秋风中手持纨扇而心情惆怅的女子形象。唐寅题诗数言于画上，隐喻式地抒发了自己怀才不遇、世态炎凉的慨叹。

图 16-22　明 唐寅 秋风纨扇图 轴(纸本墨笔，纵 77.1cm，横 39.3cm，上海博物馆藏)

仇英(约 1498—1552)，原籍江苏太仓人，后移居吴县，字实父，号十洲。其出身寒微，初为漆匠，后拜周臣门下，因天资不凡，深得理法，各类题材颇有建树，画坛声誉卓著。仇英不断汲取文人画家的审美情趣，其画既保有工整艳的古典传统，又融入了文雅清新的趣味。其《人物故事图》，全册十帧，所绘人物仕女，多取自寓言传说、历史故事、古典诗词和文人逸事。如《竹院品古》(见图 16-23)描绘宋代苏轼、米芾等文士赏画烹茗之情境，

《贵妃晓妆》(见图 16-24)则表现大唐贵妃听曲赏画、对镜理鬓之场景。画家运用工笔重彩画法，所绘文士潇洒高雅，仕女娟美端庄；建筑器皿工整精细，山石树木各具形态。在绚丽的敷色中呈现出精细、粗劲、灿烂、清雅等变化，可见其娴熟、高超的画艺。

图 16-23　明 仇英 人物故事图(之七) 册(绢本设色，纵 41.1cm，横 33.8cm，北京故宫博物院藏)

图 16-24　明 仇英 人物故事图(之九) 册(绢本设色，纵 41.1cm，横 33.8cm，北京故宫博物院藏)

明万历以后，统治者愈发纵情玩乐，宦官专政，民不聊生。极度黑暗的政治和尖锐的社会矛盾时常引发农民起义。纷繁复杂的社会环境使得思想文化领域更为活跃。李贽倡导"童心说"，提倡去伪存真，发展自然之性；以袁宏道为代表的公安派提倡"性灵说"，主张作品要"独抒性灵，不拘格套"；汤显祖则提出"至情论"，珍视人性与真情，呼唤精神自由。这些思想尽管更多的是指向文学创作，但对绘画艺术同样影响很大。出于对自我情感和自身价值的肯定，涌现出不少个性鲜明、风格独特的文人画家。

晚明山水画高度发达，以董其昌为巨擘。

董其昌(1555—1636)，字玄宰，号思白，别号香光居士，松江华亭(今上海市)人。其画山水师法董源、巨然、黄公望、倪瓒，博采诸家之长，追求纯粹之心性，并赋予中国画之笔墨以独立的审美价值，使之成为众多文人画家追求的终极目标。他还以佛家禅宗喻画，提出"南北宗"论，极力倡导南宗文人画。其画及画论对明末清初画坛影响甚大。《秋兴八景图》(见图 16-25)是画家泛舟吴门和京口一带时依照途中所见而绘制的八幅秋景。画中或山石峻拔、溪谷深邃，或烟雾弥漫、楼阁隐现，各尽其态；又有沙汀芦荻、远岫浮山、江天楼阁、帆影扁舟等不同景致的绘写，构图简率、意境高远；缀以秀逸典雅的诗文书法题跋，使诗书画的文人逸致更为浓郁。

图 16-25　明 董其昌 秋兴八景图(之七) 册(纸本设色，纵 53.8cm，横 31.7cm，上海博物馆藏)

以蓝瑛为代表的"武林派"和以项圣谟为代表的"嘉兴派"在山水画的创作上亦有不俗的成绩。蓝瑛画山水喜作大幅立轴，多作高远之法，其没骨青绿山水画独步于当时的画坛。项圣谟绘山水意境明净清雅，笔法简洁秀逸，具有很高的品格和思想内涵。此二人的山水画均极富有文士书卷之气。

晚明人物画以"南陈北崔"为代表。陈洪绶(也称陈老莲)为浙江诸暨人，崔子忠为山东莱阳人。二人均以人物画名世，且人生境遇、性情乃至所作人物造型夸张变形的画风也有着相通之处，故而画史经常将二人相提并论(见图 16-26、图 16-27)。

图 16-26　明　陈洪绶　蕉林酌酒图　轴(绢本设色，纵 156.2cm，横 107cm，天津博物馆藏)

此外，丁云鹏等人擅长道释画，以曾鲸为首的"波臣派"则将西洋传教士带来的西方绘画元素融入人物画的创作，都具有一定的影响。

晚明花鸟画以陈淳和徐渭的水墨大写意花鸟画成就为最高。陈淳(字道复，号白阳山人)的写生画受沈周画法影响，但风格和用笔既能放得开，又能收得住，较沈周更有放逸跌宕之态，被誉为"一花半叶、淡墨欹毫，疏斜历乱之致，咄咄逼真"。徐渭(字文长，号青藤老人、青藤道士)是一位在诗文、戏剧、音律、书法和绘画等领域具有极高造诣的奇才。他的绘画已摆脱了具体的物象形似，而是以书法尤其是草书笔法为之，酣畅淋漓，意在追求一种笔墨精神。其花鸟画尤其如是，纵情挥洒，在"似与不似之间"塑造艺术形象，相较于陈淳更进一步，从根本上完成了水墨写意花鸟画之变革。

图 16-27　明　崔子忠　云中玉女图　轴(绫本设色，纵 168cm，横 52.5cm，上海博物馆藏)

《墨葡萄图》(见图 16-28)构图奇特，信笔挥洒，似不经意；藤条错落低垂，枝叶纷披，以豪放泼辣的水墨技巧造成动人的气势和葡萄晶莹欲滴的效果。画上题有诗云："半生落魄已成翁，独立书斋啸晚风，笔底明珠无处卖，闲抛闲掷野藤中。"其书为行草，字势欹斜跌宕，令人联想其画家的不平经历。

图 16-28　明　徐渭　墨葡萄图　轴(纸本墨笔，纵 166.3cm，横 64.5cm，北京故宫博物院藏)

此期还有周之冕，其擅以兼工带写之笔法描绘花鸟，形态妍雅，号称"勾花点叶派"；陈继儒以书法笔意画梅花，笔法潇洒沉着，呈现出凌寒而不凋的梅花独有的孤高、清逸的内涵；项圣谟的花鸟作品同样表现出他对时事的关注。

五、崇古推新

清朝是我国历史上的最后一个封建王朝，其经历着封建时代的最后辉煌和向近代社会的艰难转折。有清一代的绘画亦是如此，既集成了封建社会绘画的巨大艺术成就，也为近代绘画的转换做了充分的准备。

清初山水画基本是以董其昌的理论与实践为基础并进一步发展的，涌现出了"清初四王"，即王时敏、王鉴、王原祁和王翚。他们不重写生，而是致力于师法古人，追求笔墨技法以及力透纸背的笔墨气势，如《溪山亭子图》(见图 16-29)。四王的"笔墨论"及绘画成就取得了当时社会的广泛认可，加之吴历、恽寿平，此"清初六家"引领画坛，左右时风，成为当时的正统派。

图 16-29　清　王时敏　溪山亭子图　轴(纸本笔墨，纵 84.7cm，横 37.3cm，浙江省博物馆藏)

与正统相对的则是原济(石涛)、朱耷(八大山人)、髡残(石溪)、渐江(弘仁)。前二人为明宗室后裔，后二人为明代遗民，他们先后落发为僧，借绘画来抒发身世之感和抑郁之气，寄托对故国河山的挚爱之情，为时人并称为"清初四僧"。艺术上他们主张"借古开今"，不守绳墨而独抒性灵，敢于冲破当时画坛摹古的樊篱，标新立异，创造出了奇肆豪放、磊落昂扬的画风，振兴了当时画坛。石涛的《细雨虬松图》(见图 16-30)、朱耷的《荷花翠鸟图》(见图 16-31)皆是其中的佳作。此四人皆是清初最富有创造性的画家，亦成为后世之楷模。

图 16-30　清　石涛　细雨虬松图　轴(纸本设色，纵 100.8cm，横 41.3cm，上海博物馆藏)

图 16-31　清　朱耷　荷花翠鸟图　轴(纸本墨笔，纵 182cm，横 98cm，上海博物馆藏)

除"四僧"外，活跃在今江苏南京一带的"金陵八家"也有不小的影响。他们是龚贤、樊圻、吴宏、邹喆、谢荪、叶欣、高岑和胡慥，他们或多或少都带有"遗民"色彩，不求仕途生机，而是遁迹山林，通过诗画酬唱来描绘秀丽山川，排解亡国之悲情。所以他们的作品都有一种不染世尘、清新静谧的气质。此期的山水画名家还有萧云从、梅清、程邃、蓝瑛等人。

清初花鸟画名家不多，但也影响不小。朱耷的花鸟画承袭陈淳、徐渭的写意花鸟画传统，并发展为阔笔大写意画法，其特点是通过象征寓意的手法，对所画的花鸟、鱼虫进行夸张，以其奇特的形象和简练的造型，使画中形象突出，主题鲜明，甚至将鸟、鱼的眼睛画成"白眼向人"，以此来表现自己孤傲不群、愤世嫉俗的性格，从而创造出一种前所未有的花鸟造型。恽寿平则擅画没骨花鸟，其远宗北宋徐崇嗣，画法上不以墨笔勾勒轮廓，而是以色彩或直接点就，或渲染，故其花鸟画呈现出工细入微、疏淡天真的韵致(见图 16-32)，影响颇大，形成了"常州派"(亦称"毗陵画派""武进画派")。

第十六章 丹青墨韵

图 16-32 清 恽寿平 荷花芦草图 轴(纸本设色，纵 131.3cm，横 59.7cm，南京博物馆藏)

康熙至乾隆年间，社会安定繁荣，绘画上也呈现隆兴之气象。此期绘画以京城和扬州为中心。

京城盛行的主要是宫廷绘画，内容和形式丰富多彩。宫廷中设立了"画院处"和"如意馆"两个专门机构，制度完善，奖罚分明，画家也获得了一定的优待。此间既有继承正统派的一批画家，如冷枚、唐岱、丁观鹏、徐扬等，画风绚丽多彩，精工细致(见图 16-33)；也有从欧洲来到宫廷的传教士画家，如郎世宁、王致诚、艾启蒙等，他们拿起中国画的笔墨工具进行创作，创造性地将西洋绘画的原理与精神融入其中，注重明暗光影，讲究透视法则，形成了"中西合璧"的新风貌(见图 16-34)。

图 16-33　清　冷枚　春闺倦读图　轴(绢本设色，纵 175cm，横 104cm，天津博物馆藏)

图 16-34　清　郎世宁　聚瑞图　轴(绢本设色，纵 109.3cm，横 58.7cm，台北故宫博物院藏)

而在商业经济发达的扬州地区，则崛起了以"扬州八怪"为代表的画家群体，形成了一股新的艺术潮流。名曰"八怪"，实则并非八人之专指，而是泛指活跃在扬州画坛上画风新异的一批画家，如郑燮、李鱓、李方膺、高凤翰、华嵒、黄慎、罗聘、金农、汪士慎、高翔等。其中有些是官场失意后来到扬州卖画，有些是终身布衣、以画为趣，有些则是具有较高文化修养的职业画家。"八怪"创作的共同点是以花鸟为主要题材，不拘泥于古法，而是切合扬州市民的审美喜好，标新立异、个性张扬，从而形成奇拙狂傲的独特画风。

郑燮无疑是"八怪"中最具代表性的人物之一。其字克柔，号板桥，江苏兴化人，祖籍苏州，为官山东，后客居扬州，以卖画为生。清代诗人张维屏在《松轩随笔》中评曰，"板桥大令有三绝：曰画、曰诗、曰书。三绝之中有三真：曰真气、曰真意、曰真趣"。徐悲鸿则称赏他是"中国近三百年来最卓绝人物之一，其思想奇，文奇，书画尤奇"。郑燮的书法用隶书参以行楷，非隶非楷，非古非今，俗称"板桥体"；作画则专攻兰、竹(见图16-35)、石，自称"四时不谢之兰，百节长青之竹，万古不败之石，千秋不变之人"。且喜用诗画结合的形式，几乎是凡画必题，凡题必妙，其题画竹诗粗略统计达百首有余。最有名的是《竹石》："咬定青山不放松，立根原在破岩中。千磨万击还坚劲，任尔东西南北风。"表面上写绘破岩而生、经雨不倒之竹，实际上则是在写绘顶天立地、百折不挠之人。

图16-35　清　郑燮　华峰三祝图　轴(纸本墨笔，纵167.2cm，横92.7cm，中国国家博物馆藏)

自道光年间鸦片战争开始，清王朝逐渐由盛转衰，并逐渐沦为半殖民地半封建的国家。随着时局的剧变，以怡情养性为尚的文人士大夫画逐渐衰微。与此同时，上海和广州等沿海城市开埠通商，各方画家云集聚居，他们率先接受维新思想和外来文化，对传统中国画进行大胆的革新，作品体现市民的审美需求，洋溢着时代生活的气息，技法上亦融合外来艺术，在"正统派"之外别树旗帜，形成了"海上画派"和"岭南画派"两大著名画派，深刻地影响了近现代的绘画创作。

"海上画派"又称"海派"或"沪派"，早期代表有赵之谦、任熊、任薰、任颐、朱怀仁等人；晚期则有任预、吴友如等，尤以吴昌硕为巨擘。

任颐(1840—1896)，字伯年，山阴(今浙江绍兴)人，师从任熊和任薰兄弟。他融汇诸家之长，并吸收西画的速写、设色诸法，形成自己清新流畅、新颖生动的独特画风。他各类绘画题材皆擅，人物画和花鸟画尤为突出，往往寥寥数笔，便能把人物整个神态表现出来，着墨不多而意境深远；花鸟画则富于巧趣和创新，笔墨简逸放纵，设色明净淡雅，兼工带写，格调明快。

吴昌硕(1844—1927)，原名俊、俊卿，字昌硕，别号缶庐、老苍、老缶、苦铁、大聋、缶道人、石尊者等，浙江孝丰(今湖州安吉)人。他诗、书、画、印均有颇高造诣，诸种艺术的相融使其画作呈现出富有金石味的独特画风(见图16-36)，被誉为"石鼓篆书第一人""文人画最后的高峰"。

图16-36　清 吴昌硕 三千年结实之桃 轴(纸本设色，纵96cm，横44cm，中国美术馆藏)

"岭南画派"则是在苏六朋、苏长春、居巢和居廉等人的影响下，于20世纪初逐渐形成的以高剑父、高奇峰、陈树人为代表的画派。此画派注重写生,"折衷中西,融汇古今",在保持传统中国画笔墨特色的基础上予以革新,创制出具有时代精神和地方特色的现代绘画新格局。

此外,改琦和费丹旭,善画人物、佛像,尤精于仕女,有"改派"和"费派"之称。

六、大千世界

近代中国,西方文化和西洋绘画的大量涌入,对于中国画坛是前所未有的挑战,迫使传统绘画发生了诸多根本性的改变。但从另一个角度来看,也并非不是一个新的机遇。近现代先后涌现出一大批杰出的画家,风格不一,各有成就。

首先是有"南黄北齐"之称的黄宾虹和齐白石。

黄宾虹(1865—1955),初名懋质,后改名质,字朴存,中年更字宾虹,别署予向,晚年署虹叟、黄山山中人等。其生于浙江金华,成长于老家安徽歙县,为山水画一代宗师。六七岁时已涉染丹青,早年受新安画派影响,画风"淡宕松秀",有"白宾虹"之谓;五十岁后画风渐趋写实,直至耄耋之后才真正形成世人所熟悉的"黑密厚重"的"黑宾虹"画风。

齐白石(1864—1957),湖南湘潭人,原名纯芝,字渭青,号兰亭,后改名璜,字濒生,号白石、白石山翁,别号借山吟馆主者、寄萍老人、齐大、木居士、三百石印富翁等。家本贫农,少年时为木匠,年二十七正式拜师学画作诗,从此转靠作画为生。中年时多次出游南北,五十七岁后定居北京,故有"北齐"之称。齐白石常与陈师曾切磋画艺,推崇徐渭、八大山人、石涛、李鱓及吴昌硕诸家。花甲之后"衰年变法",自成一家。其写意和工笔兼善,各类题材皆能,尤以画花鸟虾蟹闻名,造型简练质朴,笔墨雄浑滋润,具有天趣横生之意境(见图16-37)。齐白石曾称"作画妙在似与不似之间,太似为媚俗,不似为欺",可见其造型之观念,以及欲求沟通世俗和文人的审美意趣。此外,白石老人的书法及篆刻成就亦很高。

与画"虾"大师白石老人齐名的是画"马"大师徐悲鸿。

徐悲鸿(1895—1953),江苏宜兴人,原名徐寿康。出身贫寒,自幼随父修习诗文书画,并流浪江湖卖画为生。十七岁独自赴上海,谋事不遂返回乡里。此间曾短暂求学于上海美专。二十岁再赴上海,考入震旦大学法文系。此期受到绘画名家赏识指点,还结识了维新派领袖康有为,不仅受到"鄙薄四王,推崇宋法"艺术观念之影响,还得到了广泛临摹金石书画名作之机会。后赴日本研学半载,归国后受聘为北京大学画法研究会导师。1919年赴法国留学西画,归国后先后任教于国立中央大学艺术系、北平艺术学院,多次在国内外举办画展,并将所得全部赈济国难灾民。1949年后任中央美术学院院长,并当选中国美术家协会主席。徐悲鸿绘画坚持师法造化之写实传统,并注重吸收西画技法,讲究光影效果之运用和解剖结构之把握,丰富了国画的艺术表现力,影响甚大。其创作题材广泛,山水、人物、鸟兽、花卉无不落笔有神,尤擅画马(见图16-38)。其所画奔马,矫健洒脱,神形兼备,被人格化,赋予了自由奔放之理想,堪称奇绝。作为美术教育家,徐悲鸿重人爱才,奖掖后生,帮助同人,对现代绘画之发展贡献卓越。

图 16-37　齐白石　虾　轴(纸本设色，纵 83cm，横 45cm，北京画院藏)

图 16-38　徐悲鸿　群马图　轴(纸本设色，纵 110cm，横 122cm，徐悲鸿纪念馆藏)

与齐、徐出身寒门不同，张大千(1899—1983)出生于四川省内江市的书香之家。他本名正权，少时受母亲和兄姊熏陶，修习古人书画。1917年东渡日本学习印染工艺，兼攻书画和治印。两年后归国，寓居上海，先后拜曾熙、李瑞清为师，习书法诗词。曾熙更其名为爰，字季爰。时年二十，在上海举办首次个人画展，一鸣惊人。后因时局混乱且遭退婚之变，心情郁闷，遂削发出家，然仅一百余日即还俗，后以其佛门法名"大千"为号，全心致力于书画。20世纪20年代，他潜心研习八大山人、渐江、石溪、唐寅、徐渭等人书画，尤其推崇和摹笔石涛。20世纪30年代，他艺术上更趋成熟，工笔写意，俱臻妙境，与齐白石并称"南张北齐"，并被聘为中央大学美术系教授。抗战初期，他拒绝担任日华艺术画院院长及日伪北平艺术专科学校校长，并遭到日本宪兵队关押。随后他返回家乡，隐居青城山上清宫。20世纪40年代，张大千自费赴敦煌，忍受艰苦，耗时三年临摹大量石窟壁画，宣传推广了敦煌艺术。其画风从此亦为之一变，擅用复笔重色，潇洒磅礴，有"画中李白"之誉。1949年后，张大千旅居海外，多次在亚、欧、美举办画展，蜚声国际，被西方艺坛赞为"东方之笔"，与西画泰斗毕加索齐名。后又荣获纽约"国际艺术协会"金奖，选为"当代世界第一大画家"，并被称誉为"当今世界最负盛誉之中国画大师"。张大千画风工写结合，晚期重彩、水墨融为一体，开创了泼墨泼彩的新风格。他还擅长仿古，其作几可乱真。徐悲鸿曾称其为"五百年来第一人"。

近现代国画大家还有吴湖帆、刘海粟、潘天寿、丰子恺、李苦禅、林风眠、傅抱石、李可染、关山月、吴冠中等，他们在创作题材上各有所擅，在内容上既有对传统山水、花鸟、人物的延续，亦有对新时代、新风貌的反映。如傅抱石和关山月共同创作的巨幅国画《江山如此多娇》、李可染创作的《万山红遍层林尽染》皆是借用毛泽东诗词名句之意境来挥毫铺墨，呈现新中国的大好河山。在表现手法上，也较传统国画更为丰富。比如丰子恺，擅长以漫画之形式来表现人世间的辛酸事，寥寥几笔，就勾勒出生动简括之图像，雅俗共赏、老少皆宜，因极富有人情味而深受人们喜爱；吴冠中则擅长以轻盈灵巧而富有变化的线条来高度概括自然和人文物象，使画面呈现出新颖别致的抽象之美。百家争鸣，百花齐放，新的时代给予了国画艺术新的机遇、新的局面；而继往开来的国画艺术家，亦将用沉淀千年的水墨丹青为新时代描绘出新的情致、新的气象。

第十七章　锦绣华纹

儿时的你，是否在街边围观过民间手工艺人用彩色的面泥捏塑出各式人物，用汤勺舀起熔化的糖汁浇铸成画？逢年过节的时候，你是否用心地在门窗上粘贴吉祥的年画和福字生肖的剪纸？品味佳茗时你是否仔细端详过那些青花斗艳的陶瓷杯盖？观看皮影戏的时候，你是否好奇过幕后那些灵活生动的表演道具？你或许还曾驻足叹赏过园林中的亭台楼阁、砖雕石刻，寺观中庄严肃穆的华纹织锦、佛龛圣像，博物馆中古朴厚重的青铜大鼎、白玉雕饰，文玩市场缤纷雅致的鼻烟壶、象牙簪、菩提手串、红木摆件……中国传统民间工艺可谓历史悠远、品类繁多，它们是千百年来人民群众智慧的结晶和喜闻乐见的文化，反映着人们独特的生活情趣，包含着丰富深刻的社会信息，也代表着民众的审美理想。这些珍贵的物质及非物质文化遗产至今仍影响着我们生活的方方面面，本章我们以精美绝伦的刺绣工艺为例，来介绍其源远流长的发展历史，并感受中国民间工艺精益求精的工匠精神和巧夺天工的艺术魅力。

（本章执笔：黄毅）

第十七章 锦绣华纹

刺绣，是我国优秀的传统工艺之一，又名"针绣"，俗称"绣花"。顾名思义，它是一门以绣针牵引彩色丝、绒、棉线，在绸、缎、麻葛或布帛等底料上刺缀运针，以绣迹构成花纹、图像或文字的美术工艺。古人亦称其为"针黹"，如《红楼梦》第四回中写道："宝钗日与黛玉、迎春姊妹等一处，或看书下棋，或做针黹。"结合汉代王充《论衡·程材》中"齐郡世刺绣，恒女无不能"、唐代元稹《春六十韵》中"挑鬟玉钗髻，刺绣宝装拢"以及清代吴炽昌《客窗闲话初集·瘦马》中"夫见其举止端方，喜而留之，命伴女公子刺绣"等各个历史时期关于刺绣的文字描述我们可以看出：刺绣多系女子所为，是一门闺中绝技，故而又被称为"女红"。

一、丝脉悠长

中国刺绣工艺究竟源于何时？由于刺绣作品不易保存等因素，我们目前还无法确切回答这个问题，但以"源远流长"一词来评述它的历史是名副其实的。

春秋时期的《诗经》中即有"素衣朱绣""黼衣绣裳"的表述，而在更为古老的虞舜时期便已有了"衣画而裳绣"的规定。据《尚书·益稷》记载，舜曾交代禹说："予欲观古人之象，日、月、星辰、山、龙、华虫，作绘；宗彝、藻、火、粉米、黼、黻，絺绣，以五采彰施于五色，作服，汝明。"早期的刺绣主要是用于贵族的礼服，这种章服制度一直为后世所沿用，刺绣工艺在某种程度上可谓促成了华夏的礼仪文明："中国有礼仪之大，故称夏，有章服之美，谓之华。"（《左传》）

今天我们所能见到的较早的刺绣实物，有宝鸡西周井姬墓中出土的辫子股绣残片，长沙战国楚墓中出土的两片绣龙凤绢、四幅辫子股绣件以及绣花绢残片等。细观楚墓绣品之特点，针脚齐整、线条流畅，将舞凤游龙和猛虎瑞兽等图案表现得生动鲜活；论其针法，采用的正是我国西周至两汉时期最具代表性的"锁绣"针，这一针法由绣线环圈锁套而成，因其外观呈辫子状，故俗称"辫子股针"。

秦汉之时，刺绣工艺已相当发达。民间善绣的妇女自然不少，连宫廷中也养着绣工数千，每年在刺绣上耗资数万。汉武帝之后，不仅帝王之家有着"木土衣绮绣，狗马被缋罽"(汉·班固《汉书》)的奢靡享受，就连一般的富裕家庭也用上了"五色绣衣""缛绣罗纨""素绨冰锦"(汉·桓宽《盐铁论》)这等华丽的刺绣品。

汉代刺绣工艺的发展还体现在其分布地区的渐趋广泛，在甘肃敦煌、河北五鹿充、内蒙古北部以及新疆吐鲁番等地的古墓中都有绣品出土。诚然，出土绣品数量最多、质量最好的仍数楚地。以1972年考古学家在长沙马王堆一号汉墓发现的四十件刺绣衣物和一幅铺绒绣锦为例，这些绣品的图案多达十余种，绣线色彩也颇为丰富，有十八种色相，针法除最为主要的锁绣针外，还运用到平针、接针和打籽针等，使绣工更显精细，令人赞叹。随绣品一起出土的还有一本"遗册"，上面清楚地记下了这些绣品的名称，有"乘云绣""长寿绣""信期绣""茱萸纹绣""方棋纹绣""金蚕纹绣"等(见图17-1)。关于这类名称之含义，我们可从其纹样中找到答案。比如"乘云绣"，绣的是翻腾飞卷的五彩祥云以及云雾中隐约可见的神奇凤鸟；"长寿绣"亦多以云纹、龙纹等为主题。龙、凤无疑是吉祥如意之象征，同时龙在汉代还被视为引导人们成仙不老之神物，寄托着人们对于长寿之期待。

又如"信期绣",以春燕为主题,由于这种候鸟定期南迁北归,每年春天总是信期归来,带给人们新年的希望,故而深得人们的喜爱。从这些图纹和名称我们不难看出,蕴含吉祥寓意成为汉代刺绣的一大特点。

  "乘云绣"纹样   "长寿绣"纹样   "信期绣"纹样

图 17-1 汉代刺绣纹样(湖南省博物馆藏)

  自汉以来,刺绣逐渐成为闺中绝艺,一些女性刺绣名家脱颖而出。较早的当数三国时期吴王孙权之嫔妃赵夫人,据唐代张彦远《历代名画记》卷三记载:

  吴王赵夫人,丞相赵达之妹。善书画,巧妙无双,能于指间以彩丝织为龙凤之锦,宫中号为"机绝"。孙权尝叹,蜀魏未平,思得善画者图山川地形,夫人乃进所写江湖九州山岳之势。夫人又于方帛之上,绣作五岳列国地形,时人号为"针绝"。又以胶续丝发作轻幔,号为"丝绝"。

  赵夫人以机、针、丝"三绝"著称于世,并善用刺绣工艺来替代色彩"甚易歇灭,不可久"(东晋·王嘉《拾遗记》)的丹青绘画,在方帛之上绣出"五岳列国"之山川地势军阵图,实为创举。

  稍后则有魏文帝时期的薛灵芸,据载其"妙于针工,虽处于深帷之内不用灯烛之光裁制立成,非夜来缝制帝则不服,宫中号为绣神也"(朱启钤《女红传征略》)。遗憾的是,她们的绣作都未能保存下来,仅能让后人遐思而已。

  魏晋六朝是佛教传入中国并逐渐兴起之时期,此时的刺绣工艺也随之呈现出新的特点,即佛像绣制之风盛行。1965 年,甘肃敦煌莫高窟出土了一幅北魏时期的刺绣残片,所绘纹样为男女供养人物。其中,女供养人头戴高冠,身穿对襟长衫,衣服上饰有桃形忍冬和卷草纹。所用主要针法虽然仍为锁绣针,但已有单行、双行和多行之分,并开始注重针法的正反变化。绣品的色彩则以红、黄、绿三色为主,次为紫色和蓝色,且配色协调,运色鲜明,为汉代绣所不及。绣品除边饰外,均用细密的锁绣针绣出,是现存最早的一幅满地施绣的绣品。魏晋六朝的佛像绣制成风,为今后之人物肖像绣开了先河,对艺术具有十分重要的意义。

尚佛绣佛之风延至唐代更为浓郁，武则天当权时，曾下令刺绣佛像、观音菩萨像四百余幅，分送至各个寺院及邻国。中唐白居易的《白乐天集》中记有绣佛三事：一绣阿弥陀佛，金身螺髻，玉毫绀目；一绣救苦观音菩萨，长五尺二寸，宽一尺八寸，白衣飘忽，神采奕奕；还有一幅也是绣阿弥陀佛，技艺更加成熟，臻于化境。此期的不少刺绣佛像因精美绝伦而流传海外，今大英博物馆就藏有我国敦煌发现的巨幅绣帐"释迦牟尼灵鹫山说法图"（见图17-2）。

图17-2 敦煌绣帐 释迦牟尼灵鹫山说法图(一说是"凉州瑞像")(纵2.41m，横1.59m，伦敦大英博物馆藏)

除了绣制佛像，唐代人还热衷于绣制佛经。据《杜阳杂编》记载，唐永贞年间有一南海少女卢眉娘，年方十四即"能于尺绢上绣《法华经》七卷"。其字如米粒，点画分明，当是"精微刺绣"之发端。

诚然，唐代刺绣不只是局限于佛教题材，山水楼阁、花卉禽鸟等题材也逐渐盛行。题材的拓宽与当时的绘画发展密切相关，毕竟画稿是刺绣的底本。此时刺绣技法仍沿袭汉代锁绣，但针法已开始转变为以平绣为主，并辅以多种不同针法，如运用金银线盘绕图案轮廓以及通过缀珠来加强实物之立体感，皆为唐代刺绣的创新之举。此外，还以各种色线来

代替颜料表达主题，构图活泼，设色明亮，形成与绘画相区别的一门独特艺术。隋唐之际，中国刺绣技艺甚至东渡日本，对东瀛服饰产生了深远影响。

唐代以前之绣品，虽然大多为生活实用及装饰之用，却也十分讲究工艺之精美。南朝梁诗人张率，曾写过一篇赞美刺绣艺术之专文，名曰《绣赋》：

寻造物之妙巧，固饬化於百工。嗟莫先於黼绣，自帝虞而观风。杂藻火於粉米，郁山龙与华虫。若夫观其缔缀，与其依放。龟龙为文，神仙成象。总五色而极思，藉罗纨而发想。具万物之有状，尽众化之为形。既绵华而稠彩，亦密照而疏明。若春熙之扬花，似秋汉之含星。已间红而约紫，又表玄而裹素。间绿竹与蘅杜，杂青松与芳树。若乃邯郸之女，宛洛少年。顾影自媚，窥镜自怜。极车马之光饬，尽衣裳之妖妍。既徙倚於丹墀，亦徘徊於青阁。不息末而反本，吾谓遂离乎浇薄。

赋中张率以他独具感情色彩的艺术语言，极力赞美了当时刺绣所达到的高超水准以及绣品所表现的现实内容。尤为可贵的是，他还讽刺了那些"顾影自媚，窥镜自怜。极车马之光饬，尽衣裳之妖妍"的"邯郸之女，宛洛少年"，把同情与礼赞献给从事刺绣的民间艺人。

二、宋明画绣

自宋代起，刺绣较为明显地体现出由重生活实用性向重艺术欣赏性的过渡，尤其致力于绣画。绘画乃历代文人之嗜好，水墨浸染间蕴含着文人高洁雅致之精神，宋代文人尤为如此。他们在绘画上的积极参与间接开创了刺绣观赏艺术的新天地，浓厚的人文气息通过书画艺术直接影响两宋刺绣之风格，极大地提高了绣品的艺术性和观赏性。

当然，宋代刺绣之发达，也得益于当时朝廷对这门工艺的奖励与提倡。据《宋史·职官志》记载，宋代宫中专门设有文绣院来掌管刺绣。宋徽宗还在翰林图画院内增设绣画专科，绣师用院体画家的画稿作绣，分为山水、楼阁、人物、花卉、翎毛等各科。在官府的大力倡导下，刺绣工匠的艺术素养也不断提高，刺绣之运针、绣法都有很大的创新。刺绣名家亦相继脱颖而出，如当时的思白、墨林、启美诸人皆为其中之佼佼者。

以针线为表达方式的绣品如何才能达到水墨丹青那种传神之意境呢？这就要求绣工在刺绣之前必须有所计划，刺绣之时亦需要度其形势。这一时期绣品之构图讲究简单，重视纹样之取舍与留白，与唐代无论有无图案都满地施绣截然不同。明代鉴藏家对宋绣评价极高，如张应文在《清秘藏》中评赞：

宋人之绣，针线细密，用绒止一二丝，用针如发细者，为之设色精妙光彩射目。山水分远近之趣，楼阁待深邃之体，人物具瞻眺生动之情，花鸟极绰约巉嘬之态。佳者较画更胜，望之三趣悉备，十指春风，盖至此乎。

屠隆在《画笺》中亦对宋代"闺绣画"颇为赞誉，文震亨更将宋绣归于绘画之一种，称"不可不蓄一二幅"。从后人之评价中我们可以看出，精、细、传神是宋代刺绣的三大特征。

宋绣存世之作并不多，民国朱启钤《清内府藏刺绣书画录》中载有二十七件，形式为卷轴或册页，尤多花鸟题材。其绣稿则常取自黄筌、徐熙、崔白等名家画作，设色淡雅，格调清幽，较原作更显出丝线艺术自身之优点。

如宋绣《梅竹山禽图》(见图 17-3)，此作构图疏朗，配色清雅简淡，着力表现笔墨韵味。老梅翠竹苍劲挺拔，上下山禽三对，形态各异。绣者对禽鸟观察入微，用色线短针捻线，层层绣出羽毛之生长状态，传神生动，既得原画之精神，又展现出无可比拟的丝绣魅力。

图 17-3 宋绣 梅竹山禽图(绢地设色线绣，纵 130.8cm，横 54.5cm，台北故宫博物院藏)

元代在大都设有文绣局，但绣品传世极少，台北故宫博物院仅存有一幅，由其观之，乃承继宋代遗风。但元人用绒稍粗，落针不密，远不如宋绣之精工。

时至明代，刺绣工艺再度发达，最具代表的莫过于"顾绣"之发展。

所谓"顾绣",源于明代松江府(今上海)顾名世之家,是唯一以家族冠名之绣艺流派。顾名世为明嘉靖三十八年(1559)进士,官至尚宝司丞,晚年曾在上海九亩地筑园,筑园时得一石,有赵文敏手篆"露香池"三字,故园名"露香园"。因此,顾家刺绣亦称"露香园顾绣"。

《南吴旧话录》载,"顾廷评家多姬侍,织纴刺绣冠绝天下",顾绣之辉煌,主要归功于顾家善绣之女眷。其中较早从事画绣的,是顾名世长子顾汇海之妾缪氏。据清朝嘉庆年间《松江府志·卷六》记载:

姜绍书《无声诗史》:"顾姬,上海顾汇海之妾,刺绣极工,所绣人物、山水、花卉,大有生韵,字亦有法,得其手制者,无不珍袭之。"此顾绣之始也。

顾氏女眷中造诣最高且最具代表性的,是略迟于缪氏的顾名世次孙顾寿潜之妻韩希孟。她能书善画,尤精刺绣,在针法与色彩运用上独具巧思,显著提高了此种绣法的艺术品格。

韩氏所绣精妙传神,为世人所珍,时称"韩媛绣"。作为缙绅家庭女子所从事的"闺阁绣"的代表,其不同于民家女子将刺绣作为稻粱之谋,而是作为怡情养性、消磨时光之雅事。闺秀们蕙质兰心,她们不仅将一己灵秀之气蕴藏于一针一线之中,亦多以名画为蓝本,借模仿文人字画以提升绣作高雅之意境。

韩希孟、顾寿潜夫妇精通画理,并与书画大家董其昌交往甚密,有师徒之谊。董其昌不仅亲自传授书画技艺,亦经常评点韩氏绣作,并为其绣册题跋写赞。比如在《韩希孟绣花卉虫鱼册》(见图17-4)后即附有董其昌之题跋:

韩媛之耦,为旅仙才士也。山水师予,而人物、花卉尤擅。冰寒之誉,绣彩绚丽,良丝点染精工,遂使同侪不能望见颜色。始至廊景能三尺锦,不独江淹梦中割截都尽,又为女郎辈针锋收之,其灵秀之气,信不独钟于男子。观此册,有过于黄筌父子之写生,望之如书画,当行家迫察时,乃知为女红者,人巧极,天功错。奇矣!奇矣!

| 藻虾 | 游鱼 | 络纬鸣秋 | 湖石花蝶 |

图17-4 明 韩希孟绣花卉虫鱼册(共四开,单页纵30.3cm,横23.9cm,上海博物馆藏)

在此之前,董其昌还曾为《韩希孟绣宋元名迹册》作题跋。此册共八幅,皆摹仿宋元名人画稿,其中的《花溪渔隐图》(见图17-5)即以南宋王蒙画作为底稿,构图繁简有致,针法运用灵活,以细如毫发之丝线呈现王蒙画作之笔墨特征。湖石及坡地则以淡彩敷色,绣绘并用。韩氏题款自言"仿黄鹤山樵笔",实际上却是其独立之创作。绣作既蕴含着文人士大夫淡泊荣辱之情怀,亦弥散着大家闺阁典雅自然之艺术气质。

图 17-5　明 韩希孟 宋元名迹册·花溪渔隐图(北京故宫博物院藏)

作为当时最具影响力之文化名流,董其昌对顾绣之关注及盛赞,无疑极大地提升了顾绣之声誉和价值。明代松江学者叶梦珠《阅世编》载:"露香园顾氏绣,价最贵,盖所谓'画绣'也。"以画称绣,是对顾绣艺术以针代笔摹绣古人名画意蕴之特征的准确概括。顾绣以半绣半绘、绘绣结合为特色,用料奇特,针法多变,运用中间色化晕,以补色、借色见长。尤其是擘丝细过于发、针如毫,而配色有秘传之特点,被称为顾绣"三绝"。

韩希孟创立"画绣"这一阶段是顾绣发展之初期,绣品多为家庭女红,基本用于家藏或馈赠。后来,顾氏家道中落,逐渐倚赖女眷刺绣维持生计,并广招女工,从此顾绣由家庭绣转向了商品绣。据清朝嘉庆年间《松江府志》记载,顾名世曾孙女顾兰玉"工针黹,设幔授徒,女弟子咸来就学,时人亦目之为顾绣。顾绣针法外传,顾绣之名震溢天下"。到清朝道光年间,松江丁佩既精刺绣又通画理,著成史上第一本刺绣专书《绣谱》,细述了顾绣的精妙之处。此后顾绣之名更为响亮,"绣品肆竟以顾绣相称榜,凡苏属之绣几无不以顾绣名矣"。

近代以来,国运艰辛,顾绣技艺之传承亦遭遇濒危之困境。民国二十七年(1936),马敬时在其《松江简明史》中不无遗憾地感叹:"华亭之鹤,已不见踪迹,顾绣颇负盛名,亦已失传矣。"所幸民国期间松筠女子职业学校"提倡女子固有之美术,添设刺绣专修科"(《松筠女校年刊》),维续着松江顾绣的一脉薪火。半个世纪后,就学于当年松筠女校刺绣科的戴明教担当起了传承顾绣之重任,培养出了钱月芳等一批当代顾绣名家。2006 年,顾绣被列入第一批国家级非物质文化遗产名录;2018 年,教育部"中华优秀传统文化传承基地(顾绣)"在上海师范大学正式挂牌成立。

三、苏绣清雅

入清以来，松江顾绣之工巧渐不如前，而相邻之地的苏绣则日臻繁荣。苏绣是以苏州为中心的江苏地区刺绣产品之总称。其发源地在苏州吴县一带，这里滨临太湖，气候温和，蚕桑发达，盛产丝绸，自古以来即是锦绣之乡。据西汉刘向《说苑》记载，苏绣之历史可以追溯到两千多年前的春秋时期，当时吴国已将刺绣工艺应用于服饰之上。三国时孙权使赵夫人作有《列国图》，"绣万国于一锦"，堪称精妙，但今人已无缘得见。目前发现的最早苏绣实物是苏州瑞光塔和虎丘塔出土之经袱，两座宝塔均建于五代北宋时期，可见在当时苏绣艺人已能娴熟运用平、抢、铺、施等多种针法。

宋代以后，苏州刺绣行业十分兴盛，工艺也日臻成熟。不仅农村"家家养蚕，户户刺绣"，城内还出现了绣线巷、滚绣坊、锦绣坊、绣花弄等众多以"绣"为名的坊巷，表现出苏城百姓对于刺绣之钟爱。当时不仅普通人家女子从事刺绣，以此为生，而且富家闺秀也往往以此消遣时日，陶冶性情。

明代江南地区成为全国丝织手工业中心。加之此期以沈周、唐寅为代表的吴门画派之兴起，对刺绣工艺之发展起到了极大推动作用。刺绣艺人结合绘画作品进行再创作，所绣佳作栩栩如生，笔墨韵味淋漓尽致，博得"以针作画""巧夺天工"之美名。

清朝苏绣更是盛况空前，可谓流派繁衍，名手竞秀，苏州也一度被称为"绣市"，名扬四海。当时帝王龙袍以及皇室享用的大量刺绣品，几乎全是出自江南艺人之手。如果说官营苏绣可以用"精美雅致"来形容，那么民间刺绣则可以用"丰富多彩"来描述：其应用性很强，被广泛地用于服饰、戏衣、被面、枕袋、帐幔、靠垫、鞋面、香包、扇袋等日常用品；图案花纹丰富，且常具备喜庆、长寿和吉祥之意，尤其花鸟绣品，深受人们喜爱；针法亦种类繁多，善于变化；绣艺则更为精细，绣线配色也颇具巧思。此期苏绣艺人还注重吸收上海"顾绣"之优点，创作出一批专门用于欣赏的"闺阁绣"作品。据史料记载，吴县钱慧、曹墨琴、吴江杨卯君、沈关关以及无锡丁佩、薛文华等人之佳作，皆名震一时。

清末民初，在西学东渐的时代潮流中，传统苏绣工艺亦不断尝试创新。如刺绣大师沈寿，融会西方写实表现，结合中国各地刺绣之长处，创造出了光线明暗强烈、富有立体感之"仿真绣"，享誉中外。

沈寿，原名沈云芝。光绪三十年(1904)，时值慈禧太后七十寿辰，沈氏绣了题为"八仙庆寿"的八帧作品向其祝寿。慈禧对沈氏高超绣艺备加赞赏，亲笔题书"寿""福"二字，分别赐给沈云芝及其丈夫余觉。沈云芝从此更名，以示谢恩。沈寿绣作妙在能以新意运旧法，显光弄色，参用写实，将西画肖神仿真之特点表现于刺绣之中。此后，其作《意大利皇后爱丽娜像》参展意大利都朗博览会，荣获一等奖，被授予"世界至大荣誉最高之卓越奖状"(见图17-6)，轰动了意国朝野；又以《英女王维多利亚像》参加世界万国博览会，获得优等奖。民国三年(1914)，沈寿应张謇之邀赴南通创办女工传习所，并任所长。适逢巴拿马万国博览会即将在美国举办，沈寿运用"仿真绣"手法绣制意大利明信片上所印之耶稣画像，并筹备参展。在此作品中，沈寿创造性地运用虚实针、旋针等新针法，并根据人物肌肤丝理之需要和油画明暗层次之变化，精心选用自己染就的一百余种不同色泽之丝线，将这幅《耶稣像》(见图17-7)绣织得栩栩如生。此作最终在展会上被评为一等大奖。沈寿多次获得国际奖项,为民族传统工艺赢得了声誉。

图17-6　沈寿 胸前佩有意大利国家勋章　　　图17-7　晚清 沈寿 仿真绣 耶稣像

　　沈寿亦是杰出的刺绣教育家以及艺术理论家,在她的倡导下,江苏苏州、南通、丹阳、无锡、常熟等地分别举办了传习所、绣工科、绣工会等;并曾先后到北京、天津、南通等地收徒传艺,培养了一代新人。沈寿还口述著撰了我国历史上第一本全面论述刺绣技法之理论专著《雪宧绣谱》。该书是沈寿毕生刺绣经验之总结,分绣备、绣引、针法、绣要、绣品、绣德、绣节、透通共八节,其中以针法为重点。沈寿将苏绣针法系统地分为十八种,即齐针、抢针(正抢、反抢)、单套针、双套针、扎针、铺针、刻鳞针、肉入针、羼针、接针、绕针、刺针、扯针、施针、旋针、散整针、打子针等,并简述了每种针法的线条组织形式及针法运用过程中的注意事项。

　　民国时期另一位重要刺绣艺术家即丹阳正则女子职业学校绘绣科主任杨守玉。她最主要之贡献在于始创了"乱针绣"(见图17-8)。这种针法纵横交叉、长短不一、疏密重叠,具有西洋油画之光色透视效果和强烈之立体感,一改延续上千年"密接其针,排比其线"之传统平面绣,为中国刺绣发展树立了新的里程碑。画家刘海粟曾写信向郭沫若隆重推荐过她,信中说杨守玉"奇意密思,多有创造""以针为笔,以丝为丹青,使画与绣法融为一体,自成品格,夺苏绣湘绣之先声,登刺绣艺术之高峰。见者莫不誉为'神针'"。

　　民国苏绣工艺虽然续有发展,且出现了几位大家,但总体来说,由于封建帝制的灭亡,官营苏绣已不复存在,民间苏绣也在崇尚西风及国家战乱的情况下逐渐式微,家家户户从事刺绣之盛况亦不复见。

　　新中国成立后,在党和政府对工艺美术"保护、发展、提高"这一方针指引下,国家在苏州、南通、常州、无锡、扬州等地先后建立起苏绣研究机构或工厂,使苏绣艺人能专心致志地研究和创作,对失传之技艺进行挖掘、总结和提高,使古老苏绣艺术重放异彩。位于苏州古典名园环秀山庄的苏州刺绣研究所即创办于新中国成立初期,数十年来一直是苏绣艺术精品的荟萃之所，也是苏绣出人才、出成果最重要之研究和生产单位。在这里不仅走出了周巽先、任嘒闲、顾文霞等多位中国工艺美术大师，还培养了百余名高级刺绣工艺师；在这里不仅汇集整理出四十多种传统苏绣针法，还发展了双面绣、乱针绣，并成功创制了双面三异绣(异色、异样、异针法)等最新工艺方法，巧夺天工，令人叹为观止；还是在这里，捧回了中国工艺百花奖金奖、波兰波兹南国际博览会金质奖章等众多殊荣，为国家提供了大量馈赠外国元首的精美礼品，并吸引着络绎不绝慕名来访的中外贵宾。

图 17-8　任嘒闲 虚实乱针绣 杨守玉青年像(苏州刺绣研究所藏)

除了苏绣研究所，"中国刺绣艺术之乡"镇湖亦为当代苏绣之繁荣做出了重要贡献。在这里保留着苏绣工艺原汁原味的民间魅力；在这里仍有数千名与针线朝夕为伴的民间绣娘；在这里涌现出了姚建萍、梁雪芳、卢福英、钱菊凤等绣艺卓绝的当代名家；在这里还培养出了范冬梅(作品见图 17-9)等一批刺绣功底扎实、富有创新力且擅长教学传艺的年轻一代工艺美术师。这些慧质灵心的江南女子，正用她们纤纤巧手绣制着未来美好之生活。

2006 年，苏绣被列入第一批国家级非物质文化遗产名录。与湘、蜀、粤等地方绣相比，苏绣图案秀丽，色泽文静，针法灵活，绣工细致，形象传神，明代王鏊《姑苏志》中即有"精细雅洁，称苏州绣"之说法。近代以来，苏绣技艺得到进一步发展，我们可将其工艺技巧归结为八字要诀，即"平、光、齐、匀、和、顺、细、密"。

所谓"平""光"，乃指绣面平服，熨帖如画；光彩炫目，色泽鲜明。绣品表面之平整光滑是欣赏者对于刺绣工艺最基本之审美要求，因此，刺绣时应注意使绣面各处之用线在厚薄上达到均匀，并且紧绷每根丝线，避免其松散不实。绣品色泽之光鲜亮丽则源于苏绣花线颜色的极为丰富以及刺绣者对色线选用之精准。

图17-9 范冬梅 苏绣 猫趣图(局部)

所谓"齐""匀",即言针脚齐整,轮廓清晰;皮头均匀,疏密一致。苏绣业有"一笔千线"之行话,的确如此,刺绣者在绣制苏绣图案边缘时并非皆如画家绘画那样,信手用线条直接勾勒即成,而是用千针万线细细排出。这就要求绣图边缘之针脚要尽可能齐整,宛如一线。"皮头"也是苏绣术语,指在每一刺绣小单元中,分批绣制出的层次。因此,苏绣"匀"之特点包含两层意思,其一是叠线时要做到厚薄均匀,其二是排线时要注意疏密一致。

所谓"和""顺",谓之色彩调和,浓淡合度;丝缕合理,圆转自如。苏绣用色微妙,常常会用到多种差别微乎其微的邻近色相搭配,套绣出晕染自如之色彩效果。苏绣落针及其走向亦非随性而为,必须根据图案之纹理而定。比如绣花、草等植物,要依循其脉络;绣猫、狗等活物,更要顺应其毛丝。不然,则难以达到逼真之效果,更谈不上传神了。

所谓"细""密",当论用针纤细,绣线精细;排列紧密,不露针迹。苏绣所用花针细微如发、十分纤巧,不同于普通缝衣针;苏绣所用花线亦非普通缝纫之线,而是可以不断劈分的特制丝线。刺绣者要根据绣面图案及其层次之不同来决定用线之粗细,我们称其将花线分为若干份之过程为"劈丝",一根花线的二分之一粗为"一绒",十六分之一粗为"一丝"。

四、百花争妍

有清一朝,官营刺绣与民间刺绣都被注入了新的活力,空前繁荣。清王朝不仅在宫廷设立了"绣花局",还在南京、苏州和杭州设立了"江南三织造",集中最精良之技术生产帝王和官员用品，因而官营刺绣中常会涌现出技艺惊人之绣作。此期民间亦出现了众多经营刺绣工艺品的行庄，许多画家也自觉参与到刺绣画稿的设计中来，绣品虽以日用品为主流，种类却数以万计，许多商品甚至走出国门，远销日本、南洋及欧美等地。商业竞争使得各地刺绣百花齐放、争奇斗艳，形成了各具特色的地方绣种，除前文所述之苏绣，还有如北京之京绣、山东之鲁绣、河南之汴绣、浙江之杭绣和瓯绣、湖北之汉绣、福建之闽绣，尤其是与苏绣并称"四大名绣"的湘绣、蜀绣和粤绣。

其一，湘绣。

湘绣是以湖南长沙为中心的刺绣品之总称，具有鲜明的湘楚文化特色。早在战国时期，楚墓龙凤图案等绣品就已有较高艺术水平。湖南出土之西汉时期绣品已达到针脚整齐、线条洒脱、绣工纯熟之境界。可惜汉代以后，湘楚刺绣鲜见于记载，直到清朝光绪年间，平江绣女李仪徽首创掺针法，才使湘绣重新崛起。

李仪徽天资聪颖，自幼习诗书，善书画，会女红。婚后不久成寡，长期寄居于叔祖父李元度家。李元度是湘军将领，才学之士，家中"超园"设有藏书楼，典藏名人书画。李仪徽每日摹画刺绣，独运巧思，在需要变换颜色的地方留出空隙，用长短不一的针脚，将同一颜色中色级各异的丝线一针一针顺势掺插填绣，最终绣制出一幅令人拍手称奇的雪松图。后来，李仪徽还毫无保留地向当地绣女传授自己的"掺针绣法"，使这一新工艺随即流传开来，引领了湘楚刺绣的技术革命。

清末民初，湘绣呈现出欣欣向荣的蓬勃气象。《长沙县志》记载："(清朝同治年间)'省会之区'，妇女工刺绣者多。"当时城内绣庄密布，随处可见"母友相传，邻亲相授"的传艺场面。

率先使湘绣走上产业化发展道路的是绣娘吴彩霞。据《湘绣史稿》记载，其又名胡莲仙，原籍安徽，少时随父居于苏州，掌握苏绣技艺并略知绘画。二十岁嫁到湖南湘阴后，她又跟随李仪徽学习了湘绣掺针技法。中年寡居的她一直以刺绣维持生计。此后，她发现绣品销路不俗，便举家迁往长沙，于 1878 年在天鹅塘挂出"绣花吴寓"招牌；而后迁尚德街，改挂"彩霞吴莲仙女红"招牌。1898 年，她以儿子吴汉臣的名义开办了吴彩霞绣庄，为长沙第一家专门自产自销湘绣的绣庄。除了绣制传统字画外，绣庄还生产茶褡、枕套、桌围、椅垫、荷包、腰带等日用小商品，使湘绣走入寻常百姓之家。

当时的湖南巡抚赵尔巽对湘绣颇感兴趣，虽欲以湘绣承揽宫廷刺绣而未能成功，但他应英、美和日本等国之要求，将吴彩霞绣庄及附近典当业所收藏之湘绣搜购一空，运卖出境。这是湘绣第一次走向世界。1905 年接任湖南巡抚的端方，亦认为湘绣奇货可居，特在巡抚院内修建"景桓楼"，雇用三十余名绣工专为他刺绣字画，并在绣幅上绣有"句斋""抚湘使者"等朱文印章。在他离任之前，特地派了一位鉴赏专家，以高出市价一倍之价钱，在锦云绣馆定绣了大批以钟鼎图案、秦汉碑帖、名家字画为绣稿之绣品。这些绣品随他遍赠北京城王公大臣，并带出国酬赠外国官员，这是湘绣品第二次大规模外流。由此一来，湘绣名声逐渐传播开来，清末时已独成一派，"超越苏绣，已不沿顾绣之名，法在改蓝本、染色丝，非复故步矣"。

湘绣之艺术特色主要表现在形态生动逼真，质感强烈，风格豪放。时人曾赞誉湘绣"绣花能生香，绣鸟能听声，绣虎能奔跑，绣人能传神"，"色景墨润，浑笔墨无痕，不审视不知其为刺绣画也"。此外，湘绣还有画面题诗之特点。诗情画意相互映衬，能更好地表达出绣作意境。湘绣画面题诗由清末民初的李云青所创。他题有湘绣诗数百首,后汇编成《湘绣题句汇抄》,成为湘绣的一大特色。其中有绣《雄狮》题咏,"西池借得麻姑爪,三丝五色夺天巧。停针罢绣看雄威,神采奕奕何牡佼";又如题虎句"山鸣谷应声威壮,雨啸风从草野寒","一声啸震千山外,凛凛余威百兽惊";题马句"风高千里骥,名重五花骢"等。

湘绣题材广泛,最具代表性的莫过于绣老虎,行内素有"湘虎苏猫"之称。关于"湘虎",在湖南民间有一动人传说:相传月宫仙子嫦娥曾被贬下凡,由于身怀绝世绣艺,于是湘女纷纷焚香祷告,希望能得其真传。某日,有一穿着破烂的老婆婆跄跄地走到一绣女旁,向她讨口饭吃。心地善良的绣女连忙给她让座,并为老婆婆沏茶热饭。老婆婆见其所绣老虎耳厚、眼板、皮毛硬,了无活气,于是拿起针绣了一通,然后对着老虎吹了口气。瞬间,这只绣虎像活了一般,须抖眉动,毛松尾翘,眼睛炯亮,猛然一声长啸,撼天动地。绣女在一旁看得惊呆了,方知这老婆婆正是下凡之嫦娥,这绣虎之绝技只传授给人间善良的绣女。

诚然,传说毕竟只是人们美好之愿望,真正的绣虎绝技,是好几代湘绣艺人不懈钻研之结果。绣虎最难之处在于绣其皮毛,为了表现皮毛质感,余振辉、周金秀等老艺人在毛针基础上创制了"鬅毛针"。此针法极其讲究:丝线劈分极细,排列成聚散状撑开;一端粗疏,一端细密;一端入肉,一端鬅起。经过层层加绣之后,毛色鲜艳、力贯毫端。除了针法,在配线上也堪称一绝。为了真实表现老虎的凶猛习性和威武神姿,要用上粗、细、浓、淡各色丝绒线。其中,虎眼之绣制尤为精细,通常要用到十余种颜色,色阶达二十余种之多;还需采用旋游针法,利用丝线的光色反射使狮虎眼睛晶体透明、炯炯有神。当代湘绣传承人刘爱云所绣《饮虎》(见图17-10)惟妙惟肖,正是最好之代表。此作1982年荣获第二届全国工艺美术品百花奖"金杯奖",1985年入选国家珍品,永久入藏中国工艺美术馆。

其二,蜀绣。

蜀绣,起源于素有"天府之国"美称的川西民间,又名"川绣",是以四川成都为中心的刺绣品之总称。据史料记载,早在西汉以前,蜀绣就已经达到相当高的技艺水平。晋代常璩《华阳国志》则称当时蜀中刺绣已很闻名,与蜀锦同被誉为蜀中之宝。宋代《全蜀艺文志》中亦有"织文锦绣,穷工极巧"之描述。清朝道光年间,蜀绣已形成专业生产,成都市内已有很多绣花店铺,既绣又卖。光绪二十九年(1903),政府开始提倡振兴实业,在成都开办了四川通省劝工总局,下设三十余科,其一即为刺绣,专门管理蜀绣之生产和销售。该局聘国画家张绍煦担任教导,同刺绣名艺人张洪兴一起对招收的技工和学徒进行刺绣指导,并在画稿上大胆改革,在针法上也创造出了具有国画浓淡推晕效果的"晕针"。此针法适应性极强,颇具特色,因而在近代使用最为普遍,这也是区分蜀绣与其他刺绣流派的主要标志之一。近年来,蜀绣又在晕针上施加辅助针,使其表现能力变得更强、更丰富。

历史上蜀绣知名绣工多为男性,如善于自画自绣传统题材的刘绍云,善绣山水花鸟的张万清,以人物见长的叶兰廷、叶春元父子;以精细著称的叶绍清,以及善绣鲤鱼、熊猫的彭永兴等。前文所言之张洪兴亦是,他不仅创作了一批刺绣佳作,还培养了众多优秀绣工,名噪一时。清政府拟予奖励,问他想当官还是要赏钱。这位绣花匠被突然而来的喜事弄糊涂了。有人劝他戴红顶子可以给绣花行业争点荣誉，亦有人说红顶子吃不得、穿不得，还是拿钱为上。张洪兴最后选了红顶子，得了五品军功衔，这是蜀绣行业第一个挂名的官，蜀绣由此更加兴旺。

图 17-10　刘爱云　湘绣　饮虎

民国以来，蜀绣工艺不断发展，尤其是抗日战争时期，因其他刺绣产区沦陷，西北、西南数省之刺绣品销售市场几乎全为蜀绣所垄断，直接刺激和促进了蜀绣生产。成都附近的郫县成了蜀绣加工基地，除绣被面等日用品，还为川剧服装进行刺绣加工。新中国成立后，政府注重对传统工艺的保护和推广，蜀绣也取得了更大的发展。

蜀绣以软缎和彩丝为主要原料，其风格特点在很大程度上体现出我国西南和北部地区人民之性格和喜爱。图案主要以民间流行题材为内容，常表达吉祥喜庆等群众心目中美好之愿望，如象征爱情的鸳鸯戏水，象征富贵的凤凰牡丹，象征家庭和睦、人丁两旺的五子登科，象征长寿的松柏仙鹤等。人物题材的蜀绣则有福禄寿三星、百子图，以及郭子仪拜寿、穆桂英大宴、八仙、西游记等传奇故事。

蜀绣构图趋于简练，一般不强调聚散，纹样之分布与绣件之面积相适合，既丰富又省工省绣。绣制山水、花鸟、虫鱼、走兽等题材时注重对自然形象的加工提炼，用去繁、求全、寓意的手法处理，突出主题。绣制人物头像时皆采用车凝绣法，绣线粗细兼用，片线光亮，针足齐平。总体说来，蜀绣作品有着寓虚灵于朴拙、掺色柔和、劲气生动、虚实得体之妙处。

当代蜀绣代表作是传承人郝淑萍绣制的《芙蓉鲤鱼图》。该绣品所用底料为薄如蝉翼的真丝，所用针法为蜀绣代表针法"二三针"，此针法平齐而不呆板，所绣鱼鳞层层叠叠，十分鲜活。虽然整幅画面上并未绣出一丝水纹，但画中鲤鱼却宛若悠然嬉戏于清潭之中，生动逼真(见图17-11)。

图 17-11　郝淑萍　蜀绣　芙蓉鲤鱼图

其三，粤绣。

粤绣，泛指广东地区之刺绣，包括以广州为中心的"广绣"和以潮州为代表的"潮绣"。

相传粤绣最初为少数民族所创，与黎族所制的织锦同出一源。前文提及的精于佛经刺绣的唐代卢眉娘即是粤绣史上之名家。唐代苏鹗《杜阳杂篇》有对其精湛技艺之描述：

> 永贞元年南海贡奇女眉娘，年十四，工巧无比，能于一尺绢上绣《法华经》七卷，字之大小，不逾粟粒而点划分明，细如毫发，其品题章句，无有遗阙。更善作飞仙，盖以丝一钩分为三股，染成五色，结为金盖玉重，其中有十洲三岛，天人玉女，台殿麟凤之象，而执幢捧节童子，亦不啻千数，其盖阔一丈，称无三两煎灵香台之则，坚韧不断。唐顺宗皇帝嘉其工谓之神姑……

唐代至五代十国期间，由于广州地属边疆，未受战乱影响，刺绣与农业、手工业一样得到了长足发展，宋代至明代粤绣技艺又有了进一步提高。据清初屈大均《广东新语》、朱启钤《存素堂丝绣录》等书中记载：明代粤人已开始使用孔雀羽毛编线为绣，绣品金翠夺目，别具一格；又用马尾缠绒作勒线，使粤绣勾勒技法有更好的表现；"铺针细于毫芒，下笔不忘规矩……轮廓花纹，自然工整"。清朝粤绣发展迅猛，广州、潮州、顺德、番禺及南海一带的绣庄、绣坊纷纷涌现，集中了大量粤绣艺人，并在广州设有行会，引导和组织粤绣品生产，雍正及乾隆年间粤绣还曾行销欧洲和中东各国。自清中期以来，粤绣细分为绒绣、线绣、金绒绣等类型，尤以钉金绣最为有名。起初钉金绣只加衬薄浮垫，后来变成衬厚浮垫，使花纹呈浮雕效果，多用于绣制戏衣和舞台铺陈用品及寺院铺陈用品。金绒绣以潮州为最，绒绣则以广州为最。18 世纪中叶，广东还流行"皮金绣"，即纳丝绣的一种，底层多用羊皮金作衬，金光闪烁，格外精美。此外，粤绣还大量采用珠绣，清朝广州状元坊就有云额、手袋、拖鞋等珠绣日用品出售，而珠绣之粤剧戏服更为时髦，珠光宝气，几乎取代了传统色绒线刺绣戏服。

粤绣构图饱满，繁而不乱，装饰性强；色彩浓郁鲜艳，对比强烈，常用红绿相间，洋溢着南国热烈明快之气氛；针步均匀简约，手感平滑，纹理清晰，金银垫绣富于立体感。取题则善于将吉祥寓意和美好愿望融入绣品之中，故以民间喜爱的百鸟朝凤、孔雀开屏、三阳开泰、杏林春燕、公鸡牡丹、金狮银兔、龙飞凤舞等主题为最多，也有以佛像、八仙加花衬景的。妇女衣袖、裙面，则多作满地折枝花，铺绒极薄，平贴绸面，有的只有翠蓝一色，风格独特。

当代粤绣代表作是由传承人陈少芳绣制的《晨曦》(见图 17-12)。该作品表现的是晨雾依稀，太阳初升，万物苏醒，孔雀在百花丛中开屏，翩翩起舞之美丽情景。陈少芳在绣制孔雀尾时，用红、绿、蓝、黄、紫等色丝线掺合在一起，充分发挥了粤绣不同针法之特长和丝线光泽之优点，表现了由于受光部位不同而反射出不同色彩之艺术效果；又根据孔雀头、颈、胸、腹等部位不同的羽毛质感，创造了捆咬针、捆插针、施疏针等一些新颖别致之针法，使作品更显精妙美观。1982 年，这幅绣品连同"百鸟朝凤""九龙屏风""吹箫引凤""黎家乐"等作品参加了"全国工艺美术百花奖"评选，荣获金奖。

图 17-12　陈少芳　粤绣　晨曦

刺绣，堪称"针尖上之奇迹"，其与织锦、木雕、竹刻、泥塑、剪纸等一并见证着中华传统手工艺源远流长的发展历程，体现了中国人民的审美理想，凝聚着源源不断的艺术智慧，亦反映了华夏民族推陈出新的文化精神。这些宝贵的非物质文化遗产，需要全社会的共同关注。于我们每一个人而言，或可立志传承，或应学会欣赏，唯有如此，方能维续和激发其自身之生命活力，方有机会在世界艺术大舞台上绽放出更为绚烂之光彩。

第十八章　丝弦雅乐

　　旧时文人有八大风雅之事，曰"琴棋书画""诗酒花茶"。尤其是前四者，更被视为"文人四友"，是绝不可或缺的艺术素养。古人为何如此重视这些呢？他们认为抚琴能使人从容通达，弈棋能让人聪慧睿智，书写能陶冶人之性情，作画能清雅人之心境，都是对提升修养极为有益的。那么，居于首位的"琴"是一种什么样的古老乐器呢？是我们通常所见到的古筝？抑或是琵琶？是胡琴？是扬琴？其实啊，文人之"琴"专指古琴，是我国最古老的一种拨弦乐器。由于古琴这门艺术太过高雅，能领悟和欣赏的人不多，故而在历史之长河中渐渐地为大众所淡忘，更为熟知的是筝、笛、箫、琵琶、二胡等丝竹乐器。唐代刘长卿《听弹琴》中就有过这样的感慨，"泠泠七弦上，静听松风寒。古调虽自爱，今人多不弹"，是为曲高和寡之憾也。本章即让我们走近古琴，了解其悠远之历史，斫木之哲学，历代琴家之高趣，并通过简赏十大古琴名曲来感受中国丝弦艺术的质朴与古雅。

（本章执笔：黄毅）

古琴，又称瑶琴、玉琴、丝桐和七弦琴，距今已有三千多年的历史，常与瑟合称。古琴早在先秦时期就被至圣先师孔子列为君子所必须学习的"六艺"之一，亦为礼器和乐律法器，属于八音中的丝，是中国古代最具民族精神，艺术水准和地位最崇高的乐器。同时，古琴还是一种极具艺术欣赏价值的工艺品，我国古代许多帝王以及历代文人都将其作为重要的收藏品。2003年，中国古琴艺术被联合国教科文组织列入第二批"人类口头和非物质文化遗产代表作"。

一、斫木为琴

在中国第一部诗歌总集《诗经》中，已有诸多关于琴瑟的记载。琴和瑟都是周代朝廷之雅器，常用于郊庙祭祀、朝会、典礼等重要场合。如《小雅·鹿鸣》中记载，"我有嘉宾，鼓瑟鼓琴。鼓瑟鼓琴，和乐且湛"；《小雅·鼓钟》记言，"鼓钟钦钦，鼓瑟鼓琴，笙磬同音"；《小雅·甫田》亦载，"琴瑟击鼓，以御田祖"。在民间，琴瑟同样是广受百姓欢迎的乐器，尤其承载着当时青年男女的爱情。如《周南·关雎》中言，"窈窕淑女，琴瑟友之"；《郑风·女曰鸡鸣》记载，"琴瑟在御，莫不静好"等。因琴与瑟两种乐器一起合奏时其和声非常动听，加之《诗经》中的美好爱情典故，故而古人就将"琴瑟相谐"用以形容夫妻关系和谐美满，至今仍用于新婚致贺。

瑟，据传为伏羲所造，较琴体大而有柱无徽。最早的瑟有五十根弦，《汉书·郊祀志》记载："太帝命素女鼓五十弦瑟，悲，帝禁不能止，故破其瑟为二十五弦。"古瑟形制大体相同，瑟体多用整块木料斫凿而成，其面稍隆起，体中空，体下嵌底板。瑟面首端有一长岳山，尾端有三个短岳山，并装有四个系弦的枘。首尾岳山外侧各有相对应的弦孔，另有木质瑟柱施于弦下。周汉时期的古瑟，考古发掘中多有发现，多用榉木或梓木斫成，弦数以二十五弦居多。可惜上述古瑟至南北朝时期失传。唐宋以来文献所载和历代宫廷所用的瑟，与古瑟在形制、张弦、调弦法诸方面已有较大的差异。

关于琴的发明和创制，古籍中的记载说法不一，但皆与中华文明之初的帝王有关。如东汉学者蔡邕认为是伏羲所作，其《琴操》一书（现存最早的琴学专著）开篇记载，"昔伏羲氏作琴，所以御邪僻，防心淫，以修身理性，反其天真也"；吴仪《琴当序》中亦持此论，"伏羲之琴，一弦，长七尺二寸"。桓谭《新论》则认为是神农氏所造，"昔神农氏继宓义而王天下，亦上观法于天，下取法于地，近取诸身，远取诸物，于是始削桐为琴，绳丝为弦，以通神明之德，合天地之和焉"，并记述了其发展演变过程，"至五帝时，始改为八尺六寸。虞舜改为五弦，文王武王改为七弦"。我们今天见到的古琴，即是七弦之琴，与最初的五弦有所不同。据说是因为周文王为了悼念他死去的儿子伯邑考，在五弦基础上增添了一根弦；后来周武王伐纣时，为了鼓舞士气，又增添了一根弦。因此，古琴又被称作"文武七弦琴"。

古人斫木为琴非常考究(见图18-1)，取材、造型、定音皆有学问。

从造型区分，常见的为伏羲式、仲尼式(见图18-2)、连珠式、落霞式、灵机式、蕉叶式、神农式等，主要是依琴体的项、腰形制的不同而有所区分。

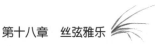

图 18-1　东晋 顾恺之 斫琴图(局部) 卷(宋摹本，绢本设色，全卷纵 29.4cm，横 130cm，北京故宫博物院藏)

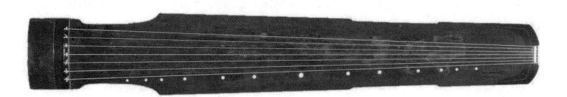

图 18-2　明 仲尼式古琴 清商

仲尼，即孔子，儒家思想的创始人。他不仅是一位思想家、教育家，也是一位擅长操琴度曲的音乐家。他和他的弟子以礼乐弘扬"路不拾遗"之道德，以弦歌教化"夜不闭户"之民风。可见，古琴中正平和之音调，早在儒家思想的开创之期就已经被孔圣人注入到中华传统文化的血脉之中，影响着中国人数千年的社会生活和价值体系。仲尼式琴首为常见的方首，琴颈、肩处内收一斜下的圆弧，腰部内收一方条。整体简洁大方，弧度有圆有方，颇具儒家处世之道。

早在古琴诞生之初，就并非简单地只作为一种乐器，其材质和构造本身都充满着传奇的象征色彩：比如桐木属阳，用以制作琴面；梓木属阴，用以制作琴底。二者结合，取阴阳调和之意。琴面弧形，象征高天；琴底方形，代表大地，合乎于古人"天圆地方"之说。古琴前宽后窄，象征尊卑；龙池八寸，象征八面来风；凤沼四寸，象征四气应和；腰腹四寸，象征四季气候。琴长三尺六寸五分，象征一年三百六十五天；琴宽六寸(约二十公分)，象征天地六合；琴徽十三个，以对应律吕天象中的十二个月，剩下一个象征闰月。最初的五根琴弦，内合五行(金、木、水、火、土)，外合五音(宫、商、角、徵、羽)，而后的文武七弦则象征七星。(见图18-3)

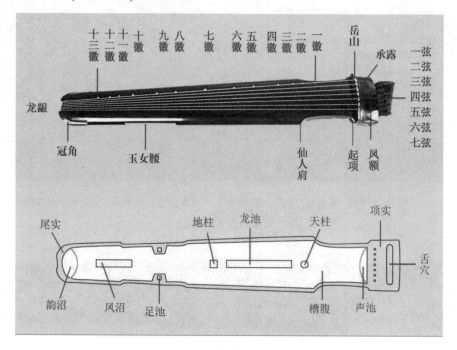

图 18-3　古琴结构图示

可以说，中国传统文化的精髓，在古琴的身上已经体现得几近圆融。也正因如此，后人将古琴艺术誉之为"哲学性的艺术"或"艺术性的哲学"。

一张精美的古琴，不仅在制作时要选用上等的木料，还要经过制作者耐心而精细的打磨。唯有这般，才能具备宛如天籁的音色，才能体现出至高至纯的人文境界。在中国历史上，就有过四张被誉为"旷世名琴"的古琴，关于它们的记载，可以追溯到西晋傅玄撰写的一篇歌咏古琴的散文《琴赋》，其序言曰：

齐桓公有鸣琴曰号钟，楚庄有鸣琴曰绕梁，中世司马相如有绿绮，蔡邕有焦尾，皆名器也。

遗憾的是，这名扬天下的"四大名琴"皆已化作历史烟云，我们无缘一见，只能通过典籍了解它们曾经的辉煌。

其一，号钟琴。

此为周代名琴，因其音质洪亮犹如钟声激荡、号角长鸣，令人震耳欲聋，故而得名。相传春秋时期的俞伯牙就曾弹奏过号钟琴。后来，此琴传到了齐国贤君齐桓公手里。齐桓公通晓音律，善于操琴，并且收藏了众多名琴，对号钟琴尤为珍爱。他曾经令部下敲起牛角，唱歌助乐，自己则奏号钟琴与之呼应。牛角声声，歌声凄切，加之号钟琴那悲凉的旋律，使得站立两旁的侍者无不为之感动，泪流满面。

其二，绕梁琴。

"绕梁"一词典出《列子》，据记载，周朝时女子韩娥从韩国去往齐国，当她路过雍门时断了钱粮，无奈之下只得卖唱求食。她的歌声回旋天际，如孤雁长鸣，凄婉动人。以至于她离去三天之后，其歌声仍然在屋梁间回荡，令人难以忘怀。古琴以"绕梁"命名，足见其音色之绝妙，宛如韩娥的歌声一般荡人心神。据说此琴是一个叫华元的人进献给楚庄王的礼物。楚庄王酷爱音乐，得此名琴之后，整日奏琴作乐，沉醉在优美的琴乐之中，有一次，竟然还为此连续七天不理朝政。王妃樊姬深感焦虑，便以夏桀酷爱妹喜之瑟而招致杀身之祸、纣王误听靡靡之音而失去江山社稷两则历史故事来规劝楚庄王不要因沉迷绕梁琴而误了国家要事。楚庄王闻言陷入沉思，虽然深知此理，但又如何抗拒绕梁名琴的诱惑呢？万般无奈，只得忍痛割爱，命人用铁如意将绕梁琴锤个粉碎。令世人艳羡的名琴"绕梁"也就从此绝响了。

其三，绿绮琴。

与绿绮琴紧密相关的历史人物是西汉时期的辞赋家司马相如。相如原本家境贫寒，但其诗赋在当时极负盛名。梁王慕名请他作赋，相如挥笔写就一篇辞藻瑰丽、气韵非凡的《如玉赋》赠予他。梁王读罢赋文非常高兴，遂将自己珍藏的名琴"绿绮"回赠相如。此琴的琴身刻有铭文曰"桐梓合精"，桐木和梓木都是最为名贵的木材，绿绮琴更是取二者精华制作而成，不虚传世之嘉名。相如得此名琴，如获至宝。他精湛的琴艺配上绿绮琴绝佳的音质，使得绿绮琴的声名更加响亮，以至于后世"绿绮"竟成了古琴的别称。

绿绮琴还在司马相如与卓文君的爱情故事中发挥着重要的媒介作用。《史记》有载："卓王孙有女文君，新寡，好音，故相如缪与令相重，而以琴心挑之。"辞官返乡的司马相如对当地富豪卓王孙那位才华出众且精通琴艺的女儿文君早有耳闻，苦于无缘结识，恰逢卓王孙设宴邀请，便借此良机用绿绮琴弹奏了一曲《凤求凰》向藏于闺阁中的卓文君传达爱意。文君亦对相如才华倾慕已久，又听出了相如琴曲中的脉脉情怀，为酬知音之遇，便夜奔相如住所，缔结良缘。从此，司马相如以琴追求文君之事被传为千古佳话，后世文学作品如《西厢记》中张生琴挑崔莺莺的情节都是受此启发。

其四，焦尾琴。

此琴为东汉文学家、音乐家蔡邕亲手所做。蔡邕"亡命江海，远迹吴会"十二年，期间隐居在吴楚交界的溧阳观山、黄山湖一带。据南朝范晔《后汉书·蔡邕传》记载："吴人有烧桐以爨者，邕闻火烈之声，知其为良木，因请而裁为琴，果有美音，而其尾犹焦，故时人名曰焦尾琴焉。"焦尾琴凭借其悦耳的琴音和独特的制法声名远扬。汉代末年，蔡邕惨遭杀害之后，焦尾琴仍完好地保存在皇家的内库之中。三百多年后，齐明帝在位时，为了欣赏古琴高手王仲雄的超人琴艺，特命人取出存放多年的焦尾琴，命其演奏。王仲雄连续弹奏数日，并即兴创作了《懊恼曲》献给齐明帝。据说，明朝时，昆山人王逢年还收藏着蔡邕制作的这张焦尾名琴。如今，江苏溧阳被正式命名为"中国焦尾琴故里"，蔡邕制琴的故事仍在民间广为流传。

除上述四大名琴之外，传世名琴还有唐代春雷琴、九霄环佩琴、大圣遗音琴、独幽琴、太古遗音琴、枯木龙吟琴，明代奔雷琴等，或为私人收藏，或藏于海内外各大博物馆，见证了古琴曾经的辉煌。

二、琴人高趣

琴乐是人内心情感世界的外在体现。不同之琴家,由于其天资、性格、个人修养和心理状态之不同,对于古琴音乐之理解,自然也有所不同。这些不尽相同的认知和感悟,流露于指尖,则琴韵各异,呈现出多样化的艺术风格,涌现出了一代又一代的古琴名家。在历史进程中,风格相近之琴家,互相切磋,相互砥砺,最终形成一个个古琴流派。

春秋时期的孔子学鼓琴于师襄子,反复弹奏《文王操》,终悟得其真意。孔子一生可以用几首琴曲衔接起来:离鲁国时,思奸臣当道而朝堂不明,愤作《龟山操》;适晋国时,闻窦氏遇难而难见明君,怒作《将归操》;困陈蔡时,见幽兰独放而壮志难酬,怨作《幽兰》。孔子不只是琴家,更是倡导古琴"乐教"的教育家,影响巨大。

师旷亦是春秋古琴名家,他虽然目盲,却听力超群,有很强的辨音能力,《庄子》称其"甚知音律"。据明代朱权《神奇秘谱》所载,《阳春》《白雪》《玄默》均为师旷所作。

战国时期最为有名的琴师为伯牙(见图18-4)。他琴艺高超,被人尊为"琴仙"。《琴操》《乐府解题》记载有伯牙学琴的故事:伯牙学琴三年不成,他的老师成连说自己只能教弹琴技艺,而其师万子春善移情,便带伯牙去东海找万子春请教移情之法。可伯牙到了东海,并未见到万子春,唯见波涛汹涌,山林杏深、群鸟悲啼,伯牙心中豁然一亮,感慨地说"先生移我情矣",于是创作《水仙操》。其奏《高山》《流水》并"摔琴谢知音"的故事更是流传千古而家喻户晓。后人还以此为题材创作了琴歌《伯牙吊子期》。

图18-4 元 王振鹏 伯牙鼓琴图(局部) 卷(绢本墨笔,全卷纵31.4cm,横92cm,北京故宫博物院藏)

西汉时期,司马相如以弹奏绿绮琴赢得卓文君之芳心,后人根据二人的爱情故事谱得琴曲《凤求凰》,流传至今。作为汉赋大家,他还在《美人赋》中提及两首著名琴曲《幽兰》和《白雪》,在《长门赋》中更对古琴的演奏有精妙的描绘:

授雅琴以变调兮,奏愁思之不可长;按流徵以却转兮,声幼妙而复扬。贯历览其中操兮,意慷慨而自昂。

《长门赋》是其受冷落于长门宫的陈皇后重金酬请而作,文辞美妙,委婉动人,据说汉武帝读后深受感动,于是赦免了陈皇后,与她和好如初。后人据此故事创作了著名的琴曲《长门怨》,流传至今。

同为蜀地汉赋大家的扬雄在琴学上也有相当造诣,他著有《琴清英》,备述琴坊轶事。其儒学著作《法言》中亦有讲论琴乐,主张以礼乐修身治国,提倡"中正则雅",要求"君子为正则听",这些琴乐思想对后世古琴美学之发展皆有一定影响。

东汉时期的古琴名家有蔡邕、文姬父女。蔡邕,才华横溢,擅文赋、书法,亦精通音律。他曾于炭火中辨听燃木之声救出良木,制成焦尾名琴。又有传言说蔡邕赴宴,能于在座宾客的琴声中惊辨杀伐之音。蔡邕创作了著名的《蔡氏五弄》(《游春》《渌水》《幽思》《坐愁》《秋思》)。现存《秋月照茅亭》《山中思友人》亦传为他的作品。其女文姬博学有才,通音律,据称能用听力迅速判断古琴的第几根琴弦断掉,功底可见一斑。相传古琴名曲《胡笳十八拍》即为其据同名诗歌谱写而成。

此外,桓谭亦为东汉琴家,执掌宫廷音乐十数年,有很深的音乐造诣和高超的演奏才能。著有《新论》,常论及音乐;并著《琴道》,惜未成文,后由班固续成。

三国时期,据传西蜀诸葛亮曾巧设空城计,通过沉着而悠闲的琴音,智退司马懿雄兵十万;东吴周瑜亦精意于音乐,留下"周郎顾曲"之佳话。

魏晋名士嵇康、阮籍和阮咸皆在"竹林七贤"之列。嵇康作有琴曲《嵇氏四弄》(《长清》《短清》《长侧》《短侧》),与《蔡氏五弄》合称《九弄》。他的《琴赋》一文对琴曲艺术的多种表现进行了生动描绘,并评论了当时的琴曲,具有史料价值。阮籍著有《乐论》,传世琴曲《酒狂》据说也为其所作。阮咸相传创作了琴曲《三峡流泉》。

晋朝琴家刘琨创作了琴曲《胡笳五弄》(《登陇》《望秦》《竹吟风》《哀松露》《悲汉月》),是最早以胡笳声编为琴曲的作品。

隋朝琴师李疑,所弹琴名"连珠",人称连珠先生。作有琴曲《草虫子》《规山乐》及三十六小调。贺若弼则作有琴曲《石博金》《不换玉》《楚溪吟》《越江吟》《孤愤吟》《叶下闻蝉》《三清》等,苏轼有《听武道士弹贺若》诗赞云,"琴里若能知贺若,诗中定合爱陶潜"。《西麓堂琴统》中存其《清夜吟》。

初唐时期,赵耶利之琴艺冠绝当世,并著有《琴叙录》九卷、《弹琴手势图谱》和《弹琴右手法》。他是较早记录琴学流派之人,曾总结道:"吴声清婉,若长江广流,绵延徐逝,有国士之风;蜀声躁急,若急浪奔雷,亦一时之俊。"(北宋《册府元龟》)这些评论至今仍符合吴、蜀两派的特点。

盛唐时,琴师董庭兰师从凤州参军陈怀古学得当时流行的"沈家声"和"祝家声",并能青出于蓝,享有很高的声誉。今存《大胡笳》《小胡笳》《颐真》等琴曲相传为其所作。琴师薛易简九岁开始习琴,善汇众家之所长,先后弹过杂调三百、大弄四十,其演奏曲目之广为当时琴坛罕见。他还著有《琴诀》,讲究"用指轻利,取声温润,音韵不绝,句度流美",强调"声韵皆有所主"的内在表现,并且指出了从弹琴姿势反映出的注意力不集中的"七病",为后世琴家所重视,从而引申出许多弹琴规范。

唐代时，不仅文人雅士弹奏古琴，贵族仕女亦常以奏琴为雅事。唐代周昉的《调琴啜茗图》(见图 18-5)即描绘了庭院中贵妇在侍女的伺候下调试古琴的情境，表现了贵妇闲散恬静的享乐生活。

图 18-5　唐　周昉　调琴啜茗图(局部) 卷(绢本设色，全图纵 28cm，横 75.3cm，美国纳尔逊·艾特金斯艺术博物馆藏)

北宋时琴派轮廓已逐渐清晰，宋代成玉磵《琴论》评曰："京师、两浙、江西，能琴者极多，然指法各有不同，京师过于刚劲，江南失于轻浮，惟两浙质而不野，文而不史。"其中最著名的琴派当推朱文济一派。

朱文济为北宋宫廷琴师，著有《琴杂调谱》十二卷，已佚。朱长文在《琴史》(现存第一部古琴史专著)中赞其"性冲淡，不好荣利，唯以丝桐自娱，而风骨清秀，若神仙中人"。据《梦溪笔谈》载，朱文济"鼓琴为天下第一，京师僧慧日大师夷中尽得其法，以授越僧义海。海尽夷中之艺，乃入越州法华山习之，谢绝过从，积十年不下山，昼夜手不释弦，遂穷其妙"。之后从义海学琴者愈盛，慈慧、元志、梵如、则全等皆出其门下，形成北宋著名的琴僧系统，可谓琴史之奇观。

南宋时，浙江永嘉人郭楚望深感政局昏暗，犹如云雾遮蔽九嶷群山，遂作古琴名曲《潇湘水云》。另有《秋鸿》《飞鸣吟》《泛沧浪》《春雨》等作。其弟子浙江天台人刘志芳传有《忘机曲》《吴江吟》等琴曲，并继续传琴艺于毛敏仲和徐天民。此二人编著了《紫霞洞琴谱》(世人称为"浙谱")。毛敏仲创作的《渔歌》《樵歌》《山居吟》《列子御风》和《庄周梦蝶》等琴曲影响极为深远，遂形成了在中国古琴史上风靡一时的"浙派"。由此上溯，郭楚望实为浙派创始之人。

至明朝时，江、浙两派影响巨大，明代刘珠《丝桐篇》载，"近世所习琴操有三：曰江、曰浙、曰闽。习闽操者百无一二，习江操者十或三、四，习浙操者十或六七。据二操观之：浙操为上，其江操声多烦琐；浙操多疏畅，比江操更觉清越也"。明末清初以后，古琴流派更是异彩纷呈，比较有名的有浙派、广陵派、浦城派、泛川派、九嶷派、梅庵派和岭南派等，尤以形成于明末时期的虞山琴派名声最著。

虞山琴派，亦称熟派、琴川派。创始人严澂，字道澈，号天池，江苏常熟虞山人。他继承当地琴学，并吸收京师名手沈音之长，形成了"清微淡远"的演奏风格。他还创立"琴川社"，与一众琴师研讨琴学，对当时琴歌滥填文词之现象予以抨击，主张发挥音乐本身的表现力："盖声音之道微妙圆通，本于文而不尽于文，声固精于文也。"(严澂《琴川谱汇序》)其著《松弦馆琴谱》为虞山派代表性的琴谱，此谱虽然具有局限性，部分优秀琴曲因不符合严澂喜好而未被收入，但一度被琴界奉为正宗。

徐青山与严澂师出同源，但琴风却不尽相同。他将《雉朝飞》《乌夜啼》等快节奏的琴曲收入《大还阁琴谱》，使琴风"徐疾咸备，今古并宜"，弥补了严澂之不足。所著《溪山琴况》对琴曲演奏的美学理论亦有系统而详尽的阐述。

广陵派之先行者为江苏扬州琴家徐常遇，因扬州古称广陵而得名。徐常遇演奏风格崇尚"淳古淡泊"，取音柔和，善用偏锋，节奏也比较自由而不拘。其所传《澄鉴堂琴谱》为广陵派最早的谱集。其子徐祎、徐祺继承家学，琴艺高超，当时享有"江南二徐"之盛誉。徐祺游历了大江南北，辑《五知斋琴谱》，所收琴曲以虞山派为多，并对金陵派、吴派、蜀派等传曲进行了整理。鼎盛时期的吴虹学琴于徐常遇之孙徐锦堂，并著有《自远堂琴谱》，为广陵派之集大成者。

近现代古琴名家有祝凤喈、张孔山、周庆云、杨宗稷、徐元白、管平湖、吴景略、吴兆基等人。新中国成立后，交通、通信、媒体等多方面的便利，为研习古琴者提供了非常好的学习条件。各个琴派之间的交流也日趋广泛，彼此相互融合，取长补短，使中国古老的古琴艺术得到了更为深远的发展，涌现出了龚一、成公亮、李祥霆、吴文光等当代名家。

嵇康《琴赋》云："众器之中，琴德最优。"琴不仅仅是一种乐器，更是文人雅士修身养性、静心悟道的一种精神生活方式。因此，古琴艺术的发展也并非单单是指操琴技艺上的某种提高，更在于古琴文化的继承与发扬。

古琴蕴含着丰富而深刻的文化内涵，前文我们已提到了一部分，即古琴琴体本身所承载的古人对于生命哲学的思考。而古琴艺术作为一种重要的音乐形式，也成为我国最具影响力的儒、道两家哲学思想在音乐领域中的集大成者。儒家提倡"乐教"，重视音乐对于社会人伦的教化功能，而古琴中正平和的音调正符合儒家所倡导的人文精神，也必然担负起"禁止于邪，以正人心"的道德责任。道家则崇尚自然和无为，追求"大音希声""至乐无乐"的理想境界，而琴乐以质朴清淡为美的艺术特征以及讲究味外之旨、韵外之致和弦外之音的深远意境也正折射出道家哲学的文化内蕴。

中国古代的士大夫深谙琴学精妙，从而创作出许多充满人生智慧的诗篇。如桃源隐者陶渊明，常在酒酣耳热之际以虚按无弦无徽之琴为趣，并悟出"但识琴中趣，何劳弦上音"(《晋书》)的人生思考；盛唐诗人王维则"独坐幽篁里，弹琴复长啸"，领略着"深林人不知，明月来相照"(《竹里馆》)那般空灵寂静的艺术美境；中唐诗人白居易清夜抚琴时径直抒发"入耳淡无味，惬心潜有情。自弄还自罢，亦不要人听"(《夜琴》)的逍遥情怀；北宋文豪苏轼更以"若言弦上有琴声，放在匣中何不鸣？若言声在指头上，何不于君指上听？"(《琴诗》)的辩证诘问表达出自己对于禅理"虽有妙音，若无妙指，终不能发"(《楞严经》)的深刻领悟。

古琴的韵味是虚静高古、清和淡雅的，寄寓的是文人凌风傲骨、超凡脱俗的处世心态。要达到这样的意境，必然对抚琴者提出很高的要求。琴人一方面需具备较高的学识修养，即不仅要有对文、史、哲等传统文化的广泛了解、对生活的深刻感受和对人生的丰富体验，还要有自在洒脱的个人风度，能以心解琴趣，以生命而修心；另一方面则需在弹奏古琴时肃穆其心，平静其气，从而达到清净洒脱、与古琴交相融合的境界(见图18-6)。

图18-6　北宋　赵佶　听琴图(局部)　轴(绢本设色，全图纵147.2cm，横51.3cm，北京故宫博物院藏)

为了达此雅境，自古以来，琴家们多遵循"五不弹"的原则，即疾风甚雨不弹、尘市不弹、对俗子不弹、不坐不弹和不衣冠不弹。古典名著《红楼梦》第八十六回有一段情节就非常好地体现了这一点：贾宝玉得知林黛玉会弹奏古琴时，便要林妹妹为自己弹上一曲。黛玉回言："若要抚琴，必择静室高斋，或在层楼的上头，在林石的里面，或是山巅上，或是水涯上。再遇着那天地清和的时候，风清月朗，焚香静坐，心不外想。气血和平，才能与神合灵，与道合妙。"又说："若必要抚琴，先须衣冠整齐，或鹤氅，或深衣，要如古人的像表，那才能称圣人之器，然后盥了手，焚上香，方才将身就在榻边，把琴放在案上，坐在第五徽的地方儿，对着自己的当心，两手方从容抬起，这才心身俱正。还要知道轻重疾徐、卷舒自若、体态尊重方好。"林黛玉深谙琴道，学识过人，虽说是曹雪芹虚构出来的才女形象，却也是古代文人琴家的真实写照。

三、琴曲流芳

中国传统丝竹乐器之音色各具风格。二胡悲凄如诉，古筝欢快清亮，箫声幽咽沉静，竹笛清越悠扬，琵琶圆润跳跃如大珠小珠抖落玉盘。而古琴的音色则最为特别：其泛音轻灵高远，如"浮云柳絮无根蒂"；散音深沉浑厚，如"勇士赴战场"；按音则婉转细腻，如"呢呢儿女语"。三者富于变化，是谓天、地、人之籁。而从总体上来说，古琴之音，平和之中透出沉稳、质朴之下蕴含哲思，如水墨之烟云，如儒雅之君子。这样的声音决定了其不太适合作为合奏乐器，而适合单独演奏。若要在诸种乐器中择其能与古琴相和者，则以箫为上。箫之幽怨迷离与琴之古雅通脱互为弥补，有怡情之妙。

古琴的演奏形式主要有琴歌和琴曲两种。琴歌，是以古琴为伴奏的一种歌曲，古时又常称作"弦歌"，如《论语·阳货》篇所记载"子之武城，闻弦歌之声"，又如《琴史·声歌》中所论"歌则必弦之，弦则必歌之"。琴曲，则是以古琴独奏为表现形式的音乐作品，它也是我国古典音乐中最具代表性的音乐类别。以今之所谓"中国十大古典名曲"为例，除《春江花月夜》《十面埋伏》《汉宫秋月》以筝或琵琶演奏外，其余七首《流水》《广陵散》《平沙落雁》《渔樵问答》《梅花三弄》《阳春白雪》和《胡笳十八拍》均为古琴曲。加之《酒狂》《阳关三叠》和《潇湘水云》等，又有"十大古琴名曲"之说。分作介绍如下。

其一，《流水》。

此曲相传为伯牙所作。据明朝朱权《神奇秘谱》记载：

《高山》《流水》二曲，本只一曲。初志在乎高山，言仁者乐山之意。后志在乎流水，言智者乐水之意。至唐分为两曲，不分段数。至宋分高山为四段，流水为八段。

《论语·雍也》篇云"知者乐水，仁者乐山"，古琴曲《高山》和《流水》蕴含天地之浩远、山水之灵韵，诚可谓中国古典音乐主题表现的最高境界。然而，千百年来，人们钟爱这首古琴曲，并不仅仅在于其本身非凡的艺术成就，还在于"伯牙摔琴谢知音"的传奇故事所带给我们的深深感动。据《列子·汤问》记载：

伯牙善鼓琴，钟子期善听。伯牙鼓琴，志在高山，钟子期曰："善哉，峨峨兮若泰山！"志在流水，钟子期曰："善哉，洋洋兮若江河！"伯牙所思，钟子期必得之。子期死，伯牙谓世再无知音，乃破琴绝弦，终身不复鼓。

1977 年，为寻找外星系文明，美国发射了"旅行者一号"和"旅行者二号"探测器，它们各自携带了一张被称为"地球之音"的唱片，里面录制了 27 首古今世界名曲等丰富的地球信息。其中，就包括管平湖先生演奏的《流水》，代表了中国音乐之精粹。

其二，《广陵散》。

"广陵"乃扬州之古称，"散"为操、引乐曲之意。据名可知，《广陵散》是一首流行于古代扬州地区的琴曲。东汉蔡邕在《琴操》中谈到与此曲相关的历史故事：聂政，战国时期韩国人，其父为韩王铸剑，因延误了工期而惨遭韩王杀害。聂政立誓为父报仇，得知韩王爱好琴乐后，潜入深山苦学琴艺。十年之后，聂政身怀绝技，名震韩国，终得韩王召见。入宫演奏之际，聂政伺机从琴腹内抽出匕首刺死韩王。宿仇已报，聂政心知难逃其祸，故自行毁容，壮烈而亡。据此典故，古代琴曲家亦常认为《广陵散》乃与河间杂曲《聂政刺韩王曲》易名而同曲。

前文曾说到，古琴曲崇尚中正平和之美，然而《广陵散》旋律激昂慷慨，风格独具，可谓是我国现存古琴曲中唯一具有杀伐战斗气氛的乐曲，直接表达了被压迫者反抗暴君的斗争精神，具有很高的思想性及艺术性。或许魏晋著名琴家嵇康正是领悟到了《广陵散》的这种精神与斗志，才如此酷爱，并将其演绎成自己生命的绝唱。

其三，《平沙落雁》。

此曲又名《雁落平沙》。"平沙落雁"原为宋代沈括在《梦溪笔谈》中所描述的"潇湘八景"之一，位于今湖南省南岳衡山之回雁峰。作为古曲，最早刊印于明代琴谱《古音正宗》。其记载曰：

> 盖取其秋高气爽，风静沙平，云程万里，天际飞鸣。借鸿鹄之远志，写逸士之心胸也。通体节奏凡三起三落。初弹似鸿雁来宾，极云霄之缥缈，序雁行以和鸣，倏隐倏显，若往若来。其欲落也，回环顾盼，空际盘旋；其将落也，息声斜掠，绕洲三匝；其既落也，此呼彼应，三五成群，飞鸣宿食，得所适情：子母随而雌雄让，亦能品焉。

这段文字对雁群习性作了极为细致生动的描写，亦很好地体现了《平沙落雁》琴曲的意趣(见图 18-7)。此曲问世之后，有多种乐谱流传，刊载的谱集达五十多种。

图 18-7　南宋　无款　寒汀落雁图(局部)　轴(绢本设色，全图纵 125.9cm，横 92.1cm，北京故宫博物院藏)

其四，《渔樵问答》。

此曲最早见于明朝萧鸾的《杏庄太音续谱》。从书中"古今兴废有若反掌，青山绿水则固无恙。千载得失是非，尽付渔樵一话而已"诸语可以看出，琴曲旨在通过描述青山绿水之间渔樵之人逍遥自得的情趣(见图 18-8)，来表达琴家对摆脱凡尘俗事羁绊的向往和对追名逐利之庸人的鄙弃。

全曲采用渔者和樵夫对话的独特方式，以上升曲调表示问句，下降曲调表示答句，"曲意深长，神情洒脱，而山之巍巍，水之洋洋，斧伐之丁丁，橹歌之欸乃，隐隐现于指下"(清•陈世骥《琴学初津》)。琴乐形象生动精确,具有很高的艺术境界。现存谱本有多种,近几百年来广为流传。

图 18-8 元 盛懋 渔樵问答图

其五,《梅花三弄》。

《梅花三弄》,又名《梅花引》《梅花曲》《玉妃引》。晋隋以来有此笛曲,为东晋大将桓伊所作。后经唐代琴家颜师古改编为琴曲,流传至今。梅花芬芳洁白、傲雪凌霜,是古今艺术创作的重要题材,常用以隐喻节操高尚之人。明代杨抡《伯牙心法》有云:"梅为花之最清,琴为声之最清,以最清之声写最清之物,宜其有凌霜音韵也。三弄之意,则取泛音三段,同弦异徽云尔。"琴曲中采用完整重复三段泛音写法者并不多见,"故有处处三叠阳关,夜夜梅花三弄之诮"(清·戴长庚《律话》)。

其六,《阳春白雪》。

此曲相传为春秋时晋国师旷或齐国刘涓子所作。《神奇秘谱》列《阳春》于上卷宫调,列《白雪》于中卷商调。其解题云"《阳春》取万物知春,和风澹荡之意;《白雪》取凛然清洁,雪竹琳琅之音",可见曲境之高雅。战国时期楚国宋玉在《对楚王问》中载:"客有歌于郢中者,其始曰《下里》《巴人》,国中属而和者数千人;其为《阳阿》《薤露》,国中属而和者数百人;其为《阳春》、《白雪》,国中属而和者不过数十人……是其曲弥高,其和弥寡。"因此,两千多年以来,此曲一直被视为古琴"曲高和寡"之代表。

其七,《胡笳十八拍》。

此曲相传为东汉蔡文姬所作,根据其同名诗谱写而成,反映了"文姬归汉"这一主题。汉末大乱,连年烽火,蔡文姬在逃难时被匈奴所掳,流落塞外(见图18-9)。后来与左贤王结成夫妻，生下一双儿女。在塞外的十二个春秋里，她无时无刻不思念中原故土。当曹操平定中原后，派人用重金将她赎回。一边是还乡之喜，一边是离子之痛，蔡文姬难以抉择，饱受煎熬。于是，她创作了《胡笳十八拍》，以陈述自己一生不幸的遭遇。该曲哀婉悲伤，闻之令人撕裂肝肠。唐代琴家董庭兰以擅弹此曲著称，诗人李颀《听董大弹胡笳》有云："蔡女昔造胡笳声，一弹一十有八拍。胡人落泪沾边草，汉使断肠对客归。"

图18-9　明 佚名 胡笳十八拍图(局部) 卷(绢本设色，全卷纵28.6cm，横1196.3cm，美国大都会艺术博物馆藏)

其八，《酒狂》。

此曲为魏晋时期"竹林七贤"之一的阮籍所作，最早出自明代朱权《神奇秘谱》，其中记曰：

籍叹道之不行，与时不合，故忘世虑于形骸之外，托兴于酗酒，以乐终身之志，其趣也若是。岂真嗜于酒耶？有道存焉！妙在于其中，故不为俗子道，达者得之。

当时社会动荡，民不聊生。阮籍等文士们不仅难以施展才华，而且时时都有性命之忧。为了免遭杀戮，他们隐居于山林原野，崇尚老庄哲学，试图从缥缈虚无的神仙境界中寻求精神的寄托，用清谈、醉酒、佯狂等形式来排遣心中的苦闷。《酒狂》反映的正是这一特定历史环境中士大夫阶层的精神状态。

其九，《阳关三叠》。

此曲是根据唐代诗人王维《送元二使安西》谱写成的一首琴歌。由于演奏时需用一个基本曲调将原诗反复咏唱三遍，故名《阳关三叠》；又因诗中有"渭城""阳关"等地名，故又名《渭城曲》《阳关曲》。这首乐曲在唐代已非常流行，并收入了《伊州大曲》。晚唐诗人陈陶"歌是《伊州》第三遍，唱着右丞征戍词"(《西川座上听金五云唱歌》)和李商隐"红绽樱桃含白雪，断肠声里唱阳关"(《赠歌妓二首》)等诗句皆可见当时人们对《阳关三叠》的钟爱。王维诗乃为送别友人出关服役所作，"渭城朝雨浥轻尘，客舍青青柳色新。劝君更尽一杯酒，西出阳关无故人"，情深意切，真挚感人。谱入琴曲后又增添了一些词句，更增强了依依惜别的情绪，充分表达出对即将远行的友人那种无限关怀和眷恋的深情。

其十，《潇湘水云》。

曲谱最早见于《神奇秘谱》，共十段。后来，经历代琴家不断加工，发展成十八段加一尾声的结构，艺术上也更臻成熟。该曲的作者为南宋浙派琴家郭沔，他所处的时代，正值元兵入侵，南宋王朝即将灭亡的前夕。郭沔虽然终生未仕、生活清贫，却忧国爱民、反对苟且偷安，有着强烈的民族意识。他游航于潇湘二水，每每望见九嶷山阙为奔腾的云水所蔽，便激起心中对江山残缺、时局飘零的无限感慨，故而创作此曲，以寄托他对现实黑暗的义愤和对祖国山河的热爱。

从目前发掘的古籍文献来看，历代琴家所存之琴谱非常丰富，保存的曲目多达三千余首。然而近几代琴家所能弹奏者却仅有一百余首，绝大多数曲目均处于沉睡状态，这与无人"打谱"不无关系。

早在唐代时，唐末琴家曹柔就创立了"减字谱"，用其来记录古琴的演奏。这也是人类使用年代最久远的一种乐谱。其由文字谱发展而来，独特之处在于只通过文字方式记录下演奏方法和音高，却不能记录音名、节奏和强弱，必须通过琴人的"打谱"使其转化为可聆听的音乐。

"打谱"是一项复杂而艰难的工作，古琴界有"小曲打三月，大曲打三年"的说法。由于牵涉到文献文字、版本比对、校勘考古等学问，实际上耗费的时间更久。琴谱是亘古不变的，但是打谱却可以因人而异。因此，如何让这些沉睡的琴曲以最好之状态复苏，还在于打谱之人是否具备高超的古琴技法和艺术素养。"孔子曰：'操则存，舍则亡'"（《孟子·告子章句上》），古琴艺术亦是如此，作为世界级的非遗文化，它需要我们持之不断的保护与传承。今日我们所能弹奏的百来首琴曲正是管平湖、查阜西、吴景略等老一辈琴家尽心操琴、辛勤打谱之成果，而未来是否会有更多的古老琴曲焕发出生机，重新回响于我们的耳畔呢？这需要新一代琴家更为执着的追求，也需要我们每一个人给予更多的喜爱和关注。

第十九章　昆腔传奇

中国人爱做梦，尤其爱做浪漫多情的梦。正如先秦时期的庄子常常分不清是蝴蝶幻化成了自己还是自己幻化成了蝴蝶，古往今来编戏的人、演戏的人，甚至看戏的人也常常迷惑于究竟是人生如戏还是戏本人生。然而，在悠远的文化长河中，国人更多的是将浪漫与多情寄予诗歌、文赋，而非戏曲，于是，中国文坛涌现的多是诸如汨罗江畔忧心戚戚的三闾大夫、桃花源外欲辨忘言的田园高士、长安市上嗜酒轻狂的太白谪仙等声名赫赫的大诗人、大文豪以及他们超一流的诗文作品；而直到这条长河的下游才出现了如汤显祖这般至情任性的大戏剧家，才出现了如《牡丹亭》这般一唱三叹的传奇作品，才出现了京、评、豫、越、川、湘、粤、黄梅戏等南腔北调缤纷斗艳的百花梨园。你是否曾静下心来去聆听传统戏曲？感受那"生旦净末丑"的人生百态、沉醉于"笛箫笙弦琴"的曲声悠扬？本章我们将讲述"百戏之祖"昆曲的前世今生、传奇名作和艺术特点，以及"花雅之争"与中国戏曲发展的新格局，一同体会属于我们先人的那一份风雅。

(本章执笔：黄毅)

第十九章　昆腔传奇

昆腔，为"昆山腔"之简称，是我国历史最久远的戏曲声腔和剧种，与古希腊悲剧、印度梵剧齐名，并称为世界三大古老剧种。昆腔因其形成于江苏昆山一带而得名，亦可称"昆曲"或"昆剧"。音乐上，昆曲以鼓、板控制演唱节奏，以曲笛、三弦等为主要伴奏乐器，以"中州韵"为唱念语音。表演上则讲究"唱、念、做、打"，将舞蹈、武术等艺术形式糅合其中。其行腔悠扬婉转，文辞则清丽缠绵，加之形体表演轻柔曼妙，颇得文人之喜爱，宛如一枝清新淡雅的兰花。自明代中叶以来，昆曲独领中国剧坛，对京剧、湘剧、川剧、越剧、赣剧、闽剧、黄梅戏等诸多地方剧种的形成和发展皆有过直接或间接的滋养，故而有着"百戏之祖"和"百戏之师"的崇高之誉。2001 年，中国昆曲艺术被联合国教科文组织列入第一批"人类口头和非物质文化遗产代表作"。

一、声起江南

据明代周元《泾林续记》记载，明洪武六年(1373)，朱元璋曾在召见昆山百岁老人周寿谊时询问道："闻昆山腔甚佳，尔亦能讴否？"可推见元末明初之际，昆山腔已经发端，迄今已有六百多年的历史。

当时，北方地区流行以北曲来演唱的杂剧，而以南曲来演唱的南戏则在今天的华东、华南一带广为流传，并且每个地方都用不同的方言来演绎，于是形成了许多不同的唱腔。南戏流经江苏昆山千墩(今千灯古镇，见图 19-1)一带时与当地语音和音乐相结合，经顾坚演唱和改进逐渐形成了昆山腔，顾坚因此也被尊为昆腔之鼻祖。这一说法见于明代收藏家张丑《真迹日录》所引的魏良辅《南词引正》：

惟昆山为正声，乃唐玄宗时黄幡绰所传。元朝有顾坚者，虽离昆山三十里，居千墩，精于南辞，善作古赋。扩廓帖木儿闻其善歌，屡招不屈。与杨铁笛、顾阿瑛、倪元镇为友，自号风月散人。其著有《陶真野集》十卷、《风月散人乐府》八卷，行于世。善发南曲之奥，故国初有昆山腔之称。

文中提到的顾坚友人杨铁笛即著名诗人杨维桢，他擅吹笛唱曲，作有南散曲如《夜行船序·苏台吊古》曾为人用昆山腔传唱，所作诸多曲牌联套格式亦为昆腔沿用；顾阿瑛即江南名士顾瑛，他才性高旷，精于音律，擅长吹拉弹唱，在自家园林"玉山草堂"里蓄养了一班歌伎，广交四方宾客；倪元镇则为"元四家"之一的著名画家倪瓒，他好饮茶，亦能作北散曲。这些文士的雅集活动使得昆山腔自一开始就具有文雅别致的艺术特质。

今人对于昆山腔形成时间的认识多基于此记载，然必须指出的是，此文献尚为孤证，因此学界对此说仍存一定的争议。

明代万历之前，昆山腔还只是流行于吴中的"小集南唱"的清曲。几十年后，一次重大的改革彻底改变了昆腔的命运，发起改革的人便是被后人尊为"曲圣"的杰出戏曲音乐家魏良辅。

魏良辅(1489—1566)，字师召，号此斋，晚年号尚泉、上泉，又号玉峰，豫章(今江西南昌)人。他曾流寓于江苏太仓南关(元时为昆山所辖)，在此以曲会友，结识了许多当时的南曲名家如过云适、张野塘等人。魏良辅原本是北曲清唱家，到吴中后又致力于南曲。他认为当时的一些南曲唱腔"率平直无意致"(行腔简单，或节奏拖沓)，于是以原昆山腔为基础，发挥其自身流丽悠远的特点，并吸取海盐、余姚等南曲诸腔的优点，以及北曲严谨的结构和富有装饰色彩的润腔手法(抑扬顿挫、停声、偷吹、依腔、贴调等)，对昆山腔进行了很大的改革与发展，创造出"功深熔琢、气无烟火、启口轻圆、收音纯细"，讲究"转喉押调""字正腔圆"，唱出"曲情理趣"的新腔。据说魏良辅为此花了近十年的时间。这种新腔轻柔婉转，"调用水磨，拍捱冷板。声则平上去入之婉协，字则头腹尾音之毕匀"(沈宠绥《度曲须知》)，集南北曲之大成，时称"水磨调"。《南词叙录》更是评价其为"流丽悠远，出乎三腔(弋阳腔、余姚腔、海盐腔)之上，听之最足荡人"。

图 19-1　苏州昆山千灯古镇(黄毅摄)

在北曲弦索名家张野塘的协助下，魏良辅还对伴奏乐器进行了改革，"更定弦索音节，使与南音相近。并改三弦式，身稍细而其鼓圆，以文木制之，名曰弦子(即南弦)"，并加入了笛、箫、笙和琵琶等乐器，使昆腔音乐的发展更加成熟完备。

但是此期的昆曲仍然只以清唱为表演形式，尚未能体现剧本，形诸舞台。之后，魏良辅的弟子昆山人梁辰鱼继承他的成就，对昆腔作了进一步的研究和改革。隆庆末年，他编写了第一部昆腔传奇《浣纱记》。这部传奇的上演，使昆曲由清曲发展成了剧曲，即昆腔的演出不再只是几个文人的和笛清唱，而是搬上了舞台，成为有人物、有装扮、有道具的舞台戏剧，这无疑扩大了昆腔对后世的影响。

《浣纱记》，原名《吴越春秋》，讲述的是春秋吴越争霸的故事：吴王夫差在相国伍子胥的辅佐下兴兵伐越，围困越王勾践于会稽山一带。勾践采用大夫范蠡计谋，厚礼卑辞向吴王称臣，并自愿降身为奴，携妻子大臣赴吴国服役。勾践在吴三年，敝衣劳作，曲意奉承。吴王心生恻隐，不听相国劝谏赦免勾践还乡。越王卧薪尝胆，立志复仇雪耻。越国上大夫范蠡与诸暨若耶溪边浣纱的绝色女子西施(见图19-2)定情。之后为了帮助越王勾践图谋复国雪仇，范蠡献计越王施用美人计策，并举荐自己的心上人西施。临行前，西施与范蠡互诉离情，并将当年定情之纱各留一半，互嘱毋忘。吴王夫差果然为西施容貌所惑，全然不顾相国反对而恣意荒淫。越国伺机发展国力，待到兵精粮足之日，又阴施计谋使吴国年荒粮尽并出师伐齐，越则乘机侵吴，使吴大败。勾践复国之后欲拜谢西施并封赏范蠡，然而范蠡却与西施驾一叶轻舟，隐遁于太湖之间。

图 19-2　五代　周文矩　西子浣纱图(绢本设色，纵32cm，横32cm，北京故宫博物院藏)

这部戏不仅是一部悲凄的爱情故事，更具有崇高的政治主题，体现出作者对自己所处的明代中叶国家的内忧外患及其根源的担忧，饱含着作者对于历史变幻在哲学上的一种深沉的思考。

《浣纱记》公开演出后，引起了很大的反响，出现时人"争唱梁郎雪艳词"之盛况。文人学士则开始竞相使用昆腔来创作传奇，唱昆腔的人也越来越多，使昆腔水磨调成了当时最流行的歌曲。

昆曲在今天可能让我们普通百姓产生"阳春白雪，曲高和寡"的距离感，但在其盛行之期却并非如此。当时不仅文人雅士爱好，官宦士族附庸，更受到广大百姓的追捧。他们主动参与，唱昆曲、听昆曲、赛昆曲，于是有了"虎丘曲会"这一年一度的大型民间唱曲活动。明代袁宏道《虎丘记》一文曾有描绘：

每至是日(中秋)，倾城阖户，连臂而至。衣冠士女，下迨蔀屋，莫不靓妆丽服，重茵累席，置酒交衢间，从千人石上至山门，栉比如鳞。檀板丘积，樽罍云泻，远而望之，如雁落平沙，霞铺江上，雷辊电霍，无得而状。布席之初，唱者千百，声若聚蚊，不可辨识。分曹部署，竞以歌喉相斗；雅俗既陈，妍媸自别。

张岱《虎丘中秋夜》一文中也有类似的记载，苏州人爱昆曲着实到了如痴如醉、万人空巷的境地。

虎丘曲会后来停办了，直到近些年才重新操办起来，虽然已没有几百年前中秋月夜苏

城百姓们从山底到山腰席地而坐的盛况,但昆曲名家和全国各地乃至日本的民间昆曲爱好者汇聚一堂,咿呀唱曲那种文人雅集的气氛还是十分浓厚的。昆曲的戏迷通常不称"票友",而以"曲友"相称。虎丘曲会上的曲友,年纪最大的有九十多岁,依旧抑扬顿挫、中气十足,而年纪小的竟有不满九岁的小龄童,虽然稚气未脱,却也有板有眼,俨然明日之星。

在每一次的曲会上,许多著名唱段是绝不会少的,甚至会有好些曲友先后唱同一支曲子,当然,这之间是没有争强好胜之意的,毕竟崇爱昆曲这种高雅艺术的人其脾性也像水一样被柔化了,曲会上的交流更多的是表演上的互相欣赏,技艺上的相互切磋。而《游园惊梦》中的《皂罗袍》《袅晴丝》《懒画眉》等经典唱段必然是切磋得最多的,正如《牡丹亭》这全本传奇一直是昆曲中最为精彩、上演得最多的剧目一样。

二、临川旧梦

> 原来姹紫嫣红开遍,似这般都付与断井颓垣。
> 良辰美景奈何天,便赏心乐事谁家院?
> 朝飞暮卷,云霞翠轩;雨丝风片,烟波画船。
> 锦屏人忒看的这韶光贱!

这就是《皂罗袍》,汤显祖《牡丹亭》中写得最美的曲牌,诚然,这也是中国昆曲中最负盛名的唱段。喜爱古老昆曲艺术的人,大多是从迷恋这一段开始的。其文辞婉转,读之已令人心旌摇曳,又何况听其曲声,空灵似幻、悠扬若水,真个教人沉醉于其中,而不由得复生出那生生死死的情梦来。

《牡丹亭》正是一个唯美的爱情梦,他的作者是有着"东方莎士比亚"之誉称的明代大戏剧家汤显祖。

汤显祖(1550—1616),字义仍,号海若、若士、清远道人,晚年又号茧翁,临川(今江西抚州)人。其出生于书香世家,祖上四代均有文名。汤显祖天资聪慧、勤奋好学,"童子诸生中,俊气万人一"。十三岁起,随阳明学泰州学派大师罗汝芳学习心性之学。二十一岁即得中举人,但此后多次赴京会试则遭遇失利。时任首相的张居正为安排自己的儿子及第,两度延揽其作为陪衬,均遭到汤显祖的严词拒绝。从而注定接连落榜,直到张居正下台后才得中进士。为了保存高尚独立之人格,汤显祖入仕后"掩门自贞",政治上不愿趋附权贵,因此长期屈沉下僚,不得重用。文学上也不愿迎合代表当时主流思潮的前后七子,而是尊重创新,反对复古,加之勇于评论时事,喜怒形于色,常被时人称为"狂奴"。万历十九年(1591),汤显祖上《论辅臣科臣疏》,严词弹劾首辅申时行和科臣杨文举、胡汝宁,揭发他们贪赃枉法、刻掠饥民之罪行,并抨击万历时政,引发明神宗大怒,被放逐到雷州半岛的徐闻县为典史。一年后遇赦,内迁浙江遂昌知县。在此偏僻贫瘠之乡,汤显祖勤政爱民、兴教办学、劝农耕作、灭虎除害,甚至擅自释放狱中囚犯回家过年,以真情真性实践着自己的政治理想。此举赢得了遂昌百姓的爱戴,却也被政敌暗语中伤。万历二十六年(1598),年近半百的汤显祖深感官场腐败,心知难以久留,便毅然效法陶渊明解印归里,在临川构筑了玉茗堂。同年,完成了《牡丹亭》之创作。

第十九章 昆腔传奇

《牡丹亭》，全名《牡丹亭还魂记》，即《还魂记》，亦称《还魂梦》或《牡丹亭梦》，共五十五出。此传奇描述了小姐杜丽娘与书生柳梦梅之间因梦而生情，穿越生死的爱情神话。其中不少情节取自话本《杜丽娘慕色还魂》，但较之话本不仅在情节和描写上作了较大改动，而且主题思想亦有极大的提高。

剧写南宋时期，南安太守杜宝家教甚严，其有独生之女名曰丽娘，生得娴静娇美，待字闺中。丽娘跟随塾师陈最良读书，诵读《诗经·关雎》而惹动情思。伴读的侍女春香偶然发现了杜府后的花园，并引领丽娘偷往游之。见到园中姹紫嫣红、百花齐放，丽娘惜春怀春，回到闺房后因感成梦，见一俊逸书生手持柳枝要她题诗，后被那书生抱到牡丹亭畔，共成云雨之欢。梦醒之后，丽娘怅然若失，次日再入花园，寻找梦境。失落之下相思成疾，日渐消瘦，对镜自画春容望与书生再会。弥留之际，丽娘嘱托母亲将其葬在花园梅树之下，又嘱咐丫鬟春香将其写真藏于园中太湖山石底。中秋之夜，丽娘夭逝。其父升任淮阳安抚使，临行前匆匆葬女，委托陈最良修建"梅花庵观"，并与石道姑共同照应。

同时，广州府秀才柳春卿梦见一花园，有一佳人立于梅下，与他说有姻缘之分，从此改名梦梅，时常思念。数年后，柳梦梅赴京应试，行经此地，病宿梅花庵观中，渐好之时，偶游花园，在太湖石下拾得丽娘写真，回返书房对画痴赏，夜夜焚香拜祝。

丽娘困守阴间三年，阎王发付鬼魂时查得丽娘阳寿未尽，令其自行回家。丽娘魂游梅花庵里，恰遇柳生拜己写真。丽娘大受感动，与柳生夜夜幽会，自称西邻之女。二人说笑之声惊动了石道姑，突遭冲散。丽娘只好向柳生说出真情，并请求柳生掘坟开棺。二人情深意切，穿透阴阳共拜天地成婚。柳生将实情告与石道姑并寻求帮助。次日柳梦梅为了爱情冒死开坟，丽娘为柳郎还魂复生。

道姑怕柳杜之事情被发觉，当夜雇船，三人一道去了临安。柳生应考，因淮、扬兵事，朝廷延期放榜。丽娘嘱柳生先赴扬州看望岳父岳母，却反遭杜宝误为盗墓贼人硬拷毒打。幸得柳生高中状元，且陈最良赶来证实丽娘复生，杜宝方才相信。然杜宝认定此为鬼妖之事，不肯相认，并奏请圣上。金銮殿上，皇帝亲自裁决，让其父女、夫妻相认。丽娘又劝柳生拜认了岳父杜宝，杜府合家欢喜重聚。

《牡丹亭》全剧文辞典雅凄美，剧情跌宕起伏，情感真挚感人。而最为经典的当属《惊梦》这出戏，不仅细微地描摹出少女杜丽娘在大自然美好春景感发下萌生出的那种朦胧天真的情愫，更蕴含着人们对自然、青春和爱情的由衷礼赞。

其实，全剧的可贵之处正在于此，汤显祖在该剧《题词》中说：

情不知所起，一往而深。生者可以死，死可以生。生而不可与死，死而不可复生者，皆非情之至也。

古往今来，无论是东方的"梁祝化蝶"，还是西方的"罗密欧与朱丽叶"，这些爱情佳话令人动容的是主人公为情而死的悲壮。然而，《牡丹亭》所演绎的却是杜丽娘不仅为情而死，更能因感念真情而还魂复生的空前浪漫。汤显祖的伟大之处正在于他将爱情视为与生俱来、终身相随、可以超越生死、超越一切时空的至高无上的情感。这种"至情论"的理念，折射出的正是剧作家或者说其所生活的那个时代的人们普遍具有的对于精神自由和人性解放之真切呼唤！

《牡丹亭》传奇便是"至情"最生动的演绎，是汤显祖笔下最唯真唯美之情梦。无怪乎"《牡丹亭》一出,家传户诵,几令《西厢》减价"(明·沈德符《顾曲杂言》)。数百年来,杜丽娘和柳梦梅的故事不知打动了多少青年男女,引发过多少令人感慨的故事。传说娄江女子俞二娘因读此书断肠而死,杭州女演员商小玲因演此剧伤心而亡……《牡丹亭》也打动了童年时期的白先勇,这位当代知名的作家,为了延续童年时美好的梦,为了复兴日渐衰微的昆曲,竟以"昆曲义工"自称,义无反顾地投身于打造青春版《牡丹亭》的事业中去。作为策划和总制作人,他重新编排了这个传唱了四百多年的爱情神话,并且冠上了"青春版《牡丹亭》"这个令人心动的名字。按照他的话说,是要以年轻靓丽的演员、青春浪漫的方式来讲述这个青春爱情的故事,来吸引年轻的观众,让昆曲这门古老的戏剧艺术重焕出青春的光彩。他的付出很有成效,青春版《牡丹亭》(见图19-3)自2004年首演至今,在海内外掀起了一股欣赏昆曲的热潮。

图19-3 江苏省苏州昆剧院 青春版《牡丹亭》(沈丰英饰演杜丽娘,俞玖林演柳梦梅)

《牡丹亭》,连同《紫钗记》《南柯记》和《邯郸记》,并称为汤显祖"临川四梦"或"玉茗堂四梦"。

《紫钗记》讲述的是霍小玉与书生李益喜结良缘,却被卢太尉设局陷害,后幸得豪侠黄衫客从中帮助,终于解开猜疑、消除误会的悲欢离合的幻梦。《南柯记》述说的是书生淳于梦梦见自己做了大槐安国的驸马,并出任南柯太守,享尽荣华富贵,然而最终梦醒而皈依佛教的故事。《邯郸记》则展现了卢生的"黄粱一梦":他穷困潦倒,偶遇仙人吕洞宾,得一瓷枕入眠;梦中娶妻,得中状元,建功勋于朝廷,后遭陷害被放逐,再度返回朝廷后做宰相,享尽荣华富贵;死后惊醒,方知店小二的黄米饭尚未煮熟,因此幡然醒悟,追随吕洞宾而去。

同时代文人王思任概括了这四部作品的"立言神旨":"《邯郸》,仙也;《南柯》,

佛也;《紫钗》,侠也;《牡丹亭》,情也。"(《批点玉茗堂牡丹亭叙》)此评颇有见地。汤显祖早年师从罗汝芳,此后对李贽和紫柏禅师甚为仰慕,一生遵循至情至性,追求个性解放,这些传奇作品无不是他"至情"理念所凝成的文字,共同呈现出他心灵深处的梦境。

三、南洪北孔

清朝康熙年间,政治清明,经济繁荣,开创了全新的盛世局面。此时的戏剧演出虽也急管繁弦,盛极一时,题材上却多流于渲染风花雪月的艳情故事,老套新翻,几无生气。

洪昇和孔尚任的出现打破了这种局面,二人均擅长运用历史题材来总结为时人所关心的国家兴亡的历史教训,用以"垂戒来世""惩创人心",写出了《长生殿》和《桃花扇》,成为清朝传奇的压卷之作。洪昇为浙江钱塘人,孔尚任为山东曲阜人,一南一北,相映生辉,故有"南洪北孔"之并称。

洪昇(1645—1704),字昉思,号稗畦,又号稗村、南屏樵者,出生于世宦之家。少年时期,曾受业于陆繁弨、毛先舒、朱之京等人,接受正统的儒家教育,也受到他们遗民思想的熏染。康熙七年(1668)北京国子监肄业后,洪昇因未得官职,失望而归。后因诗集《啸月楼集》编成,渐受名流赏识,诗名大起。

其传奇代表作《长生殿》乃洪昇历经十年,三易其稿而成。据其《长生殿例言》所述,一稿《沉香亭》写于杭州,以诗人李白之遭遇为中心,大致完成于康熙十二年(1673)前;二稿写于移居北京之后,因友人说《沉香亭》"排场近熟",故而删去李白情节,改写为李泌辅佐肃宗中兴,更名《舞霓裳》,写成于康熙十八年(1679);最后一稿,去掉李泌情节,"专写钗合情缘,以《长生殿》题名",成于康熙二十七年(1688)。初一问世,即令当时梨园子弟竞相搬演,"一时朱门绮席,酒社歌楼,非此曲不奏,缠头为之增价"(清·徐锡麟《长生殿序》)。次年八月,洪昇招伶人演《长生殿》,一时名流多醵金往观。时值孝懿皇后病逝不久,犹未除服,洪昇因演出之事被劾下狱,革去国子监监生之功名,其诸多好友亦受牵连。时人有"可怜一夜《长生殿》,断送功名到白头"之叹。所幸此后康熙帝并未深究剧本,然洪昇突遭此难,在京中备受揶揄,不得已返回故乡,放浪西湖之上。此间《长生殿》在江浙一带盛演不衰,洪昇亦常应邀赴宴,席上时有"狂态复发,解衣箕踞,纵饮如故"(尤侗《长生殿序》)之态。康熙四十三年(1704),江宁织造曹寅集南北名流为盛会,独让洪昇居上座,演出全本《长生殿》,历三昼夜始毕。后来洪昇自江宁返,行经乌镇,酒后登舟,不慎堕水而亡,终年六十。

《长生殿》传奇取材自盛唐白居易《长恨歌》和元代白朴《梧桐雨》,讲述唐玄宗和贵妃杨玉环之间的爱情故事。洪昇在原有题材上予以拓展,有所发挥,改造和充实了李杨爱情,并大为增加了当时社会政治内涵。

剧写明皇继位以来,励精图治,国势日趋强盛,但其骄奢之心亦日渐浓厚。因发现宫女杨玉环才貌出众,于是册封她为贵妃,二人对天盟誓,并以金钗钿盒为定情之物。明皇专宠贵妃,其兄弟姊妹均大获封赏,荣极一时。是年春日,明皇与贵妃游幸曲江,秦、虢、韩三国夫人亦随驾同行。明皇因爱慕虢国夫人不施铅华,命其陪宴留宿。杨贵妃知悉此事,醋意大发,言语间触怒明皇,为明皇盛怒之下遣归相府。此后明皇坐立不安,后悔不已。贵妃闻知,以一缕青丝托献明皇,明皇见发思情,命高力士连夜迎接贵妃回宫。两人和好如初,于七夕之夜在长生殿对着牛郎织女星密誓永不分离。

明皇终日与贵妃游乐,沉迷于声色而不理政事,甚至不惜劳民伤财,千里迢迢运来荔枝,只为博取妃子一笑。安禄山贿赂右相杨国忠,获得明皇崇信,最终骄横成性,招兵造反。唐军节节败退,明皇只好奔逃蜀中避难。途经马嵬坡,军士哗变,要求处死罪魁杨国忠和杨玉环,明皇不得已赐贵妃自尽。失去爱妃后,明皇心灰意冷,日夜思念杨玉环,一路上闻铃肠断,见月伤心。后大将郭子仪奉旨征讨,大败安禄山,收复长安。明皇以太上皇身份自蜀中归来,命人用檀木雕成贵妃生像,供于祠堂,放声痛哭。还派临邛道士杨通幽去海外寻找蓬莱仙山,找到玉环幽魂。八月十五夜,杨通幽引太上皇魂魄来到月宫与玉环相会。玉帝传旨,让二人居于天宫,永为夫妇。

《长生殿》(见图19-4)长达五十出,看起来是一部纯粹的爱情戏,实际上却并非如此。唐明皇和杨贵妃的离合生死之情是与安史之乱这一决定唐代盛衰命运的政治事件紧密联系在一起的,有着极其深邃的历史内蕴。因此,在唐明皇和杨贵妃的爱情故事主线下,还伴随着一条副线,即大唐的朝政军国之事。两条线索交叉发展,彼此关联,情节错综而脉络清晰,组合得相当紧凑而自然。主线讴歌了李杨二人超越生死隔阂的专一爱情,对《牡丹亭》人性解放的"至情论"有所继承;副线则对封建统治集团作了无情的揭露,不仅抨击了弄权误国、卖国求荣的杨国忠,阴险残暴、起兵谋反的安禄山,还将矛头直接指向沉溺于美色享乐、昏庸无能的帝王,揭示出当时政治的腐败、社会的黑暗,以及国家和百姓遭受的巨大灾难。同时,洪昇成功地刻画了一系列爱国者的光辉形象,如心忧国家命运、同情人民疾苦的忠臣郭子仪;正气凛然、在敌人面前坚贞不屈的普通乐工雷海青等,狠狠鞭挞了在敌人面前摇尾乞怜的民族败类,表现出剧作家浓厚的爱国思想。

图19-4　江苏省苏州昆剧院　长生殿(赵文林饰演唐明皇,王芳饰演杨贵妃)(黄毅摄)

《长生殿》演出排场精美谨严,堪称传奇典范;曲辞音律,亦独步一时。其《弹词》一出,即有"家家收拾起,户户不提防"之说("收拾起"为李玉《千忠禄·惨睹》[倾杯玉芙蓉]中首三字;"不提防"为《长生殿·弹词》[一枝花]中首三字)。《长生殿》中的《定情》《惊变》《骂贼》《闻铃》等出,至今仍为南北昆剧团的保留剧目。

康熙剧坛还有一部影响巨大的戏剧作品,它不仅有着与《长生殿》齐名的文学地位,而且同样具有"借离合之情来写兴亡之感"的主题思想,这部作品即是孔尚任的《桃花扇》。

孔尚任(1648—1718),字聘之,又字季重,号东塘(东堂),别号岸堂,自称云亭山人,是孔子六十四代孙。早在少年读书时期,孔尚任就从亲友处采集轶闻,又从诸家记载中撷取史实,开始酝酿创作一部反映南明兴亡的传奇。1683年,康熙至曲阜祭孔,孔尚任被推选在御前讲经,颇得康熙赏识,破格授予国子监博士,赴京就任。两年后,他奉命赴淮扬地区辅助工部侍郎治水。此期他亲见官吏挥霍腐败、人民痛苦悲号,遂以诗歌发"呻吟疾痛之声",编为《湖海集》。他的足迹几乎踏遍南明故地,又与诸多明代遗民如冒襄、石涛等人结为知交,谈古论今,过从密切,加深了对南明兴亡历史的认识。在淮扬的四年,为其创作《桃花扇》积累了最重要的思想和素材。1694年,孔尚任与顾彩合作完成了第一部传奇《小忽雷》。这部作品充分重视重大历史事件的真实性,并在人物关系、情节发展等具体问题的处理上有着大胆的虚构,为《桃花扇》的创作储备了艺术经验。康熙三十八年(1699)六月,孔尚任《桃花扇》完稿,"一时洛阳纸贵",不仅在京城演出"岁无虚日",还流传到了诸多偏远地区。次年三月,孔尚任因"疑案"被免职。今人从其《放歌赠刘雨峰》"命薄忽遭文字憎,缄口金人受谤诽"诸诗句及友人赠诗推测,此事或与《桃花扇》的内容有关。罢官后的孔尚任在京赋闲两年多,接着回乡隐居,生活清苦。他也曾到山西、河南、湖北等地有过短期漫游,做过幕僚,但最终在抑郁之中逝于曲阜,时年七十。

与《长生殿》不同,《桃花扇》这部历史剧演绎的并非遥远王朝的故事,而是与剧作家孔尚任所生活的时代相隔不久的明清交替之际复社文人侯方域与秦淮名妓李香君的离合之情,以及南明弘光小朝廷的兴亡始末。孔尚任在《桃花扇小引》中点明了这部戏的命意:"场上歌舞,局外指点,知三百年之基业,隳于何人?败于何事?消于何年?歇于何地?不独令观者感慨涕零,亦可惩创人心,为末世之一救。"

明清易代,引起了国人的心灵震撼,尤其是那些在明朝任官,入清后心有亡国余痛、不愿辅佐清朝君王的文人,我们称之为"前朝遗民",在他们身上,体现出坚贞不屈的民族气节和自尊独立的高尚人格,令后人无比钦佩。孔尚任出生于清朝,虽然没有亲身经历明清更替的悲惨时局,但他在创作《桃花扇》时却接触到不少"明朝遗老",受到他们爱国思想的影响,因此,从一定程度上说,这部戏正是孔尚任代替他们来进行历史的反思,以求总结出大明王朝走向灭亡的历史教训。

南明弘光政权是清军入主中原、大明王朝覆灭之后,明朝残余势力在金陵(今江苏南京)拥立明朝宗室福王朱由崧而建立的地方性政权。为什么南明不能复兴大业,而迅速覆灭呢?其实原因和大明王朝灭亡大致是一样的,无外乎帝王的昏庸荒淫、宦官的独裁专政,以及权奸之臣的结党营私、倒行逆施。而与这些龌龊小人形成鲜明对比的是一些空有抱负、没有实权的进步文人,以及居于社会底层的爱国民众。

最为突出的当属女主人公李香君(见图19-5)。按照当时的等级贵贱观念,她属于社会地位极为低下的倡优、贱流,在剧中却是最为高尚的人。与侯方域新婚之际,她不慕虚荣,毅然拒收阉党余孽阮大铖送来的豪华妆奁,怒斥小人害民误国,使其笼络进步文人的卑劣用心得以落空。在侯方域遭到阮大铖陷害、两相分离、生死未卜之际,李香君孤身面对权贵的逼婚,以死抗争,誓不屈节,以致血溅桃花。

图 19-5　清　崔鹤　李香君小影(局部)轴(绢本设色，全图纵 124.5cm，横 52.4cm，美国纽约大都会艺术博物馆藏)

剧中值得歌颂的人物还有很多，如坚持与阉党余孽斗争的侯方域等复社清流文人，堂堂正正、顶天立地的民族英雄史可法；关心国事、明辨是非的民间艺人柳敬亭和苏昆生等。总体说来，《桃花扇》是清朝传奇中一部思想性与艺术性完美结合的杰出作品。

四、花雅之争

在明清戏剧和文学史上，除了上述第一流的作品外，影响较大的还有王世贞的《鸣凤记》，沈璟的《义侠记》，高濂的《玉簪记》，周朝俊的《红梅记》，汪廷纳的《狮吼记》，徐复祚的《红梨记》，李玉的"一人永占"(《一捧雪》《人兽关》《永团圆》《占花魁》)和《清忠谱》，朱佐朝的《渔家乐》，李渔的《风筝误》，朱素臣的《十五贯》，方成培的《雷峰塔》等。从明代中叶至清乾隆之间的三百年里，昆曲兼收并蓄，不仅逐步改造"北曲"，使之成为"北曲南唱"，同时兼采各地腔调及表演形式之长，极大丰富了自身的艺术表现力，以绝对之优势傲居中国剧坛之主流，影响着地方百戏之发展。

随着传奇创作和戏曲表演的繁荣，关于戏曲理论的探讨也逐渐深入。自万历时始，出现了许多专门的戏曲著作，如沈璟的《南九宫十三调曲谱》、王骥德的《曲律》、吕天成的《曲品》等。晚明时期还发生了戏曲史上一桩有名的公案，即"沈汤之争"。"沈"指吴江人沈璟，"汤"指临川人汤显祖，二人的戏曲创作主张针锋相对，故而引发广泛争论，形成了"吴江派"和"临川派"。汤显祖提倡戏剧创作要注重意趣和才情："凡文以意、趣、神、色为主，四者到时，或有丽词俊音可用，尔时能一一顾九宫四声否？如必按字摸声，即有窒、滞、迸、拽之苦，恐不成句矣！"在给吕天成的一封回信中，他更是直接怼回擅自改动他剧作以便演出的沈璟："彼恶知曲意哉！余意所至，不妨拗折天下人嗓子。"沈璟则提倡昆剧创作应恪守"格律为上"，并要求语言"本色当行"，贴近生活。这种主张适应了新兴市民阶层的审美需求，使得昆曲逐渐从贵族厅堂流向市井舞台，客观上促进了以营利为目的的职业戏班的繁荣发展。沈汤曲论，其实各有侧重，各具意义。较早对沈汤之争做出公允总结的曲家是王骥德。清初戏剧家李渔关于戏曲结构"立主脑""脱窠臼""减头绪""密针线"等主张，几乎皆可从王骥德之曲论中找到端倪。

明清易代，昆剧不仅没有因时局动荡而衰落，反而涌现出不少的名家和杰作。苏州地区以李玉为代表的"苏州派"融吴江派之守律和本色以及临川派之典雅和文采于一体，形成了雅俗共赏的新风格，极大地繁荣了昆剧舞台，推动了戏班的发展。

昆曲戏班大致可分为两类，一是专业戏班，二是家庭戏班。专业班社早在万历年间已很普遍，出色演员即为班中台柱。明末清初，由于昆剧班社众多，各班都有自己的拿手戏，因此往往以本班最擅长的剧目作为班名。朱寄林《倒鸳鸯》传奇里就曾提到"城中二十五班"，如香囊班、琵琶班、绣襦班等，无疑对应了当时流行《香囊记》《琵琶记》《绣襦记》等经典剧目。

除了职业戏班，士大夫蓄养童伶、延师教习亦蔚然成风。稍有些地位和权势之人，总得备一个这样的戏班作为应酬。若是主人内行，能亲自编剧、演戏，那么对昆剧艺术的发展就会结合家班的演出而做出一定的贡献。比较知名的有明末申时行、张岱，清初阮大铖、李渔、尤侗等人之家班。据记载，李渔曾让姬妾组成的"李十郎"家班，"游燕适楚，之秦之晋之闽，泛江之左右，浙之东西"(山阴包璿序《一家言会集》)，开展职业化演出。其本人的昆曲生涯亦逐步走向辉煌，成为古代戏曲史上集编、导、演、班主为一身的第一人；并留下近二十部传奇及所订曲谱，成为后人研习昆曲之瑰宝。

清康熙年间，北京的昆剧班社很多，以排演《长生殿》的聚和班名气最大，排演《桃花扇》的景云班和金斗班也较有影响。同时，苏州著名的戏班有寒香班、凝碧班、妙观班和雅存班等。由于扬州离苏州较近，且在清代中叶盐业繁盛，巨商经营昆班戏，因而昆剧演出亦盛况空前。

乾隆以后，昆剧渐趋没落，演员境况大不如前。到清朝后期，班社大量减少，甚至在昆剧发源地苏州及附近上海一带，也仅存"大雅""大章""全福"和"鸿福"四家昆班。辛亥革命以后，仅存的全福班也宣告解散，此时的昆曲只在民间曲社中一息尚存。为避免这门古老艺术失传，上海工商界名流穆藕初于民国十年(1921)在苏州平门五亩园创办了昆剧传习所，培养了数十名"传"字辈的学员。

昆曲的式微，既有内因，也有外因。内因是其自身在走过漫长的发展历程后，形式上开始日趋凝固僵化，规范日益繁缛严密。全本戏篇幅太长，不易演完；而折子戏演出又常常使外行观众不明首尾，难窥全貌。传奇的曲牌联套音乐结构虽然有很多优点，但也日渐暴露出诸多弊病来。比如于剧作家而言，曲牌节奏过于平稳，很难表达热烈奔放的情感，长短句填词格律限制严苛，不容易掌握；而于观众而言，典雅的曲辞日益变得艰深晦涩，大多数人不能理解，悠扬婉转的行腔也日益变得缓慢低沉，转调细密，大多数人难以欣赏。越是到后期，这些弊病就越严重，昆曲逐渐因"曲高和寡"而回归文人"案头"，远离了"场上"的观众。诚然，这种"案头化"也与清朝统治者不断加强思想控制有关。许多文人为了逃避现实、保全自身，纷纷从文学创作转而投身于文献典籍的整理考证，于是考据学大兴。此期虽然也有不少传奇新作，但大多只是案头曲子，不适宜搬演，且题材范围日趋狭小，作品的思想内容也日益空疏淡薄。

外因则是乾隆年间的"花雅之争"。据李斗《扬州画舫录》记载："两淮盐务例蓄花雅两部，以备大戏。雅部即昆山腔，花部为京腔、秦腔、弋阳腔、梆子腔、罗罗腔、二簧调，统谓之乱弹。"可见，花部是指昆曲以外的所有声腔剧种，它们纷纷兴起，动摇了大雅之昆腔之地位，与之形成了抗衡之势。

花部地方戏其实一直都存在于民间，只是由于之前昆曲发展形势大好，上自帝王将相、下至平民百姓无不追捧昆曲，清朝廷更是竭力扶持雅部而明令禁演花部，以致花部地方戏大都存在于庙会草台，内容浅显，行当简单，无法形成气候。乾隆年间，这种情况发生了变化。由于乾隆皇帝喜爱听戏，不仅每次巡视江南都要召集各大戏班到扬州演出，而且还在北京频繁地举行大规模庆寿活动(见图 19-6)，因而引来各地名伶荟萃京师，一时间，"南昆、北弋、东柳、西梆"等无腔不备，无戏不有，争奇斗妍。

图 19-6　清　张廷彦等　崇庆皇太后万寿庆典　卷(绢本设色，纵 64.5cm，横 2994cm，北京故宫博物院藏)

花部地方戏不断吸收和借鉴雅部昆腔的艺术营养壮大自己，如雨后春笋般层出不穷；而雅部昆腔却逐渐走向衰颓，在经历了与弋阳腔、秦腔和徽班的几度交锋之后，昆腔最终在"花雅之争"中败下阵来。

乾隆弘历八十大寿，为此特召当时的"二黄耆宿"高朗亭率三庆徽班进京献演。《扬州画舫录》曾记载："高朗亭入京师，以安庆花部，合京秦二腔，名其班曰三庆。"此后四喜、和春、春台等各大徽班也相继进京演出。这些徽班皆兴起于安徽安庆，活跃在扬州地区，来到京城后，演出上更形成了自己的特色，时人称赞道"三庆的轴子，和春的把子，四喜的曲子，春台的孩子"。意思是说三庆班擅长演出有头有尾的整本大戏；和春班以演

《水浒》《三国》《施公案》等武戏著称；四喜班擅长演出昆腔剧目，当时有竹枝词曰"新排一曲桃花扇，到处哄传四喜班"；而春台班的演员最年轻，以童伶为主，多演徽调的三小戏。四大徽班技艺精绝，又荟萃了程长庚、张二奎、余三胜等一批著名演员，因而在京城很有号召力。

道光年间，徽班艺人与来自湖北地区的汉调艺人合作，将徽调中的"二黄"(原作"二簧")和汉调中的"西皮"相结合，并广泛吸纳昆腔、京腔、秦腔及地方小戏和民间曲调之养分，熔铸成了以皮、黄为主，用胡琴和锣鼓等伴奏的京剧。京剧之形成标志着花部在"花雅之争"中取得了决定性胜利。此后，在慈禧等清朝最高统治者的全力扶持下，京剧发展迅猛，名家辈出，剧目纷呈，继"大雅昆腔"之后，成为流布四方的"国剧"。

名伶彩色剧装写真画《同光名伶十三绝》(见图19-7)是由民间画师沈蓉圃参照清代中叶画师贺世魁所绘《京腔十三绝》戏曲人物画的形式绘制而成。画师精选清同治、光绪年间(1860—1890)享有盛名的十三位京剧名角(程长庚、卢胜奎、张胜奎、杨月楼、谭鑫培、徐小香、梅巧玲、时小福、余紫云、朱莲芬、郝兰田、刘赶三和杨鸣玉)，以工笔重彩的形式呈现了他们的经典扮相。为今人了解当时演员的扮相、服饰及前辈艺术家的风采留下了极为珍贵的文献资料。

图19-7　晚清　沈蓉圃　同光名伶十三绝　卷(纸本设色，纵263cm，横790cm，中国美术馆藏)

民国时期，京剧艺术之发展达到高峰。传统戏不断翻新，同时涌现出大量的新创剧目。题材范围也不断扩大，爱国主义、民主主义思想在剧目中多有体现。1927年，北京《顺天时报》举办京剧旦角名伶评选，锐意革新、积极排演新戏的梅兰芳、尚小云、程砚秋和荀慧生分别以演《太真外传》《摩登伽女》《红拂传》和《丹青引》剧目脱颖而出，荣获"四大名旦"之称号。梅兰芳的表演风格端庄典雅，尚小云俏丽刚健，程砚秋深沉委婉，荀慧生则娇昵柔媚，他们以各具特色的艺术风采开创了"四大流派"，不仅使旦角艺术焕发出空前之光彩，成为京剧舞台上的主要行当，而且还带动了小生、老生、老旦、武生、花脸、丑等行当之发展，人才辈出，流派纷呈。

梅兰芳(1894—1961)，名澜，字畹华，是近代最负盛名的京剧表演艺术大师。他出身于梨园世家，八岁学戏，十岁登台。工青衣，兼演刀马旦和花旦。梅兰芳的成就得益于他刻苦学习昆曲、勤练武功，广泛观摩旦角本工戏和其他各行角色的演出，并在长期的舞台实践中，勇于革新，形成了自己的艺术风格，世称"梅派"。其代表剧目有《贵妃醉酒》(见图19-8)、《天女散花》《嫦娥奔月》《霸王别姬》《西施》《打渔杀家》等，其饰演的杨贵妃和虞姬的形象家喻户晓，深入人心。1930年，他曾率"承华社"剧团部分演员经日本横滨、加拿大维多利亚赴美国演出，先后在西雅图、芝加哥、华盛顿、纽约、旧金山、洛杉矶等地演出七十二天，引起轰动，成功地将京剧艺术推广到了海外。

图 19-8　梅兰芳 贵妃醉酒

新中国成立后，文化部设立中国戏曲研究院，由梅兰芳担任院长。毛泽东同志欣然为该院题词"百花齐放，推陈出新"，这也成为全国戏曲工作的指导方针。作为"国粹"之京剧，其发展自然具备广阔之前景，不仅传统剧目得以很好的传承，还出现了许多新时代题材的作品，如《红灯记》《沙家浜》《智取威虎山》等，在全国范围内广为传唱。而作为百戏之祖的昆曲艺术，亦有幸逐步从濒临灭绝的困境中恢复过来。

1956年，由浙江国风昆苏剧团上演的昆剧《十五贯》在杭州登台亮相。随后赴京演出，毛主席观看后大为赞赏。周恩来总理亦在座谈会上作了长篇讲话，他将昆曲誉为"江南兰花"，称《十五贯》是"改编古典剧本的成功典型"，是"百花齐放，推陈出新"的榜样。《人民日报》随即也发表了由田汉执笔的题为《从"一出戏救活了一个剧种"谈起》的社论，更是将昆曲推到了舆论的焦点，标志着这一古老的剧种重获新生。此后不久，全国范围内便掀起了一股昆剧建团的热潮。改革开放以后，文化部提出了昆曲工作的八字方针"保护，继承，创新，发展"，但对于经典剧目究竟该如何继承，如何创新，二者之间该如何协调，昆曲界并没有能够迅速地找到最为合适的方式。加之当时经济飞速发展，百姓的娱乐方式也变得日益丰富，愿意走入剧场欣赏昆曲的观众越来越少，昆曲并未真正走出发展的窘困之境。

直到2001年，昆曲被列入联合国教科文组织的第一批"人类口述与非物质文化遗产"名录后，才迎来了它再度发展的春天。苏州昆剧院、江苏省昆剧院相继排演了新版《长生殿》、青春版《牡丹亭》和《1699桃花扇》，在传承的基础上予以革新，赋予了古老昆曲以新的生机，在海内外受到广泛关注和追捧。诚然，如何将"昆曲热"长期地延续下去，如何在新时代给予以昆曲、京剧为代表的中国传统戏曲更好的保护和传承，依然是我们面临的文化挑战与世纪命题。

第二十章　园林美境

　　若想迅速地了解一个国家或地区的文化，最为直观的方式莫过于去感受那里的建筑。林徽因曾言："建筑是全世界的语言。"的确，这些见证了悠远历史的留存，是无声的诗，是记忆的魂。古老的中国有过太多古老的城，城里青石红木的建筑，经得住岁月风霜的洗礼，却经不住人为的漠视和遗弃。而今的都市，多是钢筋水泥所堆积成的高楼林立，时尚、现代，却少了白墙灰瓦的水墨韵致，少了诗情画意的人居情怀。我们怅然，那些古城墙、古建筑正离我们渐行渐远；我们庆幸，在当下的一些城市里，依然存留着各式各样的古典园林，那里是中式建筑的荟萃之所，以其特有的色彩和形态呈现着东方建筑美学之典范，亦诠释着古人对于蓬莱仙境和世外桃源的梦想追求。"不到园林，怎知春色如许？"《牡丹亭》中杜丽娘的感慨，至今仍是我们走进园林的最好理由。本章即让我们一同来了解中国不同类型的古典园林，并重点感受以苏州园林为代表的江南私家园林那文气清雅的艺术风格及其所蕴含的隐逸高情、天人哲思和宜居理念。

（本章执笔：黄毅）

中国古典园林艺术是人类宝贵的历史文化遗产，在世界园林发展史上独树一帜，被举世公认为"世界园林之母"和"世界艺术奇观"。从17世纪开始，在西方流行起"chinoiserie(中国风)"，当时中国的瓷器、刺绣、服饰、建筑等受到西方国家的热烈追捧，而园林艺术也名列其中，深刻影响了欧洲的造园艺术。短短数十年间，欧洲各国就兴建了众多中国风的园林和建筑。但西方人发现，他们的模仿始终不得中国园林艺术之真谛，其原因在于缺乏深厚的中国历史文化底蕴，很难表现出园林的精神与内涵。于是这种"热"度逐渐冷却，加之后来中国长期处于被侵略、被鄙薄的形势，中国文化的价值随之呈现出弱势的状态，"中国园林热"在西方也就一度消散了。

20世纪80年代以来，中国实行改革开放，与国外的文化交流日益紧密，作为中国建筑精华之一的造园艺术再次被介绍到西方世界，并且较前一次更为风靡。如美国纽约大都会艺术博物馆建有"明轩"、加拿大温哥华市唐人街西端建有"华逸园"、德国慕尼黑市建有"芳华园"、英国利物浦黑赛河畔建有"燕秀园"、澳大利亚悉尼市建有"谊园"以及比利时布鲁塞尔建有目前欧洲最大的中式园林"天堂公园"等，不可胜数。与过去西方人自己模仿中国造园林有所不同，这次风尚催生出的园林，其设计者和建造者多为中国园艺家，因此在造园艺术上更显地道。

一、古建遗珍

中国古典园林，从不同角度看，可以有多种分类：如依据基址选择和开发方式之不同，可分为人工山水园与天然山水园；依据所处地理位置之不同，可分为北方园林、江南园林、岭南园林和巴蜀园林等；依据功能不同，可分为观赏园林、家居园林、坛庙园林和陵墓园林等；而根据所有者身份以及隶属关系之不同则可分为皇家园林、寺观园林和私家园林等。我们以最后一种分类方法来展开介绍。

皇家园林，古籍里亦称之为苑、囿、宫苑、园囿、御苑等，是专供帝王休息和享乐的园林。在延绵两千多年的漫长封建社会时期，帝王君临天下，至高无上，皇权是绝对的权威。《诗经·小雅·北山》云"溥天之下，莫非王土"，从广义上说，将整个国家的山河都看作皇室私有的园林亦不为过。当然，那并非我们今天意义上的园林，但从中可以看出皇家园林的一大特点，即必然具有皇家之气派。这种气派主要体现在以下五点。

其一，规模宏大。皇帝能够利用其政治上的特权与经济上的雄厚财力，占据大片土地营造供自己享乐的园林，其巨大的规模远非私家园林和寺观园林所能比拟。中国最早的皇家园林灵囿，方圆七十里；汉代的上林苑，纵横三百余里，有八条江水出入其中；隋朝的洛阳西苑，周围二百余里，其南部有水深数丈、方圆十余里的人工湖，湖上建有方丈、蓬莱、瀛洲三座仙山；唐代长安宫城北面的禁苑，"东西长二十七里，南北宽二十三里"(清·徐松《唐两京城坊考》)，其内宫、亭等建筑群多达二十四处；北宋汴京艮岳，是在人造山系万岁山的基础上改建而成，"山周十余里"，北则俯瞰有"长波远岸，弥十余里"的景龙江；元代大都西御苑太液池，"广可五六里，架飞桥于海中，起瀛洲之殿，绕以石城"，明代又在此基础上扩建成南海、北海、中海；清朝修建的承德避暑山庄，占地五百六十多万平方米，相当于颐和园的两倍，内有五百余公顷的湖光山色，环绕山庄蜿蜒起伏的宫墙亦达万米之长，是中国现今保存完好的最大的皇家园林。

其二，选址自由。凡是皇家看中的地域，皆可建造为皇家园林。因此，皇家园林多采用真山、真水布景，自然而大气。如承德避暑山庄，其西北部的山即是自然真山，东南的湖景也是天然塞湖改造而成；北京颐和园(见图20-1)，总面积近三百公顷，其中昆明湖水面就占了四分之三，湖畔的万寿山原为燕山余脉，后由人工加以堆砌。园中亭、台、廊、榭、楼、塔、桥、舫等建筑则均依山傍水而建。

图 20-1　晚清 [英]李通和(T.HODGSON LIDDELL,R.B.A.) 北京颐和园、万寿山、佛香阁
(选自 1910 年纽约版《大清帝国丽影》"CHINA ITS MARVEL AND MYSTERY")

其三，建筑大气，以富丽堂皇昭显皇威。据史料记载，秦始皇所建阿房宫，"五步一楼，十步一阁"(唐·杜牧《阿房宫赋》)；汉代未央宫亦"宫馆复道，兴作日繁"；到清朝更凭借皇家手中所掌握的雄厚财力，加重园内的建筑分量，突出建筑的形式美，作为体现皇家气派的一个最主要的手段。论其体态，雍容华贵；论其色彩，金碧辉煌，充分体现华丽高贵的宫廷色彩。

其四，园林景致的布局和形象具有浓厚的皇权象征寓意。在古代凡是与帝王有直接关系的宫殿、坛庙、陵寝，莫不在设计上体现出皇权至尊的观念，皇家园林同样如此。至清朝雍正、乾隆时期，皇权的扩大达到中国封建社会前所未有的程度，这在当时所修建的皇家园林中也得到了充分体现，其皇权的象征寓意，比以往范围更为广泛，内容亦更加驳杂。如圆明园后湖的九岛环列，象征禹贡九州；东面的福海象征东海；西北角上的全园最高土山"紫碧山房"，象征昆仑山。整个园林布局象征全国版图，从而表达了统领天下的皇权寓意。

其五，集天下园艺家之智慧才华，汲取江南众多名园的诗情画意，打造帝王心目中最完美的园林。北方园林模仿江南，早在明代中叶已见端倪。清朝康熙年间，江南著名造园家张然奉诏为西苑的瀛台、玉泉山静明园堆叠假山，稍后又与江南画家叶洮共同主持畅春园的规划设计，江南造园技艺开始引入皇家园林。而对江南造园技艺更完全、更广泛的吸收，则是在乾隆时期。乾隆帝艳羡江南，在位期间曾六次乘兴南游，这种对江南风光的钟爱使他诏令随行画师摹绘成粉本，作为皇家建园的参考。如颐和园的昆明湖景区，就按照中国历代皇家园林"一池三山"的理水方式，在湖内建有"南湖岛""治镜阁岛"和"藻鉴堂岛"三个中心岛屿，类似于杭州西湖三岛，并且仿照西湖苏堤修建成西堤。粼粼的湖水，蜿蜒的堤式，错落的岛屿，以及隐现在湖畔风光中的各式建筑，使这座北方皇家园林于气派恢宏之中透露出几分江南丽景的旖旎温婉。

现存著名皇家园林除了上文提到的北京颐和园、圆明园以及承德避暑山庄(见图20-2)，还有北京北海公园、故宫后花园，西安华清池等。

图20-2　清　冷枚　避暑山庄图　轴(绢本设色，纵254.8cm，横172.5cm，北京故宫博物院藏)

寺观园林，指佛寺、道观等具有宗教性质的园林。其狭小者仅方丈之地；广袤者则泛指整个宗教圣地，包括寺观周围的自然环境，是寺庙建筑、宗教景物、人工山水和天然山水的综合体。一些大型的寺观园林，往往历经成百上千年的持续开发，积淀着丰富的宗教史迹与名人历史故事，题刻有历代文化雅士的摩崖碑刻和楹联诗文，使寺观园林蕴含着深厚的历史底蕴与较高的文化游赏价值。寺观园林的主要特征有以下两点。

其一，数量庞大，具有宗教意味。民间俚语言："天下名胜寺占多。"寺观园林在中国古典园林家族中的确算得上是一个庞大的分支：论其数量，它比皇家园林和私家园林的总和还要多出数百倍；论其选址，亦广泛分布于自然环境优越的名山胜地，突破了皇家园林多建于京都城郊而私家园林多邻于府第住宅的地理局限。不同特色的风景地貌，还给寺观园林提供了不同特征的构景素材和环境意蕴，促成了寺观园林的突出优势，即优美自然景色与独特人工景观的完美交融、浓郁宗教气氛与幽雅园林环境的高度契合。具体说来，寺观园林的建造注重因地制宜，扬长避短，善于根据寺庙或道观所处的地貌环境，利用山岩、洞穴、溪涧、深潭、清泉、奇石、丛林、古树等自然景貌要素，通过亭、廊、桥、舫、堂、阁、佛塔、经幢、山门、院墙、摩崖造象、碑石题刻等的组合、点缀，创造出富有天然情趣、带有宗教意味的园林景观。

其二，面向大众，易于保护传承。寺观园林还具有"公共性"特征，它不同于皇家园林专供君主享用和私家园林专属私人所有，而是面向广大香客和游人的。比如佛教，以"普度众生"为宗旨，佛寺园林自然也就对前来敬香、瞻仰和游览者，不论其贵贱贫富、男女老少、雅逸粗俗，都一概欢迎，绝不嫌弃。寺观园林的宗教特点决定了它的主要功用并不在于供人们游览观光，而是在于供香客体悟宗教文化。因此，庶民百姓对寺观园林的游赏具有兼带性，他们的寺观之行更主要的目的是进香和祈福。也正因为寺观园林的"公共性"，它不像皇家园林那样，一旦改朝换代则很容易被废毁；也不像私家园林那样，一旦主人家业衰落则难以避免破败。相对而言，寺观园林具有较稳定的连续性。因为进香游览的人数众多，且这些香客多具有虔诚的宗教信仰，于是愿意倾囊施舍，从经济上给寺观园林的营造、维修和扩建提供了极大的保障。这也是名山胜地的那么多千年古刹和观宇至今仍然香客云集、香火鼎盛的重要原因之一。

今存完好的寺观园林有北京的潭柘寺、戒台寺、大觉寺、碧云寺和白云观，苏州的寒山寺和西园寺，以及昆明圆通寺、承德普宁寺、成都文殊院、崂山太清宫、武当山南岩宫、峨眉山报国寺和九华山祇园寺等。杭州西子湖畔的灵隐寺(见图20-3)规模宏大、意境幽深，可谓寺观园林之代表。

灵隐寺又名"云林禅寺"，始建于东晋，至今已有一千六百多年的历史，是我国佛教禅宗十刹之一。当时印度僧人慧理来杭，看到这里山峰奇秀，以为是"仙灵所隐"，就在这里建寺，取名灵隐。南北朝时，梁武帝赐田扩建，灵隐寺逐渐有了大刹气象。唐代陆羽《灵隐寺记》中有过这样的描写：

榭亭岿然，袁松多寿，绣角画栱，霞翠于九霄；藻井丹楹，华垂于四照。修廊重复，潜奔溅玉之泉；飞阁岩峣，下映垂珠之树。风铎触钧天之乐，花鬘搜陆海之珍。碧树花枝，春荣冬茂；翠岚清籁，朝融夕凝。

可见当时的灵隐寺已具宏丽之势，并且涧水相通、云树相接，环境幽静肃穆。

五代吴越国时，灵隐寺又曾两次大兴土木，扩建成拥有九楼、十八阁、七十二殿堂、一千三百间僧房的大寺，僧众云集，多达三千。南宋时，济公和尚在此出家，由于他游戏人间的故事家喻户晓，灵隐寺更加名闻遐迩。

图 20-3　灵隐寺园林(黄毅摄)

灵隐寺现在的主要建筑有天王殿、大雄宝殿、东西回廊和西厢房、联灯阁、大悲阁等，连同飞来峰、咫尺西天、合涧桥、春淙亭、壑雷亭、冷泉亭、翠微亭等景观共同构成了灵隐寺园林。游人香客从九里松入山门，唯见苍松翠柏，林荫夹道；清溪流水，小桥飞虹；寺庙佛堂多依山就势，隐蔽在苍郁树海；古塔经幢、摩崖造像则高低错落，散布于山野丛林；殿前香炉，青烟缭绕；飞檐铜钟，梵音绵延，无处不弥漫着肃穆神秘的佛国气息。

总而言之，寺观园林是宗教发展的产物，作为"神灵"的人间宫苑，寺观园林形象地描绘了道教的"仙境"和佛教的"极乐世界"。与皇家园林和私家园林所强调的以观赏性与休闲性为主不同，寺观园林更多的是起净化人们心灵的作用，它以独特的性质体现出宗教教化功能与园林审美功能的完美结合。

私家园林，是供王公、贵族、缙绅、富商等私人所有的用于居住或休闲的园林，古籍里又称园、园亭、园墅、池馆、山池、山庄、别墅、别业或草堂等。与皇家园林多建于北方不同，我国私家园林集中在南方。这得益于江南地区繁荣发达的市镇经济、温润明艳的自然环境以及风雅精致的人文情趣。私家园林通常有以下特点。

其一，规模较小，一般只有几亩至十几亩，至小者不过一亩半亩而已。造园家的主要构思是"小中见大"，即在有限的范围内掘地为池、叠石为山，运用含蓄、扬抑、曲折、暗示等手法来启动人的主观创造性，使园林曲折有致，造成一种似乎深邃不尽的景境，给人们实际空间增大的感受。

其二，注重水景的安排。江南一带自古为水乡，"水"可以说是整个江南的灵魂。因而，江南的这些私家园林大多以水面为中心，四周散布建筑，构成一个个的景点，几个景点围合而成景区。池水以聚合为主，以分散为辅，多采用不规则状，用小桥、岛屿等使水面相互渗透，构成深邃的趣味。园林之水又多为活水，大至一片湖池，小至一口泉井，皆彼此相通，并连着园林之外的河道、太湖、长江乃至大海。

其三，讲究画境之美。私家园林的布景多是非对称性的，其各处景观的安排随形就势，不拘一格，因而显得不呆板，富有新奇、随性之趣。这也就是我们通常所体会到的"移步换景"之妙处。

其四，建筑玲珑小巧。其空间既能解决园林主人生活居住之需求，又能满足其更高的情感寄托之需要。建筑上精雕细刻的图纹，庭院中错落点缀的梅兰竹菊，都烘托出高雅别致的人文氛围。

其五，色彩风格淡雅朴素，与北方园林，特别是较多使用彩绘的皇家园林形成鲜明的对比。这也与气候密切相关，江南地区常年气温较北方高出很多，尤其是夏季，往往让人觉得湿热与沉闷。然而，粉白色的院墙，青灰色的屋瓦、檐漏和地砖，深棕或深绿色的梁柱，配以周围的山水绿化，能在心理上减弱人们的躁动情绪，带给园林主人清新幽雅的居住体验。

其六，以修身养性和闲适自娱为主要功能。园林主人大多为能诗善画的文人学士，他们本就有着较高的艺术造诣和审美眼光，往往亲自参与园林的规划与设计，因而这些私家园林无不反映出士大夫阶层的哲学思想和艺术情趣，清高风雅，淡素脱俗，充溢着浓郁的书卷气息。

现存的著名古典私家园林有上海的五大名园，即豫园、古猗园、秋霞圃(见图20-4)、醉白池和曲水园，扬州的个园、何园和片石山房，以及无锡的寄畅园、绍兴的沈园、南通的水绘园等，而尤以分布于苏州古城内外的拙政园、狮子林等众多园林最具代表性。

图 20-4　秋霞圃园林(黄毅摄)

二、苏园揽胜

古建筑园林艺术学家陈从周先生曾言:"江南园林甲天下,苏州园林甲江南。"有着两千五百余年悠远历史和"人间天堂"之美誉的江南文化名城苏州,整个城市就是一个古老而精致的园林:一座接一座的小桥、一湾连一湾的流水、一户挨着一户枕河而居的人家,是其古朴精致的格局;春时袅娜依风之杨柳、夏天玉立娉婷之荷花、秋日清香弥漫之桂子、冬季傲雪经霜之寒梅,是其文雅绰约的风姿;还有那数也数不尽的格子花窗、走也走不完的青石巷弄。可以说,苏州的每一处风物里都透着一股子婉约与静谧,都蕴藏着那无与伦比的园林美境。

苏州已然是如此美丽的园林之城,而苏州城内那一个个深幽别致的古典园林则更是精美绝伦,为世人所折服。叶圣陶先生《苏州园林》一文开篇有言:

苏州园林据说有一百多处,我到过的不过十多处。其他地方的园林我也到过一些。倘若要我说说总的印象,我觉得苏州园林是我国各地园林的标本,各地园林或多或少都受到苏州园林的影响。因此,谁如果要鉴赏我国的园林,苏州园林就不该错过。

这段话说出了苏州园林在中国古典园林中所占据的地位,尤其是"标本"一词,极为精当。叶圣陶先生不仅看到了"设计者和匠师们因地制宜,自出心裁"而修建成的园林所具有的独特的艺术美感,也一语道破了苏州园林的一个共性,即"讲究亭台轩榭的布局,讲究假山池沼的配合,讲究花草树木的映衬,讲究近景远景的层次。总之,一切都要为构成完美的图画而存在,决不容许有欠美伤美的败笔",从而使游览者得到"如在画图中"的审美感受。苏州园林其实并非只有一百多处,明代鼎盛之时曾达到过两百七十一处之多。我们择要介绍几处。

其一,"四大名园"之宋代"沧浪亭"。

位于苏州古城东南隅文庙之东的沧浪亭,始建于宋代,是苏州现存最古老的园林。沧浪亭的前身是唐末五代时期吴军节度使孙承祐的池馆,后逐渐废弃。北宋庆历年间,被贬谪而流寓吴中的著名诗人苏舜钦以四万钱将其购得,并建为私人花园。花园北部傍水处建有一亭,取《楚辞·渔父》所载"沧浪之水清兮,可以濯我缨;沧浪之水浊兮,可以濯我足"之意名其曰"沧浪",之后又以其为园林之名。园林建成之后,自号沧浪翁的苏舜钦作得《沧浪亭记》一文,北宋文豪欧阳修亦应其邀请作《沧浪亭》长诗一首,诗中"清风明月本无价,可惜只卖四万钱"之语使沧浪亭声名远播。苏氏之后,沧浪亭几度荒废。南宋初年,沧浪亭一度为抗金名将韩世忠的宅第,人称"韩园"。清康熙年间,巡抚宋荦重建此园,把傍水之亭移建于山丘之巅,形成今日之布局,并以文徵明隶书"沧浪亭"三字作为匾额。朝代更迭,园林兴废,今日之沧浪亭虽然已非宋时初貌,但其古木苍老郁森,园中山水亦大多保持旧观,部分地反映出宋代园林之风格。

沧浪亭一反"高墙深院"的造园常规,任由一泓绿水绕于园外,自然天成,引人入胜(见图20-5)。一座曲折的石桥横于水上,来往之人须漫步过桥方能入得园中。沿水而建的是一条蜿蜒起伏的复廊,正是它,将这湾清水的绿意收纳,与园中青翠玲珑、野趣横生的景致彼此交融,构成了美不胜收的"城市山林"。

图 20-5　沧浪亭 园外水景(黄毅摄)

园内以山石为主景，进园后折东曲径而入，便可见一座土山横卧眼前，山虽不高，但上植纤纤幽竹、森森古木，给人一派肃穆之感。山顶上便是翼然凌空的沧浪石亭，其造型古朴简约，有种士大夫的稳重踏实之态。山之东南是园林的主建筑"明道堂"，堂名取自"观听无邪，则道以明"句意。明道堂屋宇宏敞，庄严肃静，乃明、清两代文人的讲学之所。墙上悬有三块宋碑石刻拓片，分别是天文图、宋舆图和宋平江图(苏州古城图)。明道堂之南，"瑶华境界""印心石屋"和"看山楼"等几处轩亭各擅其胜。

折而向北，有馆三间，取名"翠玲珑"。此名清新可爱，让人很自然地联想到小馆前后的万竿翠竹。园主人苏舜钦生性喜竹，不仅在园林各处遍植下多达二十余种的翠竹，而且"翠玲珑"馆内也是配以竹椅，其上均刻有竹节图案，古媚精巧。园主人爱竹心切，俨然将自己的私家花园打造成了中国竹文化的陈列馆，也就无怪乎吟咏出"日光穿竹翠玲珑"的佳句来。

与明道堂东西相对的是"五百名贤祠"。祠中三面墙上嵌有从春秋至清朝苏州地区的近六百名乡贤名宦的人物平雕石刻像。如此壮观的肖像画廊，如此精致的绘刻之工，在清朝石刻群像中尚属罕见，堪称姑苏一绝。正壁正中悬有"作之师"三字匾额，饱含对吴中先贤品格高尚、为人师表的敬仰之意。

沧浪亭还有一大特色，即漏窗的设计。漏窗是苏州园林的构造元素之一，又称漏花窗、花窗。其本身是景，窗内窗外之景又互为借用，从不同的漏窗望一望园中，能感受到"一步一景""移步换景"的艺术美。沧浪亭将这一元素的运用发挥到了极致：全园共有漏窗一百〇八式，图案花纹构作精巧，并且无一雷同，巧妙地将园内外的山水池岸、亭榭楼阁融成一体，在苏州古典水宅园中独树一帜。

沧浪亭清幽古朴、饶富野趣的园林风光自是让人流连，而清朝文人沈复与妻子芸娘那琴瑟和谐的爱情故事则更让这座古老的园林增添了几分浪漫。沈复，字三白，其《浮生六记》中记曰：

时当六月,内室炎蒸,幸居沧浪亭爱莲居西间壁,板桥内一轩临流,榴前老树一株,浓阴覆窗,人画俱绿。隔岸游人往来不绝。禀命吾母,携芸消夏于此。因暑罢绣,终日伴余课书论古,品月评花而已。芸不善饮,强之可三杯,教以射覆为令。自以为人间之乐,无过于此矣。

寻寻常常的夫妻生活竟写得如此细腻,难怪古人会"愿作鸳鸯不羡仙"了。"千古沧浪水一涯",这座水畔园林以其静雅的环境和高洁的精神吸引着历代文人墨客,至今仍保持着宋代写意山水园的独特魅力。

其二,"四大名园"之元代"狮子林"。

位于苏州古城东北角的狮子林,始建于元末。元至正元年,高僧天如禅师来苏州讲经,受到弟子们拥戴。次年,弟子们"相率出资,买地结屋,以居其师",建造了这座禅林。天如禅师为纪念得道于浙江天目山狮子岩的师傅中峰和尚,给禅林取名为"师子林",又因"林有竹万,竹下多怪石,状如狻猊(狮子)",且佛书中有"如来正声狮子吼"之典,故又名其曰"狮子林"。

园林建成之后,许多诗人、画家来此参禅,明代僧人道恂曾将这些文人墨客的诗词文赋、碑文图跋等汇编成《师子林纪胜集》一书,元代大书画家倪瓒(号云林)的《狮子林横幅全景图》亦收录其中。由于倪瓒声名显赫,且亲自参与造园,使得狮子林闻名遐迩,一度成为佛家讲经说法和文人赋诗作画之圣地。天如禅师谢世以后,弟子散去,寺园逐渐荒芜。明万历十七年,明性和尚托钵化缘于长安,重建狮子林圣恩寺和佛殿,再现兴旺景象。清朝康熙年间,寺和园分离,为衡州知府黄兴祖买下,取名"涉园"。乾隆年间,其子黄熙高中状元,精修府第,重整庭院,更名为"五松园"。此期书画名家钱维城绘有《狮子林图》(见图20-6)。1917年,上海颜料巨商贝润生(建筑大师贝聿铭叔祖父)以八十万银圆购得此园,并花了将近九年的时光修葺增景,虽然在造园手法上大胆创新,融入了西方的建筑理念,但在命名上却依循传统,恢复了"狮子林"的旧名。新中国成立后,贝氏后人将此园捐献给国家。在漫长的岁月中,狮子林几经兴衰变化,其寺、园、宅分而又合,逐步从造园之初的寺庙园林转变为融禅宗之理、园林之乐于一体的私家园林。

图20-6 清 钱维城 狮子林图(局部)卷(纸本设色,全卷纵38.1cm,横187.3cm,加拿大阿尔伯特博物馆藏)

狮子林最令人称奇的是太湖石堆砌而成的大片假山。这些假山经过叠石名家的精妙构思，形成此起彼伏的峰势，磅礴大气。假山上有造型奇特的石峰和直立的石笋，石缝间则长着古树和松柏，颇具野趣。假山中空，洞壑盘旋，分上、中、下三层，共有九条山路、二十一个洞口，横向极尽迂回曲折，竖向力求回环起伏，俨然一座巨大而复杂的迷宫。游人沿着曲径磴道上下于岭、峰、谷、坳之间，时而穿洞，时而过桥，左拐右绕，来回往复，充满着无穷的奥妙。山中两人分明挨得很近，却是只闻其声不见其人；有时虽能隔洞相望，却又双手难牵；更有甚者，两人分明相向而来，却又不知不觉相背而去。这种"不识庐山真面目，只缘身在此山中"(宋·苏轼《题西林壁》)的乐趣和"山穷水复疑无路，柳暗花明又一村"(宋·陆游《游山西村》)的欣喜让狮子林中欢声不断，笑语连连，较沧浪、网师诸园要热闹很多。

游人在享受山石迷宫之乐的同时，还可以欣赏周边的湖石。这些湖石千姿百态，有的像鼋，有的像鱼，有的像鸟，据说还可以找出十二生肖图来，让人看得眼花缭乱。当然，狮子林中的石头更多的是像狮子，只要观赏者敢于想象并善于揣摩，则可发现不下五百来头。其间有仰天怒吼者，有伏地憨睡者，有嬉戏打闹者，有悠闲自得者，或躺或立，或大或小，或肥或瘦。最为形象者莫过于一只摇头晃尾、前腿微伸的小狮子(见图20-7)，面若含笑，煞为可爱。声名显赫者还有位于小方厅北亭院内的九狮峰(见图20-8)，石峰高大多孔，形态俯仰多变，气势雄伟。仔细端详依稀可见九头不同姿态的狮子，故而得名。此峰用若干块湖石镶嵌接叠，而无斧凿痕迹，叠石技艺相当高超。在假山迷宫的顶上，还耸立着著名的五峰：居中为狮子峰，形如狮子；东侧为含晖峰，如巨人站立，左腋及腹部有穴，在峰后可见空穴含晖；吐月峰在西，势峭且锐，傍晚可见月升其上；两侧为立玉、昂霄二峰。此五峰与周围的数十小峰相映成趣，个中滋味，非亲临不能体会也。

图20-7 狮子林 石狮子(黄毅摄)

图20-8 狮子林 九狮峰(黄毅摄)

狮子林假山的叠造，本意是通过模拟与佛教故事有关的人体、狮形和兽像等来寓佛理于其中，以渲染佛教气氛。后来才逐渐演变为争奇斗巧，以堆砌某种动物的形象为悦，从而也使得整座园子的主旨从佛国的禅机转变为人间的俗趣。在狮子林假山洞壑中，有一"棋盘洞"。相传八仙中的吕洞宾和铁拐李闻说狮子林假山奇巧有趣，特地结伴来游，二仙在洞中探奇寻趣时，绕了半天走不出来，遂相视哈哈大笑，吕洞宾用宝剑在洞中大石上刻画棋盘，索性与铁拐李下起棋来。当然，这只是一个神仙传说，不见得真实。但清朝的乾隆皇帝六游狮子林，在山上山下左转右转不得途径，出来后想想果真有趣，提笔写下"真趣"

二字却是实有其事的,因为那块金字匾额至今还悬挂在池畔的真趣亭中。

狮子林的水面聚中有分。主要区域的中心立有小亭,以曲桥连接东西两岸。水中红鳞跃波,云影浮动,一潭青碧。水源安排则别具特色,在园西假山深处,垒山石做悬崖状。一股清泉经湖石五叠,奔泻而下,如琴鸣山谷、清脆悦耳,形成了苏州古典园林引人注目的人造飞瀑。湖亭之北的狭小水域里建有双层石舫,虽阔绰精美,然而终究与园景在比例上不够协调,给人以局促之感,是为一憾。环水还有暗香疏影楼、土山上的问梅阁以及遍植阁边的古梅树,营造出北宋林逋《山园小梅》诗中"疏影横斜水清浅,暗香浮动月黄昏"的赏梅佳境。此外,见山楼、真趣亭、听涛亭、双香仙馆、扇亭、修竹阁诸景,亦各有风格、点缀成趣。

狮子林以其妙趣横生的假山王国成就了中国古典园林建筑史上的奇迹,以其传统造园手法与佛教思想相互融汇所形成的独特风格享誉盛名。乾隆皇帝对其情有独钟,不惜重金,在其皇家园林北京圆明园和承德避暑山庄内仿建了两座狮子林。"人道我居城市里,我疑身在万山中",第一任园主人天如禅师在《狮子林即景十四首》中说的这句话,正是狮子林最真实的写照。

其三,"四大名园"之明代"拙政园"。

位于苏州市娄门东北街的拙政园始建于明正德初年,占地六十亩,是江南最大的古典私家园林。此园为仕途失意而还乡的御史王献臣所建,他以大弘寺址为基础拓建园林,聘请吴门画派代表人物文徵明参与设计蓝图,历时十六年方才建成。其名源自晋人潘岳《闲居赋·序》:

庶浮云之志,筑室种树,逍遥自得,池沼足以渔钓,春税足以代耕;灌园鬻蔬,以供朝夕之膳;牧羊酤酪,以俟伏腊之费,孝乎唯孝,友于兄弟,此亦拙者之为政也。

将"拙政"与"巧宦"相对,效陶渊明"守拙"田园,即园主人之深意。据传王献臣经常邀请姑苏名流韵士雅集宴饮,吟诗作画,文徵明还依园中景物绘图三十一幅,各系以诗,并作有《王氏拙政园记》。好景不长,王献臣身故后,其子因赌输园,为徐氏所有。可惜徐少泉不善修园,"以己意增损而失其真"。徐家居住此园长达百年,此后子孙亦衰落,园渐荒废。崇祯四年,园东部荒地十余亩为刑部侍郎王心一购得。王心一善画山水,悉心经营,布置丘壑,于崇祯八年落成,名"归园田居",拙政园的规模得以扩大。清康熙年间编的《长洲县志》中描述此园:"广袤二百余亩,茂树曲池,胜甲吴下。"清咸丰年间,太平军进苏州,以拙政园作为忠王府,忠王李秀成还曾入住"见山楼"。经过几百年的沧桑变迁,现存建筑大多为太平天国及其后修建,但明清旧制大体尚在,拙政园仍保持着平淡疏朗、旷远明瑟的明代风格,被誉为"中国私家园林之最"。

全园分为东、中、西三大部分,总体布局特点为东疏西密,绿水环绕。

水,是拙政园的灵魂,占全园总面积的五分之三。拙政园可谓是苏州水乡风光艺术化的缩影,名副其实的水园(见图20-9)。拙政园的水灵动自然、阔平如镜,将岸边的花草树木、假山奇石和亭台廊阁倒映其中,既透出大方和典雅,又不失几分野趣。无处不在的水,使得园中各个景点成为一个完整的统一体。然而,在造园师的匠心独运下,水在东园、中园和西园三个相对独立的空间里又显示出各自不同的形态,构成不同的意境,有的平远开阔,有的深邃含蓄,带给游赏者不同的审美愉悦。

图 20-9　拙政园 水廊(黄毅摄)

　　东园承袭明代王心一所设计的"归园田居"主题。湖沼以聚为主,自然开阔。周围林木葱郁,深柳疏芦,竹篱、草堂等点缀其间,简朴素雅,一派天然逸趣。"兰雪堂"是东园主厅,位于"涵青池"东,取唐代李白《别鲁颂》"独立天地间,清风洒兰雪"诗意而得名。其北有并立高耸于绿树竹荫之中的"缀云""联璧"二峰,峰下有洞,曰"小桃源"。步入洞中,如渔郎之入桃源,别有洞天。再往北则有"天泉亭"和"秫香馆"。前者是一座重檐八角亭,"天泉"一名源自亭内有口"天泉"古井,相传此井为元代大宏寺遗物,终年不涸,水质甘甜;后者则是东园的主体建筑,面水隔山,室内宽敞明亮,长窗裙板上的黄杨木雕层次丰富、栩栩如生。"秫香馆"外原是大片农田,每至丰收之季,秋风送来阵阵稻谷清香,令人心醉。东园最西边是一道复廊,上有漏窗透景,又以洞门数处与中园相通。

　　中园山水明秀,厅榭典雅,花木繁茂,乃全园精华之所在。虽然历经变迁,但其基本上延续了明代的风格与布局。中园水面有聚有分,环池高低错落地布置着堂、榭、亭、轩;池中亦设有岩岛,溪桥相连,饶有情趣。中园主厅为远香堂,乃昔日园主人宴饮宾客之处。此厅四面长窗通透,可环览园中诸景,因堂前广池中遍植荷花,夏秋之际,花叶重叠,香远益清,故得"远香"之名。远香堂北有临池平台,隔水可欣赏岛山和远处亭榭;东面则堆土为山,上有绿绮凉亭;东南经圆形洞门可入枇杷园,唯见庭院雅致、建筑精巧,枇杷、海棠、芭蕉等花木点缀其间,自成一片天地;南侧则为小潭、曲桥和黄石假山;西循曲廊,接小沧浪水院。水院因水而造景,院落内外互相借景而构建了一个特别清凉的环境。院前水面上的"小飞虹"是苏州园林中唯一的廊桥,精巧别致,飞跨如虹。从廊桥西端循水北折,绕过湖石假山,可见一座秀丽静美的舫式建筑"香洲"。此石舫三面环水,一面依岸,舫身集中了台、亭、轩、阁、楼等各式建筑之特征,通体高雅而洒脱。

　　中园最负盛名之处当属"借景"手法(见图 20-10)的巧妙运用,游人站在"梧竹幽居"亭旁边,放眼西望,不仅能欣赏到一池碧叶红莲,更能惊叹于远处九层古塔的威仪。然而,令游人难以想到的是，这高耸入云的古塔其实并不在拙政园内，而是远在两里路外的报恩寺塔。明代园艺家计成在《园冶》中言：

夫借景，林园之最要者也。如远借，邻借，仰借，俯借，应时而借。然物情所逗，目寄心期，似意在笔先，庶几描写之尽哉。

"借景入园"的精心安排不仅拓展了园林本身的时空概念，为婉约小巧的江南园林增添了几分大气，更极大地丰富了造园艺术的人文精神和历史底蕴。

图 20-10　拙政园　借景北寺塔(黄毅摄)

穿过中园西部的"别有洞天"圆形拱门，便可进入西园。西园的布局形成于光绪三年，由张履谦修葺，改名"补园"，这里回廊起伏，楼台倒影，清幽精致。由于受到空间限制，西园的水面偏小，但整体布局仍以水为中心，小而丰富，以精致、悠远和倒影见长。各式建筑也大多临水而建：如取北宋苏轼《点绛唇》词意而命名的扇亭"与谁同坐轩"，取晚唐诗人李商隐"留得枯荷听雨声"诗境而题匾的"留听阁"，为观赏水中倒影而特意修建的双层楼阁"倒影楼"等。诚然，这些临水建筑中最奢华、也最具特色的当是"十八曼陀罗花馆"和"三十六鸳鸯馆"。名曰两馆，实为一个建筑的两个厅，前者居南，后者居北，中间以银杏木雕玻璃屏相隔，后人冠以"鸳鸯厅"之雅号。园林主人尤喜临水之北厅，推窗即见荷池浮动，鸳鸯戏水；兴起之时，还常邀上三五曲友，于此听赏水墨昆腔。

拙政园近年来还推出了杜鹃花节、荷花节等一系列特色游园活动，每到春夏则花姿烂漫、清香远溢，使素雅幽静的古典园林充满了勃勃生机，颇受中外游人的喜爱和称赞。

其四，"四大名园"之清朝"留园"。

坐落于苏州阊门外的留园占地约三十亩，始建于明代万历年间，原是太仆寺卿徐泰时的私家花园"东园"。袁宏道《园亭记略》盛赞其"宏丽轩举，前楼后厅，皆可醉客"，并记载其内有"太湖石一座,名瑞云峰,高三丈余,妍巧甲于江南",为叠山大师周时臣所堆,如一幅山水横披画,无断续痕迹。徐泰时离世后,东园渐废,清朝初期还一度沦为民居。乾隆末年,吴县刘蓉峰购得此园并加以扩建,因园中多植白皮松、梧竹,色泽清寒,波光澄碧,故更名为"寒碧山庄",时称"刘园"。光绪初年,该园林又为官绅盛旭人买下,他吸取苏州各园之长,缮修加筑,使得这座园林"嘉树荣而佳卉茁,奇石显而清流通,凉台燠馆,风亭月榭,高高下下,迤逦相属",比过去更增宏丽,"诚足为吴中名园之冠"(清·俞樾《留园记》)。又以"留"与"刘"谐音,并寓涵咸丰年间苏州街衢巷陌俱遭兵燹之灾而此园独留之意改其名为"留园"。清朝俞樾认为此名甚妙:"吾知'留园'之名,长留于天地间矣。"(同上)

留园建筑物约占全园总面积的三分之一,虽然数量很多,分布也较为密集,但其布局之合理,空间处理之巧妙,亦非其他园林可比。园景曲折幽邃,富于多变,每一处建筑物都有着鲜明的个性特征,却又相互联系和照顾,以至于从全局来看,没有丝毫零乱之感,给人一个连续、整体的概念。大致说来,其可分为中、东、西、北四个景区,间以曲廊相连,迂回连绵达七百余米,通幽度壑,秀色迭出。

中部是寒碧山庄原有基础,经营最久,以后虽有局部改观,仍不失为全园精华之所在。东、西、北三部分则是光绪年间所增加。四个部分各具特色:中部以山水见长,池水明洁清幽,峰峦环抱,古木参天(见图 20-11);东部以建筑为主,重檐叠楼,曲院回廊,疏密相宜,奇峰秀石,引人入胜;西部环境僻静,富有山林野趣;北部竹篱小屋,颇有乡村田园风味。

图 20-11 留园 涵碧山房水景(黄毅摄)

留园景物繁多,其中以冠云峰、楠木厅和鱼化石并称为"三绝"。

冠云峰(见图 20-12)是独具风采的石峰景观,为江南古典园林艺术之典范。此石不仅高达六米余,为江南园林湖石之最,而且集太湖石"瘦、漏、透、皱"四奇于一身,堪称极品。相传这块奇石还是宋代花石纲遗物。峰石之前为浣云沼,周围建有冠云楼、冠云亭、冠云台、伫云庵等，均为赏石之所。

图 20-12　留园 冠云峰(黄毅摄)

楠木厅，高深宏敞，是留园最大的一座建筑，因其梁柱和家具均为上好楠木加工而成，故而得名。其正名为"五峰仙馆"，园林主人生性爱石，曾搜罗大量的湖石在馆前堆叠五座小山峰，并取李白"庐山东南五老峰，晴天削出金芙蓉"诗意定此馆名。楠木厅在苏州诸园的厅堂中最为宏敞华丽，大而能精，工不伤雅，无愧于"江南第一厅堂"之美誉。

鱼化石镶嵌在冠云楼的北墙之上，呈薄片状，像云母一样层层剥开。化石上鱼鳖宛然，鳞甲生动，令人叹绝。

石文化是留园一大亮点。除了高大而奇特的冠云峰，还有古老而生动的鱼化石、鬼斧神工的大理石屏以及遍布园林各处的大小石山，这些充满灵性的石头赋予了留园古朴凝重的文化氛围。

清澈宁静的池塘溪水、富于变化的曲院回廊和错落有致的花草藤木则点缀出留园清淡幽雅的文人情趣。这座建成于清朝的古典园林，由于建筑年代相对较晚，从而在园林设计和艺术结构方面都采纳了之前各园的优点，在苏州园林中具有代表性和典型性。

其五，"小园极则"之"网师园"。

地处苏州古城东南十全街一带的网师园占地仅八亩稍余，不及拙政园的六分之一。园林虽小，然亭阁楼榭、湖池堆石，一概不缺。全园不仅布局紧凑，建筑精巧，空间尺度比例协调，而且还有着深厚的文化内涵和典雅的园林气息，可以说将苏州园林的优秀品质全都涵括了进来，不愧于"小园极则"之美誉。

网师园的历史可追溯至南宋淳熙初年，时吏部侍郎史正志于此建万卷堂，名其花圃为"渔隐"，植牡丹五百株。清乾隆年间，光禄寺少卿宋宗元在万卷堂故址，营造别业，为奉母养亲之所，始名网师园。乾隆末年，瞿远春购得此园，并巧妙运思，增建亭宇，叠石种树，使网师园"地只数亩，而有纡回不尽之致；居虽近廛，而有云水相忘之乐"(清·钱大昕《网师园记》)。此后，园子又数易其主，为"苏邻小筑""逸园"等。1940年，文物鉴赏家何亚农买下此园，悉从瞿氏当年造园的结构与风格进行全面整修，并恢复"网师"旧名。"网师"，意即"渔翁"，含有隐居江湖的意思。宋宗元定"网师"之名，与史正志当年"渔隐"的人文意趣一脉相承。园内的山水布置和景点题名也都蕴含着浓郁的隐逸气息。

网师园保持了苏州旧时世家完整的宅、园相连风貌。

其东部为宅院区，由正厅"万卷堂"、内厅"撷秀楼"以及"梯云室"等建筑组成。其中，最具特色的当是万卷堂前的砖雕门楼(见图20-13)。这座门楼高约六米，宽三米稍余；上部为单檐歇山卷棚顶的飞角半亭，由黛色小瓦覆盖，造型轻巧别致，富有灵气；檐下枋库门系四方青砖拼砌在木板门上而成，并以梅花形铜质铆钉嵌饰，既美观大方，又牢固实用。门楼最为精奇之处尚不在它的式样和结构，而是楼身精美绝伦的雕饰。门楼中部上枋横匾是象征茂盛、长久和吉祥的蔓草图；两端倒挂砖柱花篮头，刻有狮子滚绣球及双龙戏珠，飘带轻盈。中枋"藻耀高翔"四个大字寓意文采绚丽，展翅高飞；两侧为兜肚，左右分别刻有"郭子仪上寿"和"周文王访贤"两幅刀工细腻的立体戏文图，寓意"福寿双全""德贤文备"；中枋前还雕有方柱、栏杆和走廊，仰首望之，宛如空中楼阁一般。下枋横匾为三个圆形"寿"字，周围刻有展翅飞翔的蝙蝠和空中飘扬的云彩，寓意福寿齐天。一座小小的门楼，竟汇集了如此丰富的图案，本就令人惊讶，更何况它所呈现出的是那么精致细腻的雕镂之工，它所承载着的是那么深邃广博的文化内涵，则更是让人叹绝，故赢得"江南第一门楼"之盛誉。

图20-13 网师园门楼(黄毅摄)

网师园中部为主园区(见图 20-14)，以一池碧水为中心，面积约半亩的水面聚而不分，清澈如镜。池西北的石板曲桥，低矮贴水；池东南的引静桥(玲珑小巧，俗称"三步桥")微微拱露；加之环池一周叠筑的黄石假山高下参差、曲折多变，使得整个池面有一种水广波延且源头不尽的意境。池的四周建有廊、轩、亭、榭各式建筑：月到风来亭和射鸭廊遥遥相对，是观鱼和欣赏水中倒影的绝佳之处；濯缨水阁和看松读画轩隔池相望，是主人读书作画的清幽之所；竹外一枝轩临水而筑，饶有苏东坡《和秦太虚梅花》中"江头千树春欲暗，竹外一枝斜更好"的意境。由于主园区主题突出，布局紧凑，且成功地运用了比例陪衬关系和对比手法，故而人们在游园时并不会觉得局促狭小，相反地，池中那些田田的莲叶、戏水的游鱼，以及夹岸上丛丛的花草、青葱古木，使得这片小园充满了生机与活力。

图 20-14 网师园水景(黄毅摄)

从池水西北角的小门穿过，可达网师园的西部，这里占地仅为一亩，由露华馆、涵碧泉、冷泉亭和殿春簃组成。殿春簃小院独具匠心，环境幽静清雅，是主人读书修身之处。民国时，叶恭绰、张善子、张大千曾在此居住，张氏兄弟还曾在园中养一乳虎以作画写生。由于此院落具有典型的明代园林风格，曾为国际友人作为蓝本引入西方，派苏州园林工匠取其精华在纽约大都会博物馆中仿建成"明轩"，一时轰动美国。

除了有"苏州四大园林"之称的拙政园、留园、狮子林和沧浪亭，以及有着"小园极则"之称的网师园，苏州还有很多园林值得一提，如位于古城城东的耦园，城中的怡园，城西的艺圃、西园和环秀山庄等；位于同里的退思园；位于常熟的燕园、曾赵园；位于太仓的乐荫园、弇山园和南园等。这些园林建筑面积或大或小，建筑年代或迟或早，但都有着自己的艺术特色和文化底蕴，共同造就了世界文化遗产"苏州园林"这一响亮的名字。

三、诗意栖居

"园林"之本意是指植有花木，并建有亭阁等设施，以供人游赏休息的场所。故而园林不同于自然风景，它是人为精心的营造。清朝钱泳《履园丛话》有言，"造园如作诗文，必使曲折有法，前后呼应，最忌堆砌，最忌错杂，方称佳构"，正道出了其拥有者和构造者对于园林意境的追求。皇家园林如是，寺观园林如是，江南私家园林更如是。以苏州为代表的江南地区自宋代以来，一直是中国南方的经济和文化中心，经济富裕，文化昌隆。因此，吸引了大批文人雅士汇聚于此，倾其心力构造成这些私家园林。这些园林也便因其主人的文化修养和人生志趣而被赋予了宽广深邃的文化内涵。

其一，城市山林的隐逸情怀。

如果说皇家园林的产生源起于古代帝王对于"蓬莱仙境"的神往，那么后来私家园林的出现则更多源于文人士大夫对于"世外桃源"的追求。"仕"与"隐"是古代文士永恒的心结，从"功成名就后，归泛五湖间"的范蠡，到"结庐在人境，而无车马喧"的"古今隐逸之宗"陶渊明，中国封建时期的文人士大夫似乎从一开始就与"隐逸"一词结下了不解之缘，并且一直影响到宋、元、明、清。而江南的古典园林正是他们"隐逸"情怀最完美的体现之一。

关于"隐逸"的境界，古来就有"小隐隐于野，中隐隐于市，大隐隐于朝"之说法，认为归隐于山野林泉之间只算得上是"小隐"；身在朝廷而能淡泊名利、保持独立之人格方称得上真正的"隐士"。诚然，"隐于朝"的境界高不可攀，"隐于野"又不免过于寂寞，而"隐于市"这种折中的"中隐"理论既可以使他们与世俗和政治保持一定的距离，又不至于完全隔绝，可进可退，宜业宜居，在夹缝中安身立命并"巧妙地在贵与贱、喧嚣和冷落、忧患与冻馁之间找到平衡点，调和入世与出世、兼善与独善的冲突"(张淑娴《明清文人园林艺术》)，这正切合了江南园林主人的心态。

于是，他们在城市间筑墙构园，辟池引水，堆石为山。这些"园林假山，无论是园山、厅山、楼山、阁山、池山还是内室山、峭壁山等，加上峰石，都作为归隐山林的可视标志，旨在营造林下雅趣，只是大多采用象征和比喻、联想等诗画艺术手段，将寓意融进了美的形式中"(曹林娣《静读园林》)。陈从周先生认为，他们"所追求的是避去繁喧，寄情山水，以城市山林化，造园就是山林再现的手法"(《园林清话》)。

苏州的园林被誉为"城市山林"，正是因为它地处闹市而具有独立的幽静空间以及浓郁的隐逸氛围。这种氛围从园林、楼馆等的命名即可看出几分。如网师园取义于"渔翁钓叟"，拙政园取义于"清贫守拙"，沧浪亭取义于"沧浪之水"，退思园取义于"退思补过"，皆源自中国传统的隐逸文化。又如网师园有"濯缨水阁"，其名取自战国屈原诗作，借渔父沧浪之歌以达避世隐居、清高自守之意；留园有"小桃源"，取东晋陶潜笔下"不知有汉，无论魏晋"之避世桃源的理想；拙政园有"与谁同坐轩"，取宋代苏轼欲与清风明月为伴而不愿与朝堂小人为伍的清高情怀；狮子林有"卧云室"，取金代元好问诗"何时卧云身，团茅遂疏懒"的慕归山林之意。凡此种种，不胜枚举。再联系这些园林主人的真实经历观之，可以发现，其实每一个园林背后都有一个隐居的文人、一段退隐的故事和一种隐逸的情怀。

其二，天人合一的哲学之思。

道家创始人老子在《道德经》中称，"人法地，地法天，天法道，道法自然"，庄子亦言，"天地与我并生，而万物与我为一"(《庄子·齐物论》)；后来汉代儒学家董仲舒将其发展成了"天人合一"(或称"天人合德""天人相应")的思想，即倡导人与自然应达到一种和谐共处的境界。这些哲学思想对中国传统文化影响极为深远，渐渐凝为了中国人的精神本性。日本铃木大拙曾在《禅与心理分析》中指出中国人"热爱自然爱得如此深切，以至于他们觉得同自然是一体的，他们感觉到自然的血脉中所跳动的每个脉搏"，此论正是看到了中国人与西方人在"人与自然之关系"的命题上截然不同的态度。

中国古典园林即是这一精神本性的艺术呈现。文人构园，讲究"师法自然"，无论是从园林选址、规划布局，还是建筑设计上，都以此为最高标准。

比如耦园，其东为流水，南有河道，北边建有藏书楼，楼外亦有水，西面则有大路。选址非常切合明代堪舆学典范之作《阳宅十书》中所述的四大神兽分布格局："凡住宅左有流水谓之青龙，右有长道谓之白虎，前有污池谓之朱雀，后有丘陵谓之玄武，谓最贵地。"四大神兽实质上是天上的四大星宿，堪舆学从一开始就是建立在法天象地的基础上的，通过对宇宙天地之气的引导和顺应，使人体之气与之和谐共依，从而改善居所环境。

又如拙政园，其构造就严格遵循了"因地制宜"的原则：

居多隙地，有积水亘其中，稍加浚治，环以林木。（明·文徵明《王氏拙政园记》）

地可池则池之，取土于池，积而成高，可山则山之。池之上，山之间可屋则屋之。（明·王心一《归园田居记》）

沧浪亭亦充分遵循自然之态，巧妙利用天然水景，达到一种自然与人文融为一体的效果，让人未入园中而先得园景，打破了园林内外空间的限制。

古典园林注重山水的塑造，皇家园林自然能将真山真水纳入园中，私家园林因受空间限制，文人只得精心安排各种山石和池沼，尽管如此，却也是对自然界山水的艺术写照，并注重创造自然之野趣。

"天人合一"还体现为"天圆地方"和"男外女内"等传统观念。苏州园林常用方形的亭子与环形的回廊、方形的门与圆形的窗或圆形的门与方形的窗、方形的庭院与圆形的水塘进行组合，以方与圆的组合与运用来表达"天圆地方"的观念。很多园林中还有被称为"鸳鸯厅"的厅堂，这种建筑常用隔扇、屏风等分为南北两个空间，其不仅出于对冬暖夏凉的自然因素的考虑，同时还具有会客功能上的"男女之别"，合乎"阴阳"之道。在建筑细节上也多有讲究，如内外堂的有些隔柱和方砖即会有圆形和方形之别，斜铺和正铺之分，差错不得。

《庄子·知北游》有言，"天地有大美而不言"，古代文人正是秉承"至人无为"的理念，循天地之美而构园林之境。中国的古典园林艺术，不论是从整体上还是从细节上看，都是以追求自然精神境界为最终和最高目的，从而达到"虽由人作，宛自天开"（明·计成《园冶》）的审美旨趣。

其三，壶中天地的诗意栖居。

苏州市内庙堂巷曾经有过一座迷你型的园林，名唤"壶园"（见图 20-15)，面积仅三百平方米。此园布局以水池为中心，池上有桥，厅堂、亭、廊、轩绕池而建。园内虽无假山，却也散置了许多石峰，并植有花木。重叠的层次，优美的构图，弥补了小园空间狭仄的不足。

"壶园"之名，当与《后汉书》中"壶中天地"的典故有关。东汉人费长房偶遇一卖药老翁悄悄钻入药葫芦之中，料定其绝非等闲，便恭恭敬敬地前去拜见。老翁知其来意，领他一同钻入葫芦中。他睁眼一看，只见朱栏画栋，富丽堂皇，奇花异草，宛若仙山琼阁，别有洞天。

图 20-15　苏州壶园鸟瞰图(刘敦桢测绘)

江南园林虽然空间极为有限,却能呈现出无限深广的意境,使万物浓缩于其中,故而后人常以"壶中天地"喻之。唐代独孤及在《琅琊溪述序》中曾言,"知足造适,境不在大",这一审美意趣亦体现在后世文人营造的园林之中。可以说,每个江南文人的内心深处都有这样一片壶中天地,一片充满诗情与画意、可以寄托他们情感和志趣的世外桃源。

"壶中天地"的营造是一个漫长的探索过程。在明代计成《园冶》一书诞生之前,我国并没有论述造园理论的专著,但关于诗歌和绘画理论的著作则十分浩繁。特别是山水诗和山水画,自魏晋南北朝时便形成了独立的诗派和画种,至盛唐后更是达到了诗画交融的较高境界,正如宋代苏轼所言,"味摩诘(王维)之诗,诗中有画,观摩诘之画,画中有诗"(《书摩诘蓝田烟雨图》)。诗论与画论所讲的虽然是写诗和绘画方面的心得体会,但由于艺术活动是可以触类旁通的,所以能诗善画的古代文人会将自己的情感融贯于诗画之中,并且用诗画理论来指导造园,通过凿池堆山、栽花种树,创造出具有诗情画意的景观园林(见图 20-16)。

图 20-16　元 吴瓘 古木竹石图　　　　　　拙政园 海棠春坞

古代文人对"意境"一词是极为钟爱的。主观之"意"是情与理的统一,客观之"境"

是形与神的统一，而"意境"二字的结合则是情理与形神相互渗透并相互制约所产生的令人回味无穷却又难以明确言说的美妙境界。陈从周说："诗有诗境，词有词境，曲有曲境，画有画境，音乐有音乐境，而造园之高明者，运文学绘画音乐诸境，能以山水花木、池馆亭台组合出之，人临其境，有诗有画，各臻其妙。"(《园林清话》)而在更早的时候，林徽因就曾直接提出"建筑意"之说法："这些美的存在，在建筑审美者的眼里，都能引起特异的感觉，在'诗意'和'画意'之外，还使他感到一种'建筑意'的愉快。"(《中国古代建筑考》)

明代陈继儒《青莲山房》云："主人无俗态，筑圃见文心。"为了更好地表达个人情趣和理想追求，园林主人还会在各式建筑上题刻匾额和楹联，这些充满书卷气的诗文题刻与园内的建筑、山水、花木自然和谐地糅合在一起，使园林生发出"写意山水园"的无穷美境。如此一来，真如明人文震亨《长物志》中所言，能"令居之者忘老，寓之者忘归，游之者忘倦"。

园林美境不仅体现在其清幽静好之物境，还体现在文人吟风诵雅之心境。他们倾慕魏晋竹林七贤的名士风流，虽不能走入大自然的山水竹林之间，又何妨在这城市山林的壶中天地里弹琴长啸、弈棋斗诗、写画鉴古，抑或赏花听曲、品茗清谈。"筑园、修园和园林生活，不但不能说是玩物丧志，相反却是有益于士人观事理、涤志气的事业。"(曹林娣《静读园林》)

诗意的栖居，这一崇高的生活理念，其实并非只存在于古典园林的高墙之内，亦并非只是古代士大夫文人由衷的追求。数百年来，它已悄然渗入寻常巷弄的小小庭院，潜移默化地化作了普通百姓的生活情怀。这或许才是园林美境带给人们的更重要的意义之所在。

参 考 文 献

【国学哲思篇】

习近平. 习近平在纪念孔子诞辰2565周年国际学术研讨会暨国际儒学联合会第五届会员大会开幕会上的讲话[N]. 人民日报，2014-09-25(02)
杨伯峻译注. 论语译注[M]. 2版. 北京：中华书局，1980.
杨伯峻译注. 孟子译注[M]. 北京：中华书局，2010.
饶尚宽译注. 老子[M]. 北京：中华书局，2016.
孙通海译注. 庄子[M]. 北京：中华书局，2016.
赵杏根. 论语新解[M]. 合肥：安徽大学出版社，1999.
方勇，李波译注. 荀子[M]. 北京：中华书局，2015.
胡平生，陈美兰译注. 礼记·孝经[M]. 北京：中华书局，2016.
李山，轩新丽译注. 管子[M]. 北京：中华书局，2019.
方勇译注. 墨子[M]. 北京：中华书局，2015.
[清]林云铭撰. 庄子因[M]. 上海：华东师范大学出版社，2011.
[春秋]孙武著，[三国]曹操注，郭化若今译. 孙子兵法[M]. 上海：上海古籍出版社，2009.
石磊译注. 商君书[M]. 北京：中华书局，2018.
陆玖译注. 吕氏春秋[M]. 北京：中华书局，2011.
高平华，王齐洲，张三夕译注. 韩非子[M]. 北京：中华书局，2015.
郭丹译注. 左传[M]. 北京：中华书局，2016.
何建章注释. 战国策注释[M]. 北京：中华书局，2019.
陈广忠译注. 淮南子[M]. 北京：中华书局，2012.
骈宇骞等注. 武经七书[M]. 北京：中华书局，2015.
许富宏撰. 新编诸子集成续编：慎子集校集注[M]. 北京：中华书局，2013.
[汉]司马迁撰，[宋]裴骃集解，[唐]司马贞索隐. 史记[M]. 北京：中华书局，2013.
[汉]班固撰. 汉书[M]. 北京：中华书局，2007.
[汉]刘熙撰. 释名[M]. 北京：中华书局，2016.
[汉]许慎著，[宋]徐铉校. 说文解字[M]. 北京：中华书局，2013.
鲁迅. 汉文学史纲要[M]. 南京：江苏凤凰文艺出版社，2017.
胡适. 白话文学史[M]. 长沙：岳麓书社，2010.
梁启超. 佛学研究十八篇[M]. 北京：商务印书馆，2014.
楼宇烈. 中国的品格[M]. 成都：四川人民出版社，2015.
顾颉刚. 秦汉的方士与儒生[M]. 上海：上海古籍出版社，2005.
陈兵. 佛陀的智慧[M]. 上海：上海古籍出版社，2006.
薛克翘. 佛教与中国文化[M]. 北京：昆仑出版社，2006.
张中行. 佛教与中国文学[M]. 哈尔滨：北方文艺出版社，2011.
[英]李约瑟著. 何兆武等译. 中国科学技术史(第二卷)[M]. 北京：科学出版社；上海：上海古籍出版社，2018.

[德]克劳塞维茨. 战争论[M]. 天津：天津人民出版社，2019.

毛泽东选集[M]. 北京：人民出版社，1991.

中国历代战争年表编写组. 中国历代战争年表[M]. 北京：中国人民解放军出版社，2003.

台湾三军大学. 中国历代战争史[M]. 北京：中信出版社，2013.

【礼俗教化篇】

[清]孙希旦撰. 礼记集解[M]. 北京：中华书局，1989.

[清]孙诒让撰. 周礼正义[M]. 北京：中华书局，1987.

[汉]郑玄注，[唐]贾公彦疏. 仪礼注疏[M]. 上海：上海古籍出版社，2008.

[汉]班固. 白虎通义[M]. 北京：中国书店出版社，2018.

[宋]陈元靓. 事林广记[M]. 南京：江苏人民出版社，2011.

[清]邵晋涵撰，李嘉翼，祝鸿杰点校. 尔雅正义[M]. 北京：中华书局，2018.

李炳南编述，徐醒民讲述. 常礼举要讲记[M]. 北京：团结出版社，2013.

[梁]宗懔撰，[隋]杜公瞻注，姜彦稚辑校. 荆楚岁时记[M]. 北京：中华书局，2018.

[梁]萧统编，[唐]李善注，文选[M]. 北京：中华书局，1997.

[五代]王仁裕等撰，丁如明等校点. 开元天宝遗事[M]. 上海：上海古籍出版社，2012.

[宋]金盈之撰，[宋]罗烨，周晓薇校点. 新编醉翁谈录[M]. 沈阳：辽宁教育出版社，1998.

[宋]吴自牧著，张社国，符均校注. 梦粱录[M]. 西安：三秦出版社，2004.

[宋]孟元老著，邓之诚注. 东京梦华录注[M]. 北京：中华书局，2016.

[明]刘若愚著，冯宝琳点校. 酌中志[M]. 北京：北京出版社，2018.

[明]田汝成集撰，尹晓宁点校. 西湖游览志[M]. 上海：上海古籍出版社，2017.

吕壮译注. 西京杂记译注[M]. 上海：上海三联书店，2018.

陈桐生译注. 国语[M]. 北京：中华书局，2013.

黄寿祺，张善文译注. 周易译注[M]. 上海：上海古籍出版社，2007.

张仲裁译注. 酉阳杂俎[M]. 北京：中华书局，2017.

张君. 节俗[M]. 南宁：广西人民出版社，2007.

夏征农，陈至立. 辞海[M]. 6版. 上海：上海辞书出版社，2009.

[明]申时行等撰. 明会典[M]. 北京：中华书局，1989.

朱碧莲，沈海波译注. 世说新语[M]. 北京：中华书局，2011.

沈从文. 中国古代服饰研究[M]. 北京：商务印书馆，2011.

北京市文物局图书资料中心编纂. 明宫冠服仪仗图[M]. 北京：北京燕山出版社，2015.

[唐]封演撰，赵贞信校注. 唐宋史料笔记丛刊：封氏闻见记校注[M]. 北京：中华书局，2005.

[唐]陆羽撰，沈冬梅评注. 茶经[M]. 北京：中华书局，2015.

[宋]欧阳修著，洪本健校笺. 欧阳修诗文集校笺[M]. 上海：上海古籍出版社，2009.

[元]忽思慧著，张秉伦，方晓阳译注. 饮膳正要译注[M]. 北京：中华书局，2014.

马继兴. 中医古籍整理丛书重刊：神农本草经辑注[M]. 北京：人民卫生出版社，2013.

姚春鹏译注. 黄帝内经[M]. 北京：中华书局，2010.

陈宗懋，杨亚军. 中国茶经[M]. 上海：上海文艺出版社，2011.

李朋编. 饮食文化典故：舌尖上的故事[M]. 天津：天津古籍出版社，2013.

[宋]张载著，章锡琛点校. 张载集[M]. 北京：中华书局，1978.

[宋]王应麟等著，雅瑟主编. 中华蒙学经典大全集[M]. 北京：新世界出版社，2010.

[宋]黎靖德. 朱子语类[M]. 北京：中华书局，1986.

[明]王守仁著，吴光，钱明，董平等编校. 王阳明全集[M]. 上海：上海古籍出版社，2014.

[日]冈田武彦著，钱明审校，杨田译. 王阳明大传[M]. 重庆：重庆出版社，2015.

徐梓，王雪梅. 蒙学要义[M]. 太原：山西教育出版社，1991.

【文学经典篇】

[宋]朱熹撰，王华宝点校. 诗集传[M]. 南京：凤凰出版社，2007.

周振甫译注. 诗经译注[M]. 北京：中华书局，2016.

吴闿生撰，蒋天枢，章培恒校点. 诗义会通[M]. 北京：中华书局，1959.

[汉]王逸撰，黄灵庚点校. 楚辞章句[M]. 上海：上海古籍出版社，2017.

[宋]洪兴祖著，白化文等点校. 楚辞补注[M]. 北京：中华书局，2015.

[宋]朱熹撰，黄灵庚点校. 楚辞集注[M]. 上海：上海古籍出版社，2015.

[晋]崔豹撰，牟华林校笺. 古今注校笺[M]. 北京：线装书局，2015.

[宋]郭茂倩编撰，聂世美，仓阳卿校点. 乐府诗集[M]. 上海：上海古籍出版社. 1998.

[南朝]徐陵编，程琰删补，穆克宏点校，吴兆宜注. 玉台新咏笺注[M]. 北京：中华书局，2018.

[南朝]刘勰著，[清] 黄叔琳注，[清]纪昀评，李详补注，刘咸炘阐说，戚良德辑校. 文心雕龙[M]. 上海：上海古籍出版社，2015.

[清]沈德潜选评，闻旭初校点. 古诗源[M]. 北京：中华书局，2018.

[清]陈祚明评选，李金松点校. 采菽堂古诗选[M]. 上海：上海古籍出版社，2019.

[清]彭定求等编校. 全唐诗[M]. 北京：中华书局，2018.

唐圭璋编纂，王仲闻参订，孔凡礼补辑. 全宋词[M]. 北京：中华书局，2018.

张伯伟撰. 全唐五代诗格汇考[M]. 南京：凤凰出版社，2002.

[唐]皮日休著，萧涤非，郑庆笃整理. 皮子文薮[M]. 上海：上海古籍出版社，2017.

朱良志. 二十四诗品讲记[M]. 北京：中华书局，2018.

葛渭君. 词话丛编补编[M]. 北京：中华书局，2013.

上海师范大学古籍整理研究所. 全宋笔记[M]. 郑州：大象出版社，2017.

[明]臧晋叔. 元曲选[M]. 北京：中华书局，1958.

[明]罗贯中. 三国演义[M]. 北京：人民文学出版社，2006.

[明]施耐庵，罗贯中. 水浒传[M]. 北京：人民文学出版社，1997.

[明]吴承恩. 西游记[M]. 北京：人民文学出版社，2009.

[明]许仲琳. 封神演义[M]. 北京：人民文学出版社. 1973.

[明]兰陵笑笑生著，王汝梅主编. 吴晓玲藏乾隆钞本金瓶梅[M]. 台北：台湾火鸟国际文化出版公司，2015.

[清]曹雪芹著，无名氏续. 红楼梦[M]. 北京：人民文学出版社，2008.

[清]蒲松龄著，赵伯陶注评. 聊斋志异详注新评[M]. 北京：人民文学出版社，2016.

[宋]徐梦莘. 三朝北盟会编[M]. 上海：上海古籍出版社，2019.

[宋]周密撰，吴企明点校. 癸辛杂识[M]. 北京：中华书局，2010.

[元]钟嗣成，贾仲明著. 浦汉明校. 新校录鬼簿正续编[M]. 成都：巴蜀书社，1996.

[明]朱权著，姚品文点校笺评. 太和正音谱笺评[M]. 北京：中华书局，2010.

[明]胡应麟. 少室山房笔丛[M]. 上海：上海书店出版社，2018.

[汉]桓谭著，吴则虞辑校，吴受琚辑补，俞震，曾敏重订. 桓谭《新论》[M]. 北京：社会科学文献出版社，2014.

[唐]李延寿撰. 南史[M]. 北京：中华书局，1974.

[唐]房玄龄撰. 晋书[M]. 北京：中华书局，1974.

[晋]刘昫等撰. 旧唐书[M]. 北京：中华书局，1975.

[宋]欧阳修，宋祁等撰. 新唐书[M]. 北京：中华书局，1975.

[元]脱脱等撰. 宋史[M]. 北京：中华书局，1977.

[日]细井徇，细井东阳撰绘. 诗经名物图解[M]. 北京：中国画报出版社，2016.

王国维. 王国维文学论著三种(红楼梦评论•人间词话•宋元戏曲考)[M]. 芜湖：安徽师范大学出版社，2014.

王国维著，黄霖等导读. 人间词话[M]. 上海：上海古籍出版社，1998.

林语堂著，黄嘉德译. 吾国与吾民[M]. 长沙：湖南文艺出版社，2018.

鲁迅. 鲁迅文集[M]. 北京：中国画报出版社，2016.

鲁迅. 中国小说史略[M]. 北京：商务印书馆，2011.

朱自清. 经典常谈[M]. 北京：中华书局，2009.

袁行霈主编. 中国文学史[M]. 3版. 北京：高等教育出版社，2014.

章培恒，骆玉明主编. 中国文学史[M]. 上海：复旦大学出版社，1996.

王红，谢谦主编. 中国诗歌艺术[M]. 北京：高等教育出版社，2004.

王红，周啸天主编. 中国文学：魏晋南北朝隋唐五代卷[M]. 成都：四川人民出版社，2006年修订版

谢谦主编. 中国文学：明清卷[M]. 成都：四川人民出版社，2006年修订版

吕肖奂，周裕锴，金铮主编. 中国文学：宋金元卷[M]. 成都：四川人民出版社，2006年修订版

余嘉锡. 宋江三十六人考实[M]. 北京：作家出版社，1954.

李庆信. 跨时代的超越：红楼梦叙事艺术新论[M]. 成都：巴蜀书社，1995.

【人文艺术篇】

[唐]张彦远撰，俞剑华注释. 历代名画记[M]. 南京：江苏美术出版社，2007.

[宋]苏轼撰，王松龄点校. 东坡志林[M]. 北京：中华书局，2016.

[宋]佚名. 宣和画谱[M]. 长沙：湖南美术出版社，2007.

[宋]米芾撰. 画史(宝晋山林集拾遗本)[M]. 北京：北京图书馆出版社，2003.

王世襄. 中国画论研究[M]. 上海：生活•读书•新知三联书店，2013.

陈履生主编，李永强编著. 中国名画1000幅[M]. 南宁：广西美术出版社，2011.

陈师曾. 中国绘画史[M]. 北京：中华书局，2016.

[汉]王充著，张宗祥校注，郑绍昌标点. 论衡校注[M]. 上海：上海古籍出版社，2013.

[汉]桓宽撰，陈桐生译注. 盐铁论[M]. 北京：中华书局，2015.

[汉]刘向著，向宗鲁校证. 说苑校证[M]. 北京：中华书局，1987.

[晋]王嘉撰，[梁]萧绮録，齐治平校注. 拾遗记校注[M]. 北京：中华书局，1981.

[晋]常璩撰. 明本华阳国志[M]. 北京：国家图书馆出版社，2018.

[南朝]范晔撰，陈芳译注. 后汉书[M]. 北京：中华书局，2016.

参考文献

[唐]李浚撰，[唐]苏鹗撰，[唐]冯翊. 松窗杂录·杜阳杂编·桂苑丛谈[M]. 北京：中华书局，1960.
[宋]沈括点著，施适校点. 梦溪笔谈[M]. 上海：上海古籍出版社，2015.
[明]杨慎编，刘琳点校. 全蜀艺文志[M]. 北京：线装书局，2003.
[明]王鏊撰. 姑苏志[M]. 北京：商务印书馆，2013.
[明]黄宾虹，邓实主编. 中华美术丛书[M]. 北京：北京古籍出版社，1998.
[清]叶梦珠编，来新夏校. 阅世编[M]. 北京：中华书局，2007.
[清]沈寿口述，[清]张謇整理，王逸君译注. 雪宧绣谱图说[M]. 济南：山东画报出版社，2004.
[清]丁佩著，姜昳编著. 绣谱[M]. 北京：中华书局，2012.
朱启钤辑. 丝绣笔记[M]. 杭州：浙江人民美术出版社，2019.
徐蔚南. 顾绣考[M]. 北京：中华书局，民国廿六(1937)年再版.
包燕丽，于颖. 中华锦绣(顾绣)[M]. 苏州：苏州大学出版社，2009.
林锡旦. 苏州刺绣[M]. 苏州：苏州大学出版社，2004.
常沙娜. 中国织绣服饰全集(刺绣卷)[M]. 天津：天津人民美术出版社，2004.
杨世骥. 湘绣史稿[M]. 长沙：湖南人民出版社，1956.
上海市地方志办公室. 嘉庆松江府志[M]. 上海：上海古籍出版社，2012.
[宋]朱长文著，林晨编著. 琴史[M]. 北京：中华书局，2010.
[明]朱权编. 神奇秘谱[M]. 杭州：西泠印社，2014.
[瑞典]林西莉，许岚，[瑞典]熊彪译. 古琴[M]. 北京：中华书局，2017.
顾梅羹. 琴学备要(手稿本)[M]. 上海：上海音乐出版，2004.
窦慧菊. 宋代文人琴画之缘[M]. 南京：凤凰美术出版社，2017.
庞欢编. 古音正宗——虞山派古琴艺术馆[M]. 上海：上海文化出版社，2007.
[明]张丑撰. 真迹日录[M]. 北京：中国书店出版社，2018.
[明]徐渭著，李复波，熊澄宇注释. 南词叙录注释[M]. 北京：中国戏剧出版社，1989.
[明]周元暐撰，[明]陈诗教撰. 泾林续记·花里活[M]. 北京：商务印书馆，1939.
[明]袁宏道著，钱伯城笺校. 袁宏道集笺校[M]. 上海：上海古籍出版社，2018.
[明]沈德符撰. 制曲十六观·词品·顾曲杂言·曲话[M]. 北京：商务印书馆，1960.
[清]李斗著，许建中注评. 扬州画舫录[M]. 南京：凤凰出版社，2013.
古兆申，余丹编. 昆曲演唱理论丛书[M]. 上海：生活·读书·新知三联书店，2014.
田汉. 从"一出戏救活了一个剧种"谈起[N]. 人民日报，1956-05-18.
翁敏华，冯棠，范民声标校. 中国十大古典名剧[M]. 上海：上海古籍出版社，2012.
[唐]张彦远. 历代名画记[M]. 杭州：浙江人民美术出版社，2013.
[明]计成著，李世葵，刘金鹏编. 园冶[M]. 北京：中华书局，2011.
[明]文震亨著，李瑞豪编著. 长物志[M]. 北京：中华书局，2012.
[明]释道恂. 师子林纪胜集[M]. 扬州：广陵书社，2007.
[清]徐松著，张穆注. 唐两京城坊考[M]. 北京：中华书局，1985.
[清]沈复著，俞平伯校. 浮生六记[M]. 北京：人民文学出版社，1994.
林徽因著，吴良镛编. 古建新生(传统建筑与现代都市)[M]. 北京：中国文史出版社，2018.
林徽因著，吴良镛编. 中国古代建筑考[M]. 北京：中国文史出版社，2018.
陈从周著，陈馨选编. 园林清话[M]. 北京：中华书局，2017.

陈师曾. 中国绘画史[M]. 北京：中华书局，2014.
张淑娴. 明清文人园林艺术[M]. 北京：故宫出版社，2011.
[日]铃木大拙. 禅与心理分析[M]. 北京：中国民间文艺出版社，1986.
[英]T. HODGSON LIDDELL，R. B. A. CHINA ITS MARVEL AND MYSTERY(大清帝国丽影)[M]. NEW YORK JOHN LANE COMPANY LONDON: GEORGE ALLEN & SONS MCMX . 1910.
曹林娣. 静读园林[M]. 2版. 北京：北京大学出版社，2013.
陈从周. 苏州园林[M]. 上海：同济大学出版社，2018.
王稼句编注. 苏州园林历代文钞[M]. 上海：上海三联书店，2008.

跋 语

作为世界文明之重要一脉，中华文化值得每位华夏儿女，尤其是高校之学子自觉研习与传承。为传播传统文化之知识菁华，弘扬其间所蕴含之优秀人文精神，顺应高校国学文化类通识教育课程开设之需要，以及满足当今"国学热"背景下社会大众学习之需求，余遂主持撰写了《中国文化要论》一书。

此书最早之规划可追溯至2012年。当年余所任教之高校全面修订通识教育培养计划，余顺应形势，以原本主讲之"国学经典"和"文学艺术"两门课程为基础，新开"中国文化"必修课程，依旧面向全校新生教学。由于授课任务繁重，余一人之力实难承担，遂与同仁梁洁联合教学并协作至今。为切合该课程教学大纲之要求，余随即主持教材建设，并于2014年孟夏顺利结题，形成较为系统之讲义文稿，拟名《中国文化撷英》，意在"撷取传统文化之英华"。

该门课程教学迄今已有七年之历程，修习者已突破一万五千余人也。数年来，课程广受学子欢迎，并曾入选上海市高校首批优质共享课程项目建设；余与梁洁亦先后获评教学名师、活力课堂星级教师。此间陆续有出版社来校商谈，然余并未急于将讲义草草出版，而是结合每年度之教学对文稿增删修整，逐步改进。2018年仲秋，余决计打破教材限制，并邀梁洁合撰一本既可供高校学子修习，亦适合社会大众阅读之人文社科图书。适逢清华大学出版社来校接洽，双方一拍即合，此书之新撰及出版事宜始正式提上日程。

虑及原拟书名中"撷英"二字略显生僻，余斟酌再三，更定其名为《中国文化要论》。书名虽有变通，然"撷英"之理念相承，即不必面面俱到、刻意求全，而是采用以点及面、择要而论之方式来讲述中国传统文化之菁华，以期形成与同类书籍不一样之篇章结构；著述风格上则兼顾学术性与可读性，追求通达晓畅，雅俗同赏。

撰稿期间，吾等白日授课，夜间爬格，虽各自琐事繁多，仍互勉坚持，通力合作。暑期之长假则愈加不敢松懈，朝夕闭坐书斋，字斟句酌。书中选图亦颇为用心，并曾几度专赴园林名胜、文博展馆摄影采风，忘乎暑热。一切之努力，唯盼给予读者赏心悦目之阅读体验。

俟而仲秋又至，书稿如愿终成。砥志研思、三易其稿虽为吾等一贯之态度，然限于学识与能力，疏漏谬误之处或亦难以尽免，谨祈同行专家及读者诸君不吝赐教。所引资料或有因源出不详而未能尽数署名者，恳请贤者谅解，并致谢意。诸多缺欠，待再版之时一并订正。

行将付梓，感念颇多。所在单位上海师范大学天华学院领导及同仁长期以来之鼎力支持，虞恩琪、张诗敏、郑婉茹诸位贤棣认真细致之校稿协助，以及家中亲眷撰稿期间无微不至之体谅关爱，皆为激励著者全心投入以致顺利完篇之重要因素。同时，郑重感谢清华大学出版社领导对著者所提诸多之建议予以尊重及采纳，感谢本书责任编辑后期审校辛勤之付出，并向关心和促成本书出版的各界人士真诚致谢。

黄　毅
乙亥仲秋于嘉定筠喧斋